本书为国家社会科学基金一般项目"新形势下我国社会组织界别协商建设研究"（项目批准号：15BZZ075）的最终研究成果

中国社会组织界别协商建设

王 栋／著

Constructing of Consultation on the
Classification of Social Organizations in China

科学出版社
北 京

内 容 简 介

本书构建了"深层—基层—中层—顶层"分析框架，并将社会组织界别协商建设纳入这个框架进行分析。经过任务分解、功能分工、角色定位等，培育动力基础，构建联系网络，打造上下沟通渠道，从而使社会组织界别协商目标与任务一致，将最终实现社会组织界别协商制度化的顶层设计和地方推广。

本书可供协商民主和社会组织研究领域的学者使用，也可供统战领域和政治协商建设领域及关心我国社会组织协商建设的读者参考。

图书在版编目（CIP）数据

中国社会组织界别协商建设 / 王栋著. —北京：科学出版社，2024.5

ISBN 978-7-03-078516-9

Ⅰ. ①中…　Ⅱ. ①王…　Ⅲ. ①社会组织–研究–中国　Ⅳ. ①C912.21

中国国家版本馆 CIP 数据核字（2024）第 097244 号

责任编辑：杨婵娟　赵　洁 / 责任校对：张亚丹
责任印制：师艳茹 / 封面设计：有道文化

科 学 出 版 社 出版
北京东黄城根北街 16 号
邮政编码：100717
http://www.sciencep.com
北京建宏印刷有限公司印刷
科学出版社发行　各地新华书店经销

*

2024 年 5 月第 一 版　开本：720×1000　1/16
2024 年 5 月第一次印刷　印张：19 1/4
字数：388 000
定价：**148.00 元**
（如有印装质量问题，我社负责调换）

前　言

　　社会组织界别协商建设进入"进退两难"的境地，"进"难是因为顶层政策没有具体条文可依，各级各地政协的相关工作不能实质推进。2012 年开始的在广东省佛山市顺德区、广东省惠州市博罗县、四川省宜宾市南溪区的试点都相继于 2017 年后撤销。同时，"退"也难，蓬勃发展的社会组织需要满足其发展的诉求渠道，在政协设置社会组织界别已成为必然选择。社会组织从业人员已经成为社会建设的重要力量，应与其他行业人员一样在政治协商会议中获得一席之地。截至 2018 年底，社会组织从业人数达到 980.4 万人[①]，是同期教育行业从业人数的 41.39%，科学研究和技术服务业从业人数的 79.59%，文化、体育和娱乐业从业人数的 1.63 倍。[②]截至 2020 年，作为社会组织重要社会资源的志愿者，在我国注册人数已达 2.09 亿人，较 2012 年增长近 10 倍，占中国（不含港澳台）人口数量的近 15%。截至 2020 年底，我国共有社会组织 89.4 万个。[③]社会组织工作范围基本涵盖所有地区和行业，服务人群几乎涉及所有利益群体，"无社团非群体"的现状渐成社会新趋势。社会组织是除政府第一部门、企业第二部门之外的社会第三大部门。社会组织已经成为国家治理体系与治理能力现代化的重要力量，是巩固党执政基础和增加执政动力的重要来源，是政府简政放权、转变职能、购买服务的重要承接载体。社会各界对于社会组织界别设置寄予厚望。在这种情况下，相关研究却难以拿出真实有力的支撑。针对社会组织界别协商的研究呈现多元化局面，学界和业界对于社会组织的界别协商的重要性、实现社会组织界别协商的困难，从各个方面都做了认真严谨的科学设计与论证，在社会组

[①] 2018 年民政事业发展统计公报. https://www.mca.gov.cn/images3/www2017/file/201908/1565920301578.pdf [2019-10-08].

[②]国家统计局　国务院第四次全国经济普查领导小组办公室. 2019. 第四次全国经济普查公报（第二号）. https://www.stats.gov.cn/xxgk/sjfb/tjgb2020/201911/t20191120_1768649.html[2020-10-08].

[③] 赵宇新.与国家发展同频共振——我国社会组织蓬勃发展的历史轨迹. https://www.mca.gov.cn/zt/n352/n361/c86617/content.html[2021-07-02].

织界别协商的实现机制方面也提出了很多切中要害的解决方案。然而研究过于宏观和理论性，政策建议缺乏可行性，各研究与实践之间缺乏系统联系，无法进行对比并形成互证效果，雷同研究较多，但又各自为政，虽有视角方法提出，却未形成切磋学习的环境。因此，社会组织界别协商研究存在基础薄弱、研究程度浅、研究路径单一、研究视角狭隘的问题，对于社会组织界别协商的实现路径机制没有形成共识，大都说服力不强。至于实践层面的问题研究，却没有取得实质性的解决方案。通过梳理大量相关研究文献和实践材料发现，主要问题在于研究未能深入挖掘中国基层民主实践中的新的民主产物，未能捕捉影响我国民主的新的有生力量和发展趋势；研究呈碎片化，各成果之间难以构成体系；研究注重结果效应，缺乏研究的积累过程；各个研究目标和论证环节之间缺乏联系，没有搭建传承、过渡的"桥梁"。"九层之台，起于累土"，必须对研究进行重新梳理，结合研究路径的切入基点，尤其要在长期跟踪研究和不断切换路径的基础上，破除政策与实践、研究与方法、理论与实际、初衷与目标的障碍，提出实现社会组织界别协商的可持续发展路径和方法。

社会组织协商研究传统路径是划分基层和顶层，"由上到下""由下到上""梯次发展"的理论研究范式已成为我国学界和实务方面的经典范式。例如，杨卫敏（2015）从"以顶层设计和基层探索互动推动社会组织协商发展"角度指出了社会组织参与协商的顶层与基层互动实现路径。然而很多成果仅限于研究二者之间的互动范式，已经难以满足当前社会阶层多元、国家行政层级较多、事件涉及领域较广的问题分析需求，在"基层"与"顶层"之间跨度过大，将所有问题和发生的事件及实物主体都纳入两个范畴，负荷重、界限不清晰、层次不分明，有些问题勉强纳入，也不利于开展研究。在加强基础研究战略的基础上，要注意把握层次递进的策略。党的十九大提出要推动协商民主广泛、多层、制度化发展。金太军和张振波（2015）研究指出："作为一种民主范式，中国式协商民主应基于系统性和统驭性的视角，通过顶层政治构建重塑协商民主的制度基础，中层政策创制提升协商民主的主体效能，并以基层治理民主开辟协商民主的实践进路，从而以多元化、多中心的社会治理模式有效应对现代异质性社会的复杂治理需求。"

因此，结合我国社会发展实际以及研究问题的困难实际，本书提出"深层改革—基层创新—中层搭建—顶层设计"的研究路径框架，即插入"深层"与"中层"，沟通基层与顶层。

研究得到了清华大学王名教授，上海交通大学徐家良教授、国家行政学院马庆钰教授等老师的启迪；得到了苏州大学乔耀章教授、芮国强教授，南京审计大学金太军教授以及《中共中央党校学报（国家行政学院学报）》焦利主编、《行政论坛》温美荣主编的指导；也得到了中国社会科学院大学蔡礼强教授、中山大学罗观翠教授，广东外语外贸大学广东省社会组织研究中心彭未名主任、邵任薇教授，深圳市社会组织总会徐辉常务秘书长，深圳社会组织研究院饶锦兴院长的支持。研究还得到了四川省政协、杭州市政府、广东省惠州市博罗县政协、佛山市顺德区委统一战线工作部和佛山市民政局、重庆市万州区民政局、广州市启创社会工作服务中心、深圳市社会组织总会、重庆市渝州公益事业服务中心、重庆市万州区德立社会工作服务中心等政府机构和社会组织机构的支持。在此一并表示衷心的感谢！

　　本书为国家社科基金项目成果。还特别感谢国家社科基金结题中 5 位匿名鉴定专家给予的宝贵建议，在评审专家的指导下，项目成果质量得到了很大提升。

　　感谢重庆工商大学法学与社会学学院黄文教授、李喜燕教授、张忠民教授等老师的大力支持！法学与社会学学院的社会学系、社会工作系、法学系，还有重庆廉政与审计治理研究中心、重庆市"互联网+慈善"法律与治理研究中心、重庆市民政政策法律理论研究基地等在相关研究方面给予了很大帮助。同时也感谢我的研究生经凤、何阳、李江雁、高珊、刘金元、张洪邱愉、宋欣玥、邱涵、胡诗蕾、李静、高琳雅等，他们在文字校对、修改、编排等方面做了很多细致的工作。

　　尤其感谢科学出版社在出版过程中的大力支持，特别是杨婵娟老师给予的详细认真的修改意见，使得书稿质量在一次次打磨中不断得以提升。

　　最后，感谢我的父母、爱人罗建梅和女儿王彦宁的无私帮助与陪伴！感谢许许多多没有提及但帮助过本研究的同人朋友，感谢支持和关心社会组织及其界别协商事业发展的各界人士，你们的大力支持是本研究的强大动力和坚实基础！

王　栋

2023 年 11 月

目　录

第一章

导　论

第一节　研究背景与问题提出

从世界范围来看，公民参与协商的形式主要有公民协商大会、公民共识会议、公民陪审团、专题小组等。我国公民参与协商的探索主要有民主恳谈会、社区或农村议事会等。由于我国正面临社会现实问题的复杂化及利益主体的多元化趋势，单纯公民参与式的民主路径已难以应对多层次交叉问题和跨领域映射问题，而且这种公民参与的协商形式，往往自主性不强，活动不固定，容易走过场，可持续性不强，对话协商的结果落实不好，因此，基于国家与个人之间的社会组织以及有组织的公民团体互相合作在协商治理中的地位和作用，社会组织在实际政治生活中所扮演的角色将更加明晰地显现出来。著名政治哲学家塞拉·本哈比（2009）也支持建立多元化社团基础上的协商民主，他认为，程序正义的协商民主模式赋予了许多社团组织以优先的地位。这种互相交织的、互相重叠的协商、论辩和论证的网络和联合才是协商民主的核心。

社会组织因其所具有的非营利性、公益性或互益性，在我国社会公共生活中具有较大的影响力和话语权，是公民向决策机构反映意见和建议的重要通道，也是党巩固执政地位的重要社会基础。党的十八届三中全会首次将社会组织协商作为拓宽协商民主体系的一种重要渠道。2015 年，中共中央印发《关于加强社会主义协商民主建设的意见》，提出要"逐步探索社会组织协商"。在积极开展人大协商时，"探索建立有关国家机关、社会团体、专家学者等对立法中涉及的重大利益调整论证咨询机制"；在扎实推进政府协商时，"涉及特定群体利益的，加强与相关人民团体、社会组织以及群众代表的沟通协商"；在积极发挥人民团体协商引导作用上"发挥对相关领域社会组织的联系服务引领作用，搭建相关社会组织与党委和政府沟通交流的平台";在稳步推进基层协商时,要"重视吸纳利益相关方、社会组织、外来务工人员、驻村(社区)单位参加协商"。[①]

因此,社会组织协商民主的建立,激发了民众参与协商的积极性,社会组织可以给予民众在参与技术和能力方面的帮助,也可以给予参与机会和渠道方面的帮助,甚至有些社会组织还给予资金方面的资助。有了社会组织的帮助,民众参与协商便有了底气,有了依托,也有了支持力量。此外,在社会组织中,新的成员将通过参与社会组织内部选举、协商、治理等获得各种能力的提升。截至2018年底,我国共有社会组织81.7万个,涉及我国各个行业领域。据统计,2018年我国社会组织从业人数达到980.4万人[②];另据《慈善蓝皮书:中国慈善发展报告(2019)》,2018年我国志愿者人数达到约1.98亿人。[③]在这些正式的和非正式的社会组织中,成员得到了组织规则的训练,得到了思想上的碰撞,得到了组织文化氛围的熏陶,得到了活动能力的提升,由此可见,社会组织为广大社会组织成员提供了锻炼的平台。另外,社会组织还可以间接地为民众代言,不同的社会组织在各自领域具有擅长的能力和技术,也具有联系和交往的渠道和平台,同时也聚集了各种社会资源。社会组织的协商能力要大于分散的公民个体,从而使得公民与社会组织形成合作关系,利用社会组织的资源与外界进行沟通。随着社会和经济的不断发展,受国际形势的影响,国内新的行业、新的职业也不断出现,为了最大化地凝聚社会主义建设力量,巩固爱国统一战线,就需要社会组织这样的中介类机构。因此社会组织协商无论对于公民个体,还是对于社区和谐,乃至国家治理,都有着重要意义。协商的过程是多元的,内容是丰富的,作用也是多样的。协商就是形成大家共同认可的政策,协商利于公平决策;协商就是消除隔阂、避免不公平;协商就是实现利益最大化目标。

关于社会组织协商研究,国外学者较为重视社会组织协商的具体实践活动,以及社会组织协商民主向精细化和纵深化发展的情况。国内研究主要从社会组织协商的概念范畴、社会组织协商的领域范畴、社会组织协商的困境和社会组织协商的改善措施等方面展开,基本是针对社会组织协商自身内在问题进行反思,而

---

① 中共中央印发《关于加强社会主义协商民主建设的意见》. http://www.gov.cn/xinwen/2015-02/09/content_2816784.htm[2023-03-18].

② 2018年民政事业发展统计公报. https://www.mca.gov.cn/images3/www2017/file/201908/1565920301578.pdf [2019-10-08].

③ 刘瑞强. 2019. 2019慈善蓝皮书在蓉发布 全国志愿者总人数近2亿. https://www.sohu.com/a/326754073_99966042[2020-10-20].

对于社会组织协商具体针对某一问题，或某一领域进行切入，以微观的视角和过程运行的方式进行观察研究还比较缺乏。康晓强（2016）认为"社会组织参与协商民主，主要指的是社会组织成员就内部事务问题，社会组织之间就利益相关问题以及社会组织与国家政权机关等就改革发展稳定的重大问题和人民群众关心的直接现实利益问题，基于公共理性的基本原则，平等协商、充分讨论以探求'最大公约数'、寻找'交集'、达致共识"。康晓强的定义包含社会组织内部和外部协商。廖鸿和康晓强（2016）指出，社会组织协商的范畴包括：政府与社会组织沟通协商；社会组织作为专业性智库积极参与立法协商和政策制定；社会组织广泛参与社会协商和社会治理；社会组织参政议政；社会组织普遍开展会员间和行业内部民主协商。从学者们对于社会组织协商的研究领域来看，大都也包括社会组织内部协商。廖鸿将社会组织内部协商具体界定为社会组织普遍开展会员间和行业内部民主协商，这是对于社会组织内部协商作用的具体阐释，其中社会组织行业内部民主协商，进一步突出了社会组织与社会组织之间协商的重要作用和对相关领域的辐射影响。蓝煜昕和李朔严（2016）将社会组织内部协商放到广义的视角考虑，认为社会组织协商包括社会组织与党政机关、人民代表大会（简称"人大"）、政治协商会议（简称"政协"）及其相关职能部门的政策协商，又包括社会组织与企业、社会组织与社会组织之间的协商。狭义的社会组织协商主要立足于公共政策的视角，强调社会组织在公共事务和决策中的协商参与，包括作为协商主体参与由各级党委、人大、政府、政协等发起的协商，以及作为平台吸纳社会主体参与各级党委、人大、政府部门的协商（李艳，2017）。因此从狭义的概念上说，一些社会组织内部的协商以及其他不涉及公共事务事项的协商，是社会组织成员之间的协商，不属于社会组织之间以及社会组织与其他主体之间的协商。

从社会组织协商涉及的研究领域可以看出，社会组织协商涉及领域越来越多，其作用也日益明显，社会组织协商以其独特的视角，全新的第三方力量和公益性、公共性、服务性等特质，为社会治理提供了重要支持。社会组织已经在立法协商、司法协商、行业协商、政策协商、价格协商、标准协商等领域发挥了重要作用。但是这些协商只是因为活动涉及社会组织的主体参与，以及社会组织在其中的协商作用而将其纳入社会组织协商范畴，相当多的案例显示并不是因为要发挥社会组织的协商作用而实施的这些协商。真正将社会组织纳入协商试点，并形成规模效应的并不多。总体来说，我国社会组织协商的形式较少，涉及的政府工作和社会治理内容还不多，已有的试点和创新还以较低层次的方式运营。蓝煜昕等指出：目前国内的案例中，社会组织参与协商的领域大部分还集中在政治协商和政策协商，共占总数的 62%，其次是社区协商占 19%，立法协商占 12%，最少的行业协商占 7%。从对决策的影响力方面来看，现有的协商大部分是建议型协商，占了总数的 93%，附带表决权的协商只占了 7%。从政策过程的阶段来看，目前的协商更多聚焦于政策的形成阶段，占了 72%，在政策过程中和政策结束后的协商较少，其中执行阶段占 19%，反馈阶段占 9%（蓝煜昕和李朔严，2016）。由此可见，我国虽然已经明确了社会组织协商的重要性，但是对社会组织协商的紧迫性、关键性和针对性的认识还不到位，相当部分政府或者社会人士认为社会组织协商是辅助性的，是可有可无的。

之所以社会组织协商的重要性还不够突出，是因为没有基于我国新的社会建设领域（如慈善事业领域）考虑，这些领域将以社会组织等社会力量为主要动力，引入和激发社会基础性主体作用，成为解决政府不能完成的工作的不可替代的领域。还有一些问题的处理单纯依靠政府已经难以达到优质效果，如果没有社会组织等社会第三方力量的参与，问题将永远处于低级运行阶段。因此如果要形成新的社会发展，就需要新的发展增长点，需要新的发展空间，需要拓展新的领域，需要对原有工作、原有产业和原有领域进行深入拓展，那么社会组织就不能是可有可无的。面对国际化竞争的挑战，面对新形势下的复杂危机挑战，面对群众的多元利益需求，以及面对我国社会主要矛盾转化为人民日益增长的美好生活需要和不平衡不充分的发展之间的矛盾，社会组织必须站出来，而且强起来，积极参与到解决各项挑战和矛盾的过程中来。

针对此事，学者们也积极建言，找出当前存在的现实问题，提出对策，"我国社会组织协商尚处于起步阶段，顶层设计不系统，基层探索不成熟。要以制度化、法治化的方式规范社会组织发展，解决社会组织协商所面临的问题"（杨卫敏，2015）。但是这些研究认识，大多是对社会组织协商的普遍性问题的分析，而从社会组织协商的某个领域、社会组织协商的具体试点工作进行的专门性问题探讨，现在还比较缺乏。基于研究的不足，在现实中当务之急是将社会组织协商真正放入某个领域、某个行业或者某项工作中，让社会组织协商发挥它的专业作用，而不仅仅是因为它的公益性、服务性等区别于政府的特质和优势。社会组织协商要真正发扬光大需要确立社会组织协商的独立地位，让包括社会组织在内的主体发挥不可替代的作用，配套相应的法律法规制度建设。

基于以上协商治理的含义及特质分析，本书将对社会组织界别协商的意义及实现路径进行分析，以准确把握社会组织界别协商的关键问题以及科学规划社会组织界别协商的形式与内容，从而有效发挥社会组织在协调国家与社会之间的利益或政治关系方面的作用。在现有研究成果的基础上，针对我国全面深化改革和社会深刻转型形势下解决新问题的紧迫性，结合社会组织界别协商地方探索的经验教训，本书将集中在以下几方面进行研究：①推进社会组织界别协商制度化，维护社会组织参与的权利，实现社会组织依法协商；②增强社会组织参与的有序性，防范协商不可预知的风险和危机；③准确把握社会组织参与界别协商的关键以及科学规划社会组织参与界别协商的形式与内容；④结合并回应当前我国重大改革问题，为优化政社关系、保障权力下放并有效实施、建立多元治理的法治中国提供重要参考。

第二节 文献综述与研究展望

一、国外相关研究动态

协商民主在西方的发展经历了多重螺旋式上升的过程，这种过程体现出一个明显的渐进主题就是社会（群体）民主参与的标准日益提升。相关研究成果也纷呈出现，如 Hajer（2003）的"多元参与政策制定的方式"，加布里埃尔·A. 阿尔蒙德基于五个民主国家的考察得出的"团体成员政治资格效应"（加布里埃尔·A. 阿尔蒙德和西维尼·维巴，1989），帕特南（2001）对意大利十余年的跟踪研究得出的"社会组织对政治体的'外部'效应"等。然而当前西方协商民主陷入了理论困境，其一是社群主义困境（埃尔斯特，2009）。一方面，相关制度缺失和相关法律框架不健全，导致社群主义下的各个社会组织群体之间互不相干；另一方面，存在过多的国家主义文化和规约的限制，致使不能满足多元化需求。其二是自由主义困境（德雷泽克，2006；阿米·古特曼和丹尼斯·汤普森，2007）。自由主义希望在多元化与公平性之间实现和解，但是如果照顾所有团体的利益诉求，可能会影响到少数社会组织的个性需求，而如果兼顾少数社会组织的个性需求，则影响整体性社会发展需求。博曼（2006）指出，构筑具有多元或动态公共理性的协商环境，才有助于民主困境问题的解决。

然而西方选举民主和协商民主一直未能达成现实协议，问题是缺乏一个共同参与协商的政策平台和公共空间。如何使不同的社会群体能够参与到协商政治之中，需要在协商与决策之间建构一座通畅的桥梁（Knight and Johnson，1994），其逻辑路径是，先进行意见的集合，并针对问题形成一定的共识态度，然后在程序框架的规范之后上升为合法性的集体合约。但是西方在践行这一方案时，却出现了朱迪思·斯夸尔斯（2006）所指出的"民主协商与多数投票制环节上的非连续性"。因而，通过增加政治代表的方式来解决这一困境成为许多西方学者的探索途径。大量不同功能的基层社会力量可以将庞大而又复杂的社会问题进行一块块分解，每一块被分解的场域都是一个意见容纳器，小范围的意见进行自我协调处理，而相当部分更为宏观的问题却难以顺畅地直接反映到高层部门。对于如何将非正式的社会多元参与的微观协商和国家内部小规模的正式的宏观协商实现形式上的合二为一，进而在机制上达到相互贯通，社会组织是重要纽带。巴伯和巴特莱特认为社会组织代表不同的群体，从而将不同意见呈现到公共领域面前，通过公众的集体讨论转化为议程设定；科恩和罗森斯则认为社会组织包容和吸收各种见解认识，通过代表身份集中向上反映不同诉求，凝合为国家统一身份的话语形态。还有学者认为社会组织的呼吁可以将政府的视线转移到关键社会问题及其解决办法上面去，而且微观层面的协商向宏观层面的协商延伸有利于社会组织自利性偏向部分更好地向"公共性转化"（斯蒂芬·艾斯特，2011）。对于社会组织如何实现在微观和宏观两个层面之间的连接，哈贝马斯（Habermas，1996）提出民众应该先在公共领域通过社会组织形成意见聚合，进而影响正式的政治制度议程。詹姆斯·N. 罗西瑙（2001）提出社会组织的意见应该能够反馈到中央层面的协商程序。但两人都没有指出社会意见通过什么形式进入政治议程。菲什金和拉斯莱特（2009）提出应该向社会精英代表寻求民意调查，从而实现国家决策中的民众意见表达。但是将这些社会精英代表放在什么机构，以及以什么渠道影响政府决策仍没有明确。西方国家主要是在国家议会和政党内部协商中，以购买社会组织服务的方式，来组织和协调协商活动的有效开展（谈火生等，2014）。但这种模式也是非协商参与的方式。为了促使社会组织参与到协商活动的执行委员会中，与政府一起组织协商活动，增加政治代表是西方国家追求的更深度参与的模式。艾丽斯·扬（Young，2000）主张在代议制和协商制中建构民众参与的代表形式。因为，公共领域的政治影响，就像社会权利一样，只有通过建制化程序，才能够转变成政治权利（哈贝马斯，2003）。总体而言，西方协商民主的发展给予我们重要启发，然而西方协商民主困境中的自由主义以及对抗民主上位优势所带来的平衡性障碍，需要我们区别对待。

二、国内相关研究动态

在国外为选举与协商二者结合的现实困境大伤脑筋的时候，我国政治协商的践行模式为这一困境提供了可资借鉴的经验参考，并在实践中有力地回应了西方国家协商民主困境及悖论（燕继荣，2006；房宁，2009）。然而，中国的协商民主由于历史变迁过程的局限性（李君如，2014；俞可平，2013a），处于社会基层，集中代表群众民意和发挥着中介纽带关系的社会组织，承担了政府和企事业单位无可替代的社会管理和服务功能，却仍处于政治协商的关怀边缘。[①]林尚立（2003）指出"协商政治"包括"政治协商和社会协商"两部分内容，为社会组织能够进入协商民主提供了理论依据。然而，现实中仍没能实现政治协商与社会协商的机械分野（郭小聪和代凯，2012），社会组织在政治协商会议和社会协商过程中未能体现一致身份和连续性参与机会（陈家刚，2008）。

面对我国深刻的经济社会变化和社会阶层结构产生的重新调整与组合，各种新的问题以及不可预测的社会风险与危机都潜在地影响着党和政府的决策方式，因而积极争取将社会组织纳入协商治理体系，发挥其协商主体的积极作用，成为学界关注和研究的热点。相关研究已经形成以下认识和待解问题。①关于社会组织协商治理的第一层含义——"治理"的研究。有学者指出，学界在阐述协商治理概念内涵时，往往习惯于从国家制度和公民意识及行为这两个宏观和微观的层面进行，突出的是国家与公民之间的关系（王浦劬，2013）。②关于社会组织协商治理的第二层含义——"协商"的研究。"协商"考察的是针对既定问题持续采取的措施，以及及时进行的策略调整和新计划的执行，它是不断变化的和形式多样的（高建和佟德志，2010）。研究认为民主行为过程中每一阶段所采取的策略手段是不全然一样的，既有前期对于问题的非正式民间协商，也有正式阶段的程序性法律或行政处理，还有后期对于结果的民间评判与建议，等等。③关于社会组织协商治理的第三层含义——"社会组织"的研究。研究对于实现社会组织参与协商的自主性以及获得参与协商的政策支持，提升参与的经验手段，实现互相平等意义上的协商具有重要参考价值（康晓强，2015）。有的学者从社会组织参与协商的相关法律界定、参与渠道与方式、参与中地位或角色的明确，以及对于社会组织参与协商的监督检查等外部环境，提出了问题的紧迫性以及问题解决的可行性建议（张爱军，2015）。

[①] 王名. 2013. 关于在政协设立社会组织界别的建议案. http://wangmingngo.blog.163.com[2019-10-20].

当前我国学者对于社会组织界别协商的研究还处于探索阶段，相关理论成果较少，直接以"社会组织界别协商"为主题研究的成果更是缺乏。虽然社会组织界别协商还没有成为协商民主研究领域的焦点话题，但是围绕社会组织界别协商相关问题展开讨论的研究成果已经初具规模。在中国知网以"社会组织协商"为关键词进行检索，结果显示，截止到 2022 年 7 月，共有 96 篇文章，其中，2010年 1 篇，2014 年 1 篇，2015 年 16 篇，2016 年 10 篇，2017 年 17 篇，2018 年 15篇，2019 年 13 篇，2020 年 13 篇，2021 年 8 篇，2022 年 2 篇。已有研究成果主要集中于以下几个方向。①社会组织协商的价值、类型研究。谈火生和苏鹏辉（2016）认为社会组织协商包括公共议题协商、内部公共事务协商和参与其他渠道协商。蓝煜昕和李朔严（2016）提出行业协商、基层协商、政策协商、危机治理是社会组织协商民主的四大重点领域。张爱军（2015）认为社会组织协商的基本架构，包括政府与社会组织的协商、企业与社会组织的协商、社会组织之间的协商。这种关系也决定了社会组织协商的基本内容，即政治重大决策的协商、企业发展的重大相关利益的协商以及社会组织不同利益诉求、利益冲突之间的协商。②社会组织协商的现状、问题研究。康晓强（2015）指出社会组织协商虽然有所探索，但还处于起步、摸索阶段，其独特优势尚未充分发挥，存在一些困难和问题。③社会组织协商的渠道研究。谈火生和苏鹏辉（2016）认为加强体制机制建设为社会组织参与各渠道协商提供条件，是探索开展社会组织协商的当务之急。④社会组织协商的构建路径。在协商民主中应该充分体现社会组织的专业领域和代表性，并且机制设计必须以协商主体的权责对等为原则。魏志荣提出通过对社会组织政治参与意愿、对话协商能力以及协商经验积累三方面的考察，探索将社会组织纳入协商民主体系的有效模式。[①]⑤协商型社会组织建设研究。龚万达（2016）提出以推进协商型社会组织的建设来全面推动社会组织协商发展。⑥社会组织协商重点问题及突破研究。张爱军（2015）认为社会组织协商建设必须基于中国国情，要实现研究视角的转变，从宏大理论向个案分析、从价值层面向问题导向、从经验探讨向实证研究转变。康晓强（2015）指出深入社会组织协商民主建设，应在优化社会团体的内部治理体系，章程、规则和契约中，提升社会组织内部协商的有效性。⑦统战工作视域下社会组织协商研究。韩军（2016）提出要将社会组织统战工作与社会组织协商统一起来进

---

① 魏志荣. 2017. 将社会组织纳入协商民主体系相关问题研究. https://wenku.baidu.com/view/e463dab8e109581b6bd97f19227916888486b926.html[2019-02-10].

行。⑧社会组织界别协商研究。王栋（2016）指出社会组织参与界别协商是一项系统性工程，要从社会组织参与界别协商实体、角色、功能、程序、场域、权力等多个方面进行科学建构。

因而，我国社会组织界别协商研究基本形成了多元主体推动发展的局面，如图 1-1 所示。但是，当前研究仍然处于起步阶段。社会组织参与界别协商的独特优势尚未得到充分论证，社会组织作为界别协商主体之一的地位尚未完全确立，尤其对于社会组织参与界别协商中存在的思想认识不到位、渠道不畅通、形式与内容单一、程序不健全以及缺乏制度化、法治化保障等问题亟须加强研究。一是研究跟着政策走，从中国知网查知，社会组织协商方面的研究文章始于中共中央颁布的《关于加强社会主义协商民主建设的意见》，该文件正式提出了探索社会组织协商，之后有关研究也就跟随而至，但是具体到关于社会组织界别协商的政策文件，中央还没有正式出台，而这方面研究也就未能引起学者重视。社会组织界别协商的"被推动"现象与特征突出。二是综述性研究较多，缺乏实务研究，缺乏案例研究。从某个视角或者某种方法展开研究还较少。主要是对于社会组织协商的重要性、框架、类型、路径等方面进行初级阶段的论证阐述，没有上升到实践和问题研究层面。学者成果的研究视角和研究内容雷同较多，缺乏创新。社会组织界别协商研究的"被跟风"现象与特征突出。三是社会组织界别协商研究只是社会组织协商这个问题初级研究层面中的一个组成部分，没有单独拿出来进行论证分析。社会组织界别协商的相关成果大多见于会议提案、媒体报道。社会组织界别协商的"被研究"现象和特征突出。四是社会组织协商或者社会组织界别协商的研究还限于学者呼吁层面，而社会组织虽然已经规模很大、实力很强，对于协商的需求也很迫切，却未能从研究角度进行深入或者有影响的讨论。例如，直接以建言献策为目的的社会智库虽然不断呼吁提升国家对其建议的认可度和采纳率，却少见其从界别协商角度进入政治协商领域。社会组织"被关注"现象及特征突出。五是从研究学者地域分布来看，主要研究学者大都来自北京，其他学者基本分散于东部地区。学者受政策影响较大，且受东部发展实际情况影响很大。在广大的中西部地区，虽然也有着较为浓厚的民主创新氛围，但学者对于政策研究还不够及时或者对于形势敏感度还不够。地区发展"被诉求"现象和特征突出。总的来说，社会组织界别协商研究的"被动"局面呈现于相关研究的各个方面，导致研究滞后；研究系统性不强，缺乏学科背景支撑，缺乏理论背景支撑，缺乏实践背景支撑，缺乏方法背景支撑；研究缺乏基础性目标，缺乏实质性联系，缺乏逻辑性深度，缺乏实体性创新以及缺乏示范性亮点。

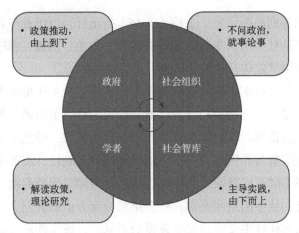

图 1-1　社会组织界别协商研究的相关主体及作用

第三节　概念解析与研究目标

　　界别协商是指以界别为单位组织政协委员开展的各类协商建言、协调关系的履职活动（孙跃和王展霞，2013）。在我国政治协商会议的界别设计与协商实践中，党和国家各个部门、参政群体意见都得到了很好的体现，作为基层民主的意见诉求在政治协商界别与制度设计中也日益得到重视。但是作为社会力量聚合、社会利益代言以及社会权利实施者的社会组织，在政治协商会议的制度发展跟进中，这方面工作仍然处于摸索和试点阶段。具有现代性的社会组织发展始于 19 世纪末，改革开放以来随着经济社会的转型需要，各类社会组织得以迅速发展。社会组织作为时代发展的产物，是社会化、市场化发展的基础力量，是民主政治、文化培育的重要载体，相关重视和发展社会组织协商的政策相继出现，2006 年中共中央颁发《关于巩固和壮大新世纪新阶段统一战线的意见》《关于加强人民政协工作的意见》；2012 年中共中央办公厅转发《中共政协全国委员会党组关于〈中共中央关于加强人民政协工作的意见〉贯彻落实情况的报告》；2013 年十八届三中全会审议通过《中共中央关于全面深化改革若干重大问题的决定》；2015 年，中共中央印发《关于加强社会主义协商民主建设的意见》。习近平总书记指出："要适应经济社会发展和统一战线内部结构变化，深入研究更好发挥政协界别作用的思路和办法，扩大团结面、增强包容性，拓展有序政治参与空间。"[1]中央审时度势积极

推进社会力量参与协商的路径及渠道。将社会组织纳入界别协商体系不仅是扩大团结面，反映群众诉求的制度改革，同时也是我国适应经济社会改革和社会阶层结构重新调整与组合的需要。各种新的问题以及不可预测的社会风险与危机都潜在地影响着党和政府的决策方式，积极争取将社会组织纳入界别协商体系，可发挥其界别协商的积极作用，增强政治协商民主的有效性，从而增加党和政府决策依据和提升可靠性。

因此，根据界别协商的定义以及社会组织协商的本质特征，可以将社会组织界别协商定义为社会组织以界别为单位组织政协委员开展的各类协商建言、协调关系的履职活动。这是一个理论上的或者根据文件精神的概念界定，它适用于政协会议的其他界别，但作为新生事物的社会组织，在国家层面没有给出具体的政策文件，在全国政协也没有专门的社会组织界别，因此只有从地方探索实践中，具体分析社会组织界别的内在含义和包含范围。2011 年，广东省出台的《关于加强社会建设的决定》要求市（县）两级探索在政协中设立社会组织界别。2013年，云南省委、省政府下发了《中共云南省委云南省人民政府关于大力培育发展社会组织加快推进现代化社会组织体制建设的意见》。2014 年，中共湖南省委办公厅、湖南省人民政府办公厅《关于加强和创新社会组织建设与管理的意见》以及 2012 年四川省宜宾市南溪区政协换届工作方案中均提到增加政协社会组织界别。截至 2020 年，已经实施的只有广东省部分市县和四川省宜宾市南溪区，其他地区仍停留在建议阶段。从社会组织界别的实践来看，政协委员构成有三个特点：一是社会组织界别的委员要体现其"民间性"。例如，为了确保委员的代表性，广东省惠州市博罗县政协对社会组织界别组成来源作了界定：各类行业协会、民办非企业组织、审计师、律师、会计师、评估师等方面的特殊社会中介组织，以及居委会、其他社区组织、各类社团的成员或从业人士（雷辉等，2012）。二是委员身兼多职，既是政府挂职人员、企业法人，又是某社会组织的负责人。例如，广州市番禺区政协委员 D，既是番禺区中小企业协会、番禺区企业联合会及南村总商会的会长，又是广州番禺电缆集团有限公司董事长。番禺区政协委员 X，既是区农业龙头企业协会会长，也是广州市番禺区洋毅畜牧有限公司总经理。三是由上届其他界别委员过渡而来。本来是属于其他界别的委员，由于增设新社会组织界别，或者自己委员身份到期，重新聘为社会组织委员，如佛山市顺德区陈村镇戏剧曲艺协会 H 会长，就是老委员转为社会组织的新委员。从社会组织性质来说，博罗县政协委员的身份最为符合社会组织界别的定义。

另外，以"社会组织界别"作为称谓的还有"青年联合会中的青年社会组织界别"。据不完全统计，我国已经有 28 个省（自治区、直辖市）青年联合会（简称青联）建立了青年社会组织界别，确定了 18 个青年社会组织发展基础好的地级市、县青联作为组织社团基础试点单位[①]。很多地方建立由团组织主导、党政有关部门参与、各类青年社会组织参加的联席会议机制。青联中的社会组织界别虽然不属于我们所说的政治协商会议界别，但它也是协商民主中的重要分支。在各级政治协商会议中均设有青联界别，而青联中的青年社会组织界别可以通过政协中的青联间接向更高层级的政治协商会议提出建议。因此，我国已设置社会组织界别的仅限于部分省（自治区、直辖市），社会组织界别设置现状远远不能满足我国中等收入群体发展和利益代表的需求。根据中央党校调研组对杭州市界别设置现状的调查来看，政协界别的委员构成中，存在"三多三少"的情况，即政府官员多、民营企业家多、教育工作者多，一线从业人员少、社会工作者少、新的社会阶层少（中央党校调研组，2016）。

对于社会组织的界别协商研究，单纯从实践角度来说远远不够，实践范围小，数量少，进展也较为缓慢。必须将社会组织界别协商置于更为广阔的我国协商民主范围中考察，才能把握它的来龙去脉和演变趋势，加上更为丰富的原始资料、联系更为紧密的发生线索，从而为社会组织界别提供更切实际的实践范例参考和经验借鉴。首先，协商民主属于民主范畴的重要部分，而社会组织协商民主属于协商民主的一部分。研究社会组织界别协商的资源主要来自社会组织协商民主这一领域。其次，社会组织协商民主包括范围广泛、对象多样、层次复杂，这为社会组织界别协商提供了大量直接或间接的资料。最后，社会组织界别协商又是社会组织协商中的重要部分（图 1-2）。有关社会组织界别协商的理论研究资料十分缺乏，还多存在于政协委员的建议以及政协会议的文件中。

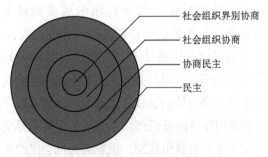

图 1-2　社会组织界别协商涉及领域层次图

---

① 金卓. 2019. 健全地方青联组织社团基础试点工作启动. https://baijiahao.baidu.com/s?id=1652109637722491043&wfr=spider&for=pc[2019-12-06].

以上各个层次的范畴衔接，层层深入，逐步深入核心，各层次的物件与事实又相互支撑，相互联系，相互佐证。

第四节　本书分析框架

"中层理论"范式已经在国外学界出现很久，近几年进入中国并得到相关学者的重视，"中层理论"（theories of the middle range）这一概念是美国社会学家默顿（2008）在《社会理论和社会结构》中提出的，它是指介于抽象综合性理论和具体经验性命题两者之间的一种理论；其宗旨在于架设一座社会理论"实用化"的桥梁，指导人类的经验实践特别是调查。"深层"是相比"基层"更为下沉的层面。如果以房屋建筑结构作比喻，"深层"是指地面以下的地基部分，"基层"是指地面以上的台基部分，"中层"是指台基以上的高墙，"顶层"是指房屋的顶面。所谓"基础不牢、地动山摇"，作为地面以下的地基部分，是房屋的承重和稳重层面，决定着房屋大小和体量，打好地基需要的工序很多，用时很长，地基是最难构筑的部分。社会组织界别协商的深层部分已经运行，但是因为形势需要和社会发展，地基以上部分需要建立社会组织界别协商体系，地基部分随之需要进行改造以符合和保障社会组织界别的正常运行，与原有基础的改革相比重新建造更为困难，社会组织界别协商分层建构路线如图 1-3 所示。

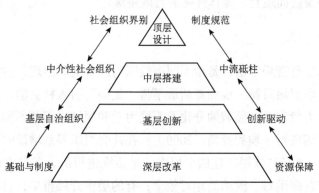

图 1-3　社会组织界别协商分层建构路线图

本书以"深层—基层—中层—顶层"作为分析框架，将社会组织界别协商建设纳入这个框架进行分析，经过任务分解、功能分工、角色定位等，培育动力基础，构建编制联系网络，架设上下沟通渠道，从而使社会组织界别协商目标与任务一致，最终实现相关工作的顶层设计和地方推广。总的来说，应按照以下几个原则展开工作。

（一）循序渐进

习近平指出："改革是循序渐进的工作，既要敢于突破，又要一步一个脚印、稳扎稳打向前走，确保实现改革的目标任务。"[①]总的来说，循序渐进要把握三个原则。首先，社会组织界别的增设需要一个从低到高的推进过程，改革从起点到终点是一个环环相扣的过程，顶层制度的改革牵一发而动全身，涉及的利益和相关方面较为复杂、敏感，而且如果没有扎实的基础保障，顶层设计如同无源之水，缺乏社会合法性。其次，在由低到高的顺序基础上还应把握先易后难的原则，深层改革涉及政治、文化、社会等根本性问题，不能一蹴而就，而且实施起来更为困难，需要逐步深入。基层到中层的社会协商民主建设可以全面铺开，这些可以与社会需求紧密结合，又能深入人们的日常公共生活领域，可以广泛迅速地发展。最后，由点到面。习近平强调："坚定不移抓好各项重大改革举措，既抓重要领域、重要任务、重要试点，又抓关键主体、关键环节、关键节点，以重点带动全局，把各项改革任务落到实处。"[②]社会组织界别的增设需要从地区和层级两个方面寻找试点，在地区选择上，要考虑经济社会发展、社会组织发展、政府公开性和回应性发展等较好的地区；在层级选择上，则优先考虑联系群众紧密、服务覆盖面适宜、操作性强的行政层级。

（二）复调发展

复调概念本是音乐术语，是指不同声段同时或者交叉出现，达到一种和声效果。德国社会学家诺贝特·埃利亚斯最早将"复调"引入社会学，用于表达社会变革时期社会力量和社会领域的分化及不同力量和领域之间既不同步又犬牙交错的复杂关系（诺贝特·埃利亚斯，2009）。在社会组织界别增设的工作推进中，"基层、中层、顶层和深层"这四个层次，是协同进行的，只是有的层次开始得晚，因而实施起来困难、改革面相对较窄；有的层次开展得早，且与群众的日常生活紧密相连，所以改革的覆盖面较广；而有的层次虽然还没有具体展开，但是

[①] 习近平在省部级主要领导干部学习贯彻十八届三中全会精神全面深化改革专题研讨班开班式上发表重要讲话. https://news.12371.cn/2014/02/17/VIDE1392636904458296.shtml[2021-10-20].

[②] 习近平：全面贯彻党的十八届六中全会精神 抓好改革重点落实改革任务. jhsjk.people.cn/article/28826693[2020-10-05].

相关政策的酝酿与铺垫工作已经展开，部分地区的试点也有序推进。因此各个层次在工作上的推进是有选择、有重点、有针对性地开展的，各个层次协同发展的局面，缩短了发展的等待时间，减少了改革实践的空间间隔。但有些缓冲带和过渡阶段没有很好地体现，使得问题变得复杂，这种过程特别需要协调好各方面的利益关系，注重在发展中解决问题，提前预防和及时化解潜在的问题。在关键问题上既要有啃硬骨头的干劲，也要防止急功近利的心态，要注意问题的解决是否有助于长期可持续发展，否则急于求成、揠苗助长会适得其反。在多种要素同时发展的情况之下，要及时将试点的经验总结成文本继而上升到制度层面，通过制度化引领和规范后续改革的进一步顺利发展。改革还应及时将有益的新社会思想，通过法律和政策的方式予以体现，增强人们对于改革成果的认同感。改革的成效也能让群众从中受益，在"共建、共治、共享"中增强人民对于改革的支持度和参与度。

（三）双向推动

构建社会组织界别协商体系的每一个层次都有特定的目标任务，深层改革定位于基础性保障，基层创新激发人民集体智慧，中层搭建树立发展的承重载体，顶层设计提供改革方向。四个部分对于社会组织界别增设分别构筑了文化合法性、社会合法性、现实合法性和政治合法性基础。而且各个层面功能既相互独立，又互补衔接。不仅前面层次是后面层次的基础保障和动力来源，而且后面层次是前面层次的政策来源和目标导向。四个环节缺一不可，相互印证并相互支持，形成了具有有机联系的"生命共同体"。

（四）基层创新

如果说"中层"理论是在"基层"与"顶层"之间架一座联系桥梁的话，那么涵盖繁杂、跨度过长的"基层"理论也应进一步拆分细化，即划分为群众自治协商和业主自治协商。基层群众性自治组织包括村民委员会（简称"村委会"）和居民委员会（简称"居委会"）。业主自治组织则是业主委员会（简称"业委会"）、业主大会等围绕物业和业主私产形成的自我管理的组织形式。基层群众性自治组织与业主自治组织的根本区别在于，前者是国家政治权力的延伸，无论是农村、社区这些最基本的基层民主主体部分，还是村民小组、院落、门栋等更为细致的自我管理，都渗透着政府权力的干预与安排；而后者以物业私产为法律依据，以自我治理为目标任务，其从成立之始，到运行之中，全部由业主自己做主、自我管理、自我服务、自我教育。2003 年我国颁布实施的《物业管理条例》，首次提出"业主大会"这个概念，将"业主委员会"认定为"业主大会的执行机构"。2007 年《中华人民共和国物权法》出台，从人大立法高度确立业主大会和业主委员会的法律地位。它将原本最基层的农村（社区）民主治理单位，延伸到以家庭为单位的业主私产自治，将原来的集体政治生活空间引入个体社会生活领域。业主自治是以私产自治、物业自主为基础，结构、功能、性质、任务明显不同于以往基层民主的，发生面更为下沉的民主形式。党的十九大也指出加强社区治理体系建设，推动社会治理重心向基层下移，发挥社会组织作用，实现政府治理和社会调节、居民自治良性互动。本书尝试用"业主自治协商"概念对此界定区分。

业主自治协商的发展使得基层协商治理体系更完整，以业委会、业主大会为代表的业主自治组织是居民协商的重要形式。然而，促进业主自治组织与基层群众性自治组织在协商体系中的有效衔接是亟须解决的问题。结构科层化与功能科层化的分离成为城市基层社会治理的严重阻碍，导致业主自治组织很难承担精细化治理的重任（唐皇凤，2017）。有学者认为，基层自治组织的行政性任务过多，导致它在居民日常性事务服务中的角色重心失衡，以及基层群众自治组织与业主自治组织在服务范围上的严重脱节。也有观点认为，物业管理的营利性倾向，割裂了基层群众自治组织与业主自治组织公共协商的空间。有的地区在这方面进行了改革尝试，重庆市南岸区试行基层群众组织性行政权上收，并创新性地实施"三事分流"制度，私事由业委会和居民自主协商，小事由业主大会与村（居）委会协商解决，大事交由街道办事处解决，而且定期召开社区、业委会、居民等联席会议。广东省佛山市南海区试点社会政策观测站和参理事会，打通了居民、业委会、居委会以及乡镇社区工作委员会的协商通道。

（五）中层搭建

"中层"社会组织协商起到承上启下的作用，在顶层与基层之间搭建了一座互通的桥梁。这类社会组织包括支持型社会组织、治策型社会组织、代表性社会组织三类，尽管三类社会组织在决策层和民众之间都是扮演政策枢纽型角色，但由于自然禀赋和政治资源各不相同，因而它们在政策过程中所扮演的角色、执行政策协商的技术路线、代表民众的可靠性以及在政民之间的政策链都有明显的差异，如图 1-4 所示。一是支持型社会组织，其政策链包含"民众-社会组织-支持

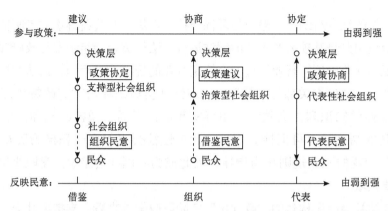

图1-4　支持型社会组织、治策型社会组织、代表性社会组织参与政策体系图

型社会组织-决策层"。支持型社会组织大多数是由政府牵头创办的，如社会组织学院、社会组织促进会、社会组织总会、社会组织联谊会，由于天然具有与政府的紧密关系，它们在与政府进行政策协商方面，能够从体制内部获得协商的优势资源。例如，社会组织促进会的负责人往往是民政系统社会组织管理部门的负责人，在关于社会组织政策以及相关工作领域的政策协商中，社会组织促进会以准政府的角色参与进来，具有与党政机关政策"协定"的角色功能。支持型社会组织在反映民意的作用上，发挥了"组织民意"的作用，首先支持型社会组织是对社会组织的再组织化，是社会组织的联盟型组织。支持型社会组织并没有直接面对民众，其直接联系的是联盟下的社会组织。支持型社会组织以孵化、扶持和培训能够代表民意的社会组织为途径，在民众中间组建多个真正代表和服务民众的社会组织，这些社会组织成立之后也就将民众的真实意见反馈到支持型社会组织，以上实际上是"组织民意"的过程。二是治策型社会组织，我们将以向政府提供政策建议为己任的社会智库称为治策型社会组织。在我国，社会智库相比官方智库而言，对于政府政策的影响较小，缺乏向政府政策系统提供建议的机制和渠道，社会智库的大多数建议很难进入决策层面。追求客观、真实、独立的研究宗旨是社会智库的治策原则，但社会智库在代表民意方面做得不够明确，有时社会智库极力追求成为政府决策的社会智囊，过于关注宏观、高层等"高大上"问题，在某种程度上忽视了民间的诉求，更多的时候采取的是"借鉴民意"而不是主动"征求民意"的方式。社会智库的政策由此处于"政策两难性"的尴尬境地，既得不到政府重视，又得不到群众普遍认可。三是代表性社会组织，它并没有专指对象，主要是指那些代表群众投身公益事业，或者受群众委托从事某项问

题化解工作的社会组织。一般包括环保类社会组织参与公益诉讼或者听证会，观察类社会组织监督某项公共事务的廉洁运行，法律类社会组织参与政府部门的政策和法规的起草论证，行业协会商会拟定行业的规则或者章程，信访类社会组织协助民众上访政府有关部门，等等。代表性社会组织在与政府政策协商方面，注重专业性的知识和协商技术，用事实和证据说话，遵循政策和制度约束，因此得到的结果具有可证性。而且，代表性社会组织由于积极为民众说话，以专业和行业的职业规则作为指导，因此成为我国社会组织协商职业化发展之路的重要领域。

从三类社会组织构建的"政社民"三阶段政策链来看，支持型社会组织某种程度上更多是贯彻政府相关部门的政策，且因为支持型社会组织与民众之间隔着"社会组织"这个环节，所以支持型社会组织与民众之间的政策传导关系较为虚弱。支持型社会组织因为具有政府和民间组织的双重代表身份，所以能够聚集两方面的资源，从而使得政策任务执行更加顺利。这种"交叠身份性质"使得支持型社会组织获得"街头官僚政策企业家"的称号，它不仅可以在政社之间进行"双向采粉"，而且可以"双向授粉"，使得支持型社会组织成为政社政策协商的枢纽。治策型社会组织构建的"政社民"政策链集中向上，但民众与社会智库之间缺乏连接，二者表现出虚弱的关系。代表性社会组织则体现了完整的政策链关系，既代表民意又对话政府，表现出双向的治策取向，呈现出双层对称漏斗的形态。

（六）顶层设计

社会组织界别的增设及运行实践是整个体系分层建构的最高层。这个过程从两方面展开，首先是宏观层面，即"基础理论-基础条件-路径选择-机制构建"。"基础理论"从社会组织界别设置的主体结构、民主完整性、民主的发展历程等角度，论证其设置的重大意义。"基础条件"通过讨论社会组织界别的代表性、设置的依据、政策合法性、政协变迁的现实需求、统一战线的拓展等方面，增强社会组织界别设置的可行性。"路径选择"则从境内外相关社会组织界别设置试点的情况、应在哪些地区增设以及应在哪些层级增设等方面深入论证，探索社会组织界别增设的可行路径。"机制构建"具体化了社会组织界别设置及运行的规范机制，包括社会组织界别设置的原则、服务范围等基本要求，还包括委员产生的途径、相关部门的职责等准备工作。继而探讨界别的职能形式、界别运行的具体机制。最后对于社会组织界别设置的制度、规范和程序等进行细化总结。

其次是，微观层面，从政策枢纽、政策联盟、政策网络三个层次递进展开。社会组织界别首先担当着政策枢纽的角色，这是政协岗位职责和机构性质赋予它的任务，社会组织界别关注本领域的信息，收集相关建议和提案，向政协传送重要提案，将相关部门办理结果反馈到原提案者。再者，社会组织界别也是民众、普通社会组织、支持型社会组织、代表性社会组织、草根类社会组织、治策型社会组织与党政机关之间的重要政策枢纽，构建了"基层+界别（协商层）+决策层"的政策链条。同时，社会组织界别还进一步发展政策倡导功能。社会组织界别相比其他界别有着独特的本体特征和界别特色，它秉承社会组织的公益性、第三方、民间化的理念，在与其他部门、界别、群体、组织沟通中，体现和发扬这些优秀理念，促进社会服务和公益事业的发展，在社会形成良好的舆论氛围，在政策机构形成政策向心力。社会组织界别的功能作用还不止于此，它不仅代表社会组织所在的行业和领域积极发声，而且作为政协组成部分，它还应站在人民、国家、民族的高度，以更宽广和宏观的视野审视问题。基于这种意识导向，社会组织界别应该建立与其他机构、群体、组织和个体的政策网络体系，除了体现自身的特征优势以外，还应基于大局、总体、全域的视角与其他主体建立合作互动关系。"政策枢纽—政策联盟—政策网络"是"点—线—面"的层次发展关系，"点"是社会组织界别这个枢纽平台，"线"是社会组织界别所服务的领域和范围，"面"是社会组织界别代表的利益和空间。

（七）深层改革

社会组织界别的增设不能一蹴而就，"厚积薄发"是对其增设过程的最好诠释。它不仅需要充分的基本条件准备，如本书的基层创新和中层搭建，而且在这些要素背后，还要进行长期的深层改革，内容主要包括文化改革、社会改革、政治改革、经济改革。国家或地方经济发展直接影响着社会组织的发展状况，尤其是行业协会、商会等与经济要素联系紧密的社会组织，是市场经济发展的重要力量，而市场经济的发展及其诉求反过来又推进了社会组织的发展。按照改革的难易顺序和现实需求，经济改革应该放到最前面，其次是政治改革，它是经济改革的推动器。但是也有学者认为社会改革是迫切需要进行的。"在这个阶段，我认为以民主化为主体的政治改革的条件还不成熟……如果在这些国家制度还没有建立的条件下过早地民主化，可能会带来很多负面效应。前面的经济改革所产生的负面问题例如收入分配差异、社会分化和环保等，都要由社会改革来消化……同时，社会改革对未来的民主化也有积极的意义，就是要用民生促民主。"（张飞岸，2009）我国对于社会组织的社会改革和政治改革都在进行，其中政社分开改革就是最主要的社会改革。通过社会组织的去行政化，赋予社会组织社会化身份，从而使其在社会服务和社会治理中发挥主动性。社会组织的政治改革则主要表现在社会组织权力的现代化建设方面，政府向社会组织赋权，激发社会组织的能动性，但是也应规范和约束社会组织权力的正确执行，否则会陷入新官僚主义的陷阱。对于社会组织界别建设来说，两类改革都很重要，没有社会化的社会组织不能真正代表民众的切身利益，而没有权力的社会组织也不能更好地发挥作用，因此需同步进行。除此之外，笔者认为文化改革是经济改革、政治改革过程中应引起重视的重要方面，如果社会组织获得了更多的经济补助，也获得了相应的权力，但没有塑造正确的文化道德价值观念，那么改革就会变味。社会组织文化是社会组织界别代表性的基础，只有具备正确价值观和世界观的社会组织委员才能真正站在国家整体利益的立场，不受自我主义和利己主义的干扰。深层改革需要制度予以不断完善，改革中的经验和成果要及时形成规范性文件，为进一步的改革发挥指引和规范作用。

21 世纪以来，社会组织界别协商的建设呈现如下状况：一面是社会组织发展呈现大好局面以及社会组织界别增设的重要性日益突出；一面是社会组织界别增设工作停滞不前与各地实践不温不火。解决这种矛盾，必须理清思路，规划路线，将社会组织界别设置工作当作一个系统工程来做。社会组织界别的增设不是最终目的，也不是最主要目的，社会组织界别设置后所产生的效应也主要体现于政协工作的辐射范围。但是在社会组织界别增设的前期工作中，需要对深层次基础问题进行改革，这将促进社会综合体制的持续优化。继而对基层社会治理的资源进行有效整合，同时激发基层社会治理的活力，其创新的动力将驱动社会治理体系与能力的现代化。作为主体部分的治策型、代表性和支持型社会组织的协商体系构建，将成为顶层协商与基层协商的主要纽带。整个社会组织界别体系建设的过程就是分层建构与多层互动的。其中层层递进与双向复调发展的关系穿插其中，共同形成社会组织界别设置工作的网络体系。

第二章

基层社会组织协商路径与渠道

第一节　业主自治组织的协商自治

业主自治组织的协商自治，不同于村民小组等是基层权力的下移以及基层自治功能的细化，其治理主导者是民众，它是民众自发、自导以及自演的治理过程，以"物业私产"作为治理的动力和初衷，以"私有财产权"为法律依据，将被动的他人管理改为自我管理。业主协商自治在我国的发展主要有两种形式：一种是成立业委会，由物业公司管理；另一种是有业委会无物业公司。前者大多出现于新建小区或者规模较大的小区。后者则主要在老旧散小区，因为物业公司成本较高，小区老旧、散落和规模小不利于管理而采用无物业公司的形式。由于老旧散小区物业自管是采取一切事务自定、费用自管、服务自出等更为直接的民主形式，因此物业自管模式所体现出来的民主进步程度更深（王栋，2019）。业主协商自治形式如表2-1所示。

表2-1　业主协商自治形式

治理阶段	自治主体	自治方式	自治模式举例
网格治理	村（居）民委员会	基层群众自治	村（居）民自我管理、自我教育、自我服务的基层群众自治组织，是村（居）民民主管理的机构和形式
	村民小组、院落、门栋自治	基层群众自治	2009年，成都市锦江区推行自治单元，成立自治组织
			成都市武侯区簧门街社区实行"三化一制"，其中的"院落化管理"公开院务信息，广求居民意见
			江西省九江市官牌夹社区，于2012年建起了首家院落居民自治理事会
			武汉市江汉区小夹社区形成了"社区、居民小组、门栋"三元自治管理的网络平台

续表

治理阶段	自治主体	自治方式	自治模式举例
网格治理	村民小组、院落、门栋自治	基层群众自治	广东省的"云浮模式",在村民小组(自然村)一级建立村民理事会
			四川省邛崃市马岩村于2011年创建"村民自治管理大院"模式
过渡阶段	单位制小区物业	物业由部门代管	西南大学后勤集团管理学校教职工小区物业,代收代扣水电费和物业管理费
			重庆三峡职业学院教职工住宅小区,物业公司由学校选聘,业委会由学校选出,水电费、物业费由学校从教职工工资中代扣
	社区介入物业	物业由部门代管	阜阳市阜城社区居委会介入住宅小区物业管理,监督业委会和物业服务企业各司其职
	议事小组	改村民小组为议事小组	2011年,贵州省仁怀市学孔乡兴隆村在每个村民小组设立由每家一名代表组成的议事小组
			2012年成都市红桥社区充分发挥小组议事会的作用
			2009年成都市武侯区以院落为单位,选举产生院落民情代表议事会
业主协商自治	业委会、物业公司	业委会、物业公司合管	重庆市万州区金泉阳光花园
	业主	物业服务内包	重庆市万州区天台社区
		物业服务兼包	深圳市罗湖区罗芳苑小区成立业委会物管公司
		物业服务外包	天津上谷商业街业委会"丽娜模式"
		微信群自治	重庆市南岸区东路社区、重庆市万州区天台社区
	邻里中心	微事务自治	厦门市海沧区打造集商业、文化、体育、卫生和教育为一体的"邻里中心",为居民提供一站式服务

随着《中华人民共和国物权法》的普及、物业自治意识的增强,以及法治民主的进步,基层民主的自治体系也开始与群众自发的自治组织及活动衔接。基层群众自治与业主自治的互动发展是我国社区发展的内在要求和趋势。业主自治协商的发展基于私有财产法律的确立和完善,也基于民众民主平等意识的不断增强,这都离不开国家政治体制机制的不断改革。

一、业主协商自治中的政社合作

物业自治的发展突飞猛进,与此同时,地方政府因地制宜进行了繁杂而又广泛的改革。本书以重庆市万州区天台社区为例，来梳理业主协商自治与基层政权合作的逻辑。

（一）钓：抛砖引玉

在 2011 年初，天台社区牵头成立第一届物业自治委员会即小区业委会，由业委会全面负责人员选聘、管理维护等事宜，但是效果不明显。为了扭转这种局面，社区居委会作为引导机构，从自身角度也派遣街道得力干将——街道副书记 Z 直接接管天台社区居委会，并由其负责小区后期的物业自治规划发展。Z 担任居委会主任后，对第一届业委会进行换届选举，选聘能力强、资源广的 C 担任业委会主任。第二届业委会成立后，小区治理局面很快发生转变，保安、保洁人员积极认真，小区业主物业费缴纳积极。因而从社区居委会介入物业自治管理模式来看，一是社区居委会首先"钓"出业委会主任这一"大鱼"，小鱼跟着大鱼走，业委会主任利用自身的才能和威望开展业委会工作，很快形成"鱼群效应"。二是社区居委会在投资小区上，通过"四两拨千斤"的思路，调动群众参与的积极性，社区居委会以投资为引子，引出群众的私有资金进行投入。"钓鱼"策略利用了群众的利己思想，社区通过个体主义扩大公共利益空间，促成政府与社会资本有机融合，达到事半功倍的效果，得到群众的积极响应。

（二）圈：隔而治之

住宅小区治理情况复杂，业主结构、来源、背景、偏好以及认知程度都存在很大差异，虽然经过物业自治后业委会进行了融合，小区环境得到很大改善，但也有业主发出不同的声音，面对这种情况，社区街道是听之任之，还是将之纳入业委会主体范畴？社区采取的是后者，越是有不同思想或者意见的人，社区越要将之纳入小区管理者范畴。这种不按常理"出牌"解决问题的方式，不仅没有因为持不同意见的人加入业委会或者管理层而将管理搞乱，反而通过将其吸纳进来从而更好地解决问题。一是体现对其重视，使其获得尊重感，从而投身小区管理，二是在小范围内，或者在可控的范围内，社区或者业委会对其进行说服教育或者感化，将问题在小范围解决。如果听之任之，或者说让问题上升到更大的层面，比如业主大会等，就可能破坏基于大多数人意见形成的决议或者规划，影响全局。天台社区"问题解决层次流程"如图 2-1 所示。

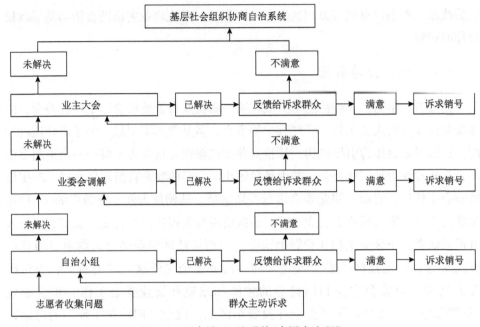

图 2-1　天台社区"问题解决层次流程"

（三）放：放、管、服结合

社区居委会与业委会工作各成体系，业务上沟通，但决策上尽量不相互干涉。社区居委会在小区自我治理和选择上，保持一定距离。这也是为了更好地培养群众的自治能力。当然，在放手的同时，业委会的工作和困难从来没离开过社区居委会的视线，小事自己解决，大事找社区居委会。尤其是在业委会不作为，出现制度混乱、行为失范时，社区居委会会以上级的角色出面督促更正。同时，社区居委会要对业委会物业自治的每一个环节，做好服务工作。业委会定期向社区居委会汇报工作和提出意见，社区居委会也经常约谈业委会主任和代表，针对小区存在的问题，以及难以处理的事情进行商议。社区居委会作为小区自治的坚强后盾，坚持"放手不甩手"，通过"放、管、服结合"的方式，帮助小区物业自治顺利过渡发展。

（四）养：从习惯到契约

对于业委会的建立和成长，社区居委会采取的也是培养的态度和策略。社区居委会是小区业委会的坚强后盾，按照管理权限，社区居委会是成立业委会的第一参与者,其职责也是摆在第一位的。一是社区居委会在建立业委会时,谋划于前,把业委会的办公场地、经费考虑进去,明确解决办法;二是尊重民主,业委会的成员要由广大业主民主选举产生,其他各方不得插手;三是"扶上马,送一程",业委会成立之后,应立即着手对业委会成员进行全方位培训,同时帮助他们把有关的制度、规矩"立"起来,让他们知道如何有效开展工作、如何有效服务各商(居)户;四是放手不甩手,充分尊重业委会自治属性,业委会和商(居)户已经决定的事,坚决不再指手画脚,但业委会没有考虑到的事,应第一时间予以提醒,业委会工作中遇到麻烦时,要第一时间出面协调。

二、业主协商自治中的政社互动

(一)政社两个系统融合互动

在天台社区体育花园有两套自治系统运转。一个是以社区居委会为中心的党、政府、社会组织、社工、楼道长系统;一个是以业委会为中心的业主大会、工作人员(保安、保洁)、业委会主任、业主代表系统。两个系统所负责的任务各有侧重,前者更多执行党的政策和处理基层事务,后者侧重小区物业自治。但是二者最终的服务对象都是群众。因此如何在这两个系统之间建立一座桥梁,打破二者的隔阂,建立协同治理机制十分必要。

(二)创新驱动与驱动创新

在小区物业自治的发展过程中,社区居委会积极发挥党政主导作用,也重视和促进业委会等自治组织的引导作用,同时鼓励群众的自导作用。在基层民主治理中,单纯依靠社区居委会的全面负责和创新驱动已经难以应对当前错综复杂的形势和局面,社区居委会也没有足够的财力、人力、物力以及技术等来处理方方面面的问题,因此社区居委会还应充分利用群众自治组织,以此为中介来为基层政府减负,并利用自治组织的优势进一步扩大对于群众的积极带动作用。群众自治组织有能力和动力进行自我创新,将创新转化为社会现实,自治组织同样也以此思路推动小区业主自我创新,进行自我实验,或者将创新传递给社区居委会,让其协助创新成果的落实。

第二节 "小政协"模式：基层社会组织协商路径创新

重庆市南岸区联席会制度和广东省佛山市南海区的社案制度，参考政治协商会的协商议事模式，在社会组织的积极协调和组织下，充分调动社区居民代表的积极性，建立协商议事的互通共治机制，并与上级政府形成信息和建议的联系渠道，因此被称为基层"小政协"模式。

一、联席会与议案分流

重庆市南岸区大力发展社会组织力量并积极发挥社会组织的作用，2019年南岸区社会组织达到 1100 个，建立了政府、社会组织、民众等多元合作的社会治理创新体系。南岸区最初在南坪街道东路社区及峡口镇两个地方试点"三事分流"制度。2018 年，"三事分流"被写入《中共重庆市委、重庆市人民政府关于加强和完善城乡社区治理的实施意见》。具体来说，根据"三事分流"制度，"大事"由街道部门负责办理；"小事"由村（居）委会主导，社区自治组织、社会组织、社会企业等协商办理；"私事"由居民群众自行解决、互助解决或通过社会组织服务办理。在"三事分流"制度具体实施中，则按需求收集、协商分流、分责办理、评估反馈四个步骤依次进行。围绕"三事分流"制度的建设，南岸区初步形成了"楼栋、小组、社区三级议事会"议事制度。

"联席会"是一个由社区党支部委员会与社区居民委员会主导、乐和互助会为主体、社工组织等多方参与的共治平台，各村（居）委会定期召开联席会，共同商议公共事务，按照"三事分流"基层议事工作方法，进行公共事务的分类，明确各方权责，达成联席会会议决议，促进公共事务的解决（图 2-2）。联席会是"三事分流"问题讨论和解决的主要载体。"如果说各级党委政府乃至村支'两委'的领导作用像是头脑，那么乐和联席会就像是心脏，把各个方面的力量联系起来，保证政府与互助会、社工组织、村民之间的沟通交流，实现各种相关信息的上传下达。联席会是党政主导的共治平台，也是村支'两委'扶持互助会的平台，通过这个平台保证互助会的知情权、参议权和监督权。"（廖晓义，

2014）在联席会中，北京地球村①作为第三方社会力量，在地方政府与社区居民之间进行组织协调和沟通联系。"三事分流"主要是在政府、社会组织、居民及其他相关主体之间建立一个沟通渠道，目的是通过这个机制很好地实现各个主体之间对于公共事务的责任分工，这个机制减轻了政府负担，调动了群众积极性和社会资本力量。

以南岸区东路社区为例，"三事分流"的协商治理模式对于社区建设起到积极作用的同时，社区还积极利用信息化技术平台，为社区民众参与社区大小事务的协商，对于公开社区事务财务和政策都提供了极大的便利。这些信息平台包括服务群众工作信息管理系统、96016 热线服务系统、社区伙伴 APP、社区微信公众号等。新的信息技术能够很好地融入最基层的社区自我治理之中，便捷群众参与各种公共事务，调动广大居民参与的积极性。居民能够通过网络平台与群众之间，与居委会之间，与社会组织之间，甚至与上级部门之间进行很好的协商沟通，能够反映自己的利益问题，也可以参与社区的大小事务决策，还可以监督社区运行的项目情况。无论是"三事分流"先进的治理制度，还是"网络协商"先进的治理技术，都对社区协商民主监督起到了积极的促进作用，但是东路社区这些成绩的背后，还得益于 2013 年南坪街道将社区承担的行政职责上收，使得社区大大减轻了负担，由此可以将时间精力投入服务群众和基层民主自治建设中来，社区工作人员真正与社会组织、社会工作人员等合作共事。

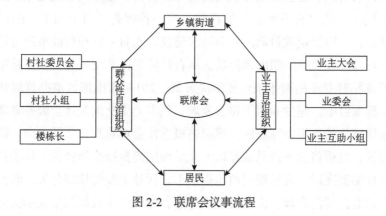

图 2-2　联席会议事流程

———————

① 即北京地球村环境教育中心（简称北京地球村），成立于 1996 年，是一个致力于公众环保教育的非营利民间环保组织。

二、社会政策观测站 "社案" 模式

截至 2020 年 2 月，佛山市南海区社会组织共 1919 个，其中依法登记在册的社会组织有 1358 个，已进行备案管理的有 561 个。①南海区市民通过社会组织、社区自治组织向观测站提交 "社案"，起到政协提案的作用。2012 年南海区在广东省首创 "区（县）大政协、镇（街）'准政协'、社区'小政协'" 三级联动。社会政策观测站就是让观测员们有一个固定的场所，定期聚会、讨论问题、征集民意，观测站和观测员是联系党委、政府和群众的纽带，其主要任务是以社情民意为导向，推动政府精准施政。根据各观测站的不同任务，将其设在相应的与发展情况匹配的乡镇街道。比如探讨社会组织孵化发展的站点就设在本土社会组织比较发达的九江镇。南海区 13 个领域已建立了 28 个社会政策观测站，部分观测站还设置了考核。例如，桂城街道观测站对进站的政府部门进行考核，规定："社案" 办结件数占通过初核的 "社案" 数的七成以上，办结的 "社案" 中，1/5 以上的 "社案" 需通过政府购买服务完成。在桂城街道观测站下面，还分设了 4 个社区分站。首批 "入站" 的包括教育、民政、卫生、政法委、司法局、城乡统筹办、人社、计生等相关部门 13 个。②

据调查，社会政策观测站的社案模式主要有以下两种。一是专业化的社案撰写模式。社案撰写前要求先在一定范围内开展调查研究。社案包括两种类型，一种是群众自治组织、社会组织等观测员撰写自治型、服务型、政策型以及研究型等四种不同类型的 "自下而上" 的社案。另一种则是 "自上而下" 的咨询性社案，如党委、政府拟定政策前向社会征求建议，或对一些现行政策进行社会效果的评估，可以委托社会组织的观测员去调查社区居民的反映并上报。社案的标准要求是形成相对专业的调研报告和解决方案。2014 年南海区举办首届社案征集大赛。参选项目中，超过 60%不符合要求，基本上提交的是社会服务方案。

二是规范化的社案办理程序。观测站根据社会热点难点问题走向，征求群众意见或建议，然后将这些意见或建议汇总后形成简报提交给社会工作委员会（社工委）。社案提交后，先后经过镇（街道）、区社工委的梳理分类，转到镇（街道）、区的有关部门办理。由社会组织志愿者专门负责社案的整理和提交工作，

---

① 南海区人民政府. 2020. 2020 年 2 月南海区社会组织基本情况. http://www.nanhai.gov.cn/fsnhq/bmdh/zfbm/qmzj/xxgkml/xzzf/xzxk/content/post_4072749.html[2020-03-17].

② 南海区人民政府. 2020 年 2 月南海区社会组织基本情况. http://www.nanhai.gov.cn/fsnhq/bmdh/zfbm/qmzj/xxgkml/xzzf/xzxk/content/post_4072749.html[2020-03-17].

并根据提出的修改意见跟镇（街道）社工委以及所属社区沟通，然后由镇（街道）社工委这一级以及相关部门去协助作最后的修改，提出意见，如图 2-3 所示。南海区同考核全国人大代表议案、全国政协委员提案的办理效率一样，将各镇（街道）、各部门的社案办理效率纳入监察局的考核范畴。

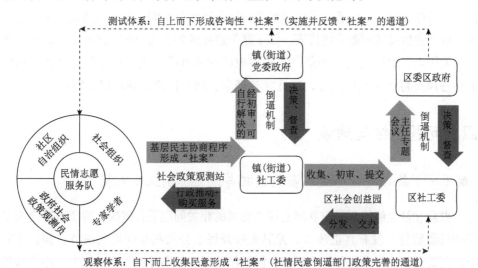

图 2-3 南海区"社会政策观测站"社情民意传达图
资料来源：《南海区"社会政策观测站"体系建设方案》（征询意见稿）

三、社区议事"界别"机构

罗村街道位于佛山市南海区，曾荣获"全国双拥模范镇""国家卫生镇"称号（2013 年并入狮山镇）。丹灶社区位于佛山市南海区西部丹灶镇，2019 年丹灶社区管辖人口已达近 5 万人。[①]江宁路街道位于上海市静安区，辖区面积 1.84 平方千米，现有常住人口 59 812 人。[②]2013 年罗村 32 个社区参理事会成立。罗村街道和丹灶社区的社区参理事会已基本完善"政协式"结构，分社区帮扶、文化推广、老幼服务及综合服务 4 个"界别"。2017 年 9 月，江宁路街道新成立了社区各界人士议事团。其组织结构类似于"小政协"，有广泛的代表性和独特的包容

---

① 听民意解难题 积极履职尽责——丹灶各人大联络站特色创建工作扎实开展. https://szb.nanhaitoday.com/epaper/dzyyzb/html/2019-12/05/content_14636.htm[2019-12-05].
② 用心用情托起稳稳幸福 讲述人：上海市静安区江宁路街道党工委副书记、办事处主任余文君. https://www.jingan.gov.cn/rmtzx/003008/003008005/20230524/972132e8-bd07-4f76-9d07-1336adccc79e.html[2023-05-24].

性。一是规范程序，增强可操作性。罗湖南社区理事大会每半年召开一次。党组织、居委会、经济联合社在重大决策制定前，相关内容将提交给参理事会辖下相关部门进行咨询及征求意见。二是建章立制、畅顺运行机制。罗村街道和丹灶社区出台了《镇村（居）成立社区参理事会工作实施方案》。三是吸纳包括社会组织在内的各界社会人士代表。丹灶社区参理事会属社会组织，由社区党委书记担任会长，成员包括社区两委人员代表。江宁路街道社区各界人士议事团成员中，有市和区人大代表、政协委员。四是，明确参政议政的具体形式。对于参政议政，参理事会各成员将收集社情民意，交社区参理事会研究讨论，并形成提案。

四、问题总结与建议

（一）将各类社会组织参政模式与政协界别工作对接

群众和社会组织只是对联席会议中协商的相关问题进行解决，对于政府全面工作的日常监督并没有真正涉入，尤其是涉及民众公共利益问题的决策、预算等方面，需要公民的常态化参与。联席会议不仅处理"三事分流"中的大事、小事和私事，还应该向"政事"靠拢，将联席会议作为政府部门决策的重要参考，甚至纳入政府决策会议系统中，在政府重大会议之前召开联席会议，商讨相关的政府决策或者政策计划，借助相关渠道提供政策建议；也可在政府重大决策会议之后，召开联席会议，以便联席会议人士建言献策。联席会议还可与政协、人大等机构进行工作对接，将联席会议与政府协商的重要决策事宜提交政协和人大审议，也可将联席会议参与政府预算的协商方案提交人大审议。联席会议同时可与司法机关对接，成为法院或者检察院的普法宣传教育阵地，也可以作为法院和检察院的基层联络点，定期或不定期地召开与法院或检察院的联席会议，为法院系统提供民间司法事务调研情况，也可将联席会议成员纳入法院系统作为基层协调员，参与调解基层社区矛盾中的司法事务。总之，联席会议为政府和民间的合作提供了一个战略支点，支点的操作者是社会组织，分别连接政府和民众，社会组织应该明确自己的定位，既要为政府分忧解难，又要服务民众，为民代言，监督政府。

（二）在乡镇街道政协工委以及县级政协增加乡村和城市社区的社会组织代表人士

街道和乡镇政协工委是县政协的派出机构，与基层民众联系最密切。在社区成立的社区自治组织、社会组织，还有新成立的社区参理事会和互助会等都是为基层民众服务的各类服务机构。它们分工负责，各自承担不同职能，与乡镇街道形成互动合作关系。可在乡镇街道政协工委增加基层社会组织代表人士，建立与社会组织的工作关系；在县政协界别中增加社会组织委员或者增设社会组织界别，从基层社区的各类社会组织中选取优秀代表加入界别。

（三）使政协在基层社会联络站与社区议事机构建立协同工作联系

有许多地区已建立了社区和乡镇街道的社会基层联络站，并专门增设社会联络员，长期在基层社区或乡村从事民意征集和民情调查的工作。政协在基层的联络站与社区议事机构建立了合作关系，利于将社区最突出和紧要的事务及时传送给联络站，通过联络站向上级政协传递基层的公共事务要点和难点。具体的办法就是，政协在基层的联络员可以进驻基层社区议事机构，在其中代表议事机构的政协一方，社区议事机构也可向联络站派出社会组织志愿者担任政协在基层的协助联络员。

（四）综合各地的优势经验形成创新机制

通过结合各地的优势经验，可以形成不同的创新机制。一是将"三事分流"制度与三层"金字塔"机制优势互补。"三事分流"制度有着严格的事务分流过程和分级办理责任机构，但是这些"三事分流"的工作是依靠外部的组织机构和工作人员完成的，没有设置专门的工作机构来处理，一旦某一方机构没有配合完成其中一个环节的任务，就会对整个工作的开展造成障碍。因此可借鉴南海区三层"金字塔"基层事务处理办法，各级都有专门的工作机构载体，承担着不同等级的事务处理任务。南海区"金字塔"分层处理系统也可借鉴"三事分流"的方法，将基层事务按照事务大小和管辖范围的不同进行合理分流，在村（居）委会、社会组织以及相关方的共同商议下形成各级工作的责任清单，明确各级工作机构和人员的职责任务。二是联席会采取"事、会、责、约、评、记"的工作制度，这是从内部建立的具体的自我约束和规范机制，与南海区社会政策观测站以及参理事会的外部约束制度不一样，南海区的机构处理办法是通过村（居）委会、街道或乡镇的监察局等部门建立监督和激励机制，并参考政协对委员、人大对代表的考核办法。两种内外规范机制各有优点，二者相互结合形成更为全面科学的约束激励机制。三是综合"三事分流"和社区议事机构及社会政策观测站、政协在社区的联络站的功能，进行有机整合，建立三级分层事务办理机制，最底层为社区参理事会，对应的是社区社会组织、社区自治组织及其他社区主体代表的工作任务，主要是社区主体对社区事务及社区邻里之间的纠纷进行协调，无法解决的事务上报给社会政策观测站。社会政策观测站同时有专门的工作人员〔由社会组织、自治组织、村（居）委会等代表组成的观测员〕进行适时的观测，他们对于社区参理事会上报的问题进行统一协商处理，将能够交给村（居）委会解决的问题，直接交由村（居）委会处理，村（居）委会无法解决的，通过社会政策观测站的"社案"进一步上报政协在基层的联络站，联络站的联络员对"社案"整理归类并提炼出更为明确的问题，有的能够由街道乡镇或相关部门解决的直接交由这些部门协商解决，不能解决的将"社案"以社情民意征集的方式上交所属政协部门，通过政协的工作机制进一步解决，有必要的可以在全国两会期间直接形成"提案"，进入下一步的解决流程。

（五）加强基层社会组织议事参政的能力培训

在南岸区"三事分流"制度实施过程中，地方政府培育了互助会组织作为基层民众参与社区事务协商的代表组织，互助会的主要成员作为民众的直接代表参与协商议事。在南海区实施参理事会的社区也成立了邻里中心，并在民政部门注册为社会组织。这些新成立的群众自治组织，主要承担着社区事务的自治任务和生产生活的组织任务，在参与社区事务协商以及与政府沟通方面欠缺经验，应该对这些自治组织的代表进行专门的培训，培训内容包括：中央和地方的重要协商议事规则，如政协和人大的议事规则；党和国家的重要方针政策及相关精神；政府、政协、人大等主要机构的组成、结构和制度；参政议政技巧以及网络运用技术等。

五、小结

南岸区"三事分流"制度、南海区的社会政策观测站和社区参理事会以及上海江宁路街道社区各界人士议事团是我国基层社会组织协调和参与社会事务协商的典范。2017 年以来，"三事分流"在四川省、湖北省、浙江省等地也开始尝试，并结合当地的实际情况有了新的发展。例如，成都市将"三事分流"与"三治治理"结合起来，突出了社会组织等主体的治理作用，自贡市"三事分流+三社联动+三治并举"进一步将社会组织纳入治理决策。社会政策观测站在整个南海区推广，而像社区参理事会和社区议事团等基层组织在全国其他很多地区都有出现，只是形式、名称和职能根据各地情况各有特色。但是不管这些机构和机制的设置情况如何，基本上都是出现在经济发展较好地区或者社会组织发展较为成熟的地区。本书中的南岸区、南海区和静安都是我国经济发展较好的地区，而且社会组织体系也较为完善。稍有不同的是，南岸区相比另外两个地区的创新，其主导者有所区别，"北京地球村"这个外部引入的社会组织在南岸区"三事分流"制度创新和实施中，扮演策划、引导和全程参与协助的角色。南岸区政府则积极孵化当地民众自治组织配合这一制度的顺利执行。南海区和静安区的议事机构则是本地群众自发成立的，在这个过程中，政府起着引导和帮助的作用，由于南海区和静安区的社会组织数量多、种类多样，社会组织的代表人士参政议政意识强，社会经济发展对于社会组织参政议政的诉求也较高，政府为了更好地发展经济和社会管理事务，需要社会组织的积极参与。基于社会和政府的双重需求，民众与政府合作协商的机构应运而生。另外需要关注的是，南海区和静安区的政协在基层的工作也逐步开展，这为政协在基层的联络站等机构与基层社会组织以及基层协商议事机构建立了联系，尽管还没有形成具体工作机制，但随着发展需要，这一趋势将会变为现实。因此，通过分析这三个地区社会组织和社会协商议事机构的发展情况，发现在各地发展社会组织及其议事机构的制度设计和执行中，需要注意结合当地的实际情况，主要是从当地的经济社会发展程度、民众的民主素质和参与治理的意识、社会组织发展情况尤其是社会组织代表人士的政治素质、民众自发成立的自治组织的培育、政协机构在基层的统战和协商民主的工作、政府的职能转变以及政府的积极主导作用等方面进行考虑，尤其要重视党在整个体制机制建设中的核心领导作用。因为党的社会组织统战工作，党以人民为中心的服务工作，党对政府、政协、人大的工作统领等，使得这些分散的机构和功能整合为完整有机的联系网络。

第三章

枢纽型社会组织的协商议政

第一节 代表性社会组织协商议政

一、社会组织参与法律协商

（一）国外法律领域的协商民主

在英国，立法机关往往授权社会组织设定和执行具体的规制标准。2001年，韩国市民团体促使韩国国会通过《腐败防止法》。另外，韩国《信息公开法》的修订、《洗钱防止法》的制定、市民监察请求制度和市民监察官制度的实施等，都是社会组织努力争取的结果[①]。澳大利亚新南威尔士州女性选举游说团提出相关草案，为新南威尔士州 1981 年《犯罪法》的修订打下了基础，要求将维护妇女权益的内容写进《人权法》（廖鸿等，2011）。日本的"非营利组织中心"在 1998 年促使《特定非营利活动促进法》在国会通过。美国国会于 1990 年颁布的《协商制定行政规章法》规定，协商程序可以应需要者申请启动，政府机构可以通过组建协商委员会来启动申请。世界主要国家代表性社会组织在反腐法律活动事务中的参与情况见表 3-1。

表 3-1　世界主要国家代表性社会组织在反腐法律活动事务中的参与情况

国家	社会组织	立法建议	执法监督	普法教育	法律服务	CPI
英国	a 民间裁判所 b 纳税人联盟	b 立法改革	a 准司法权，参照法院程序和方式 b 监督政府	b 宣传	a 举证 b 提供证据	11/80

[①] 陈媛. 2018. 亚洲国家反腐败的三种强力道路. https://lzyj.lcu.edu.cn/llqy/249921.htm[2019-09-30].

续表

国家	社会组织	立法建议	执法监督	普法教育	法律服务	CPI
美国	a 离职官员和社会名流民间团体 b 国际追踪组织 c 反浪费机构	c 廉政立法建议	a 法庭旁听、媒体揭露、议会游说 b 搜集官员索贿情况 c 对议员廉政作风评级	c 宣传、教育	b 帮助公司规避风险	22/71
韩国	经济正义实践市民联合会、消费者维权团体	《腐败防止法》《信息公开法》《洗钱防止法》	监督选举的廉洁性	以公演话剧的方式教育民众	提供咨询服务	45/57
日本	市民行政监督联络会议、公民代言人会议	改革政府接待消费制度、议会改革	反对公款消费、外部监察、情报公开度判定	—	—	18/73
巴西	a 道德机构 b 巴西预算论坛 c "公开账户"组织（Contas Abertas）	a 联手联合国达成《反腐倡廉条约》	b 追踪和监控联邦预算开支 c 开发政府收支信息库、独立调查腐败案件	b 发布反腐研究报告，提出相关建议	c 培训政府账户查询，回复公众询问	69/43
印度	a 反腐败人民运动组织 b "我行贿了"网站 c 杜白基金会	a 《公民监察法案》 c 《举报人保护法案》《信息权利法案》	a 网站披露腐败事实 b 推动政府改革 c 监督政府	a 向村民普及法律知识 b 公民法治教育	b 向交通部门提交报告	94/36
以色列	国家廉政运动组织	—	4 部反腐热线接受举报；曝光腐败	道德论坛、公民道德教育网络课程	提起大量行政诉讼案件	39/60
澳大利亚	a 举报人协会 b 女性选举游说团	a 设立保护举报人法 b 颁布《反歧视法》《人权法》《犯罪法》	a 举报线索	b 宣传、出版、游说政府	b 法律援助	13/77
丹麦	a 丹麦工业联合会 b 丹麦人权研究机构 DanWatch c 举报人法律援助组织	c 倡导立法对举报人的保护	a 监督企业 b 对私营部门与人权、腐败、劳工关系等调查 c 监督、举报	a 发布《避免腐败——公司指南》 b 宣传、教育	b 编制腐败信息 c 给举报人法律支持	2/88
芬兰	a 芬兰透明国际 b 芬兰工商业联合会、犯罪预防及控制协会	b 建立联合反腐的制度	a 建立相应反腐机制 b 对举报者的保护措施	a 进行腐败问题的讨论等 b 促进反腐意识的觉醒	—	3/85
挪威	a 挪威透明国际 b 挪威工商联合会 c 企业公告付费促进联盟	a 提倡反腐败政策的变更 b 推动制定工商业法人法规及政策	c 提倡收支管理公开、有据可查	a 反腐辩论、反腐手册和案例集制作 b 进行腐败问题讨论、出版《腐败之源》	a 发布《国家廉政体系评估报告》 b 法律援助 c 提供证据	3/85

国家	社会组织	立法建议	执法监督	普法教育	法律服务	CPI
瑞典	a 反贿赂事务所 b 莫特研究所 c 瑞典透明国际	b 制定的商业准则成为《刑法》修订重要补充	a 检举政府和商业腐败行为 c 出版腐败问题报告,对外提供查询服务	b 举办反腐辩论、研讨会、建立网站案例库	a 为政府提供建议咨询	7/84
俄罗斯	反贪基金会	—	侦查,游行抗议	宣传		138/28
国际	亚非法律协商组织	协助解决联合国法律争议,提供建议	—	国际法的编纂,发布年鉴及公告	协调亚非国家法律问题	—
	透明国际	通过《联合国反腐败公约》	发布"腐败排行榜"	举办反腐会议,提交反腐报告,设立教育日。出版《透明国际通讯》	—	—
	国际商会	制定《打击国际商业交易中的勒索和贿赂的行为准则》	—	举办仲裁事务的研讨会	其设有国际仲裁法庭,处理争端	—

注:CPI 是"透明国际"研制的腐败指数。本书的 CPI 数据为 2018 年的数据,表中前 1 项数据为全球排名,后 1 项为得分。表中 a、b、c 在第二列竖栏出现,分别指组织的序号,后面几列再次出现的是对应前面第一次出现时的序号。比如第一次出现时有 a、b 两个社会组织,第二次出现时只有 b,这个 b 就对应第一次出现时的 b 社会组织。

"—"表示无数据,本书余同。

(二)我国法律领域的协商式治理现状与问题

社会组织虽然不能直接制定法律和政策,但它们可以为政府决策提供来自基层的不同声音和意见;通过各种合法途径向政府提出政策建议,使它们关注的社会问题成为政策问题,并采取相应的措施来表达自己的诉求和意愿,从而影响甚至改变政府的决策。我国社会组织参与法律协商的案例如表 3-2 所示。

表 3-2　我国社会组织参与法律协商的案例

分类	案例	社会组织类型	协商内容	影响程度	决策阶段
行业自律	中国快递协会就《中华人民共和国邮政法》的修改提出意见,多次向全国人大、国务院法制办提案	行业协会	提案	建议型	提议
	中国保险行业协会对《体检服务管理办法》提出意见,得到政府的认同	行业协会	建议	建议型	提议
	浙江省皮革行业协会与有关部门制定《浙江省对德出口皮革及制品有关管理规定(草案)》	行业协会	规则	附带表决权	形成

续表

分类	案例	社会组织类型	协商内容	影响程度	决策阶段
行业自律	中华全国工商业联合会美容化妆品业商会起草《美甲机构服务规范》《美容SPA磨砂护肤技术要求》等行业规范	商会	标准	建议型	形成
	中国机械工业联合会承担了国家装备制造业发展方面的政策文件的起草、修订工作	联合类社团	标准	附带表决权	形成、反馈
	中国物流与采购联合会发布中国采购经理指数	联合类社团	标准	附带表决权	执行
	中华全国工商业联合会美容化妆品业商会就《化妆品卫生监督管理条例（征求意见稿）》报工信部	商会	建议	建议型	提议
	浙江省自行车电动车商会对电动自行车总量实施控制发表意见和建议	商会	建议	建议型	形成
环保监督	中华环保联合会全程参与环境保护法的修订	联合类社团	修法	附带表决权	反馈
	中华全国工商业联合会环境服务业商会向环保部提交《关于建立环境服务评价体系的建议》	商会	建议	建议型	形成
法律援助	北京青少年法律援助与研究中心参与《中华人民共和国未成年人保护法》的两次修订	法律社团	修法	附带表决权	反馈
	义联劳动法援助与研究中心参与《中华人民共和国职业病防治法》的修订	法律社团	修法	附带表决权	反馈
	北京致诚农民工法律援助与研究中心4年办结3798件法律援助案件	法律社团	维权	建议型	执行
委托研究	国务院发展研究中心委托东中西部区域发展和改革研究院论证《关于规范和引导社会智库健康发展的指导意见》	社会智库	征求民意	建议型	征求
	甘肃省向社会组织征求对《关于规范和引导社会智库健康发展的实施意见》（征求意见稿）的建议	社会智库	征求民意	建议型	征求
法律顾问	重庆市南岸区检察院与南岸区工商业联合会签订协议，建立联合调研等工作机制	商会	调研	建议型	执行
	山东省临沂市社会组织代表人士担任市政府法律顾问	法律社团	咨询	建议型	执行
政府购买	重庆市高级人民法院出台《关于执行工作中司法评估的规定（试行）》提交第三方评价机构审查	法律社团	审查	建议型	反馈
	青岛市实施政府购买法律服务，对政府的行政执法正当性进行监督	法律社团	监督	建议型	执行

在我国，社会组织通过法律途径与政府及其他部门进行协商治理的案例比较少，成功的案例主要集中于行业协会在相关行业法规制定中与政府进行协商。其中，环保类社会组织在我国有关环保法律制定中一直保持较为活跃的姿态。除此之外，在我国还有一类社会组织在法律类协商中起着重要作用，这就是遍布全国的法律援助中心。法律援助中心的活动也主要是帮助政府宣传，给民众普法以及向民众提供法律问题咨询服务。不管如何，民众的法律知识增加了，法律意识就相应增强，通过法律解决问题的能力就提高了。

（三）对策建议

我国社会组织正在迅速发展，各种法律事业也有序推进，请社会组织参与第三方治理的呼声也越来越高，但以什么方式参与、通过什么平台参与还处于研究摸索阶段。协商民主为社会组织参与第三方治理提供了重要途径。社会组织以界别和代表的形式进入各种政治组织和活动，就获得了相应的政治参与权利，它可以直接以社会组织的身份与各种政治身份对接。这种政治权利的获得，将有利于社会组织在立法活动中起到积极作用，无论是党的会议还是人大、政协的会议，都是国家各方面重要决策的讨论阵地，也是各方面立法活动的建议、商议乃至批复的重要场所。社会组织代表或委员通过青联的代表会议，集中商议社会组织的各种问题及发展规划；通过政协会议，对于各级法律活动和法律文件，进行提案；通过人大会议的立法决议，发挥积极的专业作用，结合自身的代表利益，提出建议。这些政治协商活动，为社会组织参与法律制定、修订以及提出建议提供了可行渠道。应重视社会组织参与协商法治的本体程序和制度建设，提升社会组织协商治理的规范化、程序化和制度化水平。

首先是健全程序。一是注重程序的严谨性。每一个环节之间相互衔接，每一个程序入口严格把关，凡是不符合程序要求的禁止进入，同时也严格实行退出机制，不管在哪个环节，只要不符合要求，或者达不到标准，或者违反了规定，都应淘汰。二是程序应该是平等的。程序采取严进宽出的原则，在参与主体的认定上，不排斥任何参与对象，尤其是弱势群体，在名额分配等方面应一视同仁，各方公平参与。三是程序方便社会组织参与。在程序设置上开发易于让所有社会组织顺利掌握并进入的操作方法，尤其是对于参与能力不强的社会组织，在程序方面要为其开通绿色通道，必要的情况下，设置协助员帮助它们参与。四是程序能够将公众、社会组织、政府三者联系在一起。公众可以直接与政府面对面，也可以借助社会组织中介力量与政府对话。还可以建立三者协商沟通的平台。

其次是完善制度。一是完善社会组织参与的法律制度保障，增强社会组织及各个参与主体在政协协商式监督中的作用；二是建立社会组织能够进入政治系统的制度，社会组织的协商式监督应该与人大、法院、检察院、纪委以及政协进行制度和程序上的工作对接，将民众的参与作为政府工作的一部分，并建立操作性制度和保障制度；三是建立社会组织参与法治反腐的保护制度，社会缺乏向政府提议的渠道，应拓展相关渠道，并建立专门的"不同意见"保护制度。社会组织如果遇到不公正的待遇可以有相应的申诉渠道，从而保护自己的合理权益。

二、社会组织参与观察协商

"民间观察团"是这类组织的普遍称谓，根据这类组织关注的对象、自身的组成、背景来历，其名称还包括"律师观察团""网友观察团""公民观察团""市民观察团""网友调查团"等。从民间观察团的组成结构来看，有的是由各行各业中之前并无联系的专家学者或者公民组成的，有的在社会组织内部以及社会上征集符合条件的成员组成。它是临时组成的，没有组织章程，组织结构不明确，也没有在民政部门登记。但是从其宗旨和性质来说，却与社会组织有着天然的联系。民间观察团是自愿性、独立性、公益性的，由学者、律师、记者等组成，临时达成约定，有着共同的目标。因此从民间观察团发挥的作用和自身的性质来说，本书将其列为广义上的社会组织类型，也就是说，由于体制和政策的限制，民间观察团如同其他没有在民政部门注册的兴趣类、社区类等小型民间群体的组织形式，也与网络社会组织等新兴的虚拟民间组织形式一样，都属于社会组织的广义范畴，但是处于社会组织边缘，属于还未出台正式规定或者还没有从概念上明确界定的社会组织类别。民间观察团分类如表 3-3 所示。

表 3-3　民间观察团分类表

分类	观察事务	观察团举例	政府或合作方	观察团组成	职能或成效
政府主动邀请成立，政府领导	对政务监督观察	"城市啄木鸟"民间观察团	扬州市政府	6 个小组 91 名团员	专门聚焦上班迟到者，治理节后懒散病
		深圳改革民间观察团	深圳市罗湖区政府	专家学者、政协委员、人大代表、媒体代表	对罗湖区 2014 年的改革工作进行民间观察和评估问效

续表

分类	观察事务	观察团举例	政府或合作方	观察团组成	职能或成效
政府主动邀请成立，政府领导	对公共事业观察	温网民间观察团	—	人大代表、社区卫生服务中心主任、温州大学教师、记者	走进温州市红景天老人公寓了解民办养老机构的普遍现状及困境
		网友观察团	南宁市委宣传部	南宁新闻网、广西新闻网等网站的数十名网友	走进南宁市保障性住房进行观察
	对民主选举监督	村级组织换届选举观察团	金华市武义县司法局	以律师为主体，包括公证员、基层法律工作者等80余人	对选举的各个环节全程跟踪，及时反映存在问题
		独立的民间观察团	乐清市蒲岐镇政府	社会组织成员及部分学者	在乡镇、地方人大选举改革中对选举过程加以观察和监督
	官民对话	湖南红网网友观察团	益阳市委	由26人组成，其中18人是益阳本地网友	对益阳市发展存在的问题积极讨论，建言献策
		湖南红网网友观察团	湖南省政府	—	去往湖南省的各级行政区域实地观察，向各部门官员传达网民的声音
	对群体性事件观察	网友观察团	云南省委宣传部	省委政法委书记、新华社记者和社会各界人士代表	网民代表公众行使知情权，参与监督
征得政府同意成立，与政府合作	网络问政	"百姓呼声"栏目组	湖南省政府	网站组成律师、媒体联动团	2010年"百姓呼声"获得部门领导批示过千条
	对群体性事件观察	学界观察团	乐清市政府	学者专家、律师等	拿出调查报告，主要针对土地问题进行论证
		聂树斌案律师独立观察团	法院、检察院	律师	从程序和实体两个方面进行客观分析，为两位聂案申诉代理律师提供技术支持
独自成立，独自行动	对群体性事件观察	黎庆洪案法律顾问团、律师观察团	媒体	25人法律专家顾问团、41人律师观察团	提供法律建议，召开专题研讨会，向媒体发表准确得当的咨询和表态意见
	对社会问题调查	富士康网友观察团	媒体、企业	从事人力资源管理2人、工人5人、法律工作者2人、教师1人	向媒体拿出调查报告或进行专题研讨

（一）民间观察团协商参与的现状

民间观察团按照政府的邀约程度及观察团的成立性质分为三大类：①政府主动邀请成立，政府领导；②征得政府同意成立，与政府合作；③独自成立，独自行动。根据观察的对象及内容又具体分为：①邀请民间观察团参与政府及各项公共事务观察，包括对公共事业建设的观察和建议、参与政治事务的监督和建议，以及参与民主选举的监督；②邀请民间观察团参与媒体组织的公民与政府对话会；③邀请民间观察团对社会群体性事件进行观察；④专家学者或者律师自发组成的民间观察团经得政府同意进行观察，包括网络问政和对于群体性事件的观察等；⑤专家学者或者律师自发组成但没有与政府或当事部门进行具体合作，包括对群体性事件观察与对社会问题调查。

通过案例内容我们会发现，民间观察团的实施领域主要分为三大块，一是政府主动邀请并指导组成的观察团，这些观察团成员来自各行各业，包括法律学者、律师、教师等，他们的任务就是在政府的指导下，对公共事业建设的进展情况、运行情况进行观察、监督，并提出建议。二是对于公共突发事件或者群体性事件中出现的矛盾及问题，政府主动邀请社会专业人士组成观察团或者调查团，组成人员身份也较为多样，包括教师、律师等。目的是协助政府深入一线调查问题实际情况，以第三方身份拿出客观公正的报告，在政府与民众之间建立沟通的渠道。三是民间专业人士针对社会突发事件或群体性事件而自发成立的观察团，组成人士身份较为单一，主要是学者、律师及媒体记者等。这种模式中观察团以独立第三方身份参与观察相对受外界干扰少，得出的结论更客观真实。但也存在其与政府联系缺乏、分析能力不足以及观察方式不恰当等问题，难以给出更为周全和有说服力的结论。2013年以来，政府主动邀请市民或者专家组成的民间观察团相继出现，积极促进民众参与观察社会建设、政府政务以及民主选举等问题。民间观察团的形式也开始变得多种多样，包括对于保障房、敬老院、道路整修等公共事业的监督，也包括对于政府行政作为的监督。而且这种观察的范围和深度逐步向民主政治方面拓展，表现了党和政府积极接受民众监督的决心。

（二）改进民间观察团参与协商治理效力的措施

民间观察团的问题还不止于此，应该进行更为全面、客观和深层次的分析，拿出更为可行和科学的建议，还需结合现实的制度环境和政策背景进行综合考虑。主要包括以下几个方面。

一是建立党政机关与民间观察团的工作交流机制。民间观察团定期向党政机关提交观察记录，对于发现的重点问题要及时报备，必要时提出合理的建议。党政机关应将分析民间观察团的观察记录、提出的问题及建议作为重要的工作任务。主管领导要回应民间观察团提出的问题，并在限定时间内要求相关部门协助解决问题。党政机关还可聘任民间观察团成员进入党政机关的法律顾问团，或者借调观察团的成员担任信访部门、调解委员会等部门的相关兼职人员。党政机关在政府购买社会服务中还可设置对于民间观察团的购买服务，将购买服务所需经费纳入政府预算，建立政府与民间观察团的常态化合作机制。

二是建立民间观察团对于党政机关、国有企事业单位等的监督、咨询、审核、辩论等机制。民间观察团对于政府的重大决策、重大项目具有知情权和参与权，通过听证或者参与预算的方式对这些重大任务进行监督，并且对于党政机关的行为、国有企事业单位的公共建设项目具有监督和建议权利。党政机关不仅应将部分或相应职责内的任务交给民间观察团，而且还应积极寻求民间观察团的建议咨询等，并接受其质询。法律顾问团和民间观察团都应成为党政部门的政策建议来源，二者的建议将与政府部门的决策形成互补和相互牵制。

三是建立民间观察团对于社会和政治环境的预警机制、检测机制、评估机制、报告机制。民间观察团对于社会危机事件发生情况的观察，可以作为政府判断社会是否稳定的依据。政府可以将观测社会稳定、政府廉政、治理绩效等工作交给民间观察团完成，必要时通过政府购买服务为任务提供经费，民间观察团有了制度保障和经费支持，应定期提供对于相关政府和社会观察项目的检测报告、评估报告，建立相应的向政府报告的机制，政府也应建立相关的反馈机制。

四是政府要获得更为全面的民意信息，需要将法律顾问团和民间观察团都作为政策咨询和建议反馈的重要来源。在政府分别与法律顾问团和民间观察团建立联系机制的情况下，在法律顾问团和民间观察团之间也应建立相互交流机制。法律顾问团在服务政府法律事务之前，应该首先征询民间观察团的意见和建议，并以其作为向政府建言的重要参考依据。民间观察团也应该积极吸纳法律顾问团成员进入民间观察团交流学习或者担任兼职，必要时法律顾问团成员要参与民间观察团的观察活动。

三、社会组织参与行业协商

行业协会商会等社会组织参与各种会议、评议、监督以及建言献策、决策等，通过协商的方式，形成行业和社会共赢的联合机制，建立与政府沟通的渠道，打破政府的行政隔阂，推动政府管理方式转型，能够促进行政审批改革，促进严格执法。行业协会商会参与协商治理具有积极的作用。

一是规范行业协会商会从业行为，推进行业协会商会社会责任体系建设。行业协会商会加强自律机制建设的同时，还应从更高的社会责任层面强化要求力度。自律是微观的行为自觉，而社会责任是更为高远的宏观理想信念，社会责任虽然不同于法律约束，但它同样是外部制约机制，而且这种机制更能体现行业协会商会的道德性，是外部的道德性规范约束，是超出法律所要求的基本社会义务的更高道德追求。例如，中国工业协会经济联合会等 11 家行业协会联合发布《中国工业企业及工业协会社会责任指南》等，对于引导行业协会商会承担高尚的社会责任具有重要推动作用。

二是加强行业标准的建设，为对政府相关部门的监督提供指标参考。在我国企业界，各种新的产品不断出现，很多产品由于缺乏及时的政策导向和管理约束，存在价格、质量、环保等各方面不规范的问题。因此作为行业协会商会，在本行业领域应该积极跟踪新产品的研发、生产和销售情况，针对新产品的性能、规格、型材、名称及时制定行业标准，防止行业内不法分子的造假、制假行为，以免对新产品的未来前景造成不良影响。通过制定行业标准，能够提升整个行业的产品质量和促进创新发展，同时也能够维护消费者的利益。再者，通过社会组织的协调协商，还可以建构和谐的劳资关系，其中的工资集体协商是重要的案例。《中华人民共和国劳动法》《中华人民共和国工会法》《工资集体协商试行办法》均鼓励政府、企业及社会组织参与集体协商，解决工资问题。

三是推进政府机构改革，建立高效廉洁的政府机制和文化。首先，繁杂的行政审批是企业、行业发展的障碍，为了提升政府办事效率，优化政府职能结构，推进经济快速发展，应积极推进行政审批制度改革。其次，提高政府效能，在行政项目实施中，积极采纳行业协会商会及其他社会组织意见，并将这些禁令和效能措施运用到社会组织办事制度中，包括办事公开制、首问负责制、限时办结制、引咎辞职制。最后，积极推进政府向社会组织转移职能。行业协会商会应积极建言献策，改革试点以及引入人才，推动革新，制止行业间恶性竞争。

四是减少行业霸王条款，营造风清气正、公平合理的贸易环境。行业协会商会企业之间的不平等已经成为学界关注的现实问题。很多行业协会商会名义上是维护行业利益，实际上维护的是几个大利益集团的利益，小的公司或私人部门很难在这些协会商会中占有一席之地。当然，也有一些普通企业，为了获得更大利润，联合起来，制定行规，私定产品价格，阻碍其他企业进入流通领域，进行不公平竞争。据清华大学 NGO 研究所王名教授等调查，"在 48 家利益代表类全国性社团中，有 27 家社团是为优势群体服务的，有 17 家是为中间群体服务的，只有 4 家是为弱势群体服务的"（王名等，2001）。行业协会商会参与行业协商的案例见表3-4。

表 3-4　行业协会商会参与行业协商案例

协商类别	案例	主体类型	协商目的	影响程度	决策阶段
规则协商	2008 年，11 家全国性工业协会联合发布《中国工业企业及工业协会社会责任指南》	行业协会	自律	决策型	形成
	2011 年，中国家电协会制定《中国家用电器协会行业职业道德规范》和《中国家用电器协会行业自律惩戒制度》	行业协会	自律	决策型	形成
	2011 年，中国施工企业管理协会制定《关于加强工程建设企业自律工作指导意见》《中国施工企业争议处理规则》	行业协会	自律	决策型	形成
政策协商	2008 年，国务院国有资产监督管理委员会协会办随机选取委管协会进行调研，获取了大量政策建议	行业协会	建议	调研型建议	提交
	2013 年，全国性行业协会商会代表行业和会员企业向政府部门提出政策建议 1729 项，被采纳 912 项	行业协会	建言	建议型	形成
	2013 年起，上海市规定市政府重要工作会议均邀请评估等级为 5A 的行业协会秘书长列席	行业协会	建言	建议型	形成
立法协商	2023 年，中国物流与采购联合会发布中国采购经理指数	联合类社会团体	标准	附带表决权	执行
社会协商	2011 年，和谐贵阳促进会动员民营企业家、宗教团体负责人参与社会矛盾化解	联合类社团	治理	建议型协商	反馈
	2022 年，铜陵市企业家联合会与市人社局、总工会建立三方劳资协调机制	联合类社团	维权	建议型协商	反馈
	2023 年，郑州市出租车行业协会主动参与政府与出租车司机的协商	行业协会	维权	建议型协商	反馈
行业协商	2006 年，河南省工业经济联合会组织指导行业协会撰写《2006 年度行业（产业）发展报告》	行业协会	建议	调研型建议	形成
	2010 年，广东省食品行业协会联合广东省医药行业协会发布《广东省食品医药行业社会责任》	行业协会	标准	附带表决权	执行
	2013 年，中华全国工商业联合会美容化妆品业商会起草《美甲机构服务规范》提交商务部流通司审定	行业协会	标准	建议型	形成
	2013 年，全联环境服务业商会向国家发展改革委提出《关于设立国家环保基金的建议》	行业协会	报告与建议	建议型	形成
	2014 年，石油业商会向国务院提交《关于尽快放开原油、成品油进口限制，促进石油体制改革的报告》	行业协会	倡议	建议型	形成
	2018 年，中华全国工商业联合会美容化妆品业商会就《化妆品卫生监督管理条例（征求意见稿）》提出建议给国家有关部门	行业协会	建议	建议型	形成
	2020 年，中华全国工商业联合会美容化妆品业商会起草提出《关于减免美容化妆品修饰类消费税的提案》	行业协会	提案	建议型	形成

续表

协商类别	案例	主体类型	协商目的	影响程度	决策阶段
决策协商	2011 年，浙江省自行车电动车商会协商制定出台《浙江省电动自行车管理条例》	商会	起草	决策型	形成
	2015 年，浙江省皮革行业协会制定《浙江省对德出口皮革及制品有关管理规定（草案）》	商会	起草	决策型	执行

行业政策的制定需要与政府积极沟通，因为政策不仅涉及本行业的发展需要，而且对当地经济社会发展统一规划有着重要的作用。由于各级人大代表和政协均有行业商会成员，这就会出现政策制定中由各自企业的人大代表和政协委员的多寡造成的在不同企业间政策红利分配的不同。同时不仅不同企业之间存在政策利益争夺，而且在政府和企业之间有时也会产生复杂的利益博弈，此时就需要行业协会出面，代表企业与相关政府部门进行协调，或者通过法律途径帮助企业走出困境。

四、社会组织参与听证协商

在环保组织参与的环境治理的形式中，有的是通过政协提案，有的是通过热线援助，有的是通过法律官司，还有的是采取检举投诉等，这些方式在某种程度上对于我国的环保事业，尤其是事关自然保护和人民重大健康利益的决策修正和制止企业污染起到了积极作用，但是通过单方面地与政府或企业进行对话谈判甚至采取法律途径解决问题，环保组织力量薄弱、影响有限，因此环保组织积极寻求新的诉求途径。我国社会组织参与环保领域的协商治理案例如表 3-5 所示。

表 3-5　我国社会组织参与环保领域的协商治理案例

协商类别	案例	协商目的	影响程度	决策阶段
信访协商	1995 年，"自然之友"就可可西里藏羚羊保护问题向主管领导写信	环保	建议性	执行
提案协商	1997 年，"地球村"向全国人大和政协提交垃圾分类的提案	环保	建议性	提议
	2003 年，"自然之友"、"地球村"环境文化中心沟通圆明园污染问题	环保	建议型	反馈
	2003 年，经过北京"绿家园"和"云南大众流域"的呼吁和推动，中央做出了搁置怒江大坝工程的批示	环保	建议型	执行

协商类别	案例	协商目的	影响程度	决策阶段
媒体协商	1998 年，"自然之友"参与协商长江上游原始森林保护问题	环保	监督型	执行
	2014 年，绿色浙江举办"吾水共治"圆桌会	环保	监督型	执行
法律协商	1999 年，中国政法大学法律帮助中心开通污染受害者法律咨询热线	维权	诉讼型	执行
	2005 年，温州市养殖户起诉龙湾区环保局行政不作为	维权	诉讼型	执行
	2005 年，中国政法大学污染受害者法律帮助中心支持福建省屏南县农民胜诉	维权	诉讼型	执行
	2014 年，中华环保联合会起诉无锡市蠡湖惠山景区管理委员会损害生态环境	维权	诉讼型	执行
网络协商	2002 年，环保民间组织"绿网"阻止了北京顺义湿地开发高尔夫球场的商业计划	环保	诉讼型	执行
社会协商	2010 年，云南省大众流域管理研究及推广中心和全国其他数十家民间组织与监管机构进行对话	环保	建议型	执行
民意协商	2005 年，中华环保联合会针对国家制定"十一五"环保规划向中央提出建议	环保	建议型	提议

然而这些案例大部分还是社会组织通过向政府建言献策或者通过法律诉讼等程序参与，影响面不够大，缺乏公众的积极参与。对于如何将公众纳入进来，并且顺利将维权活动与政府程序接轨，赋予维权活动合法性的问题，听证会的实施是一个很大的进步。就听证会的实施领域来说，听证会主要是针对行政决策和行政行为进行的事前或者事后的当庭论证、旁证以及辩证。通过听证会实施前的信息公开，公开召集公众和社会组织申请听证资格，在听证会上听证代表以建议、陈述、举证以及质询、质辩等方式与相关方互动，通过听证的严谨性论证和举证，保证被听证事项及相关问题得到妥善处理，避免决策制定的不科学、不民主，防止执行方不作为、假作为或者滥作为的现象出现。听证有两类：一是一般行政事务中的听证，如各类行政许可、行政处罚中的听证；二是重大事项的听证，包括立法听证和重大决策（无论是人大还是政府行政机关）听证。尽管地方各级人大、政府机关制定的听证规则数以百计，但多是有关行政许可、行政处罚的，涉及立法和重大金额的相对不多，适用于全国的听证程序规则，尚在酝酿中（李楯，2015）。

（一）社会组织参与听证的可行性及存在问题

国家的法律法规设置、政府推进改革的积极性以及社会组织的责任意识和参与能力等都为社会组织参与听证提供了很好的客观条件。环保民间组织成立的目的是维护环境可持续发展，为政府建言献策。因此环保民间组织是从社会建设角度参与听证的。在与政府及企业进行对话的过程中，环保民间组织利用专业知识和法律武器，通过对话机制和程序展开，避免对话升级为争论甚至对峙，环保民间组织的专业性将有助于问题的解决。环保民间组织具有团结、合作、博爱的理念，这些理念也引导社会组织在对外交流和活动中秉持理性科学的态度。据调查，在与政府的关系方面，95%以上的环保民间组织遵循"帮忙不添乱、参与不干预、监督不替代、办事不违法"的原则，寻求与政府合作；61.9%的环保民间组织认为拥有与政府直接沟通的正常渠道；64.6%的环保民间组织选择与政府合作；在和污染企业进行交涉时，环保民间组织最常用的方式是向政府部门反映，占68.6%。[①]采取诉讼等法律途径或集会、抗议等方式的很少。

然而，我国社会组织参与听证的实践案例偏少，社会组织参与听证存在公开性、透明度以及参与度不高的问题。一是社会组织参与听证的涉及面较窄，大多是就与社会组织自身有关的问题领域听证，介入公共事务的机会还较少。二是参与听证的公开性不够，难以影响公众并接受公众监督，从而导致听证效果有限和听证结果的落实度较低，甚至听证"夭折"。三是很多问题争议没有进入听证程序，没有经过听证的争论和呼吁，缺乏合法性支持，也很难上升到政策层面。四是社会组织参与听证的相关法律和政策支持还存在很多不足，限制了社会组织参与的机会。

（二）总结及建议

基于以上讨论，笔者就社会组织参与听证协商提出如下建议。

第一，将社会组织及社会公众参与环境保护相关听证纳入正常渠道。建立听证前的广泛宣传制度，建立社会主体进入听证的便利渠道，设置科学选择听证参与人员的制度，建立听证过程中的社会组织及公众参与的任务和规则，建立参与听证人员与相关责任主体部门的沟通对接机制。

第二，听证应该严格符合其基本原则，听证各方意见的最后结果应在政策制定中得到很好的体现。听证不同于其他听取意见的方式，如座谈会、论证会，最大的区别在于公开性，听证人的选取都是公开募选，会议也是公开的，允许记者采访，允许公众旁听。尤其是适当安排部分旁听者，他们虽不参与直接辩论和举证，但可以作为证人，保证听证的严肃性和公开性。另外

---

① 中华环保联合会. 2006. 中国环保民间组织发展状况报告. https://www.docin.com/p-2487849434.html[2008-04-12].

听证应该由意见双方各自举证，必要时可展开辩论。再者听证中获取的信息应该具有约束力，尤其是在立法听证中，应该作为立法的重要依据。

第三，听证协商制度还应与人大制度、政协制度以及司法制度相对接。在我国，听证制度在行政领域和立法领域已经初步实施，并取得了很好的成效，应该进一步将这一制度与其他相关政治体系进行联通。2011年起，浙江温岭民主恳谈会的实施中，开始将经过公众代表集体讨论的预算交予地方人大会议审议，从而与人大制度进行了对接。听证还可与政协会议进行对接，经过听证形成的方案，如果不能很好地解决问题，或者这种问题涉及面广，需要较长时间处理，应该将其形成提案提交政协会议进行进一步讨论。

第二节　治策型社会组织协商问政

社会智库在社会组织类别中是直接服务于党政部门和社会公共部门决策建议的一类。这与社会组织参与协商民主的目的、宗旨相一致，因此我们称社会组织中以协商目标为诉求的社会智库为协商目标端。在社会组织界别协商设置中，最有资格也最能代表且能实现社会公共利益的当属社会智库。社会智库参与政策协商的路径层次分为问政、议政、参政三个方面。问政是最初级的参与方式，参政是最高级的参与方式。参政意味着能够参与决策制定，因此是社会智库参政的最高层次。从发展情况来看，我国社会智库参与政策协商的层次还基本处于问政和议政层面。相比较官方智库与高校智库而言，社会智库政策建议能够进入高层或者被政府决策者采纳的很少，某些社会智库的建议虽然也成为政府参考的信息资料，但是落地成文的却非常少，大多数社会智库建议仅停留在诉说阶段。纵观西方发达国家智库参与政策制定程度的演进，从初期的学术呼吁到最后的政策制定，同样经历了漫长的过程。从世界智库发展总体历程来看，我国社会智库目前的发展阶段仍以学术研究为主，议政、问政参与力度不够，影响不大。

一、社会智库参与政府决策的作用与机制

（一）社会智库参与政府决策的新时期功能诉求

为了使自己的建议影响政府决策导向，社会智库在没有传统官方沟通渠道和体制资源保障的情况下，只能另辟蹊径挖掘优势。

一是具有技术优势，如零点研究咨询集团、安邦智库等。这些社会智库积极开拓新技术研发领域，关注社会热点难点问题，尤其是政府迫切需要，又难以完成的第一手调研资料及分析报告。

二是可利用媒体中介推进。新媒体、自媒体以及全媒体不断发展升级，技术带来超乎想象的影响力，大量资源迅速并高效传播到有需求的人群，对应的人群对于技术的适应度也不断提高，新的受众群体不断涌入，并产生新的问题和思想动态。南方民间智库联合奥一网开发的网络问政，将民间智慧与政府决策进行了沟通联合，四川民间智库利用网络征集民间建议和观点并通过报刊资源传导至政府决策部门。重庆市智库发展研究会则利用杂志社的学术资源优势，将期刊的学术资源与重要政府部门的官员或者研究人员聚集于智库平台。影响较为突出的社会智库大多数创办了自己的网站或者开通了微博、微信公众号等。有些社会智库创办了自己的期刊，在国内外公开发行的有中国战略与管理研究会的《战略与管理》、中国太平洋学会的《太平洋学报》等。另外，作为内参发放到政府官员手中或者相关学者手中的刊物也非常多，如全国政协外事委员会主办、察哈尔学会承办的《公共外交通讯》（后改名为《公共外交季刊》），还有些社会智库通过电子杂志的方式将建议报告传达给政府决策者和受众群体。

三是可利用成员自身的意见上传渠道。社会智库的创办者有的兼任政协委员、人大代表和党代表，有的担任青联委员和各种人民团体的重要职务，使得他们可更便利地将智库的建议观点按照各自渠道上传给政府领导。

四是具有接地气的优势。社会智库来自民间，其成员都有较深厚的民间思想情结，语言风格平实朴素，较为接近大众口味。社会智库思想可能较为独特甚至带有非主流色彩，但是却代表着背后众多的相应利益或观念群体。这种政治生活化和生活政治化的研究发展路径，能够很好地将民间的理念借助智库媒介发扬光大。当前出现了众多不出名、规模小，却标新立异的民间草根智库，其影响不断扩大。社会智库不限于与政府的直接合作，它分散于民间，影响民间，自我管理、自我创新、自我服务，最终改变自我和影响自我，并间接地影响政府决策。

五是可利用市场的作用。官方智库与大学智库靠财政资助，并且受到政策法规的严格限制，行走在制度轨道，是非营利、非市场的运营模式。社会智库大多是民办非企业，不以营利为目的，自负盈亏、自收自支，与官方智库形成对比，它的运营模式更加多样化、灵活化。市场化的运营模式不仅为社会智库带来资金收入，同时市场化的运营理念切合时代发展需求，其研究政策的技术、方法、理念以及模式都较切合实际，聚焦难点，方案可行，市场化的运营模式也迎合了社会的发展趋势，紧跟社会基础演变脉络，提出与改革开放契合的理念思路。

六是为政府决策提供智慧支持。各类社会组织经过民政部门注册、国家法律法规的认可，在允许的范围内合法运营。社会组织遵守党的政策方针，拥护国家统一，坚持中国特色社会主义道路，这些政治和法律优势使得社会组织较之于分散且难以规范认定的公民个人有着明显优势。社会组织又因组织化形式，是各自领域的同类同业者的联合聚集，有组织，有纪律、有章程。并且社会组织是因共同利益，或者共同目标以及共同爱好组成的专业化、知识性、技术性的组织形态，相比较独立的且水平参差不齐的公民个人，行为方式和行为能力有巨大不同。组织化、专业化和诉求取向的组织模式将对政策制定形成可见的影响。社会智库作为社会组织中的政策研究机构，在参政问政的政治活动中，起着专业的独特的作用。我国政府已经深入开展政府购买社会组织服务工作。社会智库也成为党政部门购买服务的对象。一般来说，社会组织承接政府购买服务，基本涉及的是经济和社会实务的执行，无关政策导向，而社会智库承接政府的政策建议服务，则打破这一形态，在决策制定环节引入社会声音，带入社会智慧资本，可为政府智慧决策提供重要的资源支持。虽然大多数政府购买社会智库的决策建议限于解决经济调查、发展规划以及设计等技术性问题，但这不妨碍随着民主制度的配套发展和政治体制的改革进步，社会智库参与的政策服务领域将对有关政府决策方针产生积极影响。

七是作为第三方具有客观立场优势。事前论证与评估虽不是决策程序中所采取的前置定论，但是论证与评估往往极大影响决策者立场态度，事后评估也是政策是否持续、政策进一步实施方向的重要依据。因此在政策过程中，第三方的科学论证与评估是确保政策制定并且顺利进行的重要环节。社会智库由于客观独立，方法先进科学，代表普通大众利益，因此得出的第三方论证评估较为科学、可行。

（二）社会智库参与政府决策的环境要素干预

从公共政策论证、制定、执行及调控过程来看，整个政策过程系统的"自闭性"特征仍比较明显。政府凭借制度优势在政策过程中处于一种权威地位，主导着政策对于资源的配置。社会智库参与政策制定的制度建设滞后，参与的制度化和法治化程度低。相比之下，官方智库不但传递意见渠道畅通，也会比较及时地得到高层反馈。据国务院发展研究中心官网提供的数字，2012 年中心报送各类研究报告 572 篇，党中央、国务院领导同志对其中 145 篇报告做出批示 271 件次。相比之下，民间智库的声音就不是那么容易反映到决策层[①]。中国（海南）改革发展研究院虽然是一家社会智库，但与其他社会智库不同的是，它的性质及运营模式都带有较强的官方色彩，多个提案被相关政府机构采纳。1992 年，中国（海南）改革发展研究院实行"事业机构，企业化管理"的改革方案。在 1991 年至 2016 年的 25 年间，中国（海南）改革发展研究院提交决策层 200 余份政策或立法建议，考察报告 80 份，改革调研报告 500 份。中国（海南）改革发展研究院提交的部分提案和建议如表 3-6 所示。

表 3-6 中国（海南）改革发展研究院提交的政府提案和建议

类别	建议名称	采纳情况
发展改革规划	《"十二五"时期经济体制改革总体思路研究》 《市场决定资源配置基本格局形成的改革行动——"十三五"经济体制改革的目标与任务》	国家发展改革委发展规划司采纳
	《长株潭城市群两型社会综合配套改革总体方案建议》	湖南省人民政府采纳
	《海南国际旅游岛政策需求与体制安排》 《海南省中长期人才发展规划纲要（2009—2020 年）》 《海南省城乡一体化体制机制与政策研究》	海南省人民政府采纳
	《实现海洋强省目标的行动方案》	海南省渔业厅采纳
	《中国人类发展报告》	联合国开发计划署采纳
	《广东省基本公共服务均等化规划》	广东省人民政府采纳
	《珠江三角洲地区基本公共服务一体化规划》	广东省人民政府采纳
	《湘潭市"两型社会"建设综合配套改革试验总体方案建议》	湘潭市人民政府采纳
	《推进消费主导的经济转型与改革的建议》	全国哲学社会科学规划办公室采纳
	《机构编制法制化研究报告》	中央机构编制委员会办公室采纳
	《关于建立"西咸新区国家史文化特区"的建议》	陕西省人民政府采纳
	《"中国国有企业债务问题"的政策建议》	国家经济贸易委员会领导重视
	《以建立国有控股公司为重点深化国有企业改革》报告	国家经济体制改革委员会采纳
政府体制改革	《"十一五"时期政府行政体制改革的七点建议》	在召开的省级座谈会上受到重视
	《提出以行政管理体制改革为重点推进新阶段的全面改革》	在全国政协会议上受到重视

---

① 彭静. 2013. 中国智库如何参与改革决策：一些内参可以送到中办、国办. http://www.gdnews.gov.cn/show.asp?id=17644[2013-11-11].

续表

类别	建议名称	采纳情况
金融改革	《在中央银行的独立性、货币政策工具等方面提出政策性建议》	国家经济体制改革委员会、中国人民银行采纳
	《"走向可兑换货币"研究报告》	中国人民银行采纳
	《以解决不良债务为重点加快商业银行体制改革的建议》（30条）	原国家计划委员会领导组织讨论
	《在经济快速增长中有效地抑制通货膨胀的五十条建议》	被国家有关部委政策采纳
农村改革	《尽快实现农村土地使用权长期化的政策建议》	国务院原副总理作了批示
	《农村土地使用权立法的建议》	部分内容被立法采纳
	"农民土地使用权立法再建议"（15条）等成果	在立法起草过程中起参考作用
	《推进城乡协调发展》（12条建议）	相关领导批示有参考作用
区域改革	《中国（海南）改革发展研究院进行"广东率先实现基本公共服务均等化"方案设计》	广东省委原书记批示
民生	《推进我国民间组织健康有序发展》（16条建议）	民政部采纳

另外，社会智库本身也缺乏参与决策的能力与素质，表现为社会智库面对公共舆论缺乏应有的自主性，甚至为了获得政府和媒体的关注，过度采取商业化和市场化的操作形式，夸大事实，以赢得市场份额。有时社会智库在自身发展的压力下或者在自身没有得到重视的情况下，往往带着情绪化的心态分析问题，使研究成果不具建设性甚至给社会提供了非理性的认识趋向。社会智库参与的部分改革实验如表3-7所示。

表3-7 社会智库参与的改革实验

政府部门	社会智库	参政项目	影响
国家发展改革委等部门	ZG改革研究院[①]	共同研究全球化对外交政策制定的影响	与国家发展改革委等部门进行合作研究，介入能源安全、气候变化、环境政策、地方政府和有关社会问题
国家发展改革委等部门	GJ战略基金会	加强中美关系管理研究	—
民政部	JZ研究所	2000年3月与民政部签订了为期三年的"规范村委会选举程序"的项目合作协议	在吉林、福建、湖南、陕西建立村委会选举计算机信息系统，多次举办村委会选举官员培训班和村务管理培训班，参编《中华人民共和国村民委员会选举规程》和"当代中国农村选举与治理观摩丛书"

续表

政府部门	社会智库	参政项目	影响
民政部基层政权和社区建设司农村处、天津市人民政府	FT 基金会	《中华人民共和国村民委员会组织法》	协助多个省份进行 1987 年版《中华人民共和国村民委员会组织法》实施方法的确立工作
民政部	JZ 研究所	观察村庄选举选举培训	1994 年以来，已经在 10 个省份观摩了 50 多场村庄选举，并且在选举规则和程序方面提出了许多具体建议
外交部等	JZ 研究所	向政府提出具体的政策和立法建议	每年发布 5000 本白皮书，发放给商务部等相关政府机构；参加中美商务理事会经贸座谈会，向中国商务部递交一份完整的"直销立法"草案

注：为方便行文，表格中的社会智库名采用了字母简写，余同。

（三）社会智库参与政府决策的机制优化

政府决策制度发展的步伐从未停止，中央历来重视对国家决策体制与机制的完善与改革，尤其是在国家社会事务增多及复杂多变的情况下，未来社会发展转型带有不可预期性，社会智库的参与为改革和发展带来了新的力量。因此，应不断优化社会智库参与政府决策的机制。

（1）健全社会智库参与决策机制。社会智库参与政府决策的渠道过于狭窄，大多数社会智库处于"场外"观望与徘徊的状态，很难直接进入政府场域参与讨论，其主要成果形式限于出版刊物、举办会议、发表演讲、参与课题等，而制度程序内的参与形式还不健全，应积极规范和增加社会智库在政府听证、法院旁听、无党派人士座谈以及政府规划工作之中的参与，尤其结合社会主义协商民主制度，在原有界别和代表基础上，增加社会智库参与的机会，使其在党代会、政协会议、人大会议中占据一席之地，甚至在中国共产党、民主党派以及各人民团体中增加社会智库的名额。另外，社会智库决策内容或者领域也应扩展，除了经济或社会问题之外，可以适当增加政治、国际关系甚至军事问题。拓宽智库制度化参与渠道，增加社会智库直接参与政策过程的制度供给，加快参与政策过程的配套制度建设等。

（2）建立社会智库信息处理和公开机制。我国社会智库由于现阶段主要进行学术研究，往往聚焦专门领域，存在很大的局限性，如参政信息源相对较少。加之社会智库处于各自发展的状态，其研究工作缺乏沟通交流，研究成果或大体一致，或明显冲突，从而限制了社会智库之间的资源共享，使得本就资源缺乏的情况雪上加霜。因此，应建立一个多方智库大数据信息系统，发挥"互联网+"效应，将收集的信息发布出来，研究的成果也及时公布，从而实现资源共享。

（3）建立多元互动合作和沟通交流机制。通过合作，实现社会智库与其他部门的"交叉授粉"或"旋转门"效应。在人员交流与培训、资源共享以及社会活动共同举办等方面建立充分的互通机制，打破行政或社会隔阂，在信息档案、公共计划、预算设计等方面提前做好准备工作。其中，政府可以作为整体决策和规划以及合作工作的总指挥，负责全面统筹。社会智库则凭借其组织优势、技术性优势和专业优势，在其中担当纽带角色。及时把社会对政治系统的诉求、愿望和意见综合起来，通过公开论证、批评建议、解释解读以及倡议引导等方式直接或间接参与议题的设计和扩展，监督并帮助政府形成合乎民意的政策，而且能通过公益创投、委托实施、志愿服务等方式把政府的政策意图和对相关问题的处理意见传达给其他社会主体，把公众对政策的看法再反馈给决策者，形成政策制定与执行的良性循环。

二、我国社会智库治策路径比较

（一）社会智库治策技术路径比较

1. 按营销手段划分

按营销手段划分的不同社会智库治策路径如表 3-8 所示。

表 3-8　按营销手段划分的不同社会智库治策路径

营销手段	智库代表	营销载体	营销渠道	营销路线	营销对象
市场化	DJ 经济观察研究中心	网站、会议等	企业咨询、公共服务	从市场中来，到市场外去	企业、民众、政府
学术化	JG 研究中心	网站、杂志、书籍《中国基层民主发展报告》等	公共思想知识传播	从民间来，到民间去	民众、政府、知识分子
政府委托	C 外交学会	内参《公共外交季刊》、政府项目合作、国际交流	决策内参、政府购买	从政府来，到政府去	政府、知识分子
商业化	ZG 研究会	项目开发（医药、航空公司）、杂志、网站等	企业咨询	走到国外去，从外又引进来	企业、政府、知识分子、国际外交

续表

营销手段	智库代表	营销载体	营销渠道	营销路线	营销对象
专业化	LD 咨询集团	（指数）新闻发布会、企事业项目合作（社会管理、金融风险等）等	企事业单位购买	国内与国外同步进行，认证与研究同步提高	企业、事业单位
政策化	QY 研究院	内参《国家智库》、书籍《中国特色社会主义》等	政府参考、知识传播	从学者来，到政府去	政府、知识分子
民间化	NF 民间智库	网站、会议等	政府咨询	从民间来，到政府去	民众、政府

按照智库的政策成果的产出与营销的方式以及营销的目标群体，主要分为市场化、学术化、政府委托、商业化、专业化、政策化和民间化等类型。不同治策路径各自有着一套谋生之道，也有相应的困难和不足。北京 DJ 经济观察研究中心，虽然被划为"经济"范畴，但是其发布的文章内容却有关于文化、生态、社会、政治等各个领域的深层见解和独特观点，这种挂着"市场化"头衔，而进行思想传播的治策路径，实际上是为了使自己的见解更好地走出去，并影响高层。C 外交学会和 QY 研究院，二者都与政府建立了密切联系，包括智库受政府委托的主要课题，以及很多活动也都围绕政府的需求展开。这种治策方式使得智库的成果容易被政府采纳，也容易融入主流。LD 咨询集团则采取中间道路，只出对市场和社会发展的客观评估指数，这种数据报告客观真实，难以复制，有很高的技术含量并且具有较高的参考价值，比起专门的理念说教更能被相关参考者接受。在当前智库资金、渠道、人才短缺的情况下，ZG 研究会则走出了一条更为实际的道路，它通过为商业公司出谋划策甚至参与经营的方式获得资金来源，也通过这种商业化的方式与大批商界人士和政府人士建立了联系，在商业这个"非政治"行为方式的包装下，进行智库价值观念的输出。NF 民间智库与以上智库有着不同的生成和发展路径。南方报业传媒集团利用媒体优势与政府共同打造了这个智库平台，政府提供了政策、资源和平台，但是整个智库的运作等基本上依靠社会专业人士完成，智库之外是广大的网民互动参与。因此NF 民间智库是"政府建，民间做"的方式，达到了很好的社会效果。

2. 按区域分类

按区域分类的不同社会智库治策路径如表 3-9 所示。

表 3-9 按区域分类的不同社会智库治策路径

区域	主要代表	特征描述	营销重点	营销对象与渠道
华东	山东：GZ 中心； 江苏：YR 智库； 浙江：WZ 民间智库； 上海：HX 社会发展研究院、FK 智库研究所、HD 经济研究院、HF 法经研究所； 福建：WL 网研究院	华东地区民间智库发达，主要集中于上海。山东和江苏民间智库以宏观问题研究为主，浙江和福建民间智库以行业类为主	区域和地方经济社会发展； 起步早，经济意识强，受政治因素干扰小	政府部门、企业部门或行业部门； 通过咨询、建议方式传递信息
华北	北京：SJ 教育研究院、ZQ 智库研究会、ZG 研究会、LD 咨询集团、DJ 经济观察研究中心、GJ 经济交流中心； 河北：C 外交学会	华北民间智库在我国（不含港澳台）最为发达，主要集中于北京，以国家和国际宏观类研究为主。独立类、民办官助类形色各异	服务与对接国家重大经济政治外交事务； 与国家政府、政要、高校合作甚至交叉服务明显	国家部委，在京政府部门，行业领域对策； 通过研究、报告或者兼职、嵌入等方式
华南	广东：NF 民间智库、ZH 综合开发研究院； 海南：HN 改革发展研究院	华南民间智库较发达，且务实。但占比较小，相关资料公开不足，其政策类研究机构主要见于高校	服务企业、社会民意声； 经济、企业、培训意识浓厚	政府部门、企业部门； 通过民意调查与分析咨询方式
华中	湖北：QR 智库； 河南：DC 经济研究中心； 湖南：ZP 董事会	华中民间智库处于发展期，以研究本区域特色为主，全国影响力不大	对接地方，服务地方，强烈的中部崛起意识； 区域经济发展和省级合作意识明显	政府机构、高校机构、私人业务； 通过多元联盟，多元服务的方式
西南	重庆：CZ 发展研究会； 云南：GC 智库； 四川：TF 问计智库	西南民间智库发展较晚，草根化及地方色彩浓厚，影响力不大	伴随地方经济发展，服务地方发展； 地方意识明显	政府机构、行业领域、文化部门； 体制内外结合度较高
西北	陕西：YX 经济； 宁夏：SJ 文明研究所； 新疆：ZY 智库、JW 智库	西北地区民间智库发展势头较好，具有明显的区域特色	强烈的区域发展特色，边疆国际合作意识明显	政府部门、跨区域合作部门； 研究机构依托政策和体制内的研究性产物发展而来
东北	黑龙江：ZE 区域经济研究院	东北民间智库发展滞后，数量不多，且资料难寻	强烈的区域发展特色，边疆国际合作意识明显	政府部门； 跨区域、地方特色的研究机构和渠道依托

　　在中国（不含港澳台）社会智库的版图中，北京和上海位于第一梯队，北京的社会智库侧重政治、经济、文化、生态综合宏观性的研究。在外交、安全、国防等方面也有实力强劲的社会智库。上海的社会智库以经济类研究为主，市场化

和商业气息较浓。海南、山东、四川、浙江、广东等为第二梯队，海南省社会智库整体实力不强，但是有 HN 改革发展研究院这个国内影响力较大的代表，从而拉升了海南的整体表现。山东、四川、浙江、广东没有表现突出的社会智库，但在各个城市或行业均有分布，总体数量较大。其中山东和四川的社会智库虽然出自民间但是带有较浓的政府色彩，也可以从山东和四川两地的改革中看出政府的强力主导作用。浙江、广东的社会智库则带有明显的民间色彩，"因商而兴，因市而活"是两省社会智库生成与发展的背景，很多企业或商人联盟也成立了各自的研究机构，为其争取市场和资源提供智力支持。重庆、黑龙江、新疆、宁夏、陕西、湖南、湖北、河南、河北、江西、安徽、福建等为第三梯队。其中黑龙江、新疆、宁夏、福建的社会智库带有较突出的边疆色彩，研究内容往往涉及与其周边的国家或地区文化交流、贸易来往等。陕西、河南、重庆分别在我国西北、中部和西南地区，独特的区位优势使这些省市的社会智库有着较突出的区域合作的特征。江西、安徽、湖南、湖北、河北等省的社会智库发展不是很突出，除了河北有 C 外交学会外，其他没有突出代表。剩下的则是第四梯队，如贵州、云南、广西、甘肃、内蒙古、吉林、辽宁、青海，这些省（自治区）的社会智库虽有些许，但由于省域经济实力不强，地理位置又不优越，因此规模都不大，但是也表现出浓厚的地域特色，特别是云南、广西、贵州、甘肃等省（自治区）；但有的省份（如辽宁、吉林）经济或文化实力并不低，然而其社会智库发展并不出色，这与该省的国有经济和企事业单位比重较大、社会力量基础较弱有关。

3. 按业务性质分类

按照不同的社会智库的主要业务性质，可以将我国的社会智库划分为试验、规划、课题、评估、研讨、倡导、信息和民意等（表 3-10）。

表 3-10　按业务性质划分的不同社会智库治策路径

业务性质	代表	营销对象	营销内容	营销特点
试验	SZ 研究所 北京地球村	基层政府	政治改革试验	难度较大，阻力较多，渐进式改革
规划	CZ 研究会	地方政府	地方发展的规划建议	难度小，与地方政府及国家发展改革委联系紧密
课题	HN 改革发展研究院	国家部委	承担国家重点问题研究	难度小，与高层联系紧密
评估	LD 咨询集团	企业、行业、政府	实施第三方评估	难度小，独立第三方

续表

业务性质	代表	营销对象	营销内容	营销特点
研讨	ZG 研究会	外交部门、企业	通过交流加强合作	难度小，主要是企业和经济领域
倡导	ZR 之友	企业、政府和民众	通过宣传、教育和研究推动	难度小，对于环保问题国家比较支持
信息	AB 咨询集团	企业、行业	提供信息产品	难度小，产品定制型
民意	TF 问计智库 NF 民间智库 WZ 民间智库	地方政府	采集民间声音，建立民间与政府的沟通渠道	草根路径

业务不同决定了这些智库成果所面对的营销对象、所实施的营销内容以及营销的特点和难度不一样。其中难度最大的是试验类社会智库，它不仅涉及面广、涉及层次深，而且涉及的各种关系复杂。也有例外，如北京地球村的改革试验相对容易些，原因是它善于借助中国传统的文化来传播现代的社会治理理念，具有很扎实的群众基础以及可以满足政府改革的迫切愿望，但毕竟是改革，相对其他类型智库，除了一般任务还要有更多的理念改变和新模式探索。规划、评估、信息等类社会智库因为不涉及意识形态，单纯地只需完成相关部门委托的任务或者客观地分析社会问题，主要的难度在于技术上的突破。课题类社会智库的研究所受阻力较小，因为课题一般是政府等部门委托或者自选题目研究，但是这些课题研究的成果有时会带有较明显的价值取向，或者并不与时代主题合拍，或者提出的一些批判性意见过于尖锐，有时也不受重视。民意类社会智库是政府倡导、民间创办，或者民间创办、政府引导的智库，这类智库自产生之日起就扮演了沟通政府与民众的重要角色，因为二者的终极意愿都是善意的，（政府出于服务型、决策科学化的要求）而采取积极的态度对待民众意见，而民众也希望意见得到政府重视，只有与政府进行沟通才可能得到政府的认可和支持，因此民意类社会智库往往较为温和，为了实现各自的目的，前置性地设定了各自的妥协式对话态度，因此效果也比较好。

（二）社会智库治策技术影响力比较

1. 媒体关注度分析

此处选取了 SJ 教育研究院、HN 改革发展研究院和 JG 研究中心三个研究机构进行具体比较。

　　由图 3-1 可知，三个研究机构被媒体报道或成果发表的次数差距较大，HN 改革发展研究院具有较大的领先优势，其次 SJ 教育研究院表现也不错，而 JG 研究中心却呈现较低的"曝光"率。这与三个机构的成立背景和任务目标有很大关系，HN 改革发展研究院因为与高层来往密切，关注国家改革的热点难点问题，所以较容易引起国家和社会重视。SJ 教育研究院关注教育发展和改革问题，受众面较广，因此也有着较好的媒体报道频率。JG 研究中心却因为研究方向单一，并且专注于政治民主问题研究，因此媒体影响力不大。但是在民办报刊方面三者表现基本一致。民办网站方面 HN 改革发展研究院被报道 56 次，其中包括了在自办的"中国改革论坛网"上报道的 24 次，如果去掉这个，则三者差距会缩小，这也反映出在社会影响力方面，JG 研究中心表现并不是很差。另外在图 3-1 中没有显示的国际媒体的报道情况中，HN 改革发展研究院与 SJ 教育研究院没有真实数据来源，而 JG 研究中心则分别在美国某报刊的中文网和法国的国际广播电视台各报道 1 次，在国际期刊上报道 5 次。

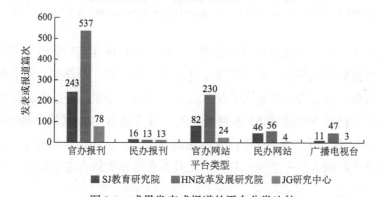

图 3-1　成果发表或报道的平台分类比较

资料来源：三个机构的官方网站。以上数据时间范围均为 2002 年 1 月至 2017 年 1 月

　　由图 3-2 可知，同样在各级别的媒体报道中，三个社会智库的表现有着很大的差异，其中 HN 改革发展研究院总体表现优势明显。这与三者的成立背景以及任务目标不同有着必然的联系。但是在更低的层面，有一项由于数量少没有在图表中显示，就是 JG 研究中心在浙江温岭新河的地方媒体中报道了 2 次，其他两个机构未有更低一级的媒体报道真实来源，这也与 JG 研究中心的务实性和改革的实验性有关，它的学术和媒体影响来源于实践也服务于实践。同样可从市级层面的媒体报道数量看出，三者的差距不是很大，SJ 教育研究院为 26 次，HN 改

革发展研究院 19 次，JG 研究中心为 13 次，这与三者关注的层面和领域有着必然联系，SJ 教育研究院和 JG 研究中心关注微观和基层，HN 改革发展研究院关注宏观。尤其是 JG 研究中心在国家和省级层面与 SJ 教育研究院和 HN 改革发展研究院有着很大差距，这一项却差别不大，进一步印证了 JG 研究中心接地气、操作性和务实性强的特征。

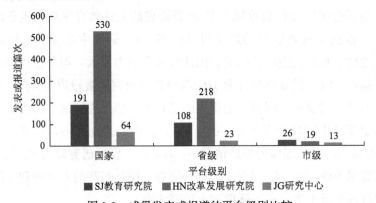

图 3-2　成果发表或报道的平台级别比较

资料来源：三个机构的官方网站。以上数据时间范围均为 2002 年 1 月至 2017 年 1 月

　　由图 3-3 可知，在发表的媒体性质分类中三个智库排名趋势也基本未变，但是差距没有前面两项突出。并且呈现出党政类、新闻类、专业类、学术类 4 个类别差距逐渐变小的态势。甚至到了学术类这一方面，差距已经很小，并且 JG 研究中心的学术报道率超过了 SJ 教育研究院。这反映出 HN 改革发展研究院、SJ 教育研究院和 JG 研究中心三者研究由宏观到微观，由跨领域到更专一，由党政影响大到民众影响大的一个变化趋势。尤其是在最顶尖的官方报刊中，HN 改革

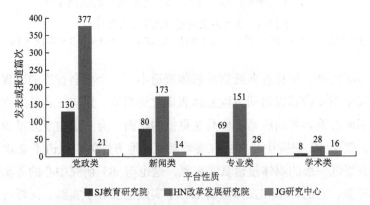

图 3-3　成果发表或报道的平台所属性质分类比较

资料来源：三个机构的官方网站。以上数据时间范围均为 2002 年 1 月至 2017 年 1 月

发展研究院在《人民日报》和《光明日报》报道次数为 99，SJ 教育研究院为 20，而 JG 研究中心为 1。在官方网站报道中，三个机构在人民网和新华网的报道，其数据分别为 77，22，7。这从另一个侧面反映出三个机构研究和目标取向的不同造成了在媒体的报道次数差距。

还有一项比较分析就是三个机构的研究目标所属领域不同而导致的报道的媒体不同，在这三个机构中最为明显的是 SJ 教育研究院。其专注于教育，因此在教育类媒体报道居多，如《中国教育报》、中国教育信息网等。HN 改革发展研究院侧重改革，涉及经济、政治及社会的改革，因此在经济类和行政学类媒体发表居多，如《21 世纪经济导报》《第一财经日报》《行政管理改革》。JG 研究中心关注的是基层民主改革，因此在政治类媒体发表成果或被报道的次数较多，如《中国改革》《政治与法律》《决策》等。从报道的媒体类别来看，有些意外的是，有关 SJ 教育研究院的很多报道是在《21 世纪经济导报》等经济类报刊上出现，反映出我国教育的发展或改革很多是从经济学思维或视角进行考虑的。有关 HN 改革发展研究院的报道很多出现在《上海证券报》，有 47 次，占了专业类 71 次的一半还多，这也反映出 HN 改革发展研究院的经济类研究是该院的最大特色。关注 JG 研究中心的有两个报刊，即《南方周末》和《南风窗》，这是其他两个机构的相关报道中未出现的，也体现出这两个报刊在我国民主发展中的前沿特色。从区域影响来看，也有些共性，即这个机构所在地区与它的媒体所属地区存在一定的一致性，如 HN 改革发展研究院在《海南日报》、南海网等海南省的媒体报道较多。JG 研究中心因为关注浙江温岭民主恳谈会，因此浙江省的相关媒体报道就偏多。

2. 咨政影响力分析

咨政影响力是考核社会智库目标实现的重要指标，但是从我国政府决策参与结构的主体影响力来看，社会智库的参与度极低。这种情况的产生主要是因为我国政府决策主体的多元化水平较低，再者是因为政府对于社会智库的治策风格还不太接受，同时社会智库本身的政策研究能力并没有得到政府的真正认可。在搜集社会智库的党和政府的建议采纳数量时，数据难以掌握，能够公开报道并有一定影响力的主要是与政府部门关系密切的社会智库。有的智库从严格意义上说属于高校智库，即半官方智库，但是它们又在民政部门注册，按照社会组织类别进行管理，因此对其考核认定时界定为社会智库。有的智库围绕 G20、"一带一路"等领域研究成果获得政府高层采纳。其他纯民办的社会智库则咨政影响力很弱，基本上与政府的决策没有多大的直接联系，它们更多的是通过独立的声音或者民间的看法解读国家及社会的问题。基于此，有些社会智库开始寻求新的政社合作路径，放弃选举改革的艰难探索，转向协商民主这个更容易被高层认可的政治主题。还有一些社会智库也走专业化路径，通过客观的评估指数来为政府提供参考，而不是用硬性的说教来说服政府。民间智库政策过程参与度比较如表 3-11所示。

表 3-11　民间智库政策过程参与度比较

智库	目标	政府依赖度	信息		咨询		决断		执行		监督		评议	
			体制外	体制内	体制外	体制内	体制外	体制内	体制外	体制内	体制外	体制内	体制外	体制内
ZG 改革发展研究院	宏观改革	高	√	√	√	√	√	√	√	—	—	—	—	—
CH 学会	外交	高	√	√	√	√	√	√	—	√	—	—	—	—
BD 环境中心	环保	一般	√	√	√	√	√	—	—	—	—	—	—	—
ZG 研究会	国际关系	一般	√	√	√	—	—	—	—	—	—	—	—	—
JG 研究中心	民主	弱	√	—	—	—	—	—	—	—	—	—	—	—

3. 对社会影响力分析

社会智库往往将自己对于政府的影响作为自己发展的衡量标准，而不太重视对于社会的影响，其实这与我国社会智库的目标宗旨以及社会智库的外部环境约束有着重要关系。社会智库顾名思义是为国家发展提供决策建议参考的重要机构，这必然导致社会智库的政策追求以影响政府决策为主要目的；同时政府也需要能够分忧的帮手。在这种背景下，社会智库就一味地追求能给予政府更多帮助、有更多方案得到政府采纳、获得更高的政府认可度，以获得更多发展空间。因此社会智库在我国也开始积极探索社会路径，以提升自己的社会影响力，进而间接影响政府和服务政府。有两种社会智库社会影响力较强，一种智库（如 JG 研究中心等）的研究观点独立，从另一角度打开研究中国的视角，为中国的经济和政治提供了大量有益的智力支持，但是往往思想过于超前。另一类社会智库（如温州民间智库、南方民间智库和天府问计智库），在政府与民众之间起着牵线搭桥的作用，这种作用不仅利于政府赢得民意，同时自己也能获得政府的支持和社会的信赖。温州民间智库由温州市决策咨询委员会、温州市委政策研究室和温州网联合发起，由社会热心人士组成，归温州市决策咨询委员会主管。每半个月发布一期"问计于民"话题，广泛征求公众意见，编发智库报告，提案可以直接上通市委市政府。南方民间智库是《南方都市报》与奥一网联合多位民间思想者发起的民间组织，吸引了大量网民参与建言献策，有些建议得到省级领导亲自批示。天府问计智库定位为网上建言献策平台，从网上建言到线下互动，以座谈会、论坛沙龙、网友见面会等形式，与政府职能部门开展充分互动。这三个社会智库更多的是利用智库平台收集民意，从而上传政府，而自己基本上不以研究为目的，政府对其比较认可和鼓励。

（三）社会智库治策困境及原因分析

在治策能力和治策影响力方面，官方智库与社会智库有着很大的差异。甚至在不同类型的社会智库之间也存在一定差异。这种差异性的内在影响因素就是社会智库的政治基因和社会背景。如何在积极深化改革的基础上，有效利用现实政策环境和外部条件，变被动为主动、变阻力为动力，是社会智库治策困境突破的重点。

一是体制改革具有滞后性，使得未能形成社会智库的配套改革跟进制度，社会智库仍未有真正纳入国家正式的政治系统的机会，也就无法实现身份的真正转换，社会智库身份的法律合法性虽然得到确立但是政治合法性还未形成。首先是政社分开改革的积极推进，目的是实现社会组织的去行政化，从而能够保证社会组织能够以独立的身份发出声音，因此许多半官方智库开始探索向纯民办智库转型。但是在我国社会智库类型中，与政府紧密联系的智库治策影响力较强，如果在政社分开改革中，未能处理好社会智库与政府合作的关系，单纯为了分开而分开，容易出现"澡盆里的脏水连同洗澡的孩子一起倒掉"的后果。其次政府购买社会组织服务已经在我国成为政府与社会组织合作的常态制，但是政府购买服务的社会组织类型中却未看到社会智库的身影。在我国政府购买服务中重点支持服务类、科技类和经济类社会组织，政府对于社会组织的"选择性支持"策略成为社会智库融入政府决策中的重要障碍。尽管有的地方政府试点将第三方社会智库纳入决策或监督服务体系，如江苏省淮安市探索引入零点咨询集团对所属政府机关进行廉政评估，但是最后失败了，根本原因是零点咨询集团在这次评估中的参与是一种市场行为，它是临时的行政服务外包，而不是政治行为，第三方并没有实质性地参与政府治理，也没有改变政府治理结构，根据政府的需要，随时可以被撤销外包的资格。另外第三方评估机构的参与主要是发挥外部评估的作用，第三方评估报告只是作为政府机构及其工作人员的考核依据，没有纳入人大审议程序，也未进入政协提议阶段，也没有与相关部门进行工作对接，评估报告的阶段性作用明显，缺乏引导和预测作用，评价的指标体系也未进行民众意见征求，因此第三方评估起到了评判作用，而未实现治理作用。

二是社会体制改革滞后使得社会智库缺乏必要的社会支持力量，甚至缺乏赖以生存的群众基础，从而导致社会智库将依赖对象转向政府，没有很好为群众代言的社会智库由此遭遇社会合法性危机，公众对于社会智库的认可度偏低。对于民意的关注是社会智库普遍的弱项。但是为什么不通过民众的力量，或者发动民众的力量共同为政府出谋划策呢？这不是积聚更多智慧吗？这个问题与社会智库的局限性有关，首先，我国智库治策目标的定位是影响政府，而缺少对于群众的服务意识。其次，社会智库的负责人大多受过高等教育，在职业目标层面相较普通民众期望值更高，与民众在生活公共空间方面缺乏共同的语言。最后，许多社会智库代表某一个群体、某一个阶层或者某一个行业，背后有着某种经济利益追求，因此我国社会智库的"社会"化路途还很遥远。社会智库不能很好地将关注视角转向民众，从体制角度来说一个重要原因就是，民众对于社会智库的决策内容和决策目标缺乏话语权，在这种情况下，社会智库专门服务于政府，很容易出现"只唯上，不唯实"的问题。社会智库自身的能力偏弱，为了发展只有依赖于强大的政府资源，如果增加社会组织的实力，增加社会智库选择服务项目自由权，那么就会减轻对政府的依赖，实现社会智库由"政府选择"转为"社会选择"，其中一个重要的路径就是增加社会智库的社会权利。

三是策略技术没有与体制内资源有效结合。例如，坚持独立虽能够保持社会智库的独立思想，但可能脱离现实背景和政策支持，其治策路径如无源之水，难以持续发展。在大多数人心中，政府及其创办的智库是权威的代表，值得信任。人们对社会智库则缺乏信赖，甚至对社会智库存有误解。因此，社会智库首先需要明确自己的立场，是站在爱国爱党爱民的统一战线上发出独立的见解，而不是一味地批评批判。即使是批判也必须是正确的批判，站得住理的批判，如果是错误的建议和批判，便会对社会产生不良的影响，更对自身的存在产生不良影响。所以，民间智库的使命绝不是仅以质询政府的面目出现，在目前这一改革历史时期，民间智库必须成为政府的合作者、参谋者，然后才是批评者，这样才能保证它们健康地发展。①社会智库的健康发展还需要政府的积极引导，政府首先应赋予社会智库合法地位，明确社会智库的积极作用，将社会智库纳入政府的政策系

① 仲大军. 2012. 中国非政府研究机构（民间智库）的发展状况. https://www.doc88.com/p-507935207570.html?r=1[2016-03-26].

统，同时通过法律和制度的规则约束和控制社会智库的发展方向。当然以上社会智库与政府各自角度的努力只是从政策层面对于社会智库的正确导向，更为重要的是社会智库如何将自己的角色、功能纳入社会建设和国家治理的机制中去。

（四）深化改革中的社会智库治策路径转轨与突破

社会智库治策路径对于社会智库的治策水平提升、治策影响力的扩大起到了积极作用，但是这些治策路径更多集中在技术层面或者操作层面，没有挖掘内在的问题或者背后深层次的原因。应注意以下几点。

（1）体制改革。建立政府与社会智库良性互动关系，各种体制内智库可以和社会智库建立合作，社会智库内的党员以及党内的社会智库成员可以建立交流机制，鼓励社会智库成员加入党组织，发挥社会智库在党的执政中的参谋力量。我国可以从国外政府与社会智库合作中获取经验，如国外的"旋转门制度""双向授粉"机制。

在行业企业事业单位等部门，在电子政务、公共治理、危机处理、扶贫帮困、区域合作等各个领域都可以纳入社会智库。政协将是社会智库发挥作用的主阵地，社会智库以政策研究、建言献策为优势，政治协商的主要宗旨也就是博采众长，政协可以建立社会智库办公机制、合作机制、沟通机制，甚至可以在政协的界别协商中建立社会组织界别。

（2）集聚民意。社会智库发展的基础在民间，社会建设的基础也在民间，只有调动广大群众参与社会建设的积极性，才能促进国家现代化的更快实现。让社会智库更好地服务于社会公众的一个重要路径就是赋予公众对于社会智库政策过程的参与权，以及增加政府与社会智库合作中的公众监督权，只有提高公众的社会地位以及增强他们的社会话语权，社会智库才能更多地为公众负责。在未来的政府购买社会组织服务中，购买社会智库的服务将会成为一个新的趋势，因此可在政府购买社会智库服务中加入公众参与预算，通过公众参与预算起到一个很好的监督作用，也通过公众直接参与政策过程的讨论提升决策的科学性和公平性。另外，还可以直接通过公众向社会智库赋权的方式，即公众根据社会智库对于公众的服务功能将适宜的权力赋予社会智库，并监督社会智库的执行，这种公众赋权方式将会更有利于社会智库为公众负责的愿望实现。经过政府和社会双重赋权的社会智库将会更加有效地为公众服务，从而体现社会智库"从群众中来，到群众中去"的服务理念。

（3）创新机制。在思想、体制和文化等多重利益格局一时难以打破时，如何不拘泥于以上限制或者另辟蹊径？这就需要一个切入点或者突破口。机制创新或许是一个重要选择。温州民间智库、南方民间智库和天府问计智库就是这种既联系政府又接通民众的智库类型，它是政府与民众之间的纽带，是智慧的聚集者，因为它发挥了民众这个更为广大的智慧群体的作用，同时也拉近了政群关系。如此，在社会智库进入我国政治、经济以及社会领域的决策领域，需要机制创新。这种机制可以利用文化的力量，如同北京地球村的"乐和家园"，既是政府倡导也是民众所需；这种机制可以利用科学技术，建立互联网或云计算的互动模式，带动网民在网络中实现个人人生价值与国家发展的共同融合；这种机制也可以采取商业模式，通过利益共赢带动智库发展。机制的创新不仅在社会中萌发，更应该在体制内探索，如何在人大、政协以及各种人民团体，如何在国企、事业单位等传统政治领域，如何在民办机构、私营企业和个体企业中融入社会智库的智慧元素，都需要国家在制定相关政策时加以考虑，激发社会智库活力。

第三节　支持型社会组织政策协商参与

一、支持型社会组织政策结构的制度化建设

（一）支持型社会组织的概念及类型

哈佛大学大卫·布朗（David Brown）在 20 世纪 90 年代初提出了桥梁型组织（Bridging Organization）的概念。他认为桥梁型组织有利于拓展价值与视野、整合有效资源、建立垂直与平行组织的联系。到了 2002 年，布朗和凯尔高凯（Brown and Kalegaonkar，2002）在桥梁型组织基础上提出支持型社会组织（Support Organization）的概念，功能也进一步得到发展，包括调动资源、提供智力、在组织之间建立互相支持的同盟、在部门和部门之间搭桥。在中国的实践和研究中，对此类组织的称谓多样，有社会组织孵化器、社会组织服务中心、社会组织孵化基地、枢纽型社会组织等。根据支持型社会组织运行的方式将其总结为三类：一是以工会、共青团、妇联等人民团体为基础建立的支持型社会组织，如北京的枢纽型社会组织；二是政府扶持建立起的新型支持型社会组织，如深圳、上海、南京等各地建立起来的社会组织发展中心、社会组织服务中心、社会组织孵化基地等；三是社会自我培育的支持型社会组织，如北京南都公益基金会、上海浦东新区恩派公益基金会、爱德基金会等。2011 年温州市印发《温州

市社会组织分类归口管理暂行办法》、2010 年深圳市颁布《深圳市社会组织发展规范实施方案（2010—2012 年）》都提出了对社会组织各方面的支持。为了更清晰地了解各类支持型社会组织的内涵及不同，我们对于国内相关支持型社会组织概念进行依次解读。①关于社会组织孵化器的概念，"孵化器"的称谓2001 年首次由中山大学公民与社会发展研究中心提出，"NPO 孵化器"（2005年）"以及上海"恩派"孵化器（2007 年）等实体及概念相继出现。全国很多地方为了发挥孵化器的集约效应，更乐于将社会组织孵化器称作社会组织孵化基地。②关于社会组织服务中心，有两种性质的组织形式。一种是民政局下设的行政服务单位，类似于各地区民政系统下辖的社会组织管理部门，如 2002 年浙江省和杭州市各级民政系统先后成立社会组织服务中心；另一种组织形式，是以社会组织性质注册的，如 2004 年上海徐汇区成立的长桥街道社会组织服务中心。该服务中心为社区内各类社会组织提供相关服务，并接受政府委托，对辖区内社会组织开展监管工作，积极搭建政府与社会组织的公益服务项目对接平台。③关于枢纽型社会组织，2014 年广东省社会工作委员会《关于构建枢纽型组织体系的意见》相比北京市社会工作委员会在 2009 年颁布的《关于构建市级"枢纽型"社会组织工作体系的暂行办法》相应增加了政策支持的功能。在世界其他国家内，支持型社会组织有的称为中介性社会组织、伞形组织、社会组织联盟、社会组织联合会、社会组织孵化器等。

相比来看，我国支持型社会组织主要是起着孵化和支持社会组织发展的作用，比如为草根社会组织提供物质、资金、人员、场地、培训等方面的支持。西方发达国家的支持型社会组织则已经发展到社会组织为参政议政提供平台和渠道的程度。随着我国社会组织体系的日益完善，根据我国国家治理、社会组织发展和社会建设需要，各地出现了一些新的支持型社会组织形式，包括社会组织促进会、社会组织联合会、社会组织学院、社会组织服务中心、社会组织总会、社会组织总部等。这些社会组织一般是联合性的、代表性的社会组织。它们已经不满足于对社会组织的物质资源的支持，而开始注重对于社会组织的各种能力培训以及政治素质和思想修养的提升，积极鼓励它们在统战工作、参政议政以及国家治理和社会建设中发挥重要作用。如上海市支持型社会组织的角色功能比较丰富，包括能力性支持、结构性支持和资源性支持三个方面，每个方面下面又延伸出多个分功能，而且除了财力物力支持以外，已经向能力素质、绩效评估、项目研发以及智库建设、行业规范等政策性发展方面发展（表 3-12）。登哈特（2010）、沈荣华和鹿斌（2014）认为，通过组成团体，一些具有共同想法的个体在政策中所发出的声音，要大于他们作为个体在政策制定中所能够发出的声音。

支持型社会组织是联系社会组织与党政部门的重要纽带，相比社会组织是群众与党政部门之间的纽带关系链条，它多出了一个节点，即"群众-社会组织-支持型社会组织-党政部门"。从支持型社会组织联系各个主体的政策渠道关系来看，以支持型社会组织为中心形成了一个政策网络结构。彼得森和鲍姆勃格（Peterson and Bomberg，1999）将政策网络定义为"在特定政策部门拥有各自的利益或者'股份'，并且有能力推动政策成功或者导致政策失败的一群（政策）主体"。政策网络概念在 20 世纪末引入中国，迅速成为分析我国政策问题的重要工具。但是学者大多数分析政策网络的理论演变，以及在利用政策网络解读某一个政策事件时，缺乏将政策网络引入我国政策主体间新的政策结构的建构，更为不足的是缺乏制度性建构。从中国知网搜集的关键词共现网络图可以看出，政策网络研究集中于"治理""工具""变迁""过程"等领域，很少切入制度或机制层面。本书研究支持型社会组织的政策网络时，同样发现制度性建构是支持型社会组织政策网络效应真正实现的关键路径。

表 3-12　上海市支持型社会组织的功能体系

支持路径	具体表现	典型案例
能力性支持	机构孵化	上海浦东非营利组织发展中心
	项目研发	上海新途社区健康促进社
	能力提升	上海映绿公益事业发展中心
	绩效评估	上海复惠社会工作事务中心
结构性支持	智库支持	上海仁德公益研究中心
	伙伴同行	塘桥社会组织服务中心
	行业规范	上海市浦东新区社会工作协会
	文化传播	上海吾同公益文化促进中心
	平台支持	浦东公益服务园（上海市浦东新区公益组织项目合作促进会）

支持路径	具体表现	典型案例
能力性支持	机构孵化（上海浦东非营利组织发展中心）	已孵化出壳公益组织 53 家，正在孵化的机构有 14 家
	项目研发（上海新途社区健康促进社）	开发常青藤计划、咏年楼计划、新市民健康关爱计划等多个品牌项目
	能力提升（上海映绿公益事业发展中心）	为全国近 2000 家民间公益组织 10 000 多人次提供培训、咨询、评估等服务，举办 200 多场公益交流活动，开展 20 个公益课题研究
	绩效评估（上海复惠社会工作事务中心）	开展评估等项目 20 多个
结构性支持	智库支持（上海仁德公益研究中心）	开展行业协会发展能力、公益组织可持续发展等多个课题研究
	伙伴同行（塘桥社会组织服务中心）	开发公益服务项目集成模块，由 19 个社会组织组成社区服务团队。基础产品达 20 多项，服务 260 多家社会组织（含社区备案组织）
	行业规范（上海市浦东新区社会工作协会）	推动行业发展，制定的某些标准上升为国家标准的雏形
	文化传播（上海吾同公益文化促进中心）	建立公益艺文交流站、残障人士艺文俱乐部等，并举办系列文化活动
	平台支持（浦东公益服务园（上海市浦东新区公益组织项目合作促进会））	成功组织数十场公益项目供需对接推介活动

续表

支持路径	具体表现	典型案例	
资源性支持	财力支持	上海仁德基金会	定位于社区的"资助型为主、操作型为辅"的创新型公募基金会
	物力支持		
	人力支持	浦东新区职工志愿者协会	45 个分会，约 40 万职工志愿者

（二）各支持型社会组织的政策协商参与

（1）枢纽型社会组织。曾永和和赵挺（2014）将"枢纽式管理"定义为：在政府管理部门和社会组织之间设立一个组织载体，通过该载体服务和管理一个系统、一个领域的社会组织，行使一部分党和政府授权或委托的职能，并把社会组织的需求、意见和建议向政府管理部门反馈，使其成为政社合作的桥梁。2009年北京市认定了第一批市级"枢纽型"社会组织 10 家；2010 年认定了 12 家；2012 年认定了 5 家。前三批 27 个市级"枢纽型"社会组织共服务各级各类社会组织 2.6 万多家，比认定之前增长了 5 倍多。2014 年第四批认定市级"枢纽型"社会组织 9 家。截至 2014 年，市级"枢纽型"社会组织达到 36 个，已基本构建起市级"枢纽型"社会组织工作体系的综合框架。另外，县、街道（乡镇）级"枢纽型"社会组织体系构建工作也同步进行。市、县、街道（乡镇）三级"枢纽型"社会组织网络初步形成。[①]

广东省的支持型社会组织发展虽稍晚于北京，但是基于广东省社会组织发展的厚实基础，其很快在多个地市注册展开。2012 年广东省职工服务类社会组织联合会成立。联合会有团体会员 34 个。2014 年广州市第一批 16 个枢纽型社会组织建立。2014 年中山市是继广州之后，省内第二个完成市枢纽型社会组织认定的城市。市社工委确定 7 个社会组织为第一批市级枢纽型组织。其中，中山市清风自游人公益服务中心是唯一非人民团体培育的"草根组织"。另将 6 个社会组织列入枢纽型组织联系对象。按照打造"市-镇-村"三级枢纽的规划，在认定市级枢纽型社会组织后，开展对镇级和村级枢纽型社会组织的培育和引导。从北京和广东的枢纽型社会组织性质来看，北京第一批和第二批枢纽型社会组织大部分是带有明显的人民团体性质的组织，如工会、共青团、妇联等，第三批和第四批的枢

---

① 陈荞. 2014. 北京 9 家市级枢纽型社会组织获认定 协助社会治理. https://www.chinanews.com/sh/2014/07-29/6435582.shtml[2022-08-20].

纽型社会组织开始向真正的社会组织性质倾斜，并且大部分是民政部门注册的社会组织。广东省的枢纽型社会组织则较倾向于民间的社会组织类型，如广州市第一批认定的枢纽型社会组织几乎全部是这一类组织，中山市则借鉴北京人民团体培育模式。

（2）社会组织联合会。2007年，静安区在上海率先成立了静安区社会组织联合会。到2017年，静安区有14个街道相继成立了社会组织联合会。截至2015年，静安区共有488个社会组织，平均每万人16.5个，是上海市市级对应数据的2倍，全国的4倍①。静安区枢纽型社会组织服务管理模式的最大特点是把党的领导和章程自治有机结合起来。静安区社会组织联合会是混合类枢纽型服务管理模式，主要是通过党的建设引领社会组织之间的合作以及社会组织与政府的合作。这区别于北京人民团体联系和发展社会组织的工作模式，也区别于广东省通过项目和资金支持带动整体社会组织行业发展的模式。由于社会组织联合会与党的部门联系紧密，社会组织联合会的建议会更容易得到相关政府部门的重视。上海市静安区社会组织联合会在反映民意，传达政府政策，建立政府与社会组织政策协商方面建立了有效平台。比如，静安区社会组织联合会联合江宁路社区社会组织联合会，提出了对旧住宅小区物业一体化管理的政策建议，被静安区政府列为2009年"一号民生工程"，并在全区142个居民小区实施。天津市社会组织联合会是逐级逐步建立的，各级联合会在功能上有所区别，这与上海市静安区社会组织联合会一体形成的情况不同。2010年，天津市成立15个街镇社会组织联合会。天津市各级社会组织联合会承担的功能不同，在街道社区成立的是行动性的联合组织，负责基层社会组织的发展和联系工作。市级层面的社会组织联合会，则由研究类社会组织逐步发展而来，并组建社会团体、民办非企业、基金会三个专业委员会，积极发展政策建议服务。

（3）社会组织服务中心。我国各地建立了多种社会组织服务中心。比如，2002年成立的上海市长寿路街道民间组织服务中心成立了我国第一家由政府主导的基层支持型社会组织。2017年杨浦区已经率先实现了各个街镇社会组织服务中心的全覆盖。部分市委办局、群团组织，如团市委、妇联都成立了妇女社会组织服务中心、青年社会组织服务中心。2010年浙江省宁波市海曙区建立了民办非企业性质的海曙区社会组织服务中心，按照"政社合作"的运作模式，对社会问题

---

① 胡蝶飞. 2017. 上海静安探索枢纽型社会组织服务管理模式. https://mobile.rmzxb.com.cn/tranm/index/url/csgy.rmzxb.com.cn/c/2017-02-15/1343475.shtml[2021-07-18].

和社会需求科学研判，设计出问题优化对策，为全区 277 家社会组织提供政策导向服务。

（4）社会组织促进会。我国各地基本上都成立了社会组织促进会，有的地方称为社会组织发展促进会，如辽宁省。地方社会组织促进会不是独立存在而是作为中国社会组织促进会的分支机构。中国社会组织促进会以成立地方工作委员会形式，在各地设置社会组织促进会。由于社会组织促进会由民政部门推动建立，因此具有官办民助的性质。各级社会组织促进会的主要负责人都有民政部门官员和专家学者、社会组织实务工作者兼存的状况。大部分社会组织促进会工作地点位于政府机构办公场地，某种程度上起到监管社会组织健康运行和促进当地社会组织合作发展的作用。以中国社会组织促进会为例，它在服务政府相关机构方面发挥了专业性的角色功能，其业务范围就包括开展社会组织的调查研究，向政府反映与社会组织发展密切相关情况和意见，为政府决策提供咨询建议等内容。为了更好地服务于政策建议和咨询工作，中国社会组织促进会专门设立专家委员会，由长期从事社会组织理论研究的知名专家学者及具有丰富管理和实践经验的社会组织工作者组成。经过发展，中国社会组织促进会还获得联合国经济与社会理事会特殊咨商地位。在中国社会组织促进会的章程中，将政策建议作为重要职责，这是区别于其他支持型社会组织职责的重要特征。

（5）社会组织孵化器。借鉴西方国家社会组织孵化器的做法，我国许多地区成立了相关机构。社会组织孵化器首先兴起于我国东部经济发展较好地区。截至 2017 年，全国共有 1400 多个社会组织孵化器，而且每年还在以 15%的速度增加。全国除西藏以外，各省均建立社会组织孵化器，且在省、市级孵化器的基础上向基层延伸（冯梦成，2019）。其中，2007 年，上海恩派孵化器项目率先在国内成立。尽管孵化器的名称一致，但具体运作的机制和载体却各有不同，根据各地的实际以及牵头部门的情况，发展出多样化的运作模式。例如，广州和深圳等是由市政府提供专项资金。有的地方是政府自己来运营这些"孵化器"，有的则是外包给社会组织。广东佛山市顺德区是建立了顺德社会创新中心，以"法定机构"的名义购买社会组织服务。2010 年 7 月，全国首个政府、社会组织、企业合作互动的"上海市社会创新孵化园"成立。恩派公益成立于 2006 年，截至 2019 年，恩派已孵化和扶持 4000 余个社会组织，在全国设立有 50 多个办事处及项目点，其注册办公地点涵盖 19 座一二线城市。"公益孵化器"模式拓展及技术输出已在全国广泛推广。而且，恩派的发展任务也开始向政策领域拓展，目的是通过政策服务更好地促进社会组织的发展。2019 年，恩派制定了"通过创新实践和持续倡导影响政策"的阶段性目标。

（6）社会服务联合会（简称社联）。社联借鉴了香港的组织形式，香港社联具有"活化"行业的功能，业务联系涵盖 20 多个行业领域。社联同时是联合国经济及社会理事会特别咨商社会组织。国内最早的社联在佛山市南海区成立，有会员单位超过 140 个，覆盖南海区 7 个镇街和部分村居，类型包括基层组织、专业组织和资源组织。南海社联设立政社共建专业委员会，凝聚特定服务领域的政府、学者和社会组织，发挥"交流""研讨""研发"及"政策"四大功能，通过政社共建的方式整合政府和社会资源，建立交互对话平台和服务支持网络。①南海区每年都会举行社会服务洽谈会，南海社联在其中会举办政社对话，并针对协商当中的工作进行后续跟进。另外，每两个月也会举行两次不同类型的政社对话，邀请财政局、税务局和社会服务机构就财税问题进行协商。

（7）社会组织学院。社会组织学院（或社会组织党校）是党的组织部门或民政部门牵头创办的社会组织培训机构，一般以民办非企业性质存在，大多挂靠于创办地的党校或者社会组织学院，有的单独设立。广州社会组织学院是国内第一家具有独立法人资格，以官办民助方式运行的支持型社会组织。成都社会组织学院是全国第一家由党政主导，为社会组织及其工作者提供培训的专业机构。学院由中共成都市委组织部、成都市民政局创办，中共成都市锦江区委、锦江区人民政府承办。象山社会组织学院由象山县委组织部、象山县民政局举办，是浙江省第一个由党政主导的校院联合教育平台，与象山县委党校是"一套班子，两个牌子"。学院领导和顾问都是党政部门的主要领导，包括浙江省民政厅副厅长、宁波市民政局党委书记、象山县委组织部部长等。中共海盐县社会组织党校（海盐县社会组织学院），由县委组织部、县社会组织综合委员会合办，挂靠在县委党校，委托县社会组织党群服务中心负责学院具体工作。社会组织学院提升了当地社会组织代表人士参政议政能力。深圳经济特区社会工作学院是在深圳市党政主管部门主导下，由深圳市社工协会、市慈善会、市创新企业社会责任促进中心共同发起，由市教育局和民政局审批成立的公益性社会组织。学院旨在推动党、政、企、社的跨界合作，研究社会问题解决的新路径。其他社会组织党校有杭州市社会组织党校、北京市鸿雁社会组织党校、烟台市芝罘区社会组织党校等。以非公有制经济和社会组织党校命名的社会组织党校也在多个城市出现。不同类型社会组织学院的联系部门和任务如表 3-13 所示。

---

① 启动政社共建，引领服务发展. http://static.nfapp.southcn.com/content/201709/01/c650614.html[2019-09-30].

表 3-13　不同类型社会组织学院的联系部门和任务

名称	性质	主办方	任务
广州社会组织学院	由政府指导，社会力量举办	在民政部门正式登记注册	面向社会组织领域开展科学研究
成都社会组织学院	是全国第一家由党委、政府主导的专门机构	中共成都市委组织部、市民政局；锦江区委、区人民政府	为社会组织及其工作者提供培训
象山社会组织学院	全省第一个由党委、政府主导的校院联体平台	象山县委组织部、象山县民政局、象山县委党校	为社会组织及其工作者提供教育培训
中共海盐县社会组织党校（学院）	由县委组织部、县社会组织综合委员会主办	县委党校、县社会组织党群服务中心	探索实施社会组织及其党建工作机制
川北社会组织学院	党委、政府指导社会组织发展的全新载体	—	研究社会议题，建立社会组织培育扶持机制
日照社会组织学院	官办民助的教育培训机构	日照科技专修学校、日照市社会组织发展促进会	培训社会从业人员
巴中弘德社会组织学院	各社会组织负责人阵地建设	—	青年性人才专修班、业务技能培训、专业研讨讲座
泸州（长江）经济社会组织学院	社会组织领域党的组织建设的重要阵地	龙马潭区委、区政府	对"两新"组织的党组织书记作培训
郑州市金水区晨钟社会组织学院	全区乃至全市非公企业党建		培养社会组织党建人才
顺商学院	受顺德区经济促进局指导	华南理工大学、广东省中小企业局	培养社会企业家
张北商学院	张北商会会长、秘书长培养的平台	张北县人民政府与清华大学实验室合作共建	面向全县领导干部、企业家和个体工商户进行系统培训
深圳经济特区社会工作学院	社会工作和社会服务领域专门学院	深圳市民政局和市教育局、深圳市社会工作者协会和深圳市慈善会	培养社会工作人才
深圳国际公益学院	利用非国有资产、自愿举办的社会组织	比尔及梅琳达·盖茨基金会、北京达理公益基金会、浙江敦和慈善基金会	从事公益教育和咨询等非营利性社会服务活动
岭南公益慈善学院	广州市民政局、广州岭南教育集团、市社会创新中心、市公益慈善联合会	广东省岭南教育慈善基金会、广东岭南职业技术学院	"校社合作"的双主体办学

　　（8）社会组织总会。我国山东省、浙江省、广东省等地先后成立了社会组织总会。各地的社会组织总会承担的职能有相近之处。深圳市社会组织总会成立于1993 年。2010 年出台的《深圳市社会组织发展规范实施方案（2010—2012

年）》提出："承接政府部门和事业单位委托的关于社会组织的法规起草、政策研究、专业评估等事项。"①《深圳市社会组织总会章程》提出，为政府部门制定有关社会组织建设和管理的法规、政策提供决策的智力支持；畅通社会组织与政府和各部门的联系及沟通的工作机制和渠道；及时向政府部门反映会员的愿望和诉求；等等。②成立于 2015 年的山东省社会组织总会，在政府有关部门指导下，为政府发挥参谋作用和智囊功能，为社会组织建设与管理工作提供智慧支持。

（9）社会组织总部。社会组织总部相对于社会组织总会的"准行政"角色，则更多体现出社会组织孵化或者服务的功能。2014 年深圳福田社会组织总部由福田区社工委牵头，多方支持成立。总部是福田区深化改革的重点项目和创新载体，由深圳市福田区企创非营利组织发展中心和深圳市恩派非营利组织发展中心联合发起，采用"政府推动，社会运作，多元互动，合作共赢"的模式，推进"政、企、社"的合作，积极承担承接政府转移的职能，在政府与民众之间起到承上启下作用。深圳团市委通过深圳市青年社会组织联合会和深圳市青年社会组织孵化基地成立青年社会组织总部，为全市青年社会组织提供政策类的咨询服务。2019 年成立的杨浦区社会组织总部，则通过带动资本、挖掘资源、开拓渠道等方式吸纳社会组织。区民政局发布《杨浦区社会组织参与社区治理引导目录》是社会组织支持操作手册。相对来说，上海市杨浦区的社会组织总部承担的社会组织服务对象更广泛，且实施的职能扩展到购买服务领域，具有更大的权限。

（三）支持型社会组织政策网络结构

各种支持型社会组织都有一个依托的政府部门或者人民团体，各个政府部门通过扶持和发展社会组织，将更多的社会组织纳入国家治理和社会建设体系。为了发展社会组织的不同业务和能力，或者从各个方面发挥社会组织的作用和优势，政府各相关部门根据自身的工作范畴参与到社会组织扶持和培育中来。统战部门注重挖掘优秀社会组织的代表人士和积极力量，组织部门加强社会组织的党建和思想引领，民政部门主要是提升社会组织的业务能力和发展能力，而人民团体则更多地发挥社会组织的各领域优势。北京市 13 个市级人民团体共联系社会组织

---

① 深圳人民政府办公厅. 2011. 关于印发深圳市社会组织发展规范实施方案（2010—2012 年）的通知. http://www.sz.gov.cn/szzt2010/zdlyzl/ggsy/mzxx/shzxx_mz/zcfg/content/post_1350599.html[2018-02-01].

② 深圳市社会组织总会. 2022. 章程. http://ssof.cn/informationDetail.html?idx=0&id=4&nav=[2022-08-30].

17 314 个，占总数的 65.9%。其中，团市委联系社会组织最多，为 8058 个；市妇联联系近 1000 个。团市委建立 350 个"社区青年汇"；市残联将全市 233 个残疾人社会组织联合起来（余永龙和刘耀东，2014）。2018 年新成立的中国网络社会组织联合会则与工信部以及国家网络治理办公室建立了密切的工作关系和政策服务机制。为了社会组织的发展以及发挥社会组织对于党和政府的执政效率提升的作用，最终提升国家治理能力，各个部门在向社会组织传输各种有益营养的同时，加大了利用社会组织在相关领域建设中的经验智慧，主动听取、吸收和采纳社会组织的意见和建议，并建立各种政策服务渠道，让社会组织参与政府部门决策商议、制定和监督的过程。有的支持型社会组织所联系的政府部门不止一个，比如社会组织联合会，民政部门和统战部门都参与进来，前者起到管理和整合的作用，后者起到利用和团结的作用。不同政府部门之间为了共同的目标需要承担相应的任务，通过社会组织完善了相关工作。不同支持型社会组织的政策网络结构如表 3-14 所示。

表 3-14　不同支持型社会组织的政策网络结构

机构名称	联系的社会组织	联系的政府部门	主要业务	协商议政任务	代表机构	主要地区
枢纽型社会组织	各人民团体主管的社会组织；代表性、覆盖面广的社会组织	民政部门，工会、共青团、妇联等人民团体	加强对同类型、同行业、同地域社会组织的引导	向相关政府提供社会组织的信息和诉求	北京农民专业合作社联合会	北京、广东、上海
社会组织促进会	辖区社会组织代表	民政部门	规范行业、咨询、支持、向政府提供政策服务	制定行业规则和政策供政府参考	中国社会组织促进会	全国各省市
社会组织联合会	社会组织代表人士	民政部门、统战部门	支持、服务、党建、统战	参与基层公共事务协商	静安社会组织联合会	上海静安区
社会组织学院	社会组织代表人士	组织部门、民政部门	培训、支持、咨询、研究、党建	向政府政策咨询、政策建言	成都社会组织学院、广州社会组织学院	成都、深圳、广州、象山、海盐、川北
社会组织孵化基地	新社会组织	民政部门	孵化、培训、资助、支持	参与政策协商	上海恩派孵化器	上海、深圳
社会组织服务中心	辖区社会组织	民政部门	登记、管理、培训、支持	参与政策协商	宁波海曙区社会组织服务中心	浙江
社会组织总会	社会组织代表	统战部门、民政部门	统战、培训、党建	参与政策制定	深圳社会组织总会	深圳、山东、浙江

续表

机构名称	联系的社会组织	联系的政府部门	主要业务	协商议政任务	代表机构	主要地区
社会组织总部	草根社会组织	民政部门	孵化、培训、资助、支持	—	深圳社会组织总部	深圳
社会服务联合会	地方社会组织	民政部门	合作、培训、支持	政策协商	顺德社会服务联合会	顺德、香港

　　需要引起注意的是，不同省市的社会组织在称呼上不尽相同，或者同一称谓的支持型社会组织承担的角色功能不一样。如社会组织服务中心，在浙江省和上海市就截然不同，前者是政府的事业部门，后者是社会组织性质。社会组织总会在有些地区被称作社会组织发展促进会。还有的支持型社会组织叫法一致，但是所联系的政府部门却不一样，比如成都社会组织学院、广州社会组织学院等大多是党校承接，但是日照社会组织学院则由技术学校转化而来。再者，有的支持型社会组织之间的业务相同，但联系的政府部门不同，这加大了社会组织的工作压力，造成工作重复而且政出多门，社会组织无所适从的情况。有一种情况是，在全国或者省级是一种支持型社会组织，在市级或县级则是另一种支持型社会组织。还有一种情况则是在一个地区社会组织的培训机构多重存在，比如深圳社会组织研究院、深圳社会组织学院、深圳经济特区社会工作学院等。因此为了提高支持型社会组织政策网络的效率，减少政策成本，建议将各级支持型社会组织的称谓职能统一起来。进而整合相近支持型社会组织的职能，减少支持型社会组织的类型。以香港为例，在政策服务方面，香港主要由社联承担社会组织的支持工作，社联建立了与104家政府、公共机构和国际组织的政策交流和政策参与关系。

（四）现实困境

　　（1）缺乏全局视野。一些枢纽型社会组织还缺乏"全行业"视野及相应规划能力。"就是因为枢纽型社会组织的功能过于集中，它可以利用资源优势、层级势能、关系网络等，将其触角伸向各个角落，同样可能形成全能式管理模式……垄断问题不仅涉及公共事务处理的垄断，也是对公共利益、公共资源、公共权力的垄断。作为同一领域内的龙头组织，这不仅是对公共空间的极大压缩，而且有可能转化为自身攫取利益最大化的便利条件。"（沈荣华和鹿斌，2014）有的支持型社会组织受政府行政导向影响，为了完成"数字化"的任务目标，过多追求工作的表面形象工程，比如说承担了多少项目、服务了多少公众、孵化了多少社会组织、激活了多少基层动力，这些数字成了最重要的追求目标。此外，追求政府的评价，导致工作跟着上级部门做，独立性和专业性严重缺失。

（2）可持续发展问题。从重庆市万州区社会组织促进会的工作人员情况调研得知，其工作人员只有 2 人，其中 1 人为区民政局社会组织管理科的科长。专职人员只有 1 人，而且大部分时间是在社会组织管理科工作。[①]由于社会组织从业人员工资不高及职业前景不明朗等，人才流失较多，如北京市恩派非营利组织发展中心共有 6 位有经验的专业管理人才，2010 年流失了 5 名（冯梦成，2016）。社会组织促进会往往是由政府创办、民间运作的社会组织，由于从成立之初到后期运行都离不开民政部门的大力支持，相当部分地区的社会组织促进会在民政部门合署办公，民政部门的社会组织管理机构负责人是社会组织促进会的自然法人，但是政社分开改革要求所有社会组织去行政化，这对于社会组织长远发展是必要的，但是这些支持型社会组织如果失去了政府的直接扶持，尤其是资金、政策、人员方面的支持，它们本身发展就会陷入困境，而这些社会组织促进会再来反哺支持其他社会组织的发展就会难上加难。

（3）制度化渠道缺失问题。尽管许多支持型社会组织与党政部门建立了业务联系渠道，但这些渠道大多是为了支持型社会组织完成党政部门某项工作任务而设置，而针对支持型社会组织向党政部门反映诉求建议和政策服务方面建设的专门机制较少。例如，社会组织学院（党校）是为了加强社会组织党建以及社会组织的思政教育而建立，社会组织联合会是为了统战部门联合社会组织代表人士需要而设置，其他如社会组织服务中心、社会组织孵化基地则是为了满足社会组织项目以及资金需求而设置。这些支持型社会组织也会向党政部门提供政策建议和咨询服务，但是大多是零散的、非正式的座谈、会议以及项目汇报等，缺乏专门的政策沟通机制。

（五）建立整体性政策网络制度体系

首先建立整体性资源整合机制，社会组织服务中心应该和社区基金会、政协社区联络站、社区居委会等实现联动，和街道办事处、志愿者小组、文化服务所等实现工作衔接。其次，从制度层面构建一个完整的枢纽型工作体系。枢纽型社会组织自身也要积极探索针对本业务领域的制度体系建设，如北京市共青团在社

---

① 笔者调研资料，2020 年 6 月 10 日。

区建立多个"青年汇"来服务广大青年社会组织。上海市静安区社会组织联合会对上建立了区级党委、政府、人大和政协专报制度,横向建立了与区统战部门、民政局的联席会议制度,对下建立了新注册社会组织对口联系制度、每月负责人对话制度等,构建了多向全面联络沟通机制(赵敬丹和徐猛,2016)。最后,建立支持型社会组织与国家政策系统衔接的正式渠道。在支持型社会组织的政策网络体系中,不乏支持型社会组织与党政部门联系的渠道和平台,这些都是为解决某一具体的工作而建立的,但是支持型社会组织不仅是完成党政部门交给的委托事务,而且它还承担着代表和反映广大社会组织以及人民群众利益诉求的重大责任,应该在具体工作业务渠道之外,建立支持型社会组织为整体行业领域的发声渠道,包括党代会、人大、政协等国家议事机构,支持型社会组织的政策建议与这些会议机构对接,将会使得政策网络更加完善。

第四章

社会组织界别协商的基础理论

第一节 社会组织界别协商增设的理论与现实逻辑

加大协商民主在我国的多层次、多领域、制度化发展成为当前我国民主建设的重要举措。然而，协商民主在我国发展中，遇到与选举民主关系协调难以及公民参与协商渠道缺乏的困境。社会组织界别协商的设置，将通过代表选举的方式化解前一困境，又以组织性和界别设置的制度化渠道化解后一困境。社会组织界别在选举民主与协商民主之间建立了一座桥梁，也在协商民主内部的基层与高层之间建立了沟通联系的渠道。社会组织界别协商是我国协商民主困境的重要突破，对于促进选举民主与协商民主共同发展具有重要意义，对于我国民主政治向广度和深度发展具有推动作用。

一、协商民主的重要条件

选举民主体现了选举过程中民众的自主选择权利，协商民主对于选举民主的不足起到了重要补充作用。协商民主主张让民众亲自参与到各项决策制定以及决策执行过程中来。在西方国家为协商民主如何发展大伤脑筋的时候，协商民主在我国得到前所未有的推进。以政治协商会议为代表的协商民主在我国已经形成了深厚的实践基础。但是协商民主的发展是一项系统性工程，它离不开选举民主的基础铺垫，尤其离不开参与协商的代表性力量，如果缺乏代表民意的基础性社会力量，民众的声音永远停留于"被代表"阶段，也就无法体现协商民主的真正目的。社会组织始于民间，代表民间，其志愿性、公益性和独立性得到民众的普遍信任，其成员遍布各行各业，在我国经济社会发展中扮演着重要角色。但是如何将这些民众和政府的积极支持力量，转化为国家政治生活的重要组成部分，发挥社会组织在民众与政府之间的桥梁作用，是当前亟须研究的课题。

要探索如何将社会组织的积极作用转化为人们实质性的政治权利。在政协会议中设置社会组织界别，可将社会组织纳入政治系统，使协商民主的形式落实于人们的政治实践活动，从而创造协商民主系统开放共享、人人参与的有利局面。

二、从参与民主到协商民主的逻辑转换

票决民主与选举民主遭到了一定的冷落，因为通过投票的方式做出的决定很大程度上反映的仅是精英代表的利益或者观点。它虽然操作程序简单、通过大多数人的意见实现民众意见聚合，以及减少了利益的隔阂以及决定的滞延，但是包办民意的票决民主牺牲的却是民众的普遍利益，民众在选举中只是选择自己有意向的领导人，但是领导人的自利取向以及代表精英集团利益的格局没有改变。同时，票决民主是因共同利益目标走到一起的选民联合，他们的意见聚合极易挤压少数人的意见，或者排斥弱势群体的利益。对票决民主的深刻反思引申出人们对参与民主的重新审视。参与民主主张多元主体或者多中心治理，它的目的是回应票决民主的临时性效应，但是参与民主受到的批判并不比代议制民主要少。首先参与式民主没有充分论证参与的社会复杂性，因为，人口的数量、地域的广阔、阶层的复杂、矛盾的多元化还有各种利益新主体的不断出现，使得参与民主的理想主义是不可能完全实现的，甚至参与的过度泛滥最终会导致民粹主义。民众的逐流和激进表现往往会淹没人们理性的思维，"人多势众""法不责众"的思维使得人们"固执己见"。如果集体的决定被这个大集体中的小利益集团利用，那么大的集体就会受到小集团的控制。

参与民主并不完全是错误的，它在保留自由主义的前提下也尊重选举民主的积极一面，美国的总统选举就是选举民主与参与民主的中和。美国总统不是由全民直接选出的，而是通过民众先选出选举人团，选举人团的成员再从民主党和共和党推选的总统候选人中选出正式的总统。这种民主只是说在这两种民主的融合上实现了妥协。但是美国民主的困境逐步显现，总统的金钱选举倾向、总统为利益集团代言、选举民主的不真实性以及选举后的民众即行退出政治舞台的问题仍没有解决，甚至选举民主的参选率非常低，大多数民众对于选举不感兴趣，他们不相信选举或者不认可选举的态度导致选举成为少数人操纵的利益分赃活动。因

此人们积极呼吁在日常生活中体现普通民众的意愿，这种意愿应该随时随地可以表达，而不是限于正式会议场所。西方的协商民主是对选举民主和参与民主不足的进一步优化，选举民主只是少部分精英的活动，而参与民主是努力实现几乎所有人的直接意愿，并且这种意愿应该在各种政治事务中体现。这同样造成另外一种极端，参与中民众提出的意见必须坚持并最终实现，它没有回旋的余地，一旦失败就是对参与民主的沉重打击。协商民主不反对选举民主的存在，也不反对参与民主的自由主义精神，它是对于选举民主的补充，在选举民主活动的场外设置民众商议问题的议程，它也是参与民主的延伸，在尊重参与民主的主动性方面加入妥协、宽容。协商民主考虑到了社会的复杂性、利益的多元性，也考虑到了参与空间的局限性。协商民主形式比较灵活，不必计较正式或者非正式，也不必追究结果的完美，它的目的是促使人们达成共识，包括尊重少数人的意见，最终形成的结果是对民主的最大程度体现，"协商民主主张具有意义的参与，既不假设也不承诺任何全面的制度改革，而且也不承诺根本性的个人变革，这使得它在21世纪以来的政治生活中更容易被人们所接受"（陈尧，2013）。

三、协商民主可能的困境

中国的协商民主以政治协商为主，以多层次、多领域、多行业的协商为辅。协商民主研究者认为协商会议或恳谈会要遵循一些原则，如信息公开、观点多元、以事实为证据、理智辩论、真诚的心态、多样的主体等。法律在程序上和制度上严格保证了协商机会、渠道、方式的实现途径。如果制度与程序不健全，那么会产生协商的强势一方表面尊重法律原则，实则是在"不平等"的情况下，弱势一方非自愿地接受协商结果的情况。再则，平等的协商需要普通民众对政府部门领导有一定的选择权和监督权。但是在选举民主和协商民主的先后顺序和重要程度上，人们产生了不同的看法。是否因为选举民主有难度就暂时放弃对于选举民主的发展？许多学者认为西方国家的选举民主已经失败，协商民主也没有得到真正发展，而我国早已在实践政治协商活动（马德普，2014）。

西方选举民主最大的不足就是选举实现的是少部分人的利益，是贵族们的金钱游戏。西方国家只有改进自己选举民主的不足，才能促进协商民主的真正实现。"政治协商从本质意义上讲，是国家政治生活领域内主体政治力量与次主体政治力量的合作，协商和联合，虽涉及社会各阶层、各团体的建设者，但其运作的单位主体是党派与界别组织，所以不能直接运用于日常性和社会性民主政治生活"（林尚立，2003）。

四、协商困境的突破：社会组织及其界别协商

具体来说，公民通过参与社会组织进行协商的方式具有以下优点。

一是它是对参与民主的继承和发扬。参与民主过程中，由于社会的复杂性和不确定性，尤其是参与的空间和场域的不明确，人们怎么来参与、通过什么途径参与、在什么地方参与，都没有具体的规章制度指导，这都为公民有效地实施政治权利带来了难处。没有明确组织的参与往往造成公民参与的盲目性，从某种程度上也降低了他们参与的积极性。社会组织以其明确的空间位置、有限的人数和规范的组织章程，为公民协商的开展提供了便利的客观条件。

二是它是对于接触式参与民主发展的兑现。政治协商、网络协商成为主流是协商民主的最大成就，但不足的是这两种形式都缺乏公民直接参与的机会。公民不能直接参与政治协商会议，尽管可以参与网络协商，但是网络协商的目标针对性、制度的对接以及形成的影响都比较弱。社会组织为公民直接参与协商尤其是接触式参与协商提供了机会和场所。

三是它是协商民主实现平等的重要途径。公民参与协商必须有一个权威来保障，否则往往会造成协商效率低下、商而无果的状况，甚至协商最后的不一致可能造成意见的更大分歧。因此权威是需要的，但是权威不能仅来自政府，如果政府单方面强势，那就造成公民无法与政府平等地协商，这就需要社会组织参与，形成社会组织与政府对话的一种平衡机制。

四是通过社会组织参与培养了参与公民的公共精神和参与能力。在社会组织的参与中，社会组织对于参与的公民形成章程上的约束、行动中的形塑以及关系上的规范，公民通过参与社会组织内部或者外部的协商，锻炼了协商的意识和协商的能力。社会组织协商培育了公民精神，也塑造了公民的公共道德精神。

然而，社会组织的作用是有限的。尽管它提供给公民参与自我治理的机会，也能锻炼公民影响相关领域的能力，但是社会组织在整个大的国家环境中，又是相对薄弱的力量。社会组织中的公民如何建立联系又影响外界，这些是社会组织在发展过程中需要进一步思索的问题。因而，社会组织的分散性和缺乏联系的内在机制，成为制约公民进一步参与国家政治活动的短板。怎么在公民、社会组

织、国家机构之间建立正常的联系渠道是协商民主务必要解决的重大课题。协商民主必须基于现状和难以突破的宏观背景建立一种可行的途径。在现实与理论双重困境下，界别协商走到前台，立意担当这一重任。将社会组织纳入政治界别协商可以化解以下问题，也是对前面困境的回应。

一是积极回应选举民主在协商民主发展中的问题。在大力发展协商民主的同时不忽略选举民主的重要性。社会组织界别协商就是两种路径融合的方案。首先社会组织界别协商是一种协商民主，它将政治协商的权力也赋予了社会组织这个主体，社会组织在公民与国家机构之间起到了中介作用。其次社会组织界别协商中的界别又是通过推选的方式，从全国各地众多社会组织中挑选出优秀的社会组织或者社会组织成员代表，这个过程就是一种选举的过程，它某种程度上起到了代议制的作用。

二是社会组织界别协商建立了公民、社会组织和国家的联系渠道。公民如何在纷繁的国家政治活动中找到自己的位置，如何借助协商让自己的声音能够影响国家或者政府的决策？单个公民的力量是薄弱的，集体的社会组织力量则是强大的，而社会组织界别的联盟更是集合了更多社会组织的力量。这不仅实现了公民与国家之间的平等协商，而且建立了公民与国家之间的紧密联系。

三是社会组织界别协商还将公民协商民主的实践活动通过制度化的方式上升为正式协商渠道。这种正式协商渠道的建立不仅对于社会组织自身实力和能力提升提出更多的要求，而且对于党和政府的决策科学化、巩固党的执政基础、提升政府形象以及维护社会和谐稳定具有积极意义。

第二节　社会组织界别协商：完善协商民主制度化实践的三重维度

加大协商民主在我国的多层次、多领域、制度化发展是我国民主建设的重要举措。然而，协商民主在我国发展中，面临公民参与协商广度不够、参与的制度化渠道缺乏以及参与主体间近距离协商不足等困境（李荣梅，2020）。在这三大困境之间，社会组织界别协商将通过代表优选的方式推动协商民主与选举民主的融合发展；以界别设置的制度化方式在协商民主内部的基层与高层之间建立沟通联系的渠道；通过组织化运行载体增加公民接触式协商参与的机会。调研我国相关政策设计和实践，尤其是分析我国某些省份政协会议中委员及其提案的社会组织相关特征发现：我国已具备增设社会组织界别的基础条件，而增设工作应系统规划，统筹协调，有序推进，重点突破。

一、社会组织界别增设的命题预设

据统计，2016 年全国社会组织增加值总量约 2789 亿元人民币，占当年第三产业增加值的 0.73%。[①]2018 年，社会组织志愿项目超过 212 万个，服务时长总数达到 13 亿小时。[②]为了更好地发挥社会组织在经济建设和社会发展中集思广益的作用，应积极发展社会组织协商民主。社会组织协商民主发展是一个系统工程，它需要与多种政治改革任务协调发展，一旦缺乏其他民主要素发展支撑，就将会出现协商流于形式的问题。改革的路径在哪里？在不出现大的改动，保证政治稳定的情况下，要科学地介入。社会组织界别协商是基于现状构建的一种可行途径。社会组织界别协商，是指在各级政治协商会议中纳入社会组织这一界别，广义上也包括在人大会议、党的代表会议、青联组织和工会等国家重要会员性和政治性组织机构中纳入社会组织的界别或者代表，本书专指在政协中纳入社会组织界别。本书首先对协商民主面临的困境以及这些困境对于协商民主发展的影响进行深度分析，每一个困境的解决都是一个深层的系统工程，而基于现实基础和民主发展的本身规律，很难从根本上或者从全局出发进行整体改革。研究发现，如果有效利用协商民主中社会组织的积极协调作用，通过社会组织这个平台尤其是建构社会组织进入政治协商会议的渠道，将为困境的解决提供一种全新的思路。本书对我国增设社会组织界别的可行性条件进行了调查分析，并结合大量实证材料提出增设社会组织界别的科学路径及具体措施，尤其对于增设过程中面临的实际问题，进行了剖析和解决方案的论证。

自国内出现有关社会组织界别增设的研究以来，学者们主要聚焦于它的积极作用。然而，学者们大多分析的是社会组织界别协商对于外界带来的直接效应，没有将界别设置放置于政治体系结构内部，即相关研究大多是从社会组织界别协商带来的外向型效应进行分析，未反向考察社会组织界别设置背后的其他要素的联动效应，也没有通过分析协商民主发展的内在基础性问题来指出界别设置的重

① 潘跃. 测算研究显示：2016 年全国社会组织增加值总量约 2789 亿元. http://www.people.com.cn/GB/n1/2018/0718/c32306-30155231.html[2020-09-11].

② 张璐. 全国每 13 人就有一名志愿者. https://baijiahao.baidu.com/s?id=1626780120227513288[2019-03-01].

要性。社会组织界别协商将有效保障协商民主向广度、深度及精度层次发展。

基于以上思考，本书提出应积极发展社会组织界别协商三个研究命题。

命题1：社会组织界别协商积极回应了选举民主改革的复杂性和长期性问题，有效弥补了选举民主发展的不足，有利于实现民众参与协商民主的广度。

协商民主与选举民主发展相辅相成，选举民主发展有利于实现真正意义上的平等协商。但是由于社会内部的复杂性和外部环境的制约、改革本身所承受的成本以及改革应具备的支撑条件等多种要素影响，选举民主难以在短时间内取得质的飞跃。在大力发展协商民主的同时不能忽略选举民主的重要性。社会组织界别协商就是两种路径融合的方案。首先，社会组织界别协商将政治协商的权力赋予了社会组织这个主体，公民通过社会组织将自己的心声传达到国家层面。其次，社会组织界别协商中的界别是通过推选的方式产生委员，由于政协委员是通过单位政协推荐的方式产生，因此尽管社会组织不是一个单位主体，但一旦列入政协界别，就可以推荐政协委员；而且，社会组织是基层群众利益代言的集聚场，通过社会组织选出代表，能够避免选举复杂化的问题。

命题2：社会组织界别协商建立了公民、社会组织和国家的联系渠道，将有利于民众参与协商民主深度的增加。

在政治协商会议中设置社会组织的界别，将有利于民众的意见和建议真正得到政府的认可和采纳，因为政治协商会议有一套严格且完善的建议表达、呈送和办理机制，"公共领域的政治影响，就像社会权力一样，只有通过建制化程序，才能够转变成政治权力"（哈贝马斯，2003）。社会组织界别在政协会议中广泛反映民意，关注民生，关切公共问题，社会组织政协委员基于其政治权利，为公民利用社会组织与政治系统建立有机联系打下基础。

命题3：社会组织界别是民众代表与其他主体代表直接对话的平台，对于接触式参与民主发展具有重要意义，有利于提升民众参与协商民主的精度。

我国协商民主中的公民参与，尤其是公民接触式协商参与水平仍较低。协商形式较为成熟的是政治协商会议，这种形式还主要是体制内的协商渠道，普通公民的参与机会有限。非体制内的协商主要是网络协商方式，但是这种协商方式存在很多不确定性，容易导致公民的意愿表达失真。而且，网络协商的目标针对性、制度的对接以及形成的影响都比较弱。私下商量、内部解决成为当前接触式参与的主要形式，这种形式避免了矛盾扩大外延，缺点是可能导致息事宁人而不是真正解决问题。社会组织界别便为公民的直接参与协商尤其是接触式参与协商提供了机会和场所（王栋，2018）。

二、社会组织界别增设与中国特色社会主义协商民主发展

三个命题是当前我国协商民主发展中需要解决的重要课题，也是实现中国特色民主政治发展的内在逻辑。对于三个命题的结论论证，需要深入分析我国协商民主发展中面临的困境，进而得出社会组织界别协商对于问题化解的重要意义。

（一）探索协商民主与选举民主融合发展的最大公约数，体现选举民主和协商民主参与普及度的双重效果

2010 年前后，我国基层选举民主发展已进入调整期。有学者表达了我国选举民主的困境（俞可平，2012），同时西方国家选举民主也出现了"失真"和"失效"问题，一些思考者开始尝试跳出选举民主的分析框架。有学者指出协商民主相比选举民主更适合我国实际，俞可平（2012）认为，在民主选举方面，我国现行的制度授权相对不足，但在协商民主方面现行的制度空间则相当广阔。然而，不能因为选举民主的难度大就暂时放弃对于选举民主的发展。针对以上两种观点的交锋，应从更为积极的角度，以整体性思维分析，因为选举民主与协商民主是两种不同民主形式，应该互补发展。在庆祝中国人民政治协商会议成立 65 周年大会上，习近平（2014）就选举与协商的关系进行了系统论述："人民是否享有民主权利，要看人民是否在选举时有投票的权利，也要看人民在日常政治生活中是否有持续参与的权利；要看人民有没有进行民主选举的权利，也要看人民有没有进行民主决策、民主管理、民主监督的权利。"

然而现实中如何将选举民主与协商民主进行有效结合？既要考虑到我国人口多、地域广等客观条件限制，又要尽量从广大人民群众中选出更多基层民众利益的代表。再者，选举后如何体现人民日常政治生活的参与，以及保障人民的有序政治参与，是协商民主发展面临的现实挑战。社会组织来自民间，扎根民间，熟悉民间，因其志愿性、民间性、非营利性和公益性等，推选社会组织优秀代表在国家重要政治会议体系中表达民众诉求，将会有效避免因全民普选规模大而不好组织的问题，也会增强民意上传政府的客观性和真实性。社会组织负责人和骨干成员政治觉悟高，政治参与意识和能力强，有着为党和国家服务、为民众代言的积极愿望。魏志荣（2017）对相关社会组织进行调查，结果显示，97%的社会组织成员关注政治现象，47.46%的人表示"非常愿意"进行政治参与，仅有 1.69%

的人表示"不愿意"进行政治参与。[①]张彩玲等（2017）对大连市社会组织调查数据也印证了这一结果，有 93.3% 的社会组织代表人士对国家政策十分关心和比较关心，有 61.4% 的社会组织代表人士明确表示希望在完成好本职工作的情况下参与到政治中来。社会组织代表人士往往经济社会地位高、专业素质高、热爱公益事业，因此，应积极吸纳社会组织优秀人士进入政治协商系统，加大对社会组织代表人士的统战工作力度。

（二）培育基层协商民主的代言者和信息传递的渠道，推动民主协商的声音在政治系统中深度表达

2015 年中共中央印发的《关于加强社会主义协商民主建设的意见》，对"协商民主"进行了系统阐述。协商民主建设的战略路线就是将我国既有的政治协商及体制内其他相关协商政治的事业都纳入协商民主范畴中，在新的阐述中，政治协商实际上已经从党的一个具体工作机制升华为一种政治模式层面的体系。但是这对于协商民主理论的发展仅是第一步，它需要由体制内向体制外、由高层向基层逐步拓展。我国基层协商民主发展出现了浙江省温岭市民主恳谈会、重庆市万州区社日活动、海南省海口市美兰区参与式预算协商、北京市朝阳区"党政群"共商共治的工作机制等典型经验。然而我国的协商民主（consultative democracy）体系是以政治协商为主，以多层次、多领域、多行业的协商为辅的协商民主形式，还不能完全包含普遍意义上的协商民主（deliberative democracy）的范畴。而且，政治协商体系与基层协商及其他领域的协商之间还缺乏畅通的沟通联系机制。

因此，应积极推进基层协商民主与既有政治协商体系的有机衔接，在二者之间建立沟通渠道和有效连接的载体。既能够将政治协商体系扩展至基层协商民主层面，也使基层协商民主的成果能够进入政治协商体系。从现实情况来看，能够将基层协商民主声音向上传递的主要渠道就是各级政治协商会议，而基层群体的范围主要是广大农民和城市社区居民。在第十三届全国政协委员的界别构成中农业界 67 人，主要是从事农业管理、技术等领域的专家、干部。这 67 名业界委员在全国农民总体数量上占比很小。[②]而且，据统计，全国政协十一

---

① 魏志荣. 2017. 将社会组织纳入协商民主体系相关问题研究. http://www.doc88.com/p-1753534352658.html [2019-02-10].

② 【两会百科】第十三届全国政协委员的构成. https://www.rmzxb.com.cn/c/2018-03-02/1975389.shtml[2020-08-10].

届四次会议共提交提案 5762 件，涉及社会管理方面的提案 354 件，占比 6.1%；全国政协十一届五次会议共提交提案 6069 件，涉及社会管理方面的提案 427 件，占比 7%。① 广大基层市民和农民关心的社会管理问题，能够反映到政治协商会议中的数量占比也很小。社会组织所关注的领域主要涉及社会管理、社会服务等与民众切身生活利益有关的事务，而且社会组织组成人士主要是社会最基层、最普通的民众代表。因此增加社会管理领域的代表委员，是目前协商民主体系需要重点发展的方向。据统计，截至 2020 年底，全国社会组织吸纳就业 1061.8 万人②，同时有大量志愿者参与到社会组织及各种志愿活动中。志愿组织成员中的优秀代表，通过社会组织界别途径，进入政治协商系统，有效代表广大相关利益的普通民众声音。"我国除了人民团体这种特殊社会组织之外，无论是宪法法律配置还是组织配置，政治体系长期以来并没有直接把社会组织纳入政治资源配置范畴。"（肖存良，2019）因此，要探索政治协商会议中代表基层群众利益的界别设置，实现基层协商与高层协商有机衔接。

（三）积极发展接触式参与协商，体现近距离面对面协商的效果，提高公民在协商民主参与中的精准性

参与民主主张参与面的最大化，它的目的是回应选举民主的临时性效应，但是参与民主受到的批判并不比代议制民主少。这就需要协商式参与方式的补充，协商民主相比参与民主，为民众参与提供了空间平台，而且协商民主主张以平等、理性、包容的方式解决问题，避免了参与的无序，但是我国公民参与下的协商民主发展程度还不高。由人民论坛问卷调查中心发布的《中国公众的政治参与观念调查报告 2016》指出，60.5% 的受访者认为，"我能够参与公共政策制定的机会比较少，渠道还需要拓宽"（石晶，2016）。由于我国协商民主主要运行于政治协商会议的活动中，公民参与协商民主的其他渠道与机会虽然大力发展起来，如听证会、民主恳谈会、议事会等，尤其是互联网互动平台的发展，相当多的公民通过网络进行讨论和建言，但是这部分积极参与跟帖的网民在现实生活中对于政治参与的认同感较弱（石晶，2016），他们参与政策制定方面的协商活动

① 关于政协十一届五次会议提案审查情况的报告. www.cppcc.gov.cn/zxww/2012/03/14/ARTI1331695737600777.shtml[2020-08-10].

② 截至 2020 年底——全国社会组织吸纳就业超千万人. http://www.gov.cn/xinwen/2021-10/14/content_5642373.htm[2023-03-10].

和渠道欠缺。这反映了我国公民直接面对面的接触式协商民主活动比较欠缺。《中国政治参与报告（2011）》中指出，在政治参与涉及的 5 项指标中，得分最高的是"政治参与意识与政治参与评价"（0.553 分），其次是"选举参与"（0.529 分）、"政策参与"（0.503 分），"人民团体与自治组织参与"得分位列第四（0.452 分），"接触式参与"得分最低（0.078 分）（房宁，2011）。数据显示，参与意愿高但是实际参与的水平低，尤其是接触式参与程度更低。所谓接触式参与是指参与者通过制度程序直接进入政府决策或者政府事务的协商、监督乃至管理或者服务的过程中，它不仅仅体现于每年一度的选举机会，还体现于政策参与中的书面方式建议，它更多地体现于参与者与政府工作人员就某项事务，依据法律或者政策程序进行协商沟通，最终达成一致的意见。数据显示，单位内部解决成为民众主要的接触式参与方式，占 35%，其余 12 个选项，如接触人大代表、参加社会组织、上访等都不足 10%。接触式参与以群众通过协商的途径参与政治活动为主要形式，因此接触式参与指数表现较差也反映了公民接触式协商形式发展的滞后。数据还显示，部分听证会等征求意见的形式大于实质意义，人大代表与选民联系不密切（房宁，2012）。普通公民缺乏与政协等国家政治体系直接协商对话的渠道。

因此，要在社会基层构建能够使公民或者草根组织先期协商的场所以及培育可以向上级传递建议的载体。在这种情况下，增加切身了解民众需求的政协委员与民众接触协商的机会，是一种较好的方式。社会组织界别协商将公民协商民主的实践活动通过制度化的方式上升为政治上的正式渠道，为社会组织或更多的社会民众进入政治协商体系、与政府体系接触式协商增加更多正式对话的机会。社会组织是经过考核登记注册，严格遵照国家相关法规政策运行，有着规范的组织章程和纪律保障，全面成熟的制度和组织规范体系，可有效保证社会组织参与政治协商会议的有序性。社会组织内部协商以及社会组织主持的外部协商，是社会组织成员和民众直接参与协商的平台，通过社会组织小范围的协商实践，培养和锻炼了社会组织与民众的民主意识及实践能力，为未来逐步扩大的基层协商的实践范围提供了前期铺垫。与国外社会组织协商对公共议题的高度关注相比，我国社会组织开展的协商活动多讨论与自身相关的事务，较少关注公共事务。从未来的发展来看，公共事务协商应该成为社会组织协商的主体（谈火生和周洁玲，2018），更多的社会组织内部协商将上升为具有公共意义的公共协商和政治协商。

第三节　社会组织协商嵌入政协界别的制度化优势
——基于广东省-佛山市-顺德区三级政协会议
16 213 条提案的分析

为了反映社会组织界别设置的宏观背景和社会经济发展的整体情况，深入了解社会组织政治参与的真实愿望、社会各界对于社会组织界别设置的总体心态，以及清晰发现政协会议增加社会组织界别的政治空间和结构合理性，本书选取具有代表性的广东省-佛山市-顺德区三级政协会议的 16 213 条提案作为研究对象，对政治协商会议中社会组织委员的数量、分布、分类、成分、层次等全面把握，而且对其与其他身份委员的比例关系和业务关系等进行分析，从而呈现社会组织界别设置的必要性和可能性框架，把握政协界别设置问题的真实面貌，找准社会组织界别设置的切入点。

一、我国社会组织协商的背景特征

我国社会组织代表人士参与协商民主还处于起步阶段，根据部分地区的社会组织政治参与情况的文献数据比较，我国社会组织政治参与主要呈现社会组织政治参与积极性高与政府采纳社会组织建议程度低、通过代表反映情况程度低的矛盾（表 4-1）。总体来说，一是社会组织进入政治系统的渠道不够明晰，社会组织参与协商的形式往往限于征求意见，许多重要法律和决策的制定和出台、项目和资源分配，都缺乏社会组织的参与。二是在我国除了社会组织协商之外，其他六个渠道的协商都是内嵌于既有制度之中的。无论是法律配置还是组织配置，政治体系长期以来并没有直接把社会组织纳入政治资源配置范畴（肖存良，2019）。三是社团的制度化政治参与不是集中在对民意代表机制的运用方面，而是主要集中在行政参与方面。从而使得社会组织的政策建议难以成为制度性决议，缺乏合法支持。四是中国地方层面的协商与决策的关联性很难向高层扩展。在地方与中央双层互动政策模式中，社会组织处于双层中的底层界面，如果双层之间留给沟通的操作空间距离较大，或者双层之间缺乏沟通渠道，那么社会组织的政策建议就难以到达高层。一般来说，政策交流的基础是双层之间能够有着相

表 4-1 部分地区关于社会组织政治参与情况的文献数据比较[①]

年份	地区	样本数/个	政治参与情况/%		政府回应情况/%			平台和渠道情况/%		通过代表反映
			参与积极性	参与程度	政府重视程度	政府采纳情况	影响政府情况	缺乏参与平台	渠道不畅通	
2010	深圳市	3862	—	40	—	26.7	—	—	—	—
2011	南京市	43	55.8	37.2	—	48.8	11.6	—	—	18.5
2011	温州市	52	78.9	65.4	—	55.8	1.9	—	—	82.7
2012	南京市、温州市	146	—	70	—	65.4	65.1	0	0	40.4
2013	河北省	—	81.5	—	61.8	—	—	56.7	30.5	—
2016	某2市	236	84.8	—	67.8	27.1	—	15.3	64.4	10.2
2017	厦门市	200	—	—	92.5	1.5	3.5	—	41	9.5
2018	浙江省11市	136	47.9	64	44.1	33	17.9	41.2	—	9.6

互沟通的需要，也就是说双层之间能够形成互动的基础动力和资本，如果双层地位或资本差距过大，二者之间就难以达成互动的基础条件。有学者指出我国社会结构正在向"差距格局"转变，这种"差距格局"是一种新的混合结构，存在于不同的社会阶层之间，也一样呈现在新社会阶层不同的职业群体之间（周晓虹，2005）。值得借鉴的是，美国也有多层的上下沟通机制。此外，在政府和非营利组织之间，出现了另外一种形式，即美国政府圈和非营利组织圈的"双圈互动"机制（Crutchfield and Grant，2008）。相对来说，双圈的地位不是上下级关系，其功能角色是交叉互补的，也就是说政府圈和非营利组织圈二者有着共同的目的和利益共赢的诉求。费孝通（2007）认为，政治体系是不可能在一根从上向下的单轨上发展起来的。在任何政治体系下，人民的意见都不可能被完全忽视。这意味着必须有某种从下而上的平行轨道。为了促进政府、社会组织之间的互动和

---

① 表 4-1 中的数据分别参见：江华，何宾. 2012. 行业协会政策参与的比较研究：南京与温州. 中共浙江省委党校学报，（1）：27-36；高天. 2013. 新社会组织从业人员：政治参与的现状和问题研究. 河北省社会主义学院学报，（1）：47-51；魏志荣，李先涛. 2016. 协商民主视角下社会组织政治参与问题研究. 山东行政学院学报，（6）：1-7；张彩玲，张志玲，张大勇. 2017. 大连市社会组织代表人士调查及统战工作研究. 辽宁社会主义学院学报，（3）：31-39；沈永东. 2018. 中国地方行业协会商会政策参与目标、策略与影响力. 治理研究，（5）：93-103；褚松燕. 2006. 我国社团组织的政治参与分析. 学习论坛，（3）：39-42.

优势互补，政府购买社会组织服务是一个形成政社契约式合作的重要路径，还有学者建议在政府购买社会组织服务中引入公民参与预算环节，从而构建政府、社会组织、民众之间相互联系、相互监督的闭环机制，但是参与式预算激活的是基层人大的预算决算权力机制，并未对政协的协商民主监督机制形成有效影响，因此应该在我国政治资源中对社会组织的协商活动赋予正式的参与渠道，从而提升社会组织协商的"公共性"。基于此，有学者指出在政协增设社会组织界别，从而打通公民、社会组织和政府之间的协商隔阂，并通过政治协商与其他协商的既有联系机制，使社会组织协商与其他六个协商渠道形成有机整体（王栋，2019）。因为，社会组织的资源禀赋决定了社会组织能否协商和与谁协商，建构了协商的组织渠道，形成了协商的路径依赖。因而要实现社会组织有序协商，关键在于建构社会组织的资源禀赋，通过政治吸纳赋予社会组织政治资源（肖存良，2019）。

二、研究命题与分析路径

相关社会组织界别设置研究还基本处于呼吁期，主要是关于社会组织界别设置重要性的研究，主要体现在政协委员的两会提案建议中，对于社会组织界别设置的路径和机制研究还没有深入展开。更多的相关研究是强调提升社会组织参与协商民主的能力；加强社会组织协商民主的法治建设；规范社会组织的协商程序，设立新社会组织界别原则性要求。已有学者初步论述了社会组织嵌入政治体系的关系角色（毛佩瑾，2019）。这些研究是社会组织界别设置的重要准备工作，不过这些研究还不能深刻判断政协会议设置中的具体问题逻辑，没有把握当前社会组织界别协商参与的基本现状，无法找到社会组织界别设置的基本切入点。为了更准确地把握社会组织界别设置的政策背景、部门关系、政府角色、社会组织参政意识等，需要对社会组织试点地的政协机构、统战部门、民政部门、纳入政协界别的社会组织及其委员进行调研，总结试点的经验和教训；还应对社会组织协商民主发展较好地区的优秀社会组织及其负责人、枢纽型社会组织、政协委员和相关人士进行调研。虽然这些调研能够准确定位研究对象的实际情况，但是因为调研对象的个别性和个案研究选取的数量不足，无法反映社会组织界别设置的宏观背景和社会经济发展的整体情况，无法深入了解社会组织政治参与的真实愿望、社会各界对于社会组织界别设置的总体心态，而且难以清晰发现政协会议增加社会组织界别的政治空间和结构合理性。只要越来越多的研究者参与研究、参与调研，研究成果就会越有价值。

本书选择了经济社会发展靠前，尤其是社会组织以及社会组织协商民主发展较好的广东省、佛山市和顺德区进行调研。一是广东省是我国第一经济强省。截至 2019 年，广东省共有社会组织 70 868 个，数量位居全国第二，其中慈善组织 748 家，数量居全国首位，占全国慈善组织总量的 14.2%。社会组织创业指数和社会发育指数都位居全国前五名（赵鹏和郭一丁，2016）。在社会组织政治参与方面，2012 年，社会组织首次作为一个类别列入省级人民代表大会代表类别。博罗县、顺德区率先新设社会组织界别。佛山市名列"新时代中国城市社会发展指数暨百强榜（2019）"综合排名第 12 位，其中"经济发展与国民收入"进入前十，"人口发展与社会潜力"排第 4 位。[①]2018 年，佛山市社会组织总数达 6840 个。[②]顺德区连续七年位居全国综合实力百强区第一，十次进入"中国全面小康十大示范县市"，截至 2019 年，顺德区登记在册各类社会组织已达 1805 个，社工服务机构达到 35 个；顺德区 3A 以上的社会组织 117 个；5A 的社会组织数量 42 个。[③]二是经过调查，全国只有广东省各级政协基本实现了提案及办理回复等较为完整的网络公开。其中广东省、佛山市和顺德区三级政协都开辟了"向社会公开征集提案线索"的网站平台，顺德区还开设了《委员之家网络互动》和《社情民意信箱》两个栏目。实现了会议正式提案模式和民间提案征求模式的二合一。三是顺德区是社会组织界别试点地之一，也是相比博罗县、南溪区等其他两个试点地区的社会组织协商民主发展更好的地区。博罗县没有开通专门的政协网站，其政协活动等通过市级政协网站平台发布。南溪区相关社会组织的数据不能在线查询，且社会组织的相关提案建议等也没有公开。另外，为了研究在哪个层级设置社会组织界别具有可行性，本书选择了广东省-佛山市-顺德区的三级层次结构。以作为社会组织界别试点区的顺德区作为研究的首选，然后向上延伸形成三级分析结构。再者佛山市的提案实现了按年份、案由、建议、类别等的查询功能，是广东其他地市没有实现的。在时间选择上，基于能够查询到的年份，为确保广东省-佛山市-顺德区三级一致性，及试点时间的切合度，本书以

---

① 中国城市社会发展百强榜: 北上深广占据前四, 城市群表现优异. https://finance.qq.com/a/20191023/006077. htm[2022-05-06].

② 郑浩然. 2019. 佛山社会组织建设硕果累累 持证社工人数达 11364 人. http://gd.ifeng.com/a/20190319/7287 748_0.shtml[2019-05-10].

③ 社会组织今日要闻 20191024. https://m.thepaper.cn/baijiahao_4762243[2024-03-19].

2003～2018 年为分析时间段并适当进行截取。这一时间段有三个社会组织发展的契机，2004 年党的十六届四中全会提出"推进社会管理体制创新"，2007 年党的十七大报告提出"要健全党委领导、政府负责、社会协同、公众参与的社会管理格局"。2011 年广东省出台《关于加强社会组织管理的实施意见》，鼓励有条件的市县设立社会组织界别。这都成为广东省社会组织及其协商民主发展的重要支撑。在样本选择上，由于相关资料搜集得不完整，广东省政协界别的截取调研的时间段为 2003～2018 年，佛山市为 2003～2014 年，顺德区为 2007～2018 年。其中涉及广东省政协提案数量 12 529 件，佛山市政协提案数量 2249 件，顺德区政协提案数量为 1517 件，总计 16 295 件。

根据社会组织委员或相关提案在三级政协中的分布情况，我们从 5 个角度出发分析设置社会组织界别的必要性，这 5 个角度即 5 个假设（实际分析中进一步细分为 8 个假设），每个假设都设计了相应的验证分析路径。

假设 1：社会组织身份的委员数量已经很多，但是没有社会组织独立界别。广东省 2003 年社会组织数量为 16 080 个，发展到 2018 年的 70 868 个，增长了 3.4 倍。那么相应的社会组织身份委员数量应该相应增加。廖鸿和康晓强（2016）研究指出各级党代会、人大、政协中社会组织代表比例偏低，且往往以企业家或其他行业专家的身份，而不是以社会组织身份参政议政，各级政府及其工作部门还未普遍建立与社会组织的对口协商机制，往往出现社会组织反映意见都找不到地方的现象。验证路径：①统计广东省、佛山市、顺德区三级每届每年的社会组织委员数量、比例、趋势，说明其数量增长迅速，应该增加相应界别体现其利益需要。②与其他身份委员的数量（占比）比较。社会组织数量相比其他身份委员数量并不少，甚至已经超过。同时，社会组织身份委员的两个特殊性问题，引出两个假设，以进一步印证社会组织界别增设的必要性。

假设 1a：社会组织身份的委员多是兼职委员，不能说明社会组织身份委员的专门性。而且，政协委员基本上都是优秀代表，但很少有专职社会组织委员进入，而其他如工商业、科技界等领域的很多优秀人士在社会组织担任要职或者会员，他们虽然有着社会组织身份，但仍以自己的主业作为参政议政的标准。"尽管有不少代表委员有协会背景，但他们并没有代表协会诉求的法定义务，致使行业协会商会始终缺乏一个参政议政的正常渠道和平台。"（王建国和黎建波，2011）验证路径：将广东省、佛山市、顺德区各级政协委员中兼职的社会组织委员和专职社会组织委员统计出来，进行数量占比比较。兼职身份弱化了关于社会组织专门性的提案关注度。

假设 1b：社会组织身份委员的提案与社会组织的相关度很低，无法真正代表社会组织的声音。很多非社会组织身份委员提出社会组织方面的提案，但是不稳定、不持续、不准确。谈火生和苏鹏辉（2016）调研指出，很多公益组织为了解决自身关注的议题，每年两会期间都要寻求代表、委员的代言。然而，由其他身份委员提出，不能真实代表社会组织的情况和利益。因为没有专门的社会组织界别，且许多社会组织身份委员不是专职做社会组织工作，因此提出的社会组织相关提案关联度不高。验证路径：社会组织身份委员提出社会组织有关提案的数量，占其提出总提案数的比例。具体分为 4 个分析路径：直接相关社会组织提案与专职社会组织委员的对应度、直接相关社会组织提案与兼职社会组织委员的对应度、间接相关社会组织提案与专职社会组织委员的对应度以及间接相关社会组织提案与兼职社会组织委员的对应度。

假设 2：社会组织相关的提案很多，应该设置独立的社会组织界别。因为社会组织服务的领域已经成为当前社会关注的热点，其他各个界别的委员会提出很多相关社会组织领域的提案。验证路径：①对比广东省、佛山市、顺德区每届社会组织相关提案数量变化趋势，印证社会组织相关提案的增加趋势；②与其他行业的提案数量进行比较，证明社会组织提案的数量占比较其他行业具有优势。

假设 3：政协委员每年（届）提案过多或过少（或没有），都将对提案工作质量造成影响，社会组织相关领域工作却缺少专门的反映渠道，应该对社会组织界别给予回应。根据提案的多少，我们分出两个假设。

假设 3a：很多委员的提案超过 5 次，应拿出这些名额和机会给予社会组织界别（增设）。验证路径：统计这些高产出委员的提案与当年的优秀提案、督办提案、重点提案的数量比，来证明其质量优劣。

假设 3b：很多委员在届内没有提出提案（存在合并案等情况），浪费了名额，应将名额转给更需要关注的社会公共领域的界别，建议增设社会组织界别承接这些名额。验证路径：统计这些无提案委员的数量，但是应注意有些专职社会组织身份委员也没有提出社会组织相关提案，应对其专门作出原因分析。

假设 4：社会组织身份委员及社会组织相关提案分布不平衡，需要增设社会组织界别进行协调。这包括两个方面的问题。

假设 4a：社会组织身份的委员所在社会组织类别很不平衡，需要单设社会组织界别涵盖大多数社会组织类别。验证路径：社会组织身份委员所在各个类别社会组织的数量比。

假设 4b：社会组织提案所属类别和界别分布不均衡，应增设社会组织界别进行完善。验证路径：统计社会组织提案所在类别和界别的数量，印证社会组织所属界别的不平衡性问题。进行直接相关社会组织提案的题目分析：关注哪个领域多些；关于社会组织参政议政的建议多少；关于社会组织诉求的建议多少。

假设 5：社会组织相关提案的质量不佳，应该增设专门的社会组织界别对整个提案工作进行规范。在政协协商中，应该增设专门界别规范相关社会组织委员的提案专业度。验证路径：进行社会组织相关提案中的优秀提案、重点提案和督办提案数量分析，以及优秀材料目录中的社会组织相关提案数量情况分析。

三、实证分析

（一）社会组织身份委员数量已经很多，但是没有社会组织独立界别

因为有些政协委员仅兼任社会组织会员，并不以社会组织业务作为自己的主要工作，我们仅将担任社会组织领导职务的委员统计在内。据统计，广东省2008～2018 年三届政协委员中，在社会组织中担任会长的有 83 人，还有副会长66 人、副主席 3 人、理事长 13 人、副理事长 10 人、秘书长 11 人、副秘书长 2人；在佛山市 2005～2017 年政治协商会议中，政协委员在社会组织担任会长（含副会长）53 人、主席 7 人、理事长 15 人，共计 75 人，以社会组织作为主业的委员 63 人。同期，顺德区以社会组织为主业的代表人士有 17 人。2003～2014年，佛山市在社会组织兼任领导职务的委员数量分别为：5、5、1、5、5、6、7、14、9、5、26、41。广东省第十届和第十一届政协会议中委员担任社会组织负责人正职的（含会长、主席、理事长、秘书长等）分别为 37 人、50 人。

（1）社会组织身份委员多是兼职委员，不能说明社会组织身份委员的专门性。广东省社会组织身份专职委员 6 人：行业协会 2 人、社会工作服务机构 1人、民办高校 2 人、省社会组织总会 1 人。佛山市社会组织专职委员 2 人：律师学会 1 人、民办高校 1 人。顺德区社会组织身份专职委员 3 人：社会工作服务机构 1 人、农村协会 1 人、慈善会 1 人。尽管在社会组织担任领导职务的政协委员已经很多，但是专职的社会组织政协委员数量很少，有些政协委员担任多个社会组织的领导职务或会员，但是这些社会组织只是他们信息交流、资源共享和业务拓展的平台，他们的本职工作在原单位，在政协会议中发出的声音也首先考虑与

自己关系紧密的工作领域。但是并不是所有的政协委员提案都是来自自己的本职工作范畴，很多政协委员也提出了相当多的与自己本职工作无关的社会问题，这是委员政策目标中公益性和公共性的要求。根据《中国人民政治协商会议全国委员会提案工作条例》，中共党员和民主党派成员反映本组织内部问题的、为本人或亲属解决个人问题的这些涉及个人利益问题的提案是不予立案的，要提出与自己工作或者关注领域相关的社会问题即提案人身份与提案内容基本一致，这是提案质量保证的重要基础。因此增加社会组织身份专职委员数量，为社会组织相关领域问题提案的工作是必要的。我们也可通过社会组织身份专职委员提出的社会组织相关提案的数量来反映这一问题解决的重要性（表4-2）。

（2）社会组织身份委员提出的提案与社会组织的相关度很低，无法真正代表社会组织的声音。首先，社会组织身份委员已经占一定比例，2008年佛山市政协委员中拥有社会组织身份的委员有28个（含专职和兼职），但是当年他们提出的社会组织直接相关的提案为0件，间接相关的提案1件，直接和间接相关的提案共占社会组织身份委员提案数量的3.6%。社会组织相关提案占比最多的是2005年，当年社会组织身份委员24个，社会组织直接相关提案3件，间接相关提案2件，共占社会组织身份委员提案数量的20.8%。社会组织直接相关提案数量占比更少，最多的是2005年12.5%，其他均没有超过10%，占比在5%及以下的有7个年份，其中2008年为0（表4-2）。

表4-2　2003～2014年佛山市社会组织（专兼职）身份委员提案数据统计

年份	社会组织政协委员数量/个	间接相关提案		直接相关提案		合计占比/%
		数量/件	占比/%	数量/件	占比/%	
2003	30	3	10.0	2	6.7	16.7
2004	34	3	8.8	2	5.9	14.7
2005	24	2	8.3	3	12.5	20.8
2006	15	1	6.7	1	6.7	13.3
2007	20	1	5.0	1	5.0	10.0
2008	28	1	3.6	0	0	3.6
2009	29	1	3.4	1	3.4	7.1
2010	39	5	12.8	1	2.6	15.4
2011	19	2	10.5	1	5.3	15.8
2012	48	6	12.5	2	4.2	16.7
2013	70	8	11.4	2	2.9	14.3
2014	86	12	14.0	3	3.5	17.4

从社会组织身份专职委员和社会组织直接相关提案一致性来看（表 4-3），广东省政协会议中有 12 个社会组织直接相关提案，虽然广东省政协社会组织身份专职委员有 6 个，但这些提案仅是 4 个专职社会组织身份政协委员提出的（有的专职委员分别在 2 个年份提出提案——笔者注）。佛山市社会组织身份专职委员直接相关提案数量更少，仅有 2 个。因此，应设置专门的社会组织界别，以增加社会组织身份专职委员的提案与本职工作的相关度，当然有许多社会组织身份兼职委员提出了社会组织相关领域的提案，但是通过其他界别委员提出提案，"隔行如隔山"，存在针对性、准确性以及持续性不强的问题。这将在下一个问题分析中进行印证。

表 4-3　广东省、佛山市、顺德区社会组织相关提案和社会组织身份专职委员相关度

年份	广东省		佛山市		顺德区	
	直接相关提案/专职委员	间接相关提案/专职委员	直接相关提案/专职委员	间接相关提案/专职委员	直接相关提案/专职委员	间接相关提案/专职委员
2005	—	1	—	—	—	—
2006	—	2	—	—	—	—
2007	—	—	—	—	—	—
2008	1	—	—	—	—	—
2009	1	2	1	—	—	1
2010	2/1	—	1	—	—	—
2011	3/1	1	1	—	2	—
2012	—	—	—	—	—	—
2013	—	1	—	—	—	1
2014	—	—	—	—	—	1
2015	—	—	—	—	1	1
2016	1	—	—	—	1	—
2017	—	—	—	—	1	—
2018	4/3	—	—	—	—	—
合计	12/4	7	2	—	5	4

注：表中用斜线隔开，左右各一个数据的，表示两个数据都存在；只有一个数据的，表示只有左边的"间接相关提案或直接相关提案"的数据。

（二）社会组织相关的提案很多，应该设置独立的社会组织界别

广东省 2003～2018 年社会组织直接相关提案数为 365 件，间接相关提案数为 413 件，总数为 778 件，占提案总数 12 529 的比例为 6.2%（图 4-1）。佛山市 2003～2014 年社会组织直接相关提案 160 件，间接相关提案为 53 件，总数 213 件，约占所有提案总数 2249 件的 9.5%（图 4-2）。2018 年广东政协会议提案中，围绕民主法治建设、平安建设、社会治理、华侨民宗以及政协相关工作的提案共有 81 件，占提案总数的 9.12%。[①]本板块与民生问题以及社会公共问题密切相关，也是社会组织关注领域最多的，而且专门阐述了社会组织的发展建议，从广东省 2018 年社会组织相关提案 8 件来看，已经占一定比例。

为了更清晰地呈现社会组织相关提案与其他各主体的相关提案的数量比较情况，我们专门以社会组织直接相关提案为参数，发现政府相关提案 85 件，企业相关提案 163 件，只有这两项超过了社会组织相关提案数量 53 件，其他如人民团体、宗教远低于这个数据，因此社会组织相关提案数量的增多，应该引起充分重视，需要专门渠道进行规范，引导其健康发展，提供反映、办理、回馈等一系列的处理程序，及时回应广大社会组织以及社会人士的相关诉求，使其精准发挥有效的作用。

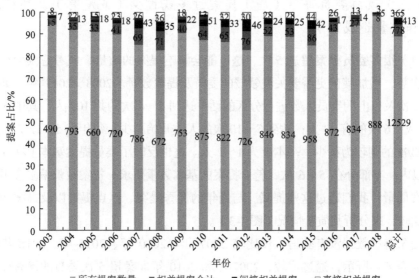

图 4-1　2003～2018 年广东省政协社会组织相关提案数据

① 中国人民政治协商会议广东省委员会. 2019. 政协第十二届广东省委员会第二次会议提案审查情况的报告. https://www.gdszx.gov.cn/zxhy/qthy/2019/wj/content/post_16071.html[2022-09-03].

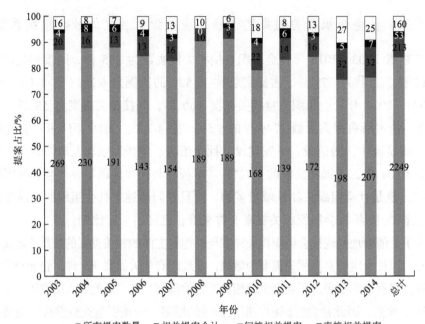

图 4-2　2003～2014 年佛山市政协社会组织相关提案数据

（三）政协委员每年（届）提案过多或过少（或没有），都将对提案工作质量造成影响

（1）很多委员提案超过 5 次，这可能会影响提案的质量，应考虑减少委员提案的次数，增加其他更需要关注领域的委员及提案数量。2003～2013 年，如果将提案 5 次及以上的委员人数进行分区的话，达到 5～6 次的共 109 人，其中 5 次的有 76 人，6 次的有 33 人；达到 7～10 次的人数开始减少，每年在 5～12 人；达到 11～23 次的则较为稀少，基本上为 1～2 人。这也反映了委员提案基本上在 5 次及 5 次以内，有部分在 5～6 次，符合提案的基本数量要求。提案数量偏多会不会影响提案质量？我们通过这些提案，与当年的优秀提案、重点提案以及提案转意见进行比较，来分析其质量情况（图 4-3）。

由于有些数据没有获得，仅比较 2007 年、2010 年、2015 年、2018 年的数据。如表 4-4 所示，通过比较，2007 年和 2010 年提案超 5 次委员的优秀提案占其所有提案数比例要小于所有优秀提案数占当年所有提案数的比例，说明提案超 5 次委员的提案数量多，但是质量却低于平均水平。2015 年和 2018 年这个情况则有变化，提案超 5 次委员的提案质量有所提高，但是如果将当年重点提案计入，同样反映出这些委员提案质量低于平均水平。另外，2015 年提出超 5 次提案的委员的提案转意见送有关单位作为工作参考的有 46 件，这些意见数占这些委员所有提案数的比例为 28.2%。而且这些提案超 5 次委员的优秀提案数占优秀提案者其本人所有提案数的比值也是较大的，其中 2007 年为 4/31=12.9%，2012 年为 2/12=16.7%，2015 年为 7/47=14.9%，这反映出提案超 5 次委员的提案也引起了重视，通过前面数据不能完全判断其质量水平，需要更多的数据或者细节支撑。但委员每年的提案次数过多，如果超过 10 次，且很多提案与其本职工作有着很大的差异，这难免为其调研和熟悉、掌握更为真实、可靠和翔实的资料带来了难度。2018 年顺德区的政协会议明确要求每位委员只提交 1 次提案，就可看出这个问题的存在。

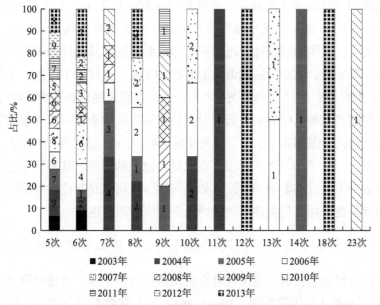

图 4-3　2003～2013 年广东省政协委员提案超 5 次人数统计

表 4-4　广东省政协提案超 5 次委员的提案在优秀提案和重点提案中的占比

年份	a 提案超 5 次的委员的优秀提案数/件	b 提案超 5 次的委员的所有提案数/件	a/b（%）	c 所有优秀提案数/件	d 重点提案数/件	e 当年所有提案数/件	c/e（%）	(c+d)/e（%）
2007	4	125	3.2	36	11	786	4.6	6.0
2010	2	89	2.2	37	7	875	4.2	5.0
2015	7	163	4.3	36	30	958	3.8	6.9
2018	7	160	4.4	36	33	888	4.1	7.8

（2）很多委员在届内没有提出提案，应将名额转给更需要关注的社会公共领域的界别。初步统计，广东省政协第九届至第十二届会议未提出提案的委员共计1031 人。其中第十二届政协会议未提出提案委员数量为 254 人。根据广东省政协第十二届一次会议信息，已立案的提案中，各民主党派、有关人民团体和政协专门委员会提案 156 件，占 22.3%；委员联名提案 125 件，占 17.9%。①但是第九届至第十一届每届会议未提出提案委员的数量仍旧很多，第九届为 300 人，第十届为 234 人，第十一届为 242 人。有如此多未提出提案的委员，而大量需要关注的社会管理问题却缺少委员来提出相关诉求。2007 年，佛山市软件协会为了引起有关部门对软件业的高度重视，做了 1 件提案，但由于政协委员中没有协会代表，别的界别代表又不愿接手，因此始终未能将提案递交上去。2008 年，其只好通过《南方日报》"发牢骚"，才引起了有关领导的重视（王建国和黎建波，2011）。这应作为增设社会组织界别的重要依据。从统计的未提出提案委员所在界别情况来看，其中特别邀请人士界有 340 人、经济界 104 人、文化艺术界59 人、科学技术界 58 人、教育界 78 人，这些界别未提出提案委员数均超过 50人，需要调整名额给其他界别；而同时与社会管理或社会组织相关度大的界别，如社会福利和社会保障界（6 人）、农业界（40 人）、总工会（7 人）、工商业联合会（25 人）、青联（2 人）也存在未提出提案的情况，这种问题值得进一步反思，可能是因为这些委员不关注本领域问题，也可能是其他特殊原因，如果是前者，则有必要增加专门关注本领域的社会组织方面界别。

（四）社会组织身份委员及社会组织相关提案分布和结构不合理

（1）社会组织身份的委员所在社会组织类别很不平衡，需要单设社会组织界别以涵盖大多数社会组织类别。2003～2018 年广东省政协会议中，社会组织身份委员分布在学会 51 个、协会 46 个、基金会 10 个、研究会 11 个、联谊会 11个，其他超过 5 个的还有总会 5 个、联合会 5 个，说明专门从事政策类、科技类研究的委员以及从事经济商业领域的企业家等较多；而社区类社会组织为 0 个、农村类社会组织 0 个以及慈善类 2 个、公益类 0 个，这些社会组织更为接近普通百姓民生的基层领域。

（2）社会组织提案所属社会组织的类别分布不均衡。广东省社会组织相关提

---

① 省政协收到 800 件提案 近半关注"经济和科技创新"．https://www.cnr.cn/gd/gdkx/20180128/t20180128_524115261.shtml[2022-03-15]．

案主要集中于行业协会商会，共 48 个，这与前面统计的社会组织身份委员所属类别较为一致。但是在社会组织提案中有关民办非企业的数据与前面统计的来自民办非企业的委员数量不一致，其他学会、基金会的提案数量也较少，而社会组织身份委员相对较多。这反映了社会组织身份委员关注社会组织相关领域的问题并不是很紧密。同时，农村和城市社区的社会组织提案很少。截至 2018 年，我国在民政部门依法登记注册的社区社会组织有 6.6 万个，由街道（乡镇）和社区备案管理的社区社会组织有 32.7 万个。存在类型发展不均衡、规范程度较低、全职工作者和志愿者力量不足、创新性显得不足和中青年社区居民组织非常少等突出问题。[1] 截至 2018 年 12 月 31 日，全国基金会总数达到 7015 家，广东省基金会达到 1080 家，领先于其他各省，占全国基金会总数的 15.4%。[2] 社区社会组织数量尽管存在诸多不规范问题，但从数量来看远远超过基金会数量，而社区社会组织的相关提案却与其数量不成正比。纵向来看，2012～2014 年社会组织相关提案明显增多（表 4-5），其中 2013 年有委员专门提出在政协成立社会组织界别和社会组织专委会的提案，这与广东省当年提出鼓励有条件的市、县政协设立社会组织界别的政策有关。

　　另外需要关注的是，尽管民办非企业的相关提案数较多，但主要集中于民办学校，而其他需要关注的民办福利院以及民办智库很少。这同样反映出进入政协的社会组织身份委员主要集中于发展较好的行业，而基层的、民间的、草根类社会组织身份委员需要加大引进力度。佛山市社会组织相关提案的分布情况（表 4-6），也基本反映了和广东省同样的问题。但是从顺德区的社会组织相关提案分布来看（表 4-7）在农村社区这块的社会组织提案相对增多，这是因为顺德区层级更接近基层，对基础性的民众问题接触更多也更为关注。

表 4-5　广东省 2003～2018 年社会组织直接相关提案所属社会组织的分布　　（单位：件）

年份	社会组织	行业协会商会	社团	基金会	民办非企业	农村、社区社会组织	公益，慈善类	合计
2003	—	1	—	—	4 民办学校	—	5（4 慈善）	10
2004	—	2 行业协会立法权	2 劳动者知情权	—	4 民办学校、1 民办职业介绍所	—	—	9

---

① 卢磊. 2019. 社区社会组织的发展现状和基本环境. http://www.gongyishibao.com/html/zhuanlan/2019/0618/16770.html[2021-08-10].

② 2018 年中国基金会总数突破 7000 家大关 净资产继续保持稳定增长态势. http://data.chinabaogao.com/gonggongfuwu/2019/0934455252019.html[2021-08-10].

续表

年份	社会组织	行业协会商会	社团	基金会	民办非企业	农村、社区社会组织	公益，慈善类	合计
2005	—	5立法发挥作用	1	1	—	1社区养老、1业委会	—	9
2006	—		2	2	2民办教育	—	—	6
2007	—	2作用		2	7民办高校、1民办敬老院	—	2	14
2008	—	4		2	3民办教育		慈善：4事业、1机构	14
2009	—	3	1		—	1业委会	1公益组织	6
2010	2	3	2		1民办智库	1业委会协会	—	9
2011	—	5（1行会参政议政）	2	1	5民办学校、1民办养老院	—	2志愿者	16
2012	7	4	1		1民间智库	—	1公益组织、2慈善	16
2013	13（社会组织：2界别1专委会）		2		1民办非企业、6民办教育	1社区社会组织	—	23
2014	7	7	—		4民办教育、1民办养老院	1业委会	1慈善、1公益	22
2015	5	2	1		4民办教育		1慈善组织	13
2016	2	3	—		11民办高校、1民办中小学教育、2民办福利机构、1港澳智库、1大陆民间智库	—	3公益	24
2017	6政府购买第三方评估	1	—	—	2	1农村养老院	1公益性企业	11
2018	2社会组织体制改革	4	—	—	4（3民办教育）	0（30农村的，仅1农村治理间接提案）	1协调纠纷	11
合计	44	48	12	8	68	7	26	

注：表中数字后面的词语表示社会组织类别，是对第一行对应的社会组织大类的细分。如第2行第6列的民办学校是民办非企业的一种。

表 4-6 佛山市 2000~2014 年社会组织相关提案所属社会组织的分布 （单位：件）

年份	社会组织	行业协会商会	社团	基金会	民办非企业	农村、社区社会组织	公益，慈善类
2000	—	1 商会	—	—	1 民办教育		
2001	—	1 行业协会、1 商会	—	—	2 民办教育		1 慈善
2002	—	—	—	—	—		1 志愿、1 公益
2003	—	—	1	—	2 民办教育		
2004	—	1 行业协会、1 商会	1	—	2 民办教育	—	1 公益社会组织
2005	—	1 行业协会、1 商会	—	—	1 民办教育	—	—
2006	—	—	1	—	2 民办教育	—	1 慈善
2007	—	—	—	—	—		
2008	—	—	—	—	—		1 志愿
2009	—	—	—	1	1 网络民间智库	—	1 志愿、1 慈善
2010	—	—	—	—	1 民办教育	—	2 志愿、1 慈善
2011	—	1	—	—	—	—	
2012	1		1	—	—	—	
2013	2	1 行业协会	1	—	1 民办科技	—	1 志愿
2014	3	1 行业协会、1 商会	—	—	2 民办教育	农村 42 件，1 农村研究机构	1 志愿、1 慈善

表 4-7 顺德区 2007~2018 年社会组织相关提案所属社会组织的分布 （单位：件）

年份	社会组织	行业协会商会	社团	基金会	民办非企业	农村、社区社会组织	公益，慈善类
2007	—	—	1	—	—		1 慈善
2008	—	1	—	—	—		—
2009	—	3	—	—	—		1 社区志愿者
2010	—	—	1	—	—		1 社团公益办学
2011	—	—	—	—	—		—
2012	—	—	—	—	—		—
2013	2	—	—	—	—		1 慈善（服务乡镇层面）

年份	社会组织	行业协会商会	社团	基金会	民办非企业	农村、社区社会组织	公益，慈善类
2014	1	—	1	—	2（1民间智库）	—	4（1志愿）
2015	2	1商会	—	—	1	2业主大会及业委会、1养殖合作社	—
2016	—	—	—	—	—	1社工	—
2017	—	—	—	—	—	2社工	—
2018	—	—	—	—	—	1业委会	2慈善、1志愿

社会组织有关参政议政诉求的提案也较少，仅有广东省 2011 年 1 件和顺德区 2015 年 1 件，而且都是有关行业协会商会的，这反映出行业协会商会在政协会议中作为社会组织是发展最好的，这与行业协会商会本身发展基础较好有关。廖鸿和康晓强（2016）研究也认为社会组织参与协商的面比较窄，主要限于行业协会参与行业政策的协商，公益性组织代表困难群体的协商作用得不到发挥。同时，作为社会组织中专门研究公共政策、为政府建言献策的社会智库，在广东省提案 2 件，佛山市 1 件，顺德区 1 件，但总体数量不高，应该加强重视，积极引导，鼓励参与到政协会议中。

从广东省社会组织直接相关提案所在界别的数量来看，如表 4-8 所示，2003～2018 年，广东省妇联、青联、工会、工商联、社会科学界、文化艺术等与社会组织工作领域相关的界别没有社会组织直接相关提案。尽管佛山市的工会、社会福利和社会保障界有社会组织直接相关提案，但这些提案都不是社会组织身份委员提出的。佛山市政协的提案所在类别，分为政治法律劳动、精神文明、经济科技、城市管理和其他五大类。其中社会组织直接相关提案，有政治法律劳动 25 个、精神文明 19 个、经济科技 9 个、城市管理 3 个。在佛山市政协社会组织直接相关提案中，澳门界别委员提出的最多，为 11 件，而且据对佛山市澳门界别政协委员的统计，所有澳门籍委员都有着社会组织的兼职履历，而且大部分为社会组织的主要负责人。澳门的社会组织十分发达，社会组织的重要成员被推荐到内地各级政协担任委员。①在广东省政协的社会组织直接相关提案中，

---

① 娄胜华主讲 "澳门社团发展现状及其趋势". https://www.must.edu.mo/cn/iscr/ news/ 27474-article0412 1747-c[2021-10-06].

特别邀请人士所提出的是最多的，是 35 件，这也与这个界别中澳门和香港籍人士较多有关。

表 4-8　广东省、佛山市社会组织直接相关提案所在界别的数量

2003～2018 年广东省		2003～2014 年佛山市	
界别	提案数量/件	界别	提案数量/件
经济	10	中国共产党	1
体育	1	中国国民党革命委员会	3
中国民主建国会	18	中国民主建国会	6
特别邀请人士	35	特别邀请人士	4
科学技术协会	12	科学技术协会	9
九三学社	3	九三学社	2
台湾民主自治同盟	1	台湾同胞联谊会	1
中国致公党	5	中国致公党	7
中国农工民主党	6	中国农工民主党	5
中国民主促进会	6	中国民主促进会	10
中国民主同盟	10	中国民主同盟	8
教育	17	教育	8
医药卫生	7	医药卫生	3
对外友好人士	1	妇女联合会	1
社会福利/保障	6	社会福利和社会保障	4 非社会组织身份
少数民族	1	澳门	11
归国华侨联合会	5	归国华侨联合会	2
宗教	1	宗教	4
无党派民主人士	2	科学技术	1
		共青团	1
		工商联	7（3 社会组织身份）
共青团	2	文化艺术	4
		工会	2 非社会组织身份
		青联	1
合计 20 个界别（共 32 个界别）	149	合计 24 个界别（共 31 个界别）	105

（五）社会组织相关提案的质量不佳，应该增设专门的社会组织界别对整个提案工作进行规范

首先从优秀提案来看，广东省的社会组织相关提案在优秀提案中占比很小，如表 4-9 所示，其中 2016 年社会组织相关提案为 3 个，这一年提案是最多的，占总数的 8.3%。但社会组织直接相关提案仅有 1 件，占比 2.8%。这与每万人拥有社会组织数量 6.2 个还有一定差距。佛山市社会组织相关提案中优秀提案最多的年份是 2011 和 2012 年，均为 2 件，2011 年占总数的 13.3%，2012 年占总数的 11.8%，其中直接相关每年为 1 件，2011 年占比 6.7%，2012 年占比 5.9%，高于广东省省级政协。顺德区 2013 年、2014 年直接优秀提案占比分别为 10% 和 12.5%。顺德区 2006~2016 年中只有 2013 年和 2014 年社会组织直接相关优秀提案有数据，其他 9 年数据均为 0。其次从广东省 2009~2018 年社会组织直接相关的提案转为意见的有社会组织 5 个，其中 2013 年 2 个（有关社会组织界别设置的），2017 年 1 个，2018 年 2 个；行业协会 3 个，其中 2014 年 2 个，2015 年 1 个；社团 2 个，其中 2012 年 1 个，2015 年 1 个。其他基金会、民办非企业都没有。顺德区列入优秀参政议政目录的社会组织相关提案中，其中直接相关提案仅出现在 2010 年和 2014 年，均为 1 件；2014 年优秀调研成果 18 件，其中社会组织直接相关提案 2 件。总体来说，社会组织相关提案涉及的领域分布不平衡，主要集中在行业协会、养老服务、社区服务、政府购买、民办教育等几个方面，而且从省到市再到区，呈现宏观向微观领域，前沿热点向传统领域的演变趋势。这反映了这些领域是当前和未来社会服务的重点领域。但在扶贫、环保、农村、维权、政策研究等领域社会组织的作用还没有得到重视。如果设立社会组织界别，政协将会从总体社会组织工作领域进行统筹协调，注重问题的长期性、持续性和前瞻性，也重视问题的突出性，同时也关注边缘问题和少数问题，保证提案的全面性和准确性以及多样性。

表 4-9　广东省、佛山市、顺德区社会组织相关优秀提案情况

年份	广东省				佛山市			顺德区					
	优秀提案/件			提案转意见/条	优秀提案/件			优秀提案/件			优秀参政议政目录/类		
	总数	直接	间接		总数	直接	间接	总数	直接	间接	总数	直接	间接
2006	36	0	0	—				12	0	0	8	0	1 弱势群体
2007	36	0	1 养老服务					11	0	0	8	0	1

年份	广东省				佛山市			顺德区					
	优秀提案/件			提案转意见/条	优秀提案/件			优秀提案/件			优秀参政议政目录/类		
	总数	直接	间接		总数	直接	间接	总数	直接	间接	总数	直接	间接
2008	36	0	0	—	18	1志愿服务	0	10	0	0	8	0	0
2009	36	0	0	—	19	0	0	11	0	1养老服务	8	0	1
2010	36	0	1困难儿童	—	14	0	1农民工	10	0	1社会管理	8	1	0
2011	36	0	0	—	15	1行会	1社区养老	10	0	0	8	0	2
2012	36	0	0	1社团	17	1社会组织	1养老机构	10	0	0	8	0	0
2013	36	1政府购买	0	2社会组织	—	—	—	10	1	2	8	0	0
2014	36	0	0	2行会	—	—	—	16	2	0	8	1	0
2015	36	1社工	0	1行会1社团	—	—	—	0	0	0	8	0	0
2016	36	1公益诉讼	2救助	—	—	—	—	16	0	0	—	—	—
2017	36	1民办高校	1	1社会组织	—	—	—	—	—	—	—	—	—
2018	36	1政府购买	0	2社会组织	—	—	—	—	—	—	—	—	—
合计	—	5	5	10	—	3	3	3	4			2	5

注：标注"—"为未掌握具体数据。

四、总结与建议

通过研究，本书发现政协界别结构的不足增加了社会组织界别增设的必要性，而且在政协界别结构布局方面的调整给社会组织界别提供了空间可能性。但是政协界别的增设是一个系统性工程，如何将理论转化为现实，关键是新的社会组织界别如何与其他界别和相关领域进行科学衔接，达到结构和功能上的互补。社会组织界别不同于其他界别基本上有着清晰的领域界限，社会组织种类繁多，涵盖了几乎所有领域和行业，如果成立社会组织界别，将会出现社会组织界别与其他界别在人员或领域方面形成交叉重复的现象。因此，在增设社会组织界别时应充分考虑这一问题，社会组织界别内代表与其他代表、社会组织界别与其他界别、社会组织界别在不同层级之间保持一种结构上和功能上的平衡。即在实现社会组织界别功能的同时，应该注意与政协内部其他主体界别和政协整体功能布局优化的调适，从而有利于社会组织界别增设的可能性向可行性的转化。

第一，保证不同类型社会组织在进入界别机会上的平衡。社会组织代表人士的影响力主要在经济界和社会事业尤其是教育和文化界，不同类别的社会组织在政治体系中的席位多少与其本身的实力和影响力有关。不过那些实际发挥着重要作用，但是由于服务的领域范围层级较低或者从事的是服务更为基层的普通群众的工作，如广泛分布于我国各地农村和城市社区的社会组织，却较难进入政治协商会议行列。比如，那些从事山区支教、留守儿童帮扶、残疾人护理等领域的社会组织，对所从事领域的困难群体，有深切的感受，也需要得到各界人士的关注。因此应该注重社会组织专职委员的类别平衡，保证处于弱势地位且服务于边缘领域的社会组织成员，特别是农村、城市社区社会组织成员进入的机会，侧重将专门研究社会问题、服务政府政策为己任的社会智库作为重点选择对象。另外，我国还新兴了一些社会组织类型，这些社会组织适应社会发展需求，服务新的社会工作领域，其中网络社会组织是较有代表性的一种。在界别成员准入上，降低社会组织委员进入的门槛，主要考察他们的社会影响力和社会服务的绩效，降低对于所在社会组织或者自身经济能力和政治地位的要求。增加政协委员中社会组织专职成员的比例，保证委员的代表性。关注对于社会组织委员的政治觉悟和廉政思想等建设，保证其思想道德水平与业绩能力的平衡。

第二，社会组织界别与其他界别在结构和功能上的平衡。研究已知，省级政协中社会组织提案主要关注宏观的政策研究，而区级社会组织提案则更关注具体微观问题。对于社会组织界别具体涵盖哪些范围，除了不同层级不同要求外，主要从社会组织本身、社会工作领域、志愿服务等与社会组织工作密切相关的范畴展开。关于扶贫、养老、支教、助残、环保、对外交流等领域只要是社会组织工作相关的也可由社会组织界别提出。但前提是这些工作是属于社会组织负责的领域，否则容易与社会福利和社会保障界内容重复。为了与其他界别进行区分，拟提出以下新增有关社会组织的界别名称及涉及范围。暂不建议以"社会组织界"命名，因为社会组织包含行业协会商会等经济类，这些行会商会很大程度上已经在工商联、工会等界别反映。"社会工作界别"可能更适合于现实需要，社会工作涵盖领域更为准确，它与从事社会福利工作的主体（包括民政部门、社保部门）有所区别。具体到某些地区，西部落后地区适宜以"公益类或慈善类社会组织"为名，因为这类社会组织发展较弱，且其他社会组织的成员在政协委员中已经有所体现。发达地区公益类社会组织发展已成规模，公益类社会组织已经不是传统意义上的薄弱主体的代表，建议用"新社会阶层"命名，这样涵盖范围会更广一些，把其他界别没有容纳的新的社会阶层人士也加入进来。

第三，在社会组织界别分布的不同层级之间形成平衡。因为不同层级的政协界别设置数量不一，委员数量、每年提案的数目存在很大差异，因此根据复杂程度、可行性和必要性等条件来选择。从各地颁布的有关增设社会组织界别的政策来看，大多集中于省级和市级层面。两会提案多集中于省级政协层面，但是已经试点的层级为县一级。顺德区的 3 名社会组织政协委员，其中 2 名属于区管，1 名属于镇管，3 名委员代表的区域相对宽泛。如果在市级同样设置 3 名委员，则代表覆盖面明显降低。而且县一级是直接面对民众、接触民众社会事务最繁杂、处理社会问题最前线的层面，这一层面设置社会组织界别对于问题解决更具针对性。从研究已知，广东省政协的工会、妇联、工商联等界别也没有具体关注社会组织问题，说明省级政协应该设立社会组织界别，以专门从事社会组织相关领域工作。因此，社会组织界别应该根据各地实际情况设置，一般来说，省级、市级和县级较为合适（马长山，2006）。

第四，不同地区社会组织界别设置程度上的平衡。由于各地经济、社会等发展程度不一样，以及在不同地区由文化风俗差异带来的社会问题也各有区别，因此在不同的地区增设社会组织界别，需要与当地的实际情况结合起来，重点选择那些当地发展需求大，对于当地建设有着重要作用的社会组织，比如在西部农村或偏远山区需要重点选择扶贫类社会组织，在经济发达的沿海地区重点选择行业协会商会，等等。同时也应考虑到不同地区社会组织发展程度来决定入选社会组织的类型，一般来说经济发达地区，社会组织也相应发展得更为成熟，可供选择的社会组织的数量较为充足，而相对落后地区，即使要加大扶贫类社会组织的入选机会，但是由于社会组织尤其是扶贫类社会组织较少，也会为选择带来难度。另外，有的地区社会组织数量并不多，但是当地人数也少，这就使得社会组织人均拥有的比例增大，如我国的宁夏回族自治区和甘肃省，在这些地区也可适当增加各种社会组织的入选比例。我国是一个统一的多民族国家，加之东中西地区、城乡之间和不同行业之间有着较大的收入差异，在全国性社会组织界别委员选择以及各地社会组织界别委员选择中，应该考虑到这些不平衡现实问题，适当提高那些相对落后地区和弱势群体的委员比例。

第五，社会组织界别委员与其他界别委员分布上的平衡。社会组织代表人士的影响力主要在经济界和社会事业，尤其是教育和文化界。而且这些与民生福利等联系紧密的界别也在关注和从事民间弱势群体和社会服务等领域的提案工作。如果增设社会组织界别，势必会与原有界别的某些社会管理领域的工作有重复。这就面临两个问题：一是原有界别中社会组织委员是否重新归类；二是新的社会组织界别所服务的群体或业务范围如何界定。在社会组织界别委员有限的情况下，应该充分利用政协界别现有资源，如果其他界别已经在本领域能够很好地发声和代表，那么此领域的社会组织可以相应减少名额，比如在科技界主要是科技人员的代表，那么社会组织界别委员可以减少科技类别社会组织的委员来源数量，民办教育属于社会组织民办非企业领域，但是在教育界已经有这方面的委员来源，那么可以在社会组织界别中减少相应委员的数量，其他包括医药卫生、体育事业等也可相应减少，而公益慈善、社会保障、救灾救济、环境保护、扶贫开发等领域，社会组织与其相关性紧密，其他界别虽也对以上领域有所涉猎，但不属于他们的专项工作范围，或者对这些领域涉猎的其他主体较少，或者即使有也难以满足需要的情况下，应该适当增加这些领域的委员名额。当然在教育、医药、科技等领域的社会组织可能面临的问题较有特殊性，或者它们处于这个领域的弱势地位，也需要专门的界别为其服务，这也是必要的。具体还需根据实际情况和委员自身的参政议政能力等多种因素综合考虑确定人选来源和比例。

尽管本书从政协所有提案类别中探索社会组织界别设置的必要性、可能性和可行性，但是基于样本范围的有限性以及样本本身反映信息的局限性，还应拓展研究的范围，包括对已经进行了社会组织界别试点地区的调研；对人大会议、政协会议、党代会、青联中社会组织代表或委员工作的调研；对民政、政协、统战等部门的调研，掌握社会组织界别设置的政策条件；对县一级的社会组织促进会进行调研，掌握社会组织的诉求现状，并寻找社会组织界别设置的对接组织和推荐渠道。必要情况下，还应对相关提案的具体内容以及相关部门的办理回复内容进行个案分析。

第五章

社会组织界别设置的基础条件

第一节　社会组织界别增设的依据

2004 年《中国人民政治协商会议章程修正案（草案）》在第二十条写入"设若干界别"；在章程第三十条第一款、第四十一条第一款加上了"及界别设置"的内容，从而将"界别"称谓正式纳入政协章程。界别是政协的基本组成单元，在政协活动中发挥着重要作用。科学设置界别是发挥界别作用的基础。一般来说界别应按照经济社会发展水平、人口数量和这类群体在经济社会生活中的作用三个必要条件综合确定。同时，政协划分界别，应以社会结构、社会阶层、社会经济成分、社会组织形成和社会利益群体的发展变化为主要依据。由于不同地区发展情况不一致，不同地区在设置界别时应有一定的自主权，可以依据地区人口结构的特点和经济社会发展的特征作适当调整，按照因地制宜的原则设置地方政协界别。[①]随着我国社会经济新的形势和新社会阶层的不断发展，政协对界别进行了调整，增加了相应的委员。如表 5-1 所示，第八届全国政协设立了经济界，本界委员从第二届到第七届数量均为 0 人，从第八届到第十三届分别是83、119、130、145、149、130 人。但是以新社会阶层为代表的新社会群体，在社会建设中发挥的作用日益突出，其规模实力也发展迅速。社会救济福利团体界从第二届到第十三届人数为 11、12、11、11、22、19、20、21、32、36、37、34 人。数量虽有增长，但与我国当前社会服务、社会救助以及社会保障领域的需求形势还是不成比例。

---

① 中国人民政治协商会议章程（2004 年）. https://www.gov.cn/guoqing/2005-06/27/content_2582478.htm [2021-12-30].

表 5-1 历届全国政协各界别委员人数变化

界别	二届	三届	四届	五届	六届	七届	八届	九届	十届	十一届	十二届	十三届	备注
中国共产党	40	60	61	76	76	90	91	92	99	99	97	104	—
中国国民党革命委员会	25	40	40	50	50	65	65	65	65	65	65	65	—
中国民主同盟	25	40	40	50	50	65	65	65	65	65	65	65	—
中国民主建国会	25	40	40	50	50	64	65	65	65	65	64	65	—
无党派民主人士	12	20	20	25	48	49	54	60	61	65	62	62	五届名称为无党派爱国人士
中国民主促进会	12	20	20	25	25	34	35	35	45	45	45	45	—
中国农工民主党	12	20	20	25	25	34	35	35	45	45	45	43	—
中国致公党	6	8	8	8	12	20	20	20	30	30	29	29	—
九三学社	12	20	20	25	25	34	35	35	45	45	44	45	—
台湾民主自治同盟	6	8	8	12	12	20	20	20	19	20	20	20	—
中国共产主义青年团	10	10	10	13	12	12	12	10	10	12	9	8	二届名称为中国新民主主义青年团
中华全国总工会	28	38	38	49	80	64	53	50	51	63	60	63	—
农民	10	16	16	21	0	0	0	0	0	0	0	0	—
中华全国妇女联合会	26	32	32	42	74	71	70	60	66	67	64	64	二届、三届名称为中华全国民主妇女联合会，四届、五届、六届为中华人民共和国全国妇女联合会
中华全国青年联合会	10	10	8	10	14	16	16	24	28	29	28	27	—
合作社	8	11	11	0	0	0	0	0	0	0	0	0	—
中华全国工商业联合会	26	40	40	50	50	60	60	64	65	65	61	61	—

续表

界别	二届	三届	四届	五届	六届	七届	八届	九届	十届	十一届	十二届	十三届	备注
中华全国台湾同胞联谊会	0	0	0	0	18	19	20	18	14	15	15	14	—
中国文学艺术界联合会	26	52	52	65	134	140	145	157	159	147	142	126	五届改为文学艺术界，六届起改为文化艺术界
科学技术界	0	0	0	90	271	231	185	186	156	112	110	116	—
中国科学技术协会	0	60	60	0	0	0	44	46	47	44	43	42	—
自然科学团体	23	0	0	0	0	0	0	0	0	0	0	0	—
社会科学团体	13	20	20	25	78	68	45	65	68	68	71	71	五届起改为社会科学界
经济界	0	0	0	0	0	0	119	130	145	149	130		—
农业界	0	0	0	0	102	85	69	71	68	65	67	70	六届、七届、八届为农林界
教育界	20	42	42	63	160	135	116	119	107	107	113	106	
体育界	0	0	0	25	29	24	21	18	19	22	21	19	—
新闻出版界	10	11	11	14	35	32	30	40	49	46	44	48	
医药卫生界	14	40	40	50	109	93	96	91	89	90	88	92	—
对外和平友好团体	16	22	22	28	36	38	25	31	32	39	42	46	五~八届为对外友好团体，九届起称对外友好界
社会救济福利团体	11	12	11	11	22	19	20	21	32	36	37	34	九届名称为社会福利界；十届名称为社会福利和社会保障界
少数民族	20	36	37	56	88	95	100	106	104	105	101	104	—
华侨	16	17	17	21	31	31	25	31	23	30	27	27	五~七届为归国华侨，八届起称中华全国归国华侨联合会

界别	二届	三届	四届	五届	六届	七届	八届	九届	十届	十一届	十二届	十三届	备注
港澳同胞	0	0	0	0	44	67	98	141	149	155	153	153	八届起为特邀香港人士和特邀澳门人士合计
宗教界	12	18	16	16	45	55	58	60	66	65	65	65	—
特别邀请人士	85	308	439	993	234	251	217	176	167	166	154	134	—

资料来源：http://www.cppcc.gov.cn/zxww/newcppcc/zxqgwyh/index.shtml.

注：中国人民政治协商会议第一届全体会议，由中国共产党及各民主党派、人民团体和无党派民主人士等46个单位的代表（含候补代表）共662人组成。人民政协代行全国人大的职权。其设置与第二届及其以后各届不同，故没有统计在内。

关于社会组织界别增设，学界和实务界有不同的看法，有的认为应基于经济发展和社会阶层的变化进行调整优化。截至2020年底，提出新设界别较多的是社会组织界、中介组织界、农民界、金融界、法律界、新社会阶层界等。这均反映了社会结构和经济社会发展所带来的社会阶层变化，从而导致出现政协协商主体的相应发展诉求。但也有不同意见认为，政协还不宜新增界别，如果再单独设置新的社会阶层界别，一方面，如果原有界别中的委员被划分出来充实到新社会阶层界别中去，就会使得原来的界别人数递减，导致界别人才资源的不均衡；另一方面，如果原界别中的委员不分离出来，把未作安排的新的社会阶层人士重新组建界别，又可能出现各个界别推荐的委员有重复的现象。[1]为了避免界别之间出现交叉重叠等现象，设置界别的依据宜少不宜多。

一、界别设置的依据

（一）是否按区域设置无明确规定

从全国政协看，政协参加单位涉及区域的有两种情况，一是在1949年新政协会议上的区域性单位9个，二是延续至今的特邀香港人士、特邀澳门人士。按区域划分则没有彰显人群间的不同，未体现出明显的组织属性，所以原则上不能

---

[1] 在人民政协设置新的社会阶层界别的思考文章. https://www.inrrp.com.cn/html/a784929c3ac26ef4.html[2021-10-09].

按区域设置界别。政协深圳市第六届委员会委员名单特别邀请人士有 140 人，其中香港特区 45 人，澳门特区 4 人，本市 91 人。此后，全国政协未再设置其他区域性界别。地方上实际还存在按区域设置界别的情况。例如，重庆市石柱县按镇乡设置了科技界别、社法民宗界别、经济界别、农业界别、工商联界别、教体界别、文艺界别、群团界别、医卫界别、黄水片区、悦崃片区、马武片区、沙子片区、西沱片区、下路片区、临溪片区等界别。以区域设置的界别有 8 个，占总数 18 个的44.4%。[①]

（二）按照职业划分依据

职业是人们参与社会分工，利用专门的知识和技能，服务社会和人民，并创造生产价值的工作。国家标准总局、国家统计局、国务院人口普查办公室 1982年公布《职业分类标准》，依据在业人口所从事的工作性质的相近性进行分类，将全国范围内的职业划分为 8 大类、64 中类、301 小类（田大洲和田娜，2013）。在 8 个大类中分为脑力劳动者、体力劳动者、不便分类的其他劳动者等。这个分类体现了行业性特点也体现了工作的性质，社会组织应属于第 5 类即服务性工作人员。

从第一届全国政协界别到第十三届全国政协界别团体类和职业类界别的数量变化来看（表 5-2），团体类界别是最接近于职业类别的参与形式，随着职业划分在界别设置中发挥越来越重要的作用，有些团体类界别也逐步转化到职业界别中来。团体类界别的数量变化基本呈递减趋势：16、12、12、12、9、9、9、10、8、8、8、8；而职业界别数量则整体呈逐步增多趋势：0、3、3、3、7、8、8、9、11、11、11、11。社会组织作为新型职业中的重要组成部分，需要在政协界别中得到体现。

表 5-2 按职业演变进行的政协界别设置变迁

届次 （界别数）	团体类	职业类
第一届政协 全体会议代 表分类 （46）	（16）：中华全国总工会、各解放区农民团体、中华全国民主妇女联合会、中华全国民主青年联合总会、中华全国学生联合会、全国工商界、上海各人民团体、中华全国文学艺术界联合会、中华全国第一次自然科学工作者代表、中华全国教育工作者代表、中华全国社会科学工作者代表、中华全国新闻工作者协会筹备会、自由职业界民主人士、国内少数民族、国外华侨民主人士、宗教界民主人士	—

① 笔者调研资料，2019 年 12 月 19 日。

届次 （界别数）	团体类	职业类
二届全国政协界别设置 （29）	（12）：中国新民主主义共青团、中华全国总工会、农民、中华全国民主妇女联合会、中华全国民主青年联合会、合作社、中华全国工商业联合会、中国文学艺术界联合会、自然科学团体、社会科学团体、对外和平友好团体、社会救济福利团体	（3）：教育界、新闻出版界、医药卫生界
三届全国政协界别设置 （29）	（12）：中国共产主义青年团、中华全国总工会、农民、中华全国妇女联合会、中华全国青年联合会、合作社、中华全国工商业联合会、中国文学艺术界联合会、中国科学技术协会、社会科学团体、对外和平友好团体、社会救济福利团体	（3）：教育界、新闻出版界、医药卫生界
四届全国政协界别设置 （29）	（12）：中国共产主义青年团、中华全国总工会、农民、中华人民共和国全国妇女联合会、中华全国青年联合会、合作社、中华全国工商业联合会、中国文学艺术界联合会、中华人民共和国科学技术协会、社会科学团体、对外和平友好团体、社会救济福利团体	（3）：教育界、新闻出版界、医疗卫生界
五届全国政协界别设置 （29）	（9）：中国共产主义青年团、中华全国总工会、农民、中华人民共和国全国妇女联合会、中华全国青年联合会、中华全国工商业联合会、对外友好团体、社会救济福利团体、归国华侨	（7）：文学艺术界、科学技术协会、社会科学界、教育界、体育界、新闻出版界、医药卫生界
六届全国政协界别设置 （31）	（9）：中国共产主义青年团、中华全国总工会、中华全国妇女联合会、中华全国青年联合会、中华全国工商业联合会、中华全国台湾同胞联谊会、对外友好团体、社会救济福利团体、归国华侨	（8）：文学艺术界、科学技术界、社会科学界、农林界、教育界、体育界、新闻出版界、医药卫生界
七届全国政协界别设置 （31）	（9，不含届中增设 1 个）：中国共产主义青年团、中华全国总工会、中华全国妇女联合会、中华全国青年联合会、中华全国工商业联合会、中华全国台湾同胞联谊会、对外友好集体、社会救济福利团体、归国华侨	（8）：文化艺术界、科学技术界、社会科学界、农林界、教育界、体育界、新闻出版界、医药卫生界
八届全国政协界别设置 （34）	（10）：中国共产主义青年团、中华全国总工会、中华全国妇女联合会、中华全国青年联合会、中华全国工商业联合会、中国科学技术协会、中华全国台湾同胞联谊会、对外友好团体、社会救济福利团体、中华全国归国华侨联合会	（9）：文化艺术界、科学技术界、社会科学界、经济界、农林界、教育界、体育界、新闻出版界、医药卫生界
九届全国政协界别设置 （34）	（8）：中国共产主义青年团、中华全国总工会、中华全国妇女联合会、中华全国青年联合会、中华全国工商业联合会、中国科学技术协会、中华全国台湾同胞联谊会、中华全国归国华侨联合会	（11）：文化艺术界、科学技术界、社会科学界、经济界、农业界、教育界、体育界、新闻出版界、医药卫生界、对外友好界、社会福利界
十届全国政协界别设置 （34）	（8）：中国共产主义青年团、中华全国总工会、中华全国妇女联合会、中华全国青年联合会、中华全国工商业联合会、中国科学技术协会、中华全国台湾同胞联谊会、中华全国归国华侨联合会	（11）：文化艺术界、科学技术界、社会科学界、经济界、农业界、教育界、体育界、新闻出版界、医药卫生界、对外友好界、社会福利和社会保障界

续表

届次 （界别数）	团体类	职业类
十一届全国政协界别设置（34）	（8）：中国共产主义青年团、中华全国总工会、中华全国妇女联合会、中华全国青年联合会、中华全国工商业联合会、中国科学技术协会、中华全国台湾同胞联谊会、中华全国归国华侨联合会	（11）：文化艺术界、科学技术界、社会科学界、经济界、农业界、教育界、体育界、新闻出版界、医药卫生界、对外友好界、社会福利和社会保障界
十二届全国政协界别设置（34）	（8）：中国共产主义青年团、中华全国总工会、中华全国妇女联合会、中华全国青年联合会、中华全国工商业联合会、中国科学技术协会、中华全国台湾同胞联谊会、中华全国归国华侨联合会	（11）：文化艺术界、科学技术界、社会科学界、经济界、农业界、教育界、体育界、新闻出版界、医药卫生界、对外友好界、社会福利和社会保障界

注：表中括号内数字是指的数量。

（三）按产业划分依据

产业是指由利益相互联系的、具有不同分工的、由各个相关行业所组成的业态总称，它们的经营对象和经营范围是围绕着相同工种而展开的各自的循环业态体系。1971 年，联合国颁布的《国际标准产业分类》是世界通用的标准，其特点是与三次产业变化保持着稳定的联系。中国制定的国家标准《国民经济行业分类与代码》（GB/T 4754—2017）就采用《国际标准产业分类》2008 年第四次修订版的分类标准。[1]信息产业的发展加快了全球化的进程，同时打破了原有产业和行业的格局，因此信息产业又被称为第四产业。第四次全国经济普查结果显示：2018 年末，全国共有从事第二产业和第三产业活动的法人单位 2178.9 万，与 2013 年末比，各行业增速出现明显分化；公共管理、社会保障和社会组织，卫生和社会工作，分别增长 5.1% 和 9.2%（曾玉平，2020）。社会组织属于第三产业中的服务业，服务业在整个国民经济体系中占比逐步增加，服务业的比重是反映一个国家现代化发展的重要指标，社会组织在社会服务、公益服务、慈善服务等领域，具体在减灾扶贫、社区治理、乡村振兴、志愿服务、外贸交流、咨询建议、医疗救助等方面发挥重要作用。在国际上，社会组织还是与政府、企业相并列的第三部门，新延伸出来的第四部门智库也是社会组织重要分支。因此在政协界别增设

---

① 2017 年国民经济行业分类（GB/T 4754—2017）．https://www.mca.gov.cn/images3/www/file/201711/1509495881341.pdf[2019-08-10].

中，需要考虑到社会组织在产业布局中发挥的重要性支持作用。

（四）按行业划分依据

行业是指其按生产同类产品或具有相同工艺过程或提供同类劳动服务划分的企业或组织群体的集合。《国民经济行业分类》（GB/T4754—2017）包括 20 个门类。其中，相关门类"S 公共管理、社会保障和社会组织"与社会组织关联性强的行业类别具体包括以下分支（表5-3）。①

表 5-3　《国民经济行业分类》中"S 公共管理、社会保障和社会组织"的分类

91 中国共产党机关
92 国家机构
921（中类）9210（小类）国家权力机构
922 国家行政机构
923 人民法院和人民检察院
929 其他国家机构
9299 其他未列明国家机构
93 人民政协、民主党派
95 群众团体、社会团体和其他成员组织
951 群众团体
9511 工会
9519 其他群众团体
952 社会团体
9529 其他社会团体
96 基层群众自治组织及其他组织

在行业划分中，社会组织与公共管理部门放在一起。作为公共服务的提供者，社会组织与公共部门（如政府）等机构，都是为社会集体利益服务，所从事的都是公共事业。所不同的是政府主要是宏观性的行政服务，社会组织则是侧重细致的基层社区、乡村和居民生活上的相关服务。

---

① 2017 年国民经济行业分类（GB/T 4754—2017）. https://www.mca.gov.cn/images3/www/file/201711/1509495881341.pdf [2019-08-10].

（五）按阶层划分的依据

界别设置应以社会阶层的构成作为基本依据（徐雷，2016）。"社会分层"就是根据不同社会标准把利益群体分成若干等级层次。"界别"是把现实社会中不同的社会阶层、利益群体构成的组织按照党派、团体、职业等相关标准作出的一种区分方式。我们所说的政协界别设置，也主要是指政协根据经济社会发展及其带来的利益群体的变化，在对利益群体进行合理分层的基础上，结合我国统一战线政策的调整和其他因素的考虑，对政协界别进行调整、增设、优化等的活动。由于理论体系和分层目的不同，划分社会阶层的依据有很多，如生产资料的占有、党派、收入、行政权力、职业、地位、学历、消费水平等。但为了清晰社会分层的呈现效果，学术界倾向于把"职业"看作包含了各种资源占有和使用的标准。政协设置界别的依据，应该与社会阶层的划分标准相适应。①十阶层理论。陆学艺（2002）将改革开放以来的社会分化表述为阶级、阶层的分化，认为中国社会分化以经济、组织、文化等资源为标准划分为"十大社会阶层"。②社会断裂理论。孙立平（2009）认为该理论强调断裂是结构性的、全方位的，包括城乡结构的断裂、国企改制中的断裂、文化的断裂、生产与消费之间的断裂等，造成社会断裂的原因是社会和市场的急速转型。③倒丁结构理论。李强（2005）研究全国第五次人口普查就业人口数据，提出"丁"字形社会结构，其中"丁"字的一横代表一个巨大的社会经济地位较低群体，而一竖是由一系列处在不同社会经济地位上的阶层构成的。④四个利益集团理论。李强、沈原、孙立平等根据改革开放以来人们收入损益的状况，将国人分为普通获益者、特殊获益者、社会底层和利益相对受损者等 4 个利益群体。[①]⑤党的十六大以来的中央文献对我国社会分层用语使用的是高、中、低收入者，在中共中央关于经济与社会发展的重要文件中，都始终强调坚持这一术语。政协界别变迁的阶段性特征见表 5-4。

表 5-4 政协界别变迁的阶段性特征

阶段	社会背景	主要阶层	转型标志
新中国成立到 20 世纪 50 年代初期：参加单位和个人	到 1952 年，国营经济约占全国经济构成的 19.1%，集体经济约占 1.5%，公私合营经济约占 0.7%，农业和手工业者的个体经济约占 71.8%，私人资本主义经济约占 6.9%	这一时期逐渐形成了工人阶级、农民阶级、小资产阶级、民族资产阶级"四阶级"格局（陆学艺，2010）	—

---

① 李强：评析关于社会阶层的四大流行理论. https://www.aisixiang.com/data/36703.html[2011-10-07].

续表

阶段	社会背景	主要阶层	转型标志
20 世纪 50 年代中期至 20 世纪 70 年代后期：29 个界别	到 1978 年，国有经济约占 56%，集体经济约占 43%，个体经济占不到 1%	这一时期的社会分层演化为由工人、农民"两个阶级"和知识分子"一个阶层"组成的阶级阶层结构（陆学艺，2004）	—
20 世纪 80 年代初期至 20 世纪 90 年代初期：31 个界别	1991 年在 GDP 的构成中，第一、第二、第三产业占比分别为 24.5%、41.8%、33.7%，城镇化率 26.94%	呈现为我们后来所称的工人、农民"两个阶级"和知识分子、个体劳动者、私营企业主"三个阶层"的阶级阶层结构（郑杭生，2001）	—
20 世纪 90 年代中后期：34 个界别	公有制为主体，多种所有制经济共同发展。到 2000 年，第一、第二、第三产业占 GDP 的比重分别为 15.1%、45.9%、39.0%。城镇化率为 36.22%	主要以收入、财产等职业经济要素为基本标准来划分的，见陆学艺的"十阶层理论"	放弃阶级划分标准，采用阶层划分方法
21 世纪第一个十年：34 个界别	我国加入了 WTO。2010 年时第一、第二、第三产业分别占 GDP 的 10.1%、46.7%、43.2%，出现了许多新兴产业及从事新兴产业的人员。2011 年，我国城镇化率达到了 51.27%	江泽民（2006）在中国共产党成立 80 周年大会上指出："改革开放以来，我国的社会阶层构成发生了新的变化，出现了民营科技企业的创业人员和技术人员、受聘于外资企业的管理技术人员、个体户、私营企业主、中介组织的从业人员、自由职业者等社会阶层"	以职业、生产生活方式、权力等为要素的新划分形式凸显
21 世纪第二个十年：34 个界别	2019 年国内生产总值第一、第二、第三产业增加值比重为 7.1%、39.0%、53.9%。全国农民工总量 29 077 万人	除陆学艺所说的十个阶层外，主要还存在法律阶层、社会治理与社区管理阶层、中介服务阶层、自由职业者阶层等。党的十五大提出"培育和发展社会中介组织"（吴庆华和董祥薇，2009）	—

（六）以人口及经济社会发展结构为划分依据

基于政协在国家政治生活中的性质、地位和作用，政协设置界别除了要与社会阶层的划分相统一外，还必须依据下列因素作调整补充。一是地区人口结构的特殊性。以社会阶层构成作为划分的基本依据，使政协界别设置充分体现人类社会的职业化趋势，也使政协履行职能更能体现专业化特点。但要体现政协组织广泛的代表性，使政协组织能广泛吸纳"各界的代表"，还必须考虑人口规模和结构。这样能使政协界别设置覆盖社会更多方面、更多群体。例如，在我国民族地区，民族宗教界应该给予更多的名额分配，如中国人民政治协商会议新疆维吾尔自治区十二届政协委员少数民族界 37 人、宗教界 22 人，而台湾同胞联谊会 1 人、归国华侨联合会 2 人。二是地区经济社会发展的特征。社会阶层划分所体现的是各种社会力量之间所形成的关系。研究社会阶层必须联系经济发展的特征，尤其是产业结构、资源配置方式、经济增长方式等方面的特征。例如，2019 年深圳市高新技术产业产值占规模以上工业总产值比重达 87.95%，金融业产值占地区生产总值 13.62%。如何体现支柱产业的地位，以及如何代表这些产业的从业人员的意见，促进参政议政，是深圳政协设置界别时应该认真研究的问题。

二、社会组织界别设置的依据

第一，社会组织属于第三产业，整体来看，第三产业的发展相比第一产业和第二产业前景更为广阔，社会需求更大。产业、行业、职业有区别也有联系。产业、行业、职业的不同之处是其国民经济领域层次地位是由高到低，涉及的范围是由宽到窄。产业的着眼点是生产力布局的宏观领域，体现的是以产业为单位的社会分工，产业由行业组成。行业的着眼点是企业或组织生产的微观领域，体现的是以行业为单位的社会分工，行业由企业组成。职业的着眼点是组织内工作人员的具体工种，体现的是以人为单位的劳动技能上的社会分工，职业由人的技能组成（姬雄华和冯飞，2016）。产业、行业和职业的发展变化都体现出社会组织这一领域的地位、作用日益突出。中国社会科学院社会学研究所研究员杨团认为包括慈善领域在内的各条战线如今都迈入了知识生产的领域。[1]

社会组织行业的发展形势较好。民政部社会服务发展统计公报显示，截至2014 年底，全国共有社会组织吸纳社会各类人员就业 682.3 万人，形成固定资产1560.6 亿元，社会组织增加值为 638.6 亿元，占第三产业增加值比重为 0.21%。以深圳为例，2018 年从综合实力看，全市社会组织总资产接近 300 亿元，从业人员超过 16 万人，其中专职工作人员超过 12 万人（李舒瑜，2018）。2018年，社会捐赠总量为 1128 亿元，全国志愿者贡献的时间价值折算人民币为 823.6亿元、彩票公益金 1313.6 亿元，三者相加的社会公益总价值达 3265.2 亿元。社会公益总价值 2013～2018 年分别为 2030 亿元、2399 亿元、2608 亿元、2993 亿元、3217 亿元、3266 亿元，呈逐步增长趋势。[2]

---

① 刘瑞强. 2019. 2019 慈善蓝皮书在蓉发布 全国志愿者总人数近 2 亿. https://www.sohu.com/a/326754073_99966042[2020-10-20].

② 杨团. 2019. 中国慈善发展报告（2019）. https://www.pishu.com.cn/skwx_ps/bookDetail?SiteID=14&ID=14906573.

第二，从社会阶层来看，社会组织数量连年增长。截至 2020 年底，社会组织数量为 89.4 万家，如果将社区乡村以及网络等社会组织加上，数量将会更多。社会组织吸纳社会各类人员就业人数为 1061.9 万人。这是我国新社会阶层中占比最大的一个群体，在全国人口占比也越来越高。而且社会组织相当一部分成员为兼职者，如果加上这些数量更为庞大，几乎涉及所有行业领域。《慈善蓝皮书：中国慈善发展报告（2019）》显示，2018 年中国志愿者总数约为 1.98 亿人，占中国（不含港澳台）总人口的 14%。截至 2018 年 11 月，中国社区社会组织数量已达 39.3 万个，其中基层民政部门登记 6.6 万个，由街道和社区管理的有 32.7 万个。①

第二节　社会组织界别的代表性研究

社会组织界别的代表性是其运行合法性和设置必要性的重要依据。从理论上来讲，社会组织界别能够很好地代表群众的整体利益，因为社会组织界别是由群众选出的，社会组织服务的领域涉及面广，能够广泛而又全面地代表群众的利益。由群众选出的社会组织代表，是得到群众认可，能够从群众切身利益出发，真实反映群众意见，为群众代言的人士。除了社会组织界别的人民性以外，社会组织界别还具有国家性，它应代表国家的整体利益，为国家治理建言。当然，社会组织界别还有其自主性，社会组织追求公益、慈善、志愿等积极的价值，这是它区别于其他群体的明显个性，是它工作性质的突出体现。代表性是社会组织界别存在的基本理由和价值，代表性的完整表现，是社会组织界别委员能够正确履行职责的基本要求。

一、社会组织好代表的原则

（1）代表整体利益，而不是个体利益。社会组织成员一旦被选为政协委员，那么他的视线就应从仅仅限于个人工作范围内的关切，转向整个社会组织领域的社会事务范围。首先他要剥离个人与所在社会组织的利益绑架，也要脱离自己政

---

① 刘瑞强. 2019. 2019 慈善蓝皮书在蓉发布　全国志愿者总人数近 2 亿. https://www.sohu.com/ a/326754073_99966042[2020-10-20].

协地位的荣誉影响，他的使命不是以个人的得失为依据，也不是为私人的社会组织代言，他的关注目标是整个社会组织行业领域，甚至他还要考察社会组织与国家其他行业领域的利益牵连，不管是哪一方不利于人民的利益或者国家的利益，他都从全局的角度做出代表的自主判断。埃德蒙·伯克（Edmund Burke）认为代表人士"以由整体、普遍理由产生的普遍利益为准绳"（伯克，2006）。在社会组织行业，各种类型社会组织纷繁复杂，如果是行业协会商会代表，他需要从整个行业领域而不是仅从这些协会利益出发，同时他还要考虑到国民经济中其他领域的利益整合。如果是基金会代表，他不是仅将资金注入经济类或者容易产出经济效益的领域，而是更多关注贫困地区以及其他不同弱势群体的需求。如果是民办非企业代表，应杜绝利润追求，而是从社会服务需求出发。因此，社会组织代表应摒弃各自组织利益的偏好，如果仅仅从各自立场出发，那么社会组织界别的产生，只能带来更多的不利。还有需要注意的是，政协里很多社会组织的委员，尽管他们是这些社会组织的主要负责人，但是大部分是兼职的身份，因此容易出现他们代言对象不明确的问题。当然，也不是所有的这些兼职委员都有这种倾向，只是在制度不完备、社会机制不成熟的情况下，这种情况不可避免。然而，我们不能因此就忽视这些兼职委员对于社会组织发展带来的好处，他们与社会组织是互利互助的关系。只是需要说明的是，这些兼职委员进入政协，其服务目标要从国家利益角度，而不是仅从自身企业或者代言的社会组织的角度来确立。成立社会组织界别，也是为了减少兼职社会组织身份委员的数量，增加更多的专职类社会组织代表。社会组织的代表需要具有自主性，对于政府资源的依赖程度以及政府对于社会组织的行政干预容易使得社会组织的代表性出现客观性偏颇。沈永东（2018）分析了地方行业协会商会代表性的情况，他认为地方行业协会商会自建立起就注定其生存发展不得不更多地依赖会员企业。大部分地方行业协会商会的选择是完全以行业整体利益为重做出决策与政策参与行动。

（2）回应群众需求。社会组织最大的特征就是代表的群众范围广泛，群体种类繁多。截至 2014 年末，在我国平均每万人拥有社会组织数量为 3.7 个[①]，这还不包括那些非正式的社会组织的类型，有的地区（如江苏省、广东省、上海市等地区）每万人拥有社会组织数量达到 7 个以上。"截至 2015 年，宁波市镇海区社会组织数量突破 1500 个，每万人拥有社会组织数量达到 35.08 个，远远高于

---

① 徐小勇. 2015. 宁波社会组织超 16000 家 每万人拥有法人社会组织数超全国. http://www.chinanews.com.cn/df/2015/07-02/7380424.shtml[2019-08-10].

全市每万人 21.44 个的平均水平。"①社会组织来自民间，扎根民间，它更需要为广大的普通民众代言。在政协会议期间，社会组织类的政协委员需要带着群众反映的问题或者委员发现的问题向大会提出建议，积极回应群众的各种利益诉求，并在大会决议中争取问题解决的进一步回应，能够让民众感受到社会组织委员在履行职责时所呈现的工作成效，能够让受托人的意见得到最高政治层面的回复。有研究指出，在国家政治会议层面，代表回应民众的诉求包括政策性回应、服务性回应、分配性回应和象征性回应等，它们共同构成了代表回应的具体内容（Eulau and Karps，1977）。政策性回应注重代表与选民的互动，最终达成二者共识。服务性回应主要为代表的群体和地区发言。分配性回应是为代表群体争取政府的投资。象征性回应是在代表和民众之间建立信任关系。作为社会组织委员，不仅应在政协会议正式场合中从全体人民的利益视角出发，注重公平公正地为弱势群体及需要帮助的特殊群体代言，而且在日常工作业务中，通过实践和行动回应群众的诉求。政治协商会议作为一个利益表达的集散地，全国各族各业各地的代表都要将所收集的问题及时通过会议传达。但是政协的作用有限，因为协商是政协的基本特征，在政协能够完成的目标方面，更多的是前置性的问题反映和表达，而全部的问题得到解决需要人大的最后决议以及各相关公共部门的配合。因此，政协委员的任务不仅是在政协会议上的协商探讨，更多的是带着政协委员的使命，进入民众中，通过个人的专业能力、协商技术和政协委员的身份，将问题及时在民间层面化解。难以通过社会协商解决的问题，则提到政协会议中，通过各界人士的协商和协调，更好地解决问题。代表不仅是会议上的代表，更应是生活中的代表、工作中的代表，他一旦被选为政协委员，他的身份就发生了转化，他已经不属于个人，也不属于某个社会组织，他应该是以社会组织委员的身份完成政协工作。

（3）接受群众检验。代表必须回应选民对其观点、行为的审查和检视。社会组织政协委员所履行的职责和任务，需要群众对其进行检验。因为社会组织代表的建言范围大多是普通民众的生活困难和其他各种诉求，他们往往关心的是较为微观的事务，但不能小看这些最细小的事情，因为经济生产和其他的行业发展最终的落脚点无不回归于群众的日常生活中。社会组织代表则直接进入了群众的生活场域，解决群众最为棘手的问题。但是社会组织政协委员并不是简单地将家长

---

① 王量迪, 张寒, 曹玮. 2015. 每万人拥有社会组织 35.08 个 镇海成孵化社会组织"梦工厂". http://news.cnnb.com.cn/system/2015/08/30/008388755.shtml[2021-07-12].

里短在政协协商中得以体现，他需要更宽阔的视野、更为复杂的分析技术，找出这些问题产生的内在根源，以及与其他事物所产生的内在联系，通过对复杂问题的规律性答案的探索，来回应群众的琐碎问题。因此，群众对于社会组织政协委员的工作检验，就是社会组织委员有无承担政协委员的责任，是否具备专业委员的能力以及高于普通人判断问题的方式，能否解决群众最为关注的问题。社会组织政协委员要主动，并且有专门的工作渠道向民众汇报他们的工作进展，同时在政协中也应该有专门的平台，向群众开放，包括"委员之家"、热线访谈、听证会等，另外还需要有专门的机制将这些平台所反映或者需要解决的问题，进一步跟踪落实。社会组织政协委员的工作记录、业务考核、成绩评定以及日常职责履行，甚至包括他们的培训学习等需要对外公示，接受群众的质询和问责。如果社会组织委员仅考虑个人利益或者小团体利益，那么他就不符合政协委员的身份，应该使其退出政协的系统。

（4）深度代表。曼斯布里奇将代表分为承诺型、预期型、自主型和替代型。承诺型和预期型主要是通过与选举的关系将代表与民众联系在一起，只有符合民众的意愿才能继续当选。自主型和替代型则基本上是依靠代表强烈的信念和责任感主动为民服务（Mansbridge，2003）。如果政协委员仅仅是以完成任务为目的，而不是从责任之处为民众着想，那么他很难真正了解民众的内心诉求，他也不会尽自己最大的努力为民众办事。政协会议不是政协委员的利益代言场所，而是以解决民众困难为目的的公共渠道。如果仅仅是完成表面工作，那么这种代表完成的只不过是一种"物理上的在场"，它避免不了大会的沉默，也不能摆脱弱势群体被边缘化的尴尬，特别是当发言权和决策权仍然掌握在少数人手中，尤其是掌握在具备各种优势资源的群体手中时。代表的审议、协商和讨论的知识和能力可以实现代表在"政治上在场"和有效参与。代表的审议特性由此扩展了政治的范围，超越了决策与行政的狭隘限制（林奇富和刘传明，2017）。社会组织委员应该真正履行政协委员的职责，避免形式化，更应该杜绝官僚主义倾向，而关键的是，社会组织政协委员还应体现出"生活上在场"甚至于"感情上在场"。社会组织政协委员的工作空间不限于政协会议场所，真正的活动场所是群众中间，只有生活于民众中间，与民众同甘苦共命运才能真正了解民众的困难所在。委员的工作时间也不仅是政协开会的时间，而且还包括在被代表的群体需要解决的事情上所对应的时间。社会组织政协委员同时还应在问题解决中投入更多的感情，感情不是对于自我的感受，而是对于民众的热爱，只有心中充满对民众的爱，才能听到民众的真实心声，民众也才会对于政协工作贡献自己的应有力量，问题的解决也才能变得相对容易些。当然，应该避免另一倾向即"感情用事"，社会组织委员饱含对民众的爱，但是还应有委员应具备的理性特点，从更为客观的层面分析问题，如果过于感情用事，往往难以辨别是非，使得问题陷入复杂化的困境之中。有学者指出，无论什么样的代表制，其正当性都取决于四个方面：整合、吸纳、表达与呈现。四者都是代表制不可或缺的基本功能，关注代表制发生作用的环境和动力机制，关注谁是代表、谁是被代表者、代表如何出场、如何代表以及代表什么。①这是对于社会组织政协委员的基本要求，也是所有政协委员的基本义务。社会组织政协委员还应起到一种中间传输和传达以及小范围凝聚和协商的作用。社会组织委员可以利用自己的社会组织特征优势，通过社会组织这个有序空间，在民众中进行问题分解和任务分工，将国家大的问题一个个分解，将大问题化小，各个击破。因此社会组织委员代表建立了政协会议与民众生活或者工作之间的一个缓冲地带，在这里社会组织政协委员就可以凭借政协委员的身份解决社会的问题，同时也可将难以解决的问题带到政协层面解决。

（5）聚集民意，形成民意。社会组织政协委员在凝聚民意的工作上，有着平台和际遇的优势。在长期的工作过程中，民众对于社会组织的工作有了更深入的了解，社会组织也用行动让民众认识到社会组织的宗旨目标。相当多的民众困难，通过这个没有门槛的社会组织传达出去，或者就直接解决在社会组织的范围之内。社会组织不仅全面接受民众的求助，而且主动寻找民众所需要解决的问题。社会组织政协委员在聚集民意的过程中，还进行检查、筛选、整合民意的工作，因为民众的意见较为零碎，或者不同的利益群体所代表的观点产生冲突，政协委员面对的是一个复杂的群体，而不是单一的选民，所以很难确定究竟应该代表谁、维护谁。对此，我们认为好代表需要有恰当的目标，即维护自己选民的利益或公共利益（林奇富和刘传明，2017）。因此，社会组织政协委员要对这些复杂纷繁的意见进行深度加工，使之更清晰、更准确地表达民众的意图，同时也不至于因为意见众多，而陷入无序争论之中。同时，社会组织政协委员要善于体察民情，分析民情，主动搜寻民情，将那些隐藏在问题背后的，或者是民众没有表达但是潜在形成影响的问题总结出来。社会组织政协委员，不是少数人的代表也不是某一利益集团的代言人，他更应该去关注那些容易受到忽

---

① 欧树军. 2018. 代表与民主的新盟约. http://www.360doc.com/content/18/0125/09/15549792_724903680.shtml [2021-05-02].

视，难以发出声音的群体的利益。社会组织政协委员还应积极地为那些可能受到其他强势利益集团不公平对待的民众代言，尽管这种困难更多，但是站在政协委员的立场上，他应该有这种责任担当，而不是以一己之私或者一己之祸，回避困难问题的解决。

（6）正当性用权。绝对的权力产生绝对的腐败，社会组织也不例外。社会组织界别的增设，赋予社会组织的政协委员参政议政的机会。如何使用好这些权力，使这些权力不至于异化为利益膨胀和利益争夺的工具，社会组织同样需要加强制度约束和思想教育。社会组织在我国发展还处于初始期，相关制度和法律建设都不够完善，社会组织的发展所依据的制度环境和物质环境都没有完全建立起来，这势必造成一些社会组织为了生存和发展趋利避害的心态，再者社会组织也有自己利益诉求，这同其他任何社会主体一样，如果没有相关制度和法律的及时跟进和健全，势必会造成一些腐败问题或者侵害民众利益的事件发生。尤其是随着政府简政放权和职能转移的改革，社会组织将成为重要的承接主体，其中以政府购买社会组织服务为代表的改革推进，大量社会组织承担了政府和人民交给的社会事业建设任务，其中的财务流程、利益分配、资源配给等都涉及国家的大量财政运转，再者有些不法分子打着社会组织公益慈善的幌子，敛取不义之财，这都给社会组织界别的增设敲响了警钟，社会组织政协委员必须进行严格管理和考评，采取严进严出、细化过程管理和结果导向的评估，进行经常性的法律和道德思想教育。

（7）专业技术。一个优秀的社会组织界别委员，不仅是在他的工作领域具有良好的专业技术，作为政协委员，他还应有职业要求的基本素质。一个好代表所具有的能力不应仅限于专业知识方面，还应具备审议、协商和讨论公共政策的能力。代表和参与更多地强调个体理性与偏好聚合，而审议、协商和讨论则更多地注重公共理性与偏好转换（林奇富和刘传明，2017）。首先有着熟练的政治参与能力，这起始于积极的参与意愿。调研发现政协出现有些委员履职不积极的情况，如在任期内一件提案都没有提交，有的委员提交的提案浮于形式，没有经过真正的调研和思考。社会组织界别委员应该确保具备为民请命的真实意愿和责任感。社会组织委员参政议政的能力则包括洞察社会问题，善于分析问题，包括在复杂的问题中抓重点、找切入点和剖析点的能力，有举重若轻，善于抓问题本质，找出事物发展规律并解决问题的能力；能洞悉问题背后的真正原因，并善于理顺思路，查找原因和顺势解决问题的能力；能与同事合作攻关，优势互补的能力；因为社会组织委员代言的问题更多的是民众身边事，大多会关系到利益分配的问题，社会组织委员应能从大局出发，结合现实情况，因地制宜地采取合适的措施；社会组织委员应该具备调查能力、细节判断能力、跟踪归纳能力等技术能力；社会组织委员还应具备沟通的技巧，善于从沟通中寻找解决问题的答案，善于做群众工作以及调动群众积极性。总之，社会组织界别委员作为政协的代表，他既有与其他界别委员同样的素质，又由于他更多的是从细微处关注民众生活困难等诉求，因此社会组织委员还应有解决民众难事、激发民众生活和生产信心的能力。再则，社会组织委员还应保持专业判断的客观原则，不能受行政或者其他利益干扰，也不能被冲突事件中的情绪左右。

二、社会组织界别委员的职业规范

（1）避免派争化。社会组织界别委员所代表的利益群体是与社会组织相关领域的民众，同时社会组织委员在判断问题和处理方式上，应从国家全局出发，而不能陷入与其他群体利益争夺的境地。人民政协是具有中国特色的制度安排，包容、和谐、互助等是协商民主的基本素质。但不得不警惕的是，一些事物的反面倾向应值得注意，即使我国没有出现这些极端问题，但不能不考虑因为限制而出现这些问题的潜在可能。社会组织代表广大普通民众的利益，如果是为了谋取社会组织自身的利益而代言，这种情况的发展就是利益集团的角色倾向。利益集团不同于社会组织的最大特征是前者有明确的政治利益或者经济利益，且代表的范围仅限于本利益集团内部。社会组织是公益性的利益代表，如果社会组织界别过于标榜自我利益，则会成为利益集团的化身，而利益集团的进一步发展就是党派争权夺利。在西方国家，有些社会组织为了获得更高的政治地位，转型为政党派别，如发源于欧洲的绿党，原来就是一些环保类的社会组织。尽管这些政党大部分还是为民众利益着想，但很多时候政党因为自身政治上的狭隘性，导致所代表的利益群体固定化。我国实行的是中国共产党领导的多党合作和政治协商制度，这种多党合作和政治协商制度体现了对于民主人士的最大团结性。在当前中国转型的时期，结合中国具体的历史实际，实行这种党的治理机制是十分符合国家和民族的发展需要的，利于民主事业的持续性和稳定性。有些国家的社会组织在国家转型时期过于关注政治事务，而脱离了本身非政府非营利的性质，成为某些政治斗争的工具。这种脱离社会组织本身职责，不顾国家社会事业发展的行为，严重破坏了社会治理格局，不利于整个国家的长期稳定。因此社会组织界别委员的工作应该是站在国家和人民角度，积极建言献策，成为党和政府联系群众的桥梁，为壮大中国共产党的执政基础提供新的力量。

（2）避免权势化。全心全意为人民服务是党的根本宗旨，但是由于我国封建制度影响深远，很多历史因素难以在短时间内抹去痕迹。因为有些封建专制制度痕迹已经烙印在人们的观念中，在社会上以一种文化的形式存在，以生活化的方式延续，从典礼仪式到民俗村规都刻有时代的烙印，而事物的发展尽管是向着好的方向转化，但是在这个过程中又因为短期的利益需要和事物发展的局限性，人们的选择方向可能会出现一些不利因素干扰，这就需要社会组织界别委员在代表的群体取向上，要以普通百姓为关注对象。这与中国特色社会主义制度，也与我党的根本宗旨是一致的。社会组织界别委员是代表群众的利益，还是被这些利益集团所左右，这就需要高度的政治站位。埃伯克（2006）作了实质代表（virtual representation）和指令代表（actual representation）的区分。前者指代表与被代表者之间存在委托关系，但代表不需要随时听命于被代表者，而是可以按自己的充足理性完成使命；后者则指向一种直接的命令式委托关系，代表只是被代表者意志的代理人，需时刻服从被代表者的权威。也就是说，这种政治代表制不再是以"授权"为内容的合约，它是一种动态的双向呼应关系，代表既应该尽可能直接、全面地反映人民的诉求，又应该是"代理人"而不是具有制度化权力的"政治代表"（Urbinati，2005）。

（3）避免形式化。社会组织委员应该真正代表民众意愿。除了提升社会组织委员参政议政能力，加强思想政治教育及增强其责任感以外，还应从制度上保证社会组织委员的参政议政达到实质效果。这主要包括通过优选的方式推荐社会组织候选代表，严格考察候选人的政治素质和业务能力，引入社会组织委员的申请制，避免非真正意愿的代表或者只是完成任务型的代表进入政协队伍。选出的代表尽可能地以社会组织专职人员为主，且所提交的提案是代表社会组织及服务范围的声音，对于其他行业领域，如非社会组织委员所深入调查的问题，不应作为提案提出。社会组织委员的增设不是仅仅为了弥补政协委员的结构不足，也不仅是为了表现我国社会阶层的扩大，而是真正让这些社会组织委员发挥作用。在政协各类制度中，包括政协领导联系界别制度、政协专委会联系界别制度、各相关部门联系委员制度等都应将社会组织委员纳入进来。其他如重点提案、优秀提案和督办提案也应对社会组织委员的提案充分重视；保证一定比例的社会组织委员进入政协常委。另外，社会组织界别的提案也应与人大对接，对于能够体现政策性和法规性的提案，或者无法通过政协解决的提案，转为人大建议案继续予以关注并解决。有的提案可以传送给党代会，通过党的决议实现问题的解决；建立动态管理机制。对于社会组织委员加强考评，不认真履职的委员要有退出机制；建立委员候补机制，在政协成立人才备选库，优秀的社会组织代表人士可以成为人才库人选来源，在政协中社会组织委员不足时，及时进行补充。

（4）避免行政化。当前我国许多社会组织仍存在行政色彩浓厚的问题。有些社会组织由政府创办，有些社会组织的负责人由行政领导担任，有的社会组织在资产、人员、场所、人事等多个方面与政府机关难以分清界限。政府购买社会组织服务的发展必然某种程度上进一步加剧了社会组织受行政干预的可能，加之政府简政放权，转移大量行政或公共职能给社会组织，导致社会组织的公共权力得到大幅度的扩展。如果在政协中再增加社会组织界别，这无疑进一步提高了社会组织的政治地位。社会组织在界别中拥有了政协各项决策和参与权力，在国家重大事务商谈中拥有了发言权，社会组织代表的身份也由普通的民间人士转为政治人士。对于发展社会组织事业，促进社会服务质量和社会治理能力都具有积极意义，但是如果不加强对社会组织界别的监督和制约，也可能会产生新的"权力走位"的问题。在地位和身份转换之后，相应的权力和待遇将会对社会组织委员产生一定影响，这就需要社会组织界别的委员明确权限的正确用途，树立为民服务的核心思想以及坚定扎根于民、服务于民、回归于民的角色功能。

三、代表性界定

（一）已有社会组织界别设置的情况

2012 年，博罗县政协社会组织界共有 3 名委员，为了确保委员的代表性，博罗县政协规定民办非企业组织和会计师、审计师、律师、评估师等各类行业协会，以及居委会、其他社区组织、各类社团的成员或从业人士可以纳入社会组织界别范畴，而将作协、音协等官方色彩相对偏浓的协会委员暂不归入社会组织界别。上海市"各区县民政局将社会组织中担任领导职务的专职人员作为增加'两代表一委员'的重点推荐对象，从社会组织自身建设情况、社会组织工作者的代表性及社会组织参与社会建设情况等三方面综合考评、确定推荐人选，同时优先考虑社会组织领军人物，注重向草根型的有代表性的公益性社会组织倾斜。上海 17

个区县共遴选出 30 多名领军人物，推荐至所在区县的组织、统战部门，有 15 名社会组织代表当选"（肖春平和曾永和，2012）。2012 年，顺德区政协召开政协主席扩大会议，研究提出《关于增加设置"新社会组织"界别的决定（草案）》，拟增设由社会组织、社工队伍构成的"新社会组织"界别。从三地社会组织入选政协委员的情况来看，各地根据各自实际情况，采取不同的社会组织委员范畴的界定，博罗县将中介组织以及居委会也纳入了社会组织界别范畴，严格上来说中介组织不属于非营利组织，如律师事务所、会计师事务所大多是以营利为目的，以企业性质存在。居委会属于群众自治组织，兼执行乡镇和街道的行政任务。顺德区重点将社工人士纳入界别吸纳范围，从顺德社会服务事业发展趋势来看，顺德正大力发展社工和社区社会组织等草根类社会组织人才。相比顺德，上海优先考察的是社会组织领军人物以及草根类优秀社会组织。

（二）社会组织界别设置的相关提案情况

从政协委员界定社会组织界别的提案来看，首先选择的范围是各类社会组织，以保证社会组织类别参与的广泛性和公平性；其次优选公益性和公信力强的社会组织；最后是在经济和社会建设中担当着重要角色的社会组织。个别的委员还建议重点从研究能力强的社会组织、获得国际咨商地位的社会组织、枢纽型社会组织等机构中吸收。关于社会组织界别代表的范畴界定见表 5-5。

表 5-5　社会组织界别代表的范畴界定

提案人	提案名称	代表性界定
全国政协十一届五次会议提案第 3172 号王名	关于在政协设立社会组织界别的建议案	社会组织界别应当主要由来自全国各地区、各领域、各类别的社会组织代表人士组成。要重点将那些具有较强公益性和公信力的社会组织纳入到政协组织中来，适时将政治上成熟、有一定代表性和影响力的代表人士推荐为政协委员
中国人民政治协商会议第十一届广东省委员会第一次会议提案第 20130148 号田亮	关于在省政协设立社会组织界别的建议案	社会组织界别和其他界别一样，应当主要由来自各地区、各领域、各类别的社会组织及相关的政协委员组成。在各类社会组织中，要特别重视基金会等公益组织、大的行业协会以及获得联合国咨商地位的社会组织
中国人民政治协商会议第十一届广东省委员会第一次会议提案第 20130006 号民建广东省委会	关于在政协设立社会组织界别的建议	特别注意把社会组织中思想活跃，对社会组织理论研究、应用研究、运作实践和决策管理认识深刻的优秀领导人以及相关专家学者吸纳到政协中来。将政治上成熟、思想上过硬、参政议政热情高能力强、有一定代表性和影响力的代表人士推荐为各级政协委员。社会组织界别的委员必须体现"民间性"。官方色彩相对偏浓的协会委员不归入社会组织界别

提案人	提案名称	代表性界定
中国人民政治协商会议第十一届广东省委员会第一次会议提案第20130105号潘瑞新	关于在省政协组织机构中增设社会组织专门委员会的建议	社会组织界别应当主要由来自全国各地区、各领域、各类别的社会组织代表人士组成。要重点将那些具有较强公益性和公信力的社会组织纳入到政协组织中来，如基金会等公益组织、大的行业协会以及获得联合国咨商地位的社会组织
衢州六届五次会议提案109号提案冯菊英	关于在市政协增设社会组织界别的建议	重点将那些具有较强公益性和公信力、为经济建设和社会治理作出重大贡献的社会组织，如市社会组织联合会、市社会组织发展基金会等枢纽型组织和规模较大的行业协会商会以及在全市有较高社会影响力的社会组织纳入到政协组织中来，建议联合会会长作为社会组织界别的代表入选政协委员

（三）根据已有相关研究的情况

从相关研究来看，学者基本认同社会组织政治参与的代表性。例如，沈永东（2018）对浙江和江苏部分地市的行业协会代表人士的研究发现，行业协会商会基本会代表所在社会组织的成员发声。不过沈永东的研究是以行业协会商会为样本，行会商会有其自身的特殊性，不能完全代表所有类型的社会组织。同时他的研究同周亚越对浙江11市的研究结果基本类同，不过周亚越的研究是针对社会团体这一类社会组织。与其研究结果不同的是有学者对黑龙江的社会组织调查发现，社会组织的主要负责人能够代表成员发出声音的情况占比很小。这可能与地区以及时间不同有联系（马长山，2006）。另外，张彩玲等（2017）对大连的社会组织人士代表的研究发现，社会组织代表人士履历丰富，能够较好地综合多方面情况为社会组织发声（表5-6）。

表5-6 社会组织政治参与的代表性

时间，地点	样本	代表性
2006年，黑龙江省（马长山，2006）	381份建议等	社会组织的会长、副会长、秘书长、理事等，能够代表本会会员向党和政府"经常提出"意见、建议、批评或提案的比例较低，多数是在50%以下，有50%左右的民间社会组织在这方面无作为，能达到10次以上的只占百分之几
2011～2012年，宁波市、温州市、杭州市、无锡市、南通市（沈永东，2018）	146家地方行业协会商会	调研数据显示，当行业内龙头企业与行业整体利益存在冲突时，有60.3%的地方行业协会商会选择完全以行业整体利益为重做出决策与政策参与行动

续表

时间，地点	样本	代表性
2016 年，大连市（张彩玲等，2017）	—	在此次调查中，代表人士中在目前的单位工作前，有过 3 个以上单位的占到总人数的 28.7%，在 1～3 个单位工作过的人数更是占到 54%
2010 年，杭州市、宁波市、金华市、绍兴市、台州市、丽水市、嘉兴市、衢州市、湖州市、温州市、舟山市	136 个社会组织	"您所在的社会组织政治参与的成效是怎样的"这个问题，选择"很好""较好""一般""较差""很差"的比例分别为 8.8%、24.3%、44.9%、16.2%、5.9%

四、代表确定

（1）按数量比例确定名额，但也应照顾弱势社会组织。在政协社会组织界别委员分配上，首先遵循数量对等的原则。某些种类的社会组织数量多，反映了这类社会组织的社会需求大，适应社会发展的形势要求，同时这类社会组织数量多，所代表的群体基数大，覆盖利益群体范围广，出现的问题和诉求也相应较多，因此增加这类社会组织的委员数量比例是必然的。但不可忽视的是，我国社会建设处于发展过程中，许多新的社会问题不断出现，而新的管理制度和治理体系没有及时更新和完善，相应承担这方面服务的社会力量还没有形成规模，在这种情况下，需要审时度势，积极鼓励和尽力满足有迫切需求但又发展不足的社会组织类别，相应来说在政协界别的委员分配中也应给予这方面社会组织倾斜或照顾。比如截至 2019 年 4 月，全国共有慈善组织 5599 家，约占全国社会组织总量的 0.7%。在慈善组织中类型最多的是基金会，截至 2019 年 4 月全国共有 4012 个，占全部慈善社会组织总数的 71.66%。①这反映了慈善社会组织以筹钱和资助慈善事业的基金会为多，而走到慈善一线，从事行动服务的慈善组织较少。还有的社会组织类别基数非常大，如农村或社区社会组织，截至 2018 年我国社区社会组织数量已达 39.3 万个，这还不包括农村的各类技术或养殖协会、纠纷协调类社会组织。2018 年，《民政部关于大力培育发展社区社会组织的意见》将社区群众活动团队也列入了社区社会组织的范畴，提出到 2020 年，实现城市社区平均拥有不少于 10 个社区社会组织。这些社会组织数

---

① 马瑾倩. 2019. 蓝皮书：2018 年，我国慈善组织数量增速显著下降. https://baijiahao.baidu.com/s?id=163883 5342411672226[2021-09-12].

量多，代表的中国农民及市民群体广大，位于社会最基层，从事与民众关系密切的社会事务，从生活上或生计上最接近民众，因此应该增加这方面社会组织界别委员的比例。另外，还有些社会组织，它们是因为某种社会特殊需求而产生，还不能回应社会普遍性诉求。但是，它们同样解决了社会治理中存在的某些严重问题，而且这些问题又是政府等部门难以全面介入的领域。例如，反家暴社会组织在地域分布上主要存在于一线或者二、三线城市中；能够向边远贫困农村地区提供服务的组织所占比重仅有 23.3%；在服务人群上，社会组织最关注的主要为妇女和儿童，其他群体（如老年群体、残障群体和流动群体）的家庭暴力问题很大程度上无法得到足够关注；就全国范围来看，73家机构数量总数较低。2017 年，有 38.4%的组织提供的咨询服务量不到 30件；其中处理个案量在 1～10 个的机构比重为 23.3%。①与之相类似的还有关爱农民工类社会组织、关爱留守儿童类社会组织以及关爱孤独症类社会组织等。另外，在不同的地区社会组织发展的情况不一致。有的地区经济发达，相应社会组织发展也较成熟，结构较为完整。比如从 2018 年底深圳社会组织登记管理部门提供的统计数据来看，教育类社会组织最多，占总数的 24.25%；其次分别是社会服务类，占 20.27%；文化类占 17.81%；体育类占 13.07%；工商服务类占 9.57%。②深圳社会组织中的公益慈善类社会组织已经走上了正常的发展道路，它们现在不仅在数量上求发展，而且在质量上上层次。根据深圳社会组织2017 年年报数据，2017 年共有 316 个社会组织参加国际活动 680 次。③因此，深圳的社会组织种类及活动领域与相对落后地区有很大差异，在政协委员设置上应考虑这些新兴领域的发展需求。同样，宁波也处于我国经济发达地区，从其各类社会组织占比情况来看（图 5-1），社会服务和教育类较多，在增设的社会组织界别中应充分体现他们的诉求，但是法律类、生态环境类社会组织数量较少，这些社会组织也发挥着不可替代的作用，也应重视他们的建议。尽管宁波社会组织发展程度在全国靠前，但是社会组织各类型的发展也不平衡。

---

① 张明敏. 2019. 《2018 反家暴社会组织现状和需求报告》发布 反家暴机构数量过低，乡村难获服务. http://www.gongyishibao.com/html/gongyizixun/16457.html[2021-09-12].

② 皮书说. 2019. 报告精读｜深圳社会组织蓝皮书：深圳社会组织发展报告（2018）. https://www.pishu.cn/zxzx/xwdt/530238.shtml[2022-02-10].

③ 深圳万人社会组织拥有量居全国首位. https://baijiahao.baidu.com/s?id=1626764349962305693&wfr=spider&for=pc[2021-09-12].

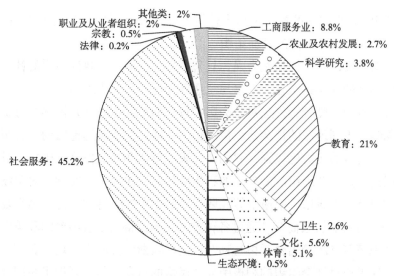

图 5-1　宁波市 2019 年社会组织行业领域分布[①]

（2）优先选择表现积极，勇于担当的社会组织。我国社会组织在经济建设、社会服务、文化交流等社会重大建设事项中发挥着重要作用，同时在抗震救灾、公共卫生应急事件、扶贫济弱、人道关怀、环境保护、维权服务等公共事务服务中从事最为细致的工作。但并不是所有的社会组织都活跃在社会建设的第一线，有些社会组织同样存在休眠、懒工等问题。自 2017 年至 2019 年，浙江全省已注销 1591 个社会组织；上海市 2017 年对常年未开展活动的 348 个"僵尸"社会组织进行清理；2018 年，北京市顺义区民政局集中力量对 23 个"失联"型社会组织进行清理。[②]南京市登记在册的社会组织中，相当一部分活跃度不高，甚至出现不少"僵尸"组织；截至 2018 年 9 月底，建邺区 815 个社会组织，活跃的仅 50 多个。更严重的是，还存在一些山寨社会组织、离岸社会组织以及其他非法社会组织。据统计，2018 年共有 1724 个社会组织被列入民政部公布的严重违法失信名单。[③]因此在社会组织界别代表的选择上，要全面考察社会组织的业绩表现，其中包括服务民众的工作能力和工作成绩，民众对于社会组织的满意度等。

---

① 2019 年宁波市民政事业发展统计公报. http://nbmz.ningbo.gov.cn/art/2020/12/9/art_1229084726_3686635.html[2021-10-06].

② 杨维琼, 杨月. 2019. 报告："僵尸"型社会组织广泛清理　监管从严成政策方向. https://baijiahao.baidu.com/s?id=1638859249325240492&wfr=spider&for=pc[2021-07-05].

③ 报告精读 | 社会组织蓝皮书: 中国社会组织报告（2019）. https://www.ssap.com.cn/c/2019-07-17/1079376.shtml[2019-07-17].

重点从获得 A 级评估的社会组织中选择，必要的情况下参考民众的评估反馈意见，优先推荐民众口碑好的社会组织。

（3）向参政议政意识和能力强，且公益性、全局性、政治性强的社会组织倾斜。不同类型的社会组织在政治参与意愿和参与能力上表现不一样。一般来说，涉及自身利益相关度较大，且对社会影响较广的社会组织其政治参与意识和能力较强。同时，不同地区的社会组织情况也不一样，经济发达地区的社会组织发展规模大，且自身的实力也较强，它们所代表的行业和领域发展基础好，且发展诉求多，因而这些社会组织政治参与的积极性较高。沈永东（2018）对宁波市、温州市、杭州市、无锡市、南通市等地调查共回收有效问卷 235 份，结果发现，超过 70% 的地方行业协会商会"通过各种方式影响即将制定或出台的政策内容"，而不是"观望等待政策出台后再行动"；同样在浙江温岭市出现了我国民主恳谈的先声，这里通过社会组织的积极引导、民众的自发参与，开创了我国地方协商民主建设的先河。这些地方社会组织发展基础好，民众民主素质较高，政府的职能转变较为顺利且政府服务意识较突出，加之市场竞争的形势推动，为社会组织参政议政创造了良好的社会环境和政治基础。而同期张长东和马诗琦对北京、浙江、黑龙江三地注册的社会团体展开调查，这次调查获得 1195 个有效个案。从社会团体参与政策制定的频率来看，有 70% 左右的社会团体曾经获得过被动型政策倡议的机会。主动型政策倡议较为少见，超过一半的社会团体从未采取主动措施影响政策制定的过程（张长东和马诗琦，2018）。社会团体相比行业协会商会在经济利益诉求方面积极性相对要弱，它们主要是在社会民生及专业发展方面的诉求，没有行业协会的社会市场活动大，因而其政治参与积极性低于行业协会商会的总体表现。而且通过比较发现，浙江省和北京市的社会组织政治参与要好于黑龙江省。甚至在我国经济发达地区，社会组织政治参与情况也不容乐观。珠海市行业协会商会代表还提出了这样的担忧，尽管不少代表委员有协会背景，但他们并没有代表协会诉求的法定义务，致使行业协会商会始终缺乏一个参政议政的正常渠道和平台。王建国和黎建波（2011）对此进一步研究并指出："还没发现有哪个行业组织将其写入了章程和工作报告，也没有列入日常工作计划，更没有设立专门的政策倡导团队或专职人员，在能找到的行业组织网站中，也很少有涉及政策倡导的内容。"再者，应注意选拔工作经验丰富的委员。《关于加强社会组织党的建设工作的意见（试行）》指出，注重推荐优秀党组织书记作为各级党代会代表、人大代表、政协委员人选，作为劳动模范等各类先进人物人选，推荐社会组织负责人作为上述人选时，要征求社会组织党组织意见。自 2013 年 7 月起，中共上海市委统战部每年从体制外遴选数名新的社会阶层代表人士进入奉贤区政府部门挂职。挂职人选需符合以下基本条件：在某个领域成就突出，对社会有积极贡献和一定影响；有较强的挂职意愿，且动机纯正，愿意付出成本和精力；具备良好的政治素养，能够发挥代表人士表率作用。[①]

（4）重视对社会智库参政议政的培养和推荐。社会智库同样分为很多种类，包括以经济发展为目的的中国国际交流中心、以外交外事为研究目的的察哈尔学会、以研究社会问题为主的北京大军经济观察研究中心、以研究法律为主的洪范法律与经济研究所、以研究军事为主的知远战略与防务研究所、以环境保护为目的的北京地球村、以教育研究为主的 21 世纪教育研究院，另外还有为草根利益服务的南方民间智库等。以某一视角研究为主的社会智库也应运而生，包括以改革研究为目的的中国（海南）改革发展研究院、中国（深圳）综合开发研究院，以地域发展研究为主的东中西部区域发展和改革研究院，以国学研究为主的中国文化研究院，以调研为主的零点咨询集团，以全球化研究为主的全球化智库；另外还有一些以地方研究为主的社会智库，如重庆社会智库、南京社会智库、天府问计智库、温州民间智库等。其他还有以明显的地域和文化特色为主的社会智库，主要分布于黑龙江、云南、新疆、宁夏等边疆省区，如宁夏融合世界文明观察研究所、新疆中亚智库、新疆经纬智库。这些不同种类的社会智库遍布全国，根据社会发展需要以及地方或者全国的形势需要，可以有侧重地将其纳入政协界别体系，优先选择在国内经济社会重大发展战略以及国际重要交往活动中发挥重要作用的社会智库。另外，因为各个地区社会智库发展程度不一致，在全国政协社会组织界别中考虑各省市之间的名额平衡分配，比如我国的社会智库尤其是排名靠前的社会智库主要集中于北京、上海、广东等发达地区，这些地区的社会智库一般研究全国性甚至全球性问题，因此在社会组织界别中重点考虑这些情况。在各地政协中也应根据当地经济社会发展需要和社会组织发展的情况采取不同的考核标准。例如，截至 2018 年 12 月底，深圳拥有科研类社会组织 718 个，占全市社会组织的 5.45%。其中，科研类民办非企业机构 517 个，占全市社会组织总量的 3.92%，占科研类社会组织的 72.01%。2016～2018 年，深圳科研类民办非企业机构数量年均增长率约 15.87%。[②]但是在偏远西部地区也应适当将优秀的社

---

① 王燕，顾意亮. 2016. 上海新的社会阶层人士统战工作有看点. http://www.rmzxb.com.cn/c/2016-09-08/1023548.shtml[2020-06-05].

② 罗莉琼. 2019. 首本深圳社会组织蓝皮书发布：万人社会组织拥有量居一线城市之首. https://www.dutenews.com/p/169836.html[2020-08-11].

会智库纳入进来。比如，重庆智库在 2016 年和 2017 年连续两年获得国家发展改革委的重大课题，重点研究重庆的土地地票改革制度，而这一制度的成功改革可被全国其他地区参考；还有一些边疆省区的社会智库具有明显的地域文化特色，政府也应该出于保护珍贵文化遗产的考虑，给予这些社会智库发言的渠道。

（5）从支持型或枢纽型社会组织中选取代表。截至 2020 年，我国已涌现出大量支持型社会组织，如北京、上海、广东等地出现的枢纽型社会组织，如上海的恩派孵化基地、宁波的社会组织服务中心，成都、深圳、广州、南充等地出现的社会组织学院，郑州、烟台、杭州等地出现的社会组织党校，深圳、山东出现的社会组织总会，另外还有广东南海社会组织服务联合会。出现最多的是社会组织促进会，从全国到省市大多成立了这类支持型社会组织。支持型社会组织主要负责扶持、资助、孵化新的社会组织或者草根类社会组织，也通过教育、培训等方式提升这些组织的代表人士的素质。有的支持型社会组织在党建和思政工作方面表现突出，增强了这些社会组织的统战思想和爱国精神。政协界别在推荐社会组织委员时，支持型社会组织是重要的来源地，这是因为支持型社会组织往往是社会组织和党政部门之间沟通的纽带，在政策协商和传输方面具有天然的优势。

（6）倡导类社会组织。严格来说，社会智库也属于倡导类社会组织，但倡导类社会组织的范畴更为广泛。它不仅是像社会智库通过建议方式来进行政策倡导，还有如环保类社会组织倡导爱护环境、保护环境，并督促政府和相关部门加强环境政策的出台。倡导类社会组织分布领域广泛，如维权类社会组织倡导关注民工、妇女儿童、残障人士等弱势群体的利益，还有倡导保护优秀文化、继承优良传统和维护历史文化遗产的社会组织等。倡导类社会组织相当多的工作是在为民众、基层、边缘群体和重要但容易被遗忘的事物代言，他们通过调研、社会实践等方式获得重要资料，向党政决策部门呼吁并提出改进的建议。如《自然之友》、北京地球村等社会组织在保护长江中华鲟、涉藏地区藏羚羊以及在关爱气候变化方面做出积极贡献。有的行业协会发出倡议来制定行规，共同遵守诚信经营的理念、维护市场秩序。在 2019～2020 年脱贫攻坚和抗击新冠疫情的活动中，许多联合性和倡导类社会组织发出共同倡议。因此，在政协界别中社会组织委员选择时，因为倡导类社会组织具有特殊的职能和角色，应鼓励它们积极参与政协委员的推选。

第三节 倡导联盟：社会组织界别政策合法性研究

从政策谋划到政策出台，有政策博弈、政策企业家、政策网络、政策倡导等政策分析工具。这些工具可以从不同的视角和维度分析一些政策产生的原因或得失。政策博弈主要分析各个政策主体为了使出台的政策符合自己或者个别主体的利益而展开的角逐；政策企业家则突出政策主体利用市场化手段或者专业化方法获得政策支持的目的；政策网络不是一个政策目标，而是注重政策过程的一个状态；另外还有政策多源流理论和间断-均衡理论，这些分析工具都难以分析社会组织界别这一政策目标的形成过程，因为社会组织界别的诞生需要多个部门的批准，这些政策主体都对社会组织界别的产生具有某个环节上的决定作用。在达成政策目标的过程中，这些政策主体只有通过相互支持和认可才能获得最后较为成功的政策结果。社会组织界别的设置是为了政协界别整体的完整性，为了统战阵地扩展以及为了民众利益得到更好保障，它几乎对于各方都有益处。但是由于社会组织界别的增设会涉及更高层面以及客观条件的限制，任何一个部门都不能独自做出决定。因此，为了探讨这一"过程-结果"的政策行为，我们引入倡议联盟这个分析工具。倡议联盟框架通过使用倡议联盟和政策子系统的概念来解释相当长时间内政策的变化和学习的过程。萨巴蒂尔认为在一定程度上政策过程是政策倡议者的联盟（范永茂，2016）。

中央到地方关于社会组织界别增设提出了很多政策，这些政策出自不同的部门。首先是管理社会组织的民政部门，其次是唯一以界别为组成单位的政协机构，再次是团结和联系社会组织主体的统战部门，以及关心社会组织发展的相关政府部门，如发改委等机构。在政策形成过程中，与社会组织某些业务相关的部门会发出不同的声音或者处理相关的政策业务，包括党的组织部门负责社会组织党建，人民团体孵化社会组织等。例如，在2013年全国政协会议上，全国政协委员提出的《关于创新社会组织参与社会管理模式的提案》，经审查后交由中央政法委（中央社会管理综合治理办公室）办理。这个提案提出了增设社会组织界别的建议。中央社会管理综合治理办公室对此条建议的回复是，协同有关部门研究总结和推进相关工作。另外，除了各相关部门协同开展社会组织界别的调整工作外，还应加大高层的支持力度。2016年中共中央办公厅、国务院办公厅印发的《关于改革社会组织管理制度促进社会组织健康有序发展的意见》提出，中央建立社会组织工作协调机制，地方各级要建立相应机制，统筹、规划、协调、指导社会组织工作，及时研究解决工作中出现的问题。

在政策联盟中，不仅有各个同级部门的横向联合，而且应加强上下层级政策主体的纵向沟通合作。如果缺乏高层支持，下级部门之间就会缺乏共同执行目标和标准，下级相应部门也无法有效开展针对性的工作，其结果是难以形成真正的协作网络。2016 年前后，广东省顺德区、博罗县以及四川南溪区社会组织界别相继撤销。笔者对这 3 个区县相关负责人进行调研，问及撤销社会组织界别的原因，主要是因为国家层面没有相应的政策支持。虽然党的十八届三中全会、2015 年《关于加强人民政协协商民主建设的实施意见》、党的十九大、党的十九届四中全会相继提出加强社会组织协商建设力度，但是从具体法规制度来看，如《中国人民政治协商会议组织法》《中国人民政治协商会议章程》《中国共产党统一战线工作条例（试行）》都没有提出社会组织界别设置的相关要求。

一、社会组织界别增设的各级相关政策

（一）国家级政策

国家级政策包括中共中央、国务院、全国政协、全国人大等机构制定的政策。在搜集的相关政策中，基本都是关于针对新的形势发展和阶层变化而进一步进行界别优化和调整的政策，没有直接关于增设社会组织界别的政策。其中，中央政策是最多的。中共中央从全局出发，在党的十八大和十九大中审时度势提出关于界别调整的政策，可以说是对全国政策发展的一个指引。国务院制定的政策只有两项，而且没有提到界别调整的事项，这也是因为国务院不是这方面业务的管理部门。政协尽管有相当多的文件提出了界别优化和照顾新兴阶层的需求，但是这些文件基本都是会议报告的形式，没有形成正式的政策制度。政协如果正式提出这一决议，需要中央政策对社会组织界别的增设有明确的规定。这就需要政协和中央部门进行协同合作，建立共同的倡导联盟。从表 5-7 中可以看到中央和国务院就相关政策提出了意见，但是这些政策只是针对国务院涉及的某项或某类具体社会组织主体的协商政策。这也就是说中央部门需要和政协协商专门针对社会组织界别的事项，方能形成共识。

表 5-7　有关增设社会组织界别的国家级文件

部门	文件	年份	相关内容
中共中央和国务院联合	《中国科协所属学会有序承接政府转移职能扩大试点工作实施方案》	2015	扩大试点工作总体协调组织由中国科协牵头，有关扩大试点项目对应的政府部门，中央编办、国家发展改革委、民政部、财政部等 4 个政策扶持部门，以及扩大试点项目承担学会参与，建立定期协商制度，统一部署，联系会商，分工合作，各负其责，协同推进
	《关于加强文化领域行业组织建设的指导意见》	2017	向党委和政府反映行业组织的重大事项、行业发展情况和行业诉求，为科学决策提供咨询服务①
中央政策	中共中央《关于进一步加强中国共产党领导的多党合作和政治协商制度建设的意见》	2005	畅通反映社情民意的渠道，广开言路、广求良策
	中共中央《关于巩固和壮大新世纪新阶段统一战线的意见》	2006	切实做好新的社会阶层人士统战工作
	《中共中央关于加强人民政协工作的意见》	2006	要适应改革开放和经济社会发展的实际情况，研究并合理设置界别
	《中共政协全国委员会党组关于〈中共中央关于加强人民政协工作的意见〉贯彻落实情况的报告》	2012	适应改革开放和经济社会结构发展变化，研究并进一步合理设置界别
	《坚定不移沿着中国特色社会主义道路前进 为全面建成小康社会而奋斗——在中国共产党第十八次全国代表大会上的报告》	2012	要完善协商民主制度和工作机制，推进协商民主广泛、多层、制度化发展
	《中共中央关于全面深化改革若干重大问题的决定》	2013	拓宽社会组织的协商渠道
	《关于加强社会主义协商民主建设的意见》	2014	强调要逐步探索社会组织协商
	中共中央《关于加强社会主义协商民主建设的意见》	2015	健全与相关社会组织联系的工作机制和沟通渠道
	《中国共产党统一战线工作条例（试行）》	2015	第七款：新的社会阶层人士
	《决胜全面建成小康社会 夺取新时代中国特色社会主义伟大胜利——在中国共产党第十九次全国代表大会上的报告》	2017	统筹推进各主体协商与社会组织协商的合作
国务院	《关于改革社会组织管理制度促进社会组织健康有序发展的实施意见》	2016	支持社会组织在制定团体标准等方面发挥作用
	《在制定行政法规章程行政规范性文件过程中充分听取企业和行业协会商会意见的通知》	2019	要充分听取有代表性的企业和行业协会商会以及律师协会的意见

① 重庆市人民政府办公厅. 2018. 关于转发市文化委等部门重庆市传统工艺振兴计划的通知. http://www.cq. gov.cn/zwgk/zfxxgkzl/fdzdgknr/lzyj/xzgfxwj/szfbgt/201806/W020230222567190648219.pdf [2020-08-07].

部门	文件	年份	相关内容
全国政协	《中国人民政治协商会议第九届全国委员会常务委员会工作报告》	2003	适时调整界别设置和委员构成，把新的社会阶层的代表人物吸纳到政协中来
	《坚持以科学的理论指导和推动人民政协工作》	2004	形成了包括各党派团体和各族各界代表人士广泛团结的格局
	《中国人民政治协商会议第十届全国委员会常务委员会会议相关建议》	2006	认真研究界别的设置和调整
	《中国人民政治协商会议第十届全国委员会第五次会议政治决议》	2007	努力突出界别特色，合理设置政协界别
	《中国人民政治协商会议全国委员会常务委员会第十一届全国委员会第一次会议工作报告》	2008	研究并合理设置界别、发挥界别作用
	《中国人民政治协商会议全国委员会常务委员会第十一届全国委员会第二次会议工作报告》	2009	突出界别特色，推动委员广泛联系本界别群众
	《在庆祝中国人民政治协商会议成立60周年大会上的讲话》	2009	完善委员推选制度，优化委员构成
	《中国人民政治协商会议第十二届全国委员会第一次会议政治决议》	2013	不断丰富协商形式，完善民主监督机制，拓宽社会各界有序政治参与的渠道和平台
	《在庆祝中国人民政治协商会议成立65周年大会上的讲话》	2014	要拓宽基层组织、社会组织、各类智库等的协商渠道
	《中国人民政治协商会议章程》	2018	新的社会阶层人士等是中国特色社会主义事业的建设者

（二）部委级政策

部委级政策是从某个行业或者领域展开的政策过程，其覆盖的领域也是本行业或者领域在全国的部署。如表 5-8 所示，其中民政部是最为直接的管理方，不过民政部加强社会组织协商的相关政策，大多是在某个具体领域的或者某类社会组织的协商工作，而且这些协商主要在本行业内部进行。对涉及与其他政府部门的政治协商，因为权限问题难以体现。由于社会组织涉及的社会事务较多，一个部门很难对其所有协商的政策建设进行完整表达。比如国家发展改革委对于行业协会商会的信息平台建设，是促进社会组织协商的重要举措，如果这一工作目标联合其他政府部门，与政治协商进行对接，那么将对社会组织协商发展起到整体性推进作用。从社会智库的健康发展规范来看，《关于社会智库健康发展的若干意见》由民政部、中央宣传部、中央组织部、外交部、公安部、财政部、人力资源和社会保障部、国家新闻出版广电总局[①]、国家统计局等九个部门联合发布，相当于宣传部门、党建部门、安全部门、财政部门、人事部门、新闻部门和统计部门等与社会智库发展密切相关的部门，对涉及社会智库发展的各个方面，全面系统地规范了社会智库的发展规则。

表 5-8　有关增设社会组织界别的部委级政策

部门	政策	年份	相关内容
部委联合	《关于社会智库健康发展的若干意见》	2017	拓展社会智库参与决策咨询服务的有效途径。建立社会智库向党政机关提供咨询报告、政策方案、规划设计、调研数据、意见建议的制度化渠道
国家发展改革委	《全国性行业协会商会行业公共信息平台建设指导意见（试行）》	2015	建设行业协会商会信息公开、增加透明度的平台；建设适应新常态下政府宏观调控、信用体系建设需要的信息决策支持平台
民政部	《中国社会服务志愿者队伍建设指导纲要（2013—2020 年）》	2013	建立健全省、市、县三级社会服务志愿者队伍工作体系，形成党政领导、民政负责、部门协同、社会参与的工作格局
	《民政部关于进一步加快推进民办社会工作服务机构发展的意见》	2014	积极参与相关法律法规、行业规划、行业标准的研究制定工作，及时向政府部门反映民办社会工作服务机构诉求，提出行业发展意见和建议
	《关于加强社会工作专业岗位开发与人才激励保障的意见》	2016	开展社区活动、参与社区协商；组织开展社会服务需求评估、绩效评价与行动研究
	《"互联网+社会组织（社会工作、志愿服务）"行动方案（2018—2020 年）》	2018	推动"中国社会组织动态"政务微信建设，鼓励地方民政部门开展社会组织新媒体建设。搭建社会组织与互联网企业对话和会商的渠道

（三）省级政策

在省级部门发布的政策中开始正式出现"社会组织界别"的词语，而且这个概念出现在省委和省政府联合发布的政策、省委独立发布的政策以及其他省级部门发布的政策中。如表 5-9 所示，有的省级部门提出增设社会组织界别的要求，但是仅出现在广东、江苏、河北、湖南、云南等少数省份。这一重大提法与2016 年中共中央办公厅、国务院办公厅印发的《关于改革社会组织管理制度促进社会组织健康有序发展的意见》基本一致。这个文件提出要发挥社会组织的积

[①] 2018 年改为国家广播电视总局。

极作用；进一步发挥社会组织在促进经济发展、管理社会事务、提供公共服务中的作用。

表 5-9　有关增设社会组织界别的省级政策

部门	政策	年份	相关内容
省委、省政府	安徽省委办公厅、安徽省人民政府办公厅《关于加强和创新社会组织建设与管理的意见》	2013	在政协增加社会组织方面的委员
	《中共湖南省委办公厅、湖南省人民政府办公厅关于加强和创新社会组织建设与管理的意见》	2014	探索在政协设立"社会组织"界别的意见
	《中共广东省委、广东省人民政府关于加强社会建设的决定》	2011	鼓励有条件的市、县（区）政协设立新社会组织界别
省委	《中共云南省委、云南省人民政府关于大力培育社会组织加快推进现代化社会组织体制建设若干意见》	2013	增加社会组织代表在党代表、人大代表、政协委员中的比例，探索在政协中设立社会组织界别
	中共湖南省委《关于改革社会组织管理制度促进社会组织健康有序发展的实施意见》	2018	在各级政协增设社会组织界别，安排适当的委员名额
	中共河北省委《关于促进全省社会组织高质量发展的若干措施》	2019	探索在政协设立社会组织界别，在全省社会组织负责人中推荐人大代表和政协委员人选
省级机关联合	广东省《关于加强社会组织管理的实施意见》	2011	率先鼓励有条件的市、县先行先试，探索在政协中设立社会组织界别
	中共江苏省委办公厅、江苏省人民政府办公厅《关于改革社会组织管理制度 促进社会组织健康有序发展的实施意见》	2017	在各级政协增设社会组织界别，安排适当的委员名额
	中共山东省委、山东省人民政府《关于改革社会组织管理制度促进社会组织健康有序发展的实施意见》	2017	适当增加社会组织代表在人大代表、政协委员中的比例
	中共安徽省委、安徽省人民政府《关于改革社会组织管理制度促进社会组织健康有序发展的实施意见》	2017	在各级政协安排适当的社会组织委员名额
	中共山西省委、山西省人民政府《关于改革社会组织管理制度促进社会组织健康有序发展的实施意见》	2017	在各级政协增设社会组织界别，安排适当的委员名额
	中共四川省委《关于加强社会主义协商民主建设的实施意见》	2017	逐步探索社会组织协商
民政厅	辽宁省人民政府《辽宁省民政事业发展第十二个五年规划》	2011	在政协增加社会组织界别

（四）市级政策

部分市级政府部门提出增设"社会组织界别"政策，包括市委、市政府联合或者独立发布的形式，如表 5-10 所示。在丹东民政事业"十二五"规划中，提到了这一政策，但是与社会组织界别工作直接相关的政协部门相关政策中却没有提及。社会组织界别的增设还有赖于市委市政府等更高层面的政策支持。

表 5-10　有关增设社会组织界别的市级政策

部门	政策	年份	相关内容
市委、市政府	赣州市委、市政府《关于加快推进社会组织改革发展的意见》	2015	将探索在政协中设立"社会组织"界别，建立政府部门与社会组织沟通协调机制
	铜川市委、市政府《关于改革社会组织管理制度促进社会组织健康有序发展的实施意见》	2017	探索在政协设立"社会组织"界别，确定适当的委员名额比例
	包头市委、市政府《包头市社会组织协商实施意见》	2018	在人大代表、政协委员中增加社会组织类别和界别
	温岭市委会议纪要	2019	对话型民主恳谈可在党组织、人大、政府、政协、群众自治组织以及其他各社会组织中开展
市政府	深办〔2008〕66 号《关于进一步发展和规范我市社会组织的意见》	2008	政府各部门与相关社会组织建立日常联系制度。在党代会、人大增加社会组织的代表比例，在政协增加社会组织的功能界别
	《衢州市人民政府关于印发〈衢州市行业协会管理办法（试行）〉的通知》	2009	第三十五条明确规定：市、县（市、区）人大代表、政协委员中应有一定比例的行业协会会员
	〔宁波市 2016〕78 号《关于加快推进社会组织改革发展的实施意见》	2016	逐步增加社会组织代表人士在党代表、人大代表、政协委员中的比例，探索在政协中设立社会组织界别。建立党委、政府与社会组织信息沟通协调机制
市级部门联合	平凉市民政局、财政局等会议纪要	2018	将加强与市政协及各人民团体间的工作衔接，协调增加社会组织界别，扩充商会负责人席位，积极落实商会联络会议定期举办制度
市民政部门	丹东市民政事业发展第十二个五年规划	2012	进一步落实党代会、人民代表大会中增加社会组织代表比例，在政协增加社会组织界别
	阜阳市《〈关于改革社会组织管理制度促进社会组织健康有序发展的实施意见〉重点任务分工方案》的通知	2017	在各级党的代表大会和人民代表大会代表中适当增加社会组织代表的人数，在各级政协适当安排社会组织委员名额
政协	政协保定市第十三届委员会常务委员会工作报告	2021	做好新的社会阶层人士工作，发挥非公有制经济人士的作用，共同助力构建亲清新型政商关系
	政协锦州市第十四届委员会常务委员会工作报告	2021	邀请党外知识分子、非公有制经济人士、新的社会阶层人士参加政协活动

（五）区县级政策

区县级是与社会组织界别政策相关的最后一个层级。区县级没有具体发布相关政策，主要工作是执行上级政策，其中政协部门负责执行这些相关任务。具体见表5-11。

表5-11　有关增设社会组织界别的区县级政策或建议

提出政策的相关部门或会议	年份	政策或建议相关内容
南溪区政协主席会议	2008	《南溪区（县）民间社团联系制度》明确每年与社会组织的联系要达到两次以上，通报党委、政府、政协的重要工作安排和贯彻执行情况，听取社会组织负责人的意见和建议
博罗县委、县政府	2010	《关于印发博罗县履行〈民政部、广东省人民政府共同推进珠江三角洲地区民政工作改革发展协议〉试点工作方案的通知》
顺德区政协十三届三次会议	2013	增加"新社会组织"
上海静安区政协建议	2017	新一届政协委员界别设置时，新增加社区界别，增设司法界别

从各级政策来看，关于增设社会组织界别的建议条款，出现于省级政策和市级政策之中。中央及全国性政策中出现了"社会组织协商""界别优化"等提法，但还是碎片化的，且目标路径不够清晰。地方因为实际情况所需，社会组织界别成为政协和统一战线工作发展的重要内容。省、市级是提出政策的主要层级，执行政策的试点工作却留给了区县一级。通过研究，我们认为区县一级是政策试点的重要选择，因为区县一级是离群众最近、最初级的政协设置层级。作为相对独立建制的县级部门，在全国"强权扩县"的改革中，地市级的部分权力下放县级政府；有些较大的县也改为县级市，从而拥有更大的执行权；还有的县由省级政府直辖。这使得区县级政策越发重要。但是基于前期3个区县社会组织界别试点的失败，我们不能感性认识问题，必须进行细致调研，发现其中的规律，从而更好地服务于增设工作的开展。据我们初步研究，区县一级是最低级的政协设置层级，没有乡镇街道层级的经验铺垫和政策累进。在社会组织界别增设政策上，区县一级一般没有权限处理。不仅如此区县这一级还受到市级部门的直接管辖，许多政策出自市级部门。区县没有政策制定权，相应在政策执行上也就较为被动。除此之外，区县一级政协人数较少，区县一级社会组织发展程度也不够规模条件。相对来说，地市一级弥补了这些问题，它不仅与省乃至中央联系更为紧密，容易将意见及时传达至上级，且因为其地域和管辖事务相对较大，有的地市

级城市被赋予更大的政策制定权，如副省级城市、计划单列市、较大的市等。比如，"较大的市"拥有和省级行政区相当的地方立法权。《中华人民共和国地方各级人民代表大会和地方各级人民政府组织法》（第四次修正）第三章第四十三条规定："省、自治区的人民政府所在地的市和经国务院批准的较大的市的人民代表大会常务委员会，在本级人民代表大会闭会期间，根据本市的具体情况和实际需要，在不同宪法、法律、行政法规和本省、自治区的地方性法规相抵触的前提下，可以制定地方性法规，报省、自治区的人民代表大会常务委员会批准后施行，并由省、自治区的人民代表大会常务委员会报全国人民代表大会常务委员会和国务院备案。"①

二、领导人重要讲话精神

尽管国家领导人重要讲话精神不是以文件政策的方式下达，但是其往往是政策制定的主要依据和前导。习近平总书记十分重视党的统战工作，对于新社会阶层的统战工作做出过重要指示。国家领导人的讲话精神为中央及各地制定相关政策提供了方向指引，有关重要讲话如表 5-12 所示。

表 5-12　领导人的有关重要讲话

重要讲话出处	年份	相关内容
在庆祝中国共产党成立八十周年大会上的讲话	2001	新的社会阶层中的广大人员，通过诚实劳动和工作，通过合法经营，为发展社会主义社会的生产力和其他事业作出了贡献。他们与工人、农民、知识分子、干部和解放军指战员团结在一起，他们也是有中国特色社会主义事业的建设者②
在第 20 次全国统战工作会议上的讲话	2006	统一战线不仅是中国共产党夺取革命、建设和改革事业胜利的重要法宝，而且是中国共产党执政兴国的重要法宝，是实现祖国完全统一和中华民族伟大复兴的重要法宝③
在第十二届全国人民代表大会第一次会议上的讲话	2013	一切非公有制经济人士和其他新的社会阶层人士，要发扬劳动创造精神和创业精神，回馈社会，造福人民，做合格的中国特色社会主义事业的建设者④

---

① 中华人民共和国地方各级人民代表大会和地方各级人民政府组织法（第四次修正）. http://www.npc.gov.cn/npc/c2/c183/c198/201905/t20190522_10006.html[2023-02-09].

② 江泽民在庆祝中国共产党成立八十周年大会上的讲话（全文）. http://2008.cctv.com/special/733/-1/47001.html[2022-03-09].

③ 统一战线始终是推进党和人民事业发展的重要法宝. http://www.scio.gov.cn/m/xwfbh/xwbfbh/yg2/2/Document/944248/944248.htm[2023-03-08].

④ 习近平在第十二届全国人民代表大会第一次会议上的讲话. http://jhsjk.people.cn/article/20819130[2022-06-09].

续表

重要讲话出处	年份	相关内容
中共中央政治局委员、中央统战部部长在江苏调研	2015	团结凝聚新的社会阶层人士是党中央赋予统一战线的重要任务,是新形势下统战工作新的着力点①
深入学习贯彻中央统战工作会议精神和《中国共产党统一战线工作条例(试行)》研讨班	2015	新的社会阶层人士是统一战线工作新的着力点,民主党派、工商联和无党派人士与新的社会阶层人士联系紧密②
全国新的社会阶层人士统战工作会议	2017	新的社会阶层人士是建设中国特色社会主义事业的重要力量。加强对新的社会阶层人士的团结引导,增进政治认同,坚定中国特色社会主义道路自信、理论自信、制度自信、文化自信,是新形势下我们党治国理政必须妥善解决的现实课题③
2022 年中央统战工作会议	2022	要加强党外知识分子和新的社会阶层人士统战工作,以凝聚共识为根本,以爱国奋斗为目的,鼓励支持他们立足本职建功立业,积极投身改革创新一线,施展才华和抱负④

三、政策层级效应

早在 2008 年,《深圳关于进一步发展和规范我市社会组织的意见》就提出要在党代会、人大增加社会组织代表的比例,以及在政协增加社会组织的功能界别。2011 年,广东省出台《关于加强社会组织管理的实施意见》,提出支持社会组织依法参政议政,率先鼓励有条件的市、县先行先试,探索在政协中设立社会组织界别。⑤之后惠州市博罗县、佛山市顺德区相继在政协中成立社会组织界别。2012 年,四川省南溪区在政协设置社会组织界别。陕西、宁夏等地在政协中拟增加社会组织界别。其他如 2011 年广东省《关于加强社会建设的决定》、2013 年《中共云南省委 云南省人民政府关于大力培育发展社会组织加快推进现代社会组织体制建设的意见》、2014 年湖南省《关于加强和创新社会组织建设

---

① 孙春兰在江苏调研时强调 要以钉钉子精神持续深入贯彻中央统战工作会议精神. https://news.12371.cn/2015/10/25/ARTI1445772716835556.shtml[2022-09-15].

② 俞正声与统一战线深入学习贯彻中央统战工作会议精神 和《中国共产党统一战线工作条例(试行)》研讨班学员座谈. http://news.cntv.cn/2015/10/16/ARTI1444997171638693.shtml[2018-02-15].

③ 全国新的社会阶层人士统战工作会议在京召开 俞正声出席会议并讲话. http://www.xinhuanet.com/politics/2017-02/24/c_1120526889.htm[2022-09-10].

④ 习近平出席中央统战工作会议并发表重要讲话. http://www.gov.cn/xinwen/2022-07/30/content_5703635.htm[2023-05-06].

⑤ 索有为, 奚婉婷. 2011. 广东推进社会组织民间化 探索设立政协相关界别. https://www.chinanews.com/gn/2011/10-13/3387778.shtml[2018-09-12].

和管理的意见》、2016 年宁波市《关于加快推进社会组织改革发展的实施意见》、2018 年《包头市社会组织协商实施意见》和 2019 年新疆维吾尔自治区《关于改革社会组织管理制度促进社会组织健康有序发展的实施意见》等文件，都提出在政协中增设社会组织委员。

　　然而，广东省社会组织发展条件较好的深圳市和广州市，在 2011 年相关会议中提出增设社会组织界别的建议，但是最终没有执行。广州市政协 L 主席说，本来是想增加新社会组织界别，但根据中央有关文件精神，地方不能超出全国政协的界别设置范围，因此只增加委员名额，不增加界别。广州市政协一方面要服从中央有关精神，另一方面也可以继续探索（李栋，2011）。内蒙古自治区包头市在回应群众来信询问是否增设社会组织界别时，也表达了同样的顾虑。然而，广东省博罗县之所以成功设置社会组织界别是因为广东的政策文件里明确提出增设社会组织界别试点，并点名惠州市择地重点实施。2010 年初，博罗县县委、县政府发布《关于印发博罗县履行〈民政部、广东省人民政府共同推进珠江三角洲地区民政工作改革发展协议〉试点工作方案的通知》，县政协据此开展了专题调研，并于年底向博罗县委、县政府提交了"我县社会组织依法参政议政情况调查报告"。报告指出，该县社会组织依法参政议政的渠道有待拓宽。博罗县政协通过问卷调查获悉，该县社会组织中，除了部分社团负责人以民营企业主或工商联会员的身份，通过人大代表、政协委员的渠道参与建言献策，其他阶层人士的主动参与很少。与日益壮大的新社会阶层规模相比，现有社会组织参政议政的内部机制和外部支持均显得欠缺。鉴于此，报告建议进一步优化政协组织结构，调整政协界别设置，将成熟的社会组织作为政协的参加单位或增设"社会组织界别"。2010 年 7 月，博罗县正在为筹备县政协换届工作斟酌之时，广东省委、省政府下发了《关于加强社会建设的决定》。"省里的文件写得这么具体，这坚定了我们设立社会组织界别的决心。"博罗县委统战部分管政协换届筹备工作、时任县民族宗教事务局 H 副局长说，如果没有省里的文件，博罗县政协社会组织界别的设置可能难以决断（雷辉等，2012）。其他如安徽省、湖南省、海南省等省级政协都增加了社会组织委员的数量，仍保留原有界别数量。基于以上分析，我们应主要从两个方面开展改进工作，首先是增强国家高层方面的支持力度，在《中国共产党统一战线工作条例》《中国人民政治协商会议组织法》中增加关于社会组织界别的条款，为地方试行社会组织界别设置提供最高政策支持。其次，在地方政协设置社会组织界别时，要针对社会组织的特殊性，设计相应的制度。2018 年新《中国人民政治协商会议章程》中指出，每届中国人民政治协商会议地方委员会的参加单位、委员名额和人选及界别设置，经上届地方委员会主席会议审议同意后，由常务委员会协商决定。这限定了地方的设置权力。即使上级同意改革，但上级的认可仍需得到更高层次政策的支持。具体包括社会组织界别中的委员身份是以专职还是兼职为主，所覆盖的工作范围是社会组织本身还是其他相关领域，社会组织界别隶属的专委会是哪个，是否再设置新的专委会等。再次，社会组织界别属于政协部门，但是其他相关部门，如统战部门、民政部门以及组织部门也应调整和完善关于社会组织界别方面的政策。2015 年，中共广东省委、广东省人民政府关于构建政府有关部门与行业协会商会长期稳定的联系对话平台和沟通协调机制。2019 年，国务院办公厅印发《关于在制定行政法规规章行政规范性文件过程中充分听取企业和行业协会商会意见的通知》，提出健全行业协会商会参与制度建设的工作机制，主动解决有关重大问题。这就需要将行业协会商会的建议渠道上升到国家协商体系层面，将其作为国家重要协商会议的组成来源，具体则将行业协会商会参政议政的内涵和方式方法以条款方式明晰化、程序化呈现，把过去那种口头重视而具体又无形的所谓参政议政尽快凝结到一个统一的法律文本中，把种种政策性意见提升到法定的权利义务层级，以增强行业协会商会参政议政的主体性和对政府监督的权威性（王建国和黎建波，2011）。

四、倡导联盟视角下的社会组织界别政策的合法性

社会组织界别合法性从倡导联盟角度来讲，一是需要得到法律或者是中央层面的政策支持；二是需要各级各部门的协同合作，针对社会组织界别增设形成共识，联合发布政策。社会组织界别的真正落实，需要多个配套政策的衔接。否则即使增设了社会组织界别，可能也会因为其他政策不完善而夭折。有些地区积极探索社会组织界别增设的相关配套政策，如 2006 年广东省委、省政府发布的《关于发挥行业协会商会作用的决定》和省人大发布的《广东省行业协会条例》。湖北省出台了《省政协联系服务界别群众的意见》，积极探索政协协商与基层协商、社会组织协商的有效衔接，切实增强责任意识。具体来说从三个方面建立政策合作联盟。

首先是增强社会组织协商的政治合法性。政治合法性是一种实质合法性，它涉及的是社会组织协商过程中的内在的方面，如社会组织的宗旨、社会组织协商

的意图和意义，它表明社会组织在协商过程中必须符合国家政治规范，即"政治上正确"。政治合法性主要是指应得到国家主要管理社会组织或者指导社会组织发展的部门的合作，包括中央社会管理综合治理办公室、中央组织部、中央统战部、全国政协等。我们在调研杭州市民政局关于在杭州增设社会组织界别的意见时，杭州市民政局领导十分重视，立即沟通社会组织管理局、市委统战部等部门，并于第二天即回复我们，表示对此十分重视，杭州市政协也很希望能够成立社会组织界别，但是基于增设社会组织界别权限在中央，不能即行展开这方面工作，但是在中央收集地方建议时，表示一定将本条建议提交上去。①现在中央相关部门逐步加大了社会组织界别增设的研究和工作推进力度。从最初的精神理念，到后来党的十九大提出社会组织协商，再具体到统战部成立第八局，呈现了由外围向核心逐步实施的过程。

其次是增强社会组织界别政策的法律合法性。社会组织界别的达成，需要多个部门法的完善。《民事诉讼法》修正案确立了社会组织的公益诉讼主体地位，这为其更好地发挥作用提供了法律保障。现在我国还没有一部具体的社会组织法。《社会组织登记管理条例》尽管是社会组织建设的最高指导条规，但还属于行政法规，没有上升到法律的层面。国家层面与社会组织有关的法律有《中华人民共和国宪法》《中华人民共和国境外非政府组织境内活动管理法》《中华人民共和国商标法》《中华人民共和国著作权法实施条例》《中华人民共和国反垄断法》《中华人民共和国招标投标法实施条例》《中华人民共和国专利法》《中华人民共和国行政复议法实施条例》《中华人民共和国信托法》《中华人民共和国行政许可法》《中华人民共和国民办教育促进法》等 28 部。因此，除了具体从各个分支法角度完善社会组织的地位、参政渠道外，也应从最高法的角度对社会组织的性质、成立条件、主体资格、权利和义务以及政治参与等方面作出明文规定。2016 年发布的《中华人民共和国慈善法》是对社会组织法人资格的最高专门法的界定。慈善行业组织应当反映行业诉求，推动行业交流。2020 年第十三届全国人民代表大会第三次会议通过的《民法典》第九十条强调要进一步规范社会组织的法人资格。

最后是增强社会组织界别政策的社会合法性。社会合法性是指民众根据共同的目标形成了有共识的规则或道理。当一个地区的民众基于以上原因认可了参与协商的社会组织的代表性时，社会组织协商才成为可能且发挥出有效的作用。这

---

① 访谈资料，2020 年 6 月 23 日。

是因为社会组织界别的社会合法性，需要地方政府部门、地方社会组织以及地方其他各社会主体的共同认可与支持。在获得上级部门尤其是中央最高法律批准的情况下，地方各级立法部门和决策部门应该出台相关配套政策予以支持，而且关于社会组织的相关法律政策，其上级部门法已经颁布的，其下级政府部门也应根据当地实际情况予以建立和完善。

第六章

社会组织界别协商的路径探索

第一节 他 山 之 鉴

一、国外社会组织参政议政状况

考察国外社会组织参政议政状况，可以了解社会组织在国家政策制定中的重要角色。例如，由弗朗哥时期的权威政体转入民主政体的西班牙，在社会组织发展并不成熟的情况下，需要形成共识型文化，而共识型文化需要相关社会主体和政治主体之间的协商和妥协来促成。西班牙正是赋予社会组织正式地位来与政治精英沟通达成改革共识。由移民迁徙建国的美国则并没有经过长期的专制统治历史，传统政府较薄弱，需要大量社团维持国家的运转。美国的重要政府官员并不是完全由议会选举产生的，相当部分来自社会智库的负责人或骨干。还有一些国家经历了西方殖民地的统治，如巴西、澳大利亚等，本地居民与殖民政府进行沟通来往必须经过社团中介协调。瑞典、芬兰、挪威、丹麦等没有经历过世界战争的北欧国家，商业协会、农业协会发展基础较好，很多行业规范由这些组织制定并上升为国家政策。菲律宾、南非等既是移民国家又是殖民地国家，其社团同样在国家政策系统中扮演着重要角色。在菲律宾，法律规定国家发展项目和各地政府政策制定及执行时一定要有社会组织的参与；凡世界首脑会议，菲律宾总统都要带社会组织的代表一起参加；政府规定各级政府部门的项目办公室，应有社会组织的代表。2000 年，南非议会通过了《社会福利发展管理法》，社会组织得到制度保证以顺利参与相关政策的制定和政府重大事项的讨论，同时还成立社会福利和发展委员会，目的是保证这些讨论和协商能通过正规的渠道上升到制度层面。即使是像印度、埃及等既有较长的专制历史，又有殖民地经历的国家，其社会组织对政策影响力也较大。印度的《公民监察法案》等法案都是首先经过社会组织提议并推动设立的。埃及的相关法律规定，在主管部门协调下，分别基于活动性质和地域成立各类协会联合会，在此基础上组成全国总联合会。这样，某个协会既是其所从事活动领域联合会的成员，也是其所在地联合会的成员。随着国际化趋势的发展，国际性社会组织在国际交往和合作中也担任着重要角色。在欧盟政策形成阶段，社会组织积极参加决策部门的各类事务委员会。各委员会也是各政策主体间协商的通道，对于社会组织提出的意见进行整合并筛选有针对性的问题和建议（Tömmel，2010）。在参加 2000 年欧盟基本权利宪章会议、2002 年欧洲社会论坛、2003 年"欧洲未来大会"等的时候，社会组织通过提交立场文件和修改提议等方式影响大会议程。哈贝马斯（2003）指出，在 20 世纪几十年里，世界范围内所提出的一系列重大公共事务的立法和决策，如核能危机、生态危机、第三世界贫困化、女性主义问题、移民问题、种族问题等，往往都是由社会组织所倡导并通过一系列的社会运动形成强大声势对国家权力系统形成压力之后，才进入国家层面的公共议程，并最终转化为立法和决策。

国外社会组织参政议政主要有如下形式。

（1）通过外围游说方式影响重要议事机构政策。法国《商会法》、德国《工商会法》和日本《商工会议所法》均规定了在重大决策和立法程序前要征求社会组织的意见和建议。美国商业贸易类协会参与政府决策的形式有参与法案论证、游说国会议员和政策提议等。另外，美国通过智库影响决策机构的渠道较为完善，包括进入政府部门担任重要职务，受邀成为政策研究小组的研究员或特约专家，有直接与政府联络的渠道，部分重要官员进入智库工作或者挂职，向决策者提交研究报告和政策简报等。

（2）参与议事机构的重大决策制定。例如，日本的各类社会组织通过行政立法修正提案、与地方议员接触、参加政府座谈会、向地方议会请愿等方式积极参与政府政策的制定。德国标准化协会、德意志工程师协会等社会组织参与行业标准制定。德国工商会有权就关系到工商业利益的若干重大社会经济议题，如经济振兴计划、政府预算、交易税、城市开发计划、环境问题等，提出建议和意见。英国的健康和安全调查机构有审议相关的规制条例、立法提议以及参与议会和政府机构讨论的权利等。

二、社会组织影响议事机构政策制定的形式演化

社会组织参与国家决策机构的方式多样。有的是直接作为机构的重要一员，在其中拥有决策立法权；有的与政府形成稳定的合作模式，成为决策机构的参谋；而有的社会组织拥有参加重大决策会议的机会或权利。这些形式与功能界别有很大差异，功能界别以大比例和专门的机构以及法律给予规制，拥有更为明确的议事权利，但是功能界别在某种程度上协商的意义大于决策的权利。

1. 成为重要议事机构的成员

在德国，社会组织代表人士成为一些地方议会的重要人选。巴伐利亚州宪法第 34 条规定：参议员大部分都是具有代表性的社会组织选出的代表人士。不来梅州和莱法州宪法规定，由工会、经济界联合会、雇主联合会的代表组成州经济参议院（刘玉，2011）。根据相关法律法规或行政规则，社会组织与国家机构建立起了体制化的联系渠道。例如，《联邦各部议事规则》第 23 条规定，政府各部门在制订法规时应请有关协会参加，各协会的有关成员可以在联邦一级的部门中担任特聘成员。《联邦议院议事规则》第 73 条第 3 款明确规定，委员会在作出决议之前要给社会组织表达诉求的机会。《联邦政府议事规则》第 10 条强调，商会、协会的代表人士具有参加决策听证会的法定权利（吴锦良，2005）。有的社会组织为了获得参政的机会，逐步向政党的组织形式转变。例如，波兰啤酒爱好者党就曾是一个啤酒爱好者社会组织，转变为政党后，在波兰下院中得到过 16 个议席。由社会组织转变为政党最为出名的是绿党。绿党在英国、德国、法国、比利时、瑞士、立陶宛、奥地利、意大利、芬兰、爱尔兰和瑞典等国进入本国议会、政府等机构参政议政。

2. 与议事机构建立常规政策协商机制

日本社会组织咨询员制度是指外务省委托在国际关系领域拥有丰富经验和优秀业绩的社会组织担任具有官方特点的"社会组织咨询员"。日本外务省于1996 年设置"社会组织/外务省例会"，1996～2007 年该例会部分议程见表 6-1。日本外务省在某些国家或地区定期召开社会组织代表参与的"官方开发援助-社会组织协议会"（俞祖成，2017）。

表 6-1　1996～2007 年日本社会组织/外务省例会发展的部分议程

三个阶段	关于社会组织支持措施的议程	官方发展援助政策议程	相互学习，共同评价的议程	社会组织与外务省关系议程
1996～1999 年，寻找新的社会组织支持措施和合作方式	·阻碍社会组织活动的因素和改善措施（1996） ·社会组织的现有支援措施和改善措施（1996） ·新的社会组织支助措施（1996，1997，1998，1999） ·关于社会组织事业补助金（1996，1998）	·21 世纪官方发展援助改革圆桌会议中期报告（1997，1998，1999） ·设立官方发展援助改革小组委员会（1999） ·国家援助计划（1997，1998，1999）	·社会组织与外务省的相互学习与评估（1996，1997，1998，1999）	—
2000～2002 年，展开有关官方发展援助的讨论并探讨理事会的方式	·关于通过网络社会组织提供的社会组织支持系统（2000） ·关于平台概念（2000） ·关于各国的援助计划（2000） ·关于联络委员会计划（2000） ·关于社会组织的能力建设支援对策（2000，2001） ·关于日本的社会组织 Free Grant2002 财政年度	·努力实现 21 世纪官方发展援助改革委员会的建议及其对策（2000） ·关于第二次官方发展援助圆桌会议（2001，2002） ·官方发展援助和社会组织的责任及改进措施（2000） ·关于特定国家的援助计划（2000）	·关于社会组织与外务省之间的相互学习和共同评估（2000）	·关于 2000 年例会的评估 ·关于社会组织/MOFA 例会的方式（2000，2002） ·关于社会组织与外交部的基本关系（2001）
2003 年至 2007 年	·有关社会组织支持措施和合作方式的讨论 ·关于改进和问责制的讨论	·社会组织与外务省之间的对话（2004） ·第二届咨询社会组织与官方发展援助之间的具体合作方向（2005）	—	·第三届社会组织与官方发展援助之间的具体合作方向（2006） ·关于民间社会和官方发展援助的现状和未来（2007）

注：表中括号内的数字均代表年份。

3. 获得重要咨商地位

社会组织获得的联合国咨商地位全称为联合国经济与社会理事会（Economic and Social Council，ECOSOC）咨商地位。据《联合国宪章》第七十一条、1968 年联合国安理会第 1296 号决议和 1996 年联合国经社理事会第 1996/31 号决议，确定了社会组织与经社理事会建立咨商关系的原则、方式、形式，咨商地位的种类、获取程序及撤销、权利、义务等。据联合国经社理事会第 1996/31 号决议，咨商地位主要分为拥有一般咨商地位的社会组织、拥有特别咨商地位的社会组织和拥有名册咨商地位的社会组织。根据联合国社会组织综合服务系统的数据，截至 2018 年，共有 5081 家社会组织拥有咨商地位，其中一般咨商地位社会组织

134 个, 特别咨商地位社会组织 3974 个, 名册咨商地位社会组织 973 个。[①]联合国经社理事会第 1996/31 号第二十九、三十五条规定, 在联合国大会议席中有专门的社会组织席位。具有咨商地位的社会组织可以在会场针对具体条款提出自己的修改建议。

三、社会组织嵌入议事机构的功能界别

狭义的功能界别主要是职业代表制模式, 就是在选举时根据职业分工把社会划分为若干功能选区或组别, 每个功能选区或组别选出若干名代表, 共同组成一个代表机构的制度。广义的功能界别还包括了行业、产业、社团、专业和"身份"等代表的多种类型的功能选举模式。功能界别与地域/区域代表制不同, 它是将选民按照社会功能分界别并配置一定的界别代表, 属于代表不同团体利益的间接选举, 与"一人一票"的直选代表制共同构成了混合代表机制(汪江连, 2019)。第一次世界大战后, 职业代表制流行于欧洲许多国家。采用职业代表制的形式, 可以减少地域代表制的形式主义, 增加议会的专门知识和经验, 防止少数团体在事实上垄断立法机关。不同程度上采用了职业代表制的国家有苏联、波兰、德意志、意大利、西班牙、法兰西、土耳其、墨西哥等(孙宏云, 2014)。俾斯麦曾在普鲁士设立经济院, 这是最早的职业代表制。法国的工团主义派和英国的基尔特社会主义(Guild Socialism)派是职业代表制的倡导者。也有学者认为功能界别形式发源于 19 世纪末的法国, 后续被许多国家效仿, 发展出的主要形式有如下几种。①议会混合采取职业代表制和区域代表制。②议会外另设一个职业代表机关, 其立法权比区域代表机关要小。例如, 1919 年德国魏玛宪法除了设置国会代表国民、参政院代表各部以外, 还设置联邦经济会议, 其 326 名代表由 10 个团体选举产生。③议会完全由职业代表制选举产生, 如 1928 年完全由各种职业团体推荐产生的意大利议会议员。④议会两院由职业代表制和区域代表制两种方式一起选出。纯粹的功能界别或者职业代表制在国外很少有实践的, 个别国家尝试过, 但成效不大。其中, 苏联是实行职业代表制的唯一国家。在中国, 1931 年召开的国民会议和 1933 年通过的《国民参政会组织条例》都以职业代表制作为基本选举原则, 1936 年公布的"五五宪草"(《中华民国宪法草

---

① 詹尉珍. 案例馆 | 实务分享: 拥有联合国咨商地位的社会组织如何参与联合国机制. https://www.sohu.com/a/254139935_669645[2018-09-20].

案》）及据此制定的《国民大会代表选举法》也部分采取了职业代表制。此外，职业代表制也曾被中国共产党、中国社会党、中国青年党、第三党等党派加以宣传与运用（孙宏云，2014）。主张职业代表制的近代民主人士有孙中山、邓演达等。他们认为应将人民组织起来，组建工人团体、农民团体，甚至主张各界都有自己的团体，继而组织成为乡民会议、县民会议，直至省民会议。

功能界别发展到现在，已经演变成多样化形式。社会组织影响国会或政府的主要形式有直接也有间接的。各国的国会等重要议事机构，有的还带有明显的功能界别性质，有的只是议会组成和选举中的一种，有的已经不复存在，社会组织大多数情况下通过间接的方式影响国会的重大决策。我国施行的中国人民政治协商会议在形式上也带有功能界别的重要特征，主要体现在政协界别中以职业划分的界别类型。我国香港和澳门地区则通过界别体现社会组织的话语功能和政策角色。

（一）香港功能界别

香港立法会由地区直选议席和功能界别议席混合组成。在投票制度上，香港立法会采取直选议席与功能界别议席分别投票的制度。功能界别议席由功能界别按比例选举产生，占立法会议席的1/2。全港共分布了30个功能界别，其中与社会组织相关的有社会福利界。23个功能界别采用多数票制选举产生（表6-2）（张定淮和李墨竹，2012）。

表6-2 香港前五届立法会选举情况

时间段	届别	选举产生方式			
		功能界别/个	分区直选/个	选举委员会选举/个	区议会功能界别/个
1998~2000年	第一届立法会	30	20	10	—
2000~2004年	第二届立法会	30	24	6	—
2004~2008年	第三届立法会	30	30	—	—
2008~2012年	第四届立法会	30	30	—	—
2012~2016年	第五届立法会	30	35	—	5

在立法会中设有功能界别议席，可以避免香港出现政治参与膨胀而导致的政党恶性竞争，也有利于香港社会的长期繁荣与稳定。但是功能界别议席制度可能还存在一些不足。例如，功能界别议员在讨论整体社会事务时是否从全面的角度来议事，是否最大限度地体现了均衡性，是否真正反映了所代表行业的意愿，功能选区的选举程度与区域直选相比是否相对较低，功能界别议员在立法会中的效

果表现是否缺乏公共性等（王英津，2016）。事实上，有些功能界别，如卫生服务界、医学界、会计界、工程界、法律界、教育界、都市规划界、建筑测量界、社会福利界等，已经实现了界别内的普选。至于那些仍然采用间接选举的功能界别，则可以按普选要求进行改造（李晓惠，2012）。

（二）澳门功能界别

澳门是社团政治比较发达的地区，它的立法机关、咨询机关，包括回归后的立法会组成方式、行政长官选举方式，皆融入了社团政治的力量，其政治制度设计也体现了这一客观现实（汪江连，2019）。1998 年中华人民共和国澳门特别行政区第一届政府推选委员会共 200 人，分为四大界别人士，与社会组织相关的有劳工、社会服务、宗教界 50 人。组成推选委员会的前三大界别即工商、金融界，文化、教育、专业界，劳工、社会服务、宗教界的委员（娄胜华，2009）。从 2012 年起修订的《立法会选举法》规定选举采取的是比例代表制。澳门特区立法会的选举体现了相对平衡、社团特点明显等色彩，凡有意参加推选界别委员会者，须通过有关界别团体向筹委会秘书处报备。

（三）港澳特区功能界别改进策略

一是提高社会组织以及社会工作者的参与比例，用制度的方式赋予社会组织在立法机关和议事机构更多的决策机会。二是提升界别内选举的民主化程度，保障每个选民都有一个功能界别的联系身份，进一步完善港澳特区的混合民主制。三是重视草根社会组织在功能界别中的地位。港澳地区的枢纽型社会组织在政治系统中的地位较高，但是社区社会组织、自组织社会组织等因为资金、规模等有限，一度在各政治系统中的席位很少。功能界别的重要职能就是体现所有公民和社会组织的权利和愿望，也因此在功能界别中实现这一目标。

第二节　我国社会组织相关界别试行及分析

一、我国社会组织界别协商的现状与问题

（一）政策或实验改革与设计

上海、广东、云南、安徽、福建、湖南等省（直辖市）党委、政府先后出台

加强社会组织建设的综合性文件，建议增加社会组织人大代表、党代表和政协委员比例。广东部分市县还探索在政协中设立社会组织界别。上海 2011 年各区换届中有 723 名社会组织负责人担任"两代表一委员"，其中 78 名社会组织专职人员均由民政部门推荐（廖鸿和康晓强，2016）。2014 年，16 个省（自治区、直辖市）青联建立了青年社会组织界别，遴选了 210 位青年社会组织负责人加入青联组织（共青团中央权益部，2015）。很多地方建立由团组织主导、党政有关部门参与、各类青年社会组织参加的联席会议机制。根据民政部发布的统计数据，截至 2020 年第三季度，以社会团体、民办非企业单位、基金会为统计口径，社会组织总数在 5 万家以上的有 4 个省，分别是排第一的江苏省，9.7091 万家；排第二的广东省，7.1912 万家；排第三的浙江省，7.0337 万家；排第四的山东省，5.9279 万家。社会组织总数在 1 万家以下的共 6 个省（自治区、直辖市），分别是新疆维吾尔自治区、海南省、青海省、宁夏回族自治区、天津市、西藏自治区。①可见，受经济发展水平的影响，东西部地区社会组织的发展并不均衡。从收集到的资料来看，全国 34 个省（自治区、直辖市）中，已经有社会组织协商的实践形态的 14 个省（自治区、直辖市）可以分为三个梯队。第一梯队以广东和浙江为代表，第二梯队以北京和上海为代表，剩下的 10 个省份属于第三梯队。在这些省（直辖市）虽然已经出现了社会组织协商的实践，但总体上还比较初级和零散（图 6-1）。从数据上看，社会组织参与协商比较多的是经济发达的省份，尤其是民营资本或是外资较为活跃的地区，如广东、浙江、上海等省（直辖市）。其他省（自治区、直辖市）的实践相对较少，尤其是经济落后地区

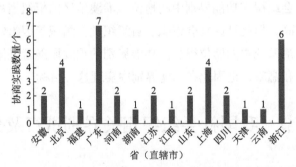

图 6-1　各省（直辖市）社会组织协商的实践分布图（蓝煜昕和李朔严，2016）

---

① 王勇. 全国各省社会组织（基金会、社团、民非）数据来了，仅 1 省基金会过千. https://m.thepaper.cn/baijiahao_9931131[2023-10-28].

（如新疆、甘肃），几乎不存在社会组织参与协商的相关案例（蓝煜昕和李朔严，2016）。这反映了我国社会组织参政议政发展程度的不平衡状态。相比社会组织提供的普通的社会服务，在参政议政中社会组织应具备更高的能力。这些都与当地的经济社会发展以及政府的职能转变程度密切相关。

从政策改革与设计方面推动来看，主要是在国家顶层设计改革方面，且以综合性的文件提出，并通过政协会议、统战工作方式展开；省级层面的文件已经提出要增加社会组织成员担任党代表、政协委员和人大代表的比例；区县一级进行了初步的社会组织界别协商的试点。因此社会组织界别协商的政策路径是由上到下，层层展开。从试点区域来看，主要是在广东、上海、海南等地区，其经济基础条件较好，政治体制改革也较为稳健。然而，在四川、浙江等基层民主较为先进地区，通过政府部门的政策设计推动的方式却较为罕见，其更多的是体现了地方自我创新和由下至上的推动进路。例如，浙江省温岭市的民主恳谈预算会议，就是由社会组织主导，邀请地方社会组织及社会各界人士参与的民主协商会议；四川省巴中市预算民主会议同样也是由社会组织设计并与地方部门合作共同推动的地方改革实验。这两个省份均出现了创新由社会组织主导，实施由地方政府配合，方向由党委部门把握的政治改革实验路径。在不影响和遵循既有政策基础上进行的实验创新，从而实现民主政治进步。它与政策推动的路径有很大的不同，这与主导的社会组织的民主改革智慧、与地方党政部门的改革意识与魄力、与地方民众的政治意识与参政能力有必然联系。从笔者调查的我国社会组织协商民主的参与意识和行为数据来看，政府在社会组织参与能力方面具有重要影响作用（表6-3）。

表6-3　政社关系视角下的社会组织协商参与情况

问题	选项	比例/%
您所在的社会组织关注政治现象吗？	非常关注	27.5
	一般关注	50.8
	不关注	21.7
您认为党政部门会听取社会组织的意见或建议吗？	较多	2.1
	一般会	27.1
	一般不会	45.8
	不确定	25.0

续表

问题	选项	比例/%
您认为社会组织有必要向党政部门提交政策建议吗?	很有必要	47.5
	一般	37.3
	无所谓	13.6
	没必要	1.6
如果您所在的社会组织向党政部门提出过政策建议,那么是通过何种方式提出的?	人大代表	8.5
	政协委员	1.7
	民主党派	5.1
	党代表	7.1
	人民团体	3.9
	座谈会	20.3
	互联网	28.8
	其他	24.6
您所在社会组织向党政部门提出的政策建议得到政府重视或采纳吗?	采纳	11.2
	重视但未采纳	23.4
	不重视	45.6
	排斥	7.6
	其他	12.2
您所在社会组织政策建议被党政部门采纳条数?	0条	51.0
	1条	37.0
	2条	9.0
	3条	2.0
	4条及以上	1.0
您所在的社会组织没有向党政部门提出过政策建议,那么原因是什么?	没有合适的渠道	15.3
	提了也不会起作用	32.2
	让提再提	15.1
	不了解相关信息	20.5
	不知道怎么提	6.1
	其他	10.8

续表

问题	选项	比例/%
您认为如何提高社会组织提出政策建议的有效性？	政府部门重视	34.2
	提供正式的参与渠道	28.2
	完善相关法律制度	15.7
	提升社会组织参政意识与能力	18.6
	增加政协中的社会组织界别	1.2
	其他	2.1

注：数据资料来源于笔者调查统计。

当前政策性改革推进路径虽然得到党政部门的支持，但是改革创新性不强、推广试点面窄、层次不连贯，在省部一级进行较为谨慎，在地市、区县更是缺乏力度。实验性改革虽然接地气，得到大多数利益相关者的支持，地方政府也给予积极配合，但是由于缺乏上级政策尤其是国家层面的政策支持，政策跟进滞后，实验性改革也是较为缓慢，且实施地域更少更小。不仅如此，实验性改革还由于其他配套制度环境的局限性，改革很难取得实质性进展，难以推广。

（二）从事社会组织协商的社会组织类别

社会组织协商协商成功可能性可从以下几点进行分析。一是环保组织。由于企业污染和工程建设对于自然环境产生影响，许多环保组织从环保角度出发，促使利益相关者积极参与干预。因为环保关乎国家利益，以环保之名协商政策，其合法性和认可度较高，因而成功率也高。二是权益组织。其主要围绕农民工欠薪、青少年成长、妇女儿童权益、残疾人权益等方面进行协商，虽有条件限制和国情影响，但由于从民众利益角度出发，其合法性和认可度较高，成功率较高。三是行业协会。由于行业协会是从社会和经济发展角度出发进行协商，大都是在与政府合作中完成，其合法性和认可度很高。四是社区社会组织。社区社会组织弥补了政府精力、人力、财力等不足，完成了政府应该完成却无力完成的任务，主要针对社区治理、物业自治、居民政治生活和居民生活保障等方面展开协商，具有广泛的社会基础，合法性和认可度较高，但因影响面大，推进起来比较困难，国家政策跟进较为滞后。五是社会智库。社会智库主要针对社会问题、经济问题甚至政治问题提出独立的见解，虽然建议中肯，意义重大，但因为可行性和可操作性受到限制，所以成功率较低。从协商层次来看，大都处于建议型协商阶段，附带有表决协商的主要是立法和行业标准制定等方面，这些协商具有高度的政府主导色彩。处于最高层级的自主协商仅限于社区社会组织类别,但政治性不强;处于最低层级的协商是研究性协商,主要是涉及社会智库工作领域,因为社会智库往往是独立客观建议,很多研究或者建议并无政府授意或授权,有的成果观点带有批评性。协商内容决定了协商结果。

社会组织界别协商需要确定如下问题:由哪些类别社会组织参与,是以建言献策为主要目的的社会智库,还是不同诉求、不同任务的社会组织均选代表参与,是分部门分领域协议还是综合性协议,协商的内容是预先设定、现场议定还是自选自定,协商内容对其政治性、敏感性、宏观性、微观性等有无边界限制,协商的决策阶段是执行、形成还是反馈,是统一标准还是各自为政。这些内容、程序及界定如果没有处理好,那下一步的协商,乃至协商成果的落实,都将成为空谈,甚至有可能带来混乱无序,从而对各项建设事业进程产生负面影响。因此社会组织界别协商能够顺利实现最大的条件就是"相互需求",即"齿轮联动效应",如图 6-2 所示。

图 6-2 社会组织界别协商实现的"齿轮联动效应"

在无法实现三者制度性对接的情况下,发展社会组织联盟是增强社会组织协商效果和协商层次的重要方式。从已有成功案例来看,如行业协会通过行业的联合,实现行业标准的制定和推广,环保组织通过多家有影响的环保协会联合活动引起政府对环境事件的重视。但是以政策性问题研究为己任的社会智库,在智库联盟方面还难以形成较为有效的合作形式。从实践现实来看,高校智库、官方智库之间形成了诸多联盟,但在社会智库方面,由于我国社会智库数量少,地域分散,各自专业性很强,目标任务差异很大,且许多社会智库研究及观点带有敏感性和超前性,社会环境、政府态度都不利于社会智库的联合做大。单枪匹马的工作模式,减弱了社会智库政策建议的影响力。

二、我国社会组织相关界别实践情况

(一)设置"社会组织类"界别地区

有关社会组织界别的设置一般有两种形式:一种是社会组织界别,一种是新社会阶层界别。如表 6-4 所示,笔者 2018 年所调查的新社会阶层界别出现于广东省、江苏省、浙江省、福建省、河北省等东部地区的有 11 处;河南省、陕西省、四川省、青海省、内蒙古自治区、云南省等中西部地区有 9 处。具体而言云南省有 3 处、广东省有 4 处,其次福建省、河南省、浙江省和江苏省各 2 处,其他省份各有 1 处。在市级范围设置的有商洛市、西宁市、驻马店市、安阳市、昆明市、德宏州等 6 处;其中省会城市有 2 处,计划单列市有 1 处;在区一级设置的有顺德区(含不同时间 2 次)、宝安区、龙湾区、赣榆区、贾汪区、集美区、海拉尔区共 8 处;在县级市有文山市、江山市 2 处;县一级有博罗县、张北县 2 处。社会组织界别出现在广东顺德区、博罗县和四川南溪区。尽管昆明市和深圳市也提出过设立社会组织界别,但是最终都没有实施。1984 年顺德区设立的个体劳动者协会界别和 1998 年深圳市宝安区设立的商会界别,都是以社会组织的某一个类别来组织。顺德区和宝安区地处广东省经济发达区域,外来流动人口较多,国际化程度较高,社会阶层和社会结构变化大,为了适应经济社会发展的需要,两地较早在政协设立相关社会组织界别。而且 2012 年顺德区又率先成立完整的新社会组织界别。由于温州市的商业经济发达,市场经济体系发展成熟完善,社会组织发展较为齐全,规模数量都走在全国前列,由此激发民众参政议政热情,浙江温岭民主恳谈会就是全国地方民主创新的典范。基于这些良好社会发展基础,浙江省温州市龙湾区在 2002 年也顺利设置了社会人士界。这些设置社会组织界别和新社会阶层界别的地区,其经济发展形势相对较好。除广东、福建、江苏和浙江四省是我国经济发达省份外,其他地区发展处于全国中下游水平,但是设置有社会组织界的市县在中西部地区或者本省处于发展水平较高的位置。从案例中相对发展落后的德宏州和文山市来看,人均地区生产总值并不差,且第三产业占比较高,为新社会阶层的设置奠定了基础。例如,德宏州 2016 年实现生产总值 320.99 亿元,人均地区生产总值达 24 951 元,非公有制经济创造增加值 154.06 亿元,占全州生产总值的比重为 48.0%。[1]西宁是青海

---

① 云南省统计局. 德宏州 2016 年国民经济和社会发展统计公报. 2017. https://stats.yn.gov.cn/pages_21_2260. aspx[2019-09-19].

的省会城市，经济社会发展基础也较好。人均地区生产总值水平不高的是河南省的安阳、驻马店两市和陕西省的商洛市，但这些地区的综合实力在中西部地区处于较高水平。例如，驻马店市 2019 年位于我国百强城市第 80 名。综上，经济社会发展与社会组织相关界别的设置有一定的正相关性。当然由于我们的数据为不完全统计，可能还有其他地区设置新社会阶层界别。另外，从这些地区的社会组织数量和每万人拥有社会组织数量来看，东部几个发达地区的社会组织数量都远远高于全国平均水平，而经济发展相对落后的德宏州以及文山市其每万人拥有的社会组织数量为 7.83 个和 27.83 个，尤其是文山市的这个数据为所有案例中各地区的最高数值，相对来说安阳市和驻马店市社会组织的总数并不少，但由于两市均属于人口大市，人均社会组织数量就要少些。

在这些新设置的社会组织相关界别背后相关部门开展了大量卓有成效的工作。例如，昆明市新社会阶层界别试点工作开展以来，市委统战部坚持"党建+统战+社会组织"三位一体的工作理念，探索建立部门协同和社会化组织动员两个工作机制，完善"市+县（市）区+基地（站点）"三级组织工作体系。在此基础上，昆明市统战部成立了社会组织等 4 个新社会阶层专业联合会。2018 年，昆明市被确定为全国新的社会阶层人士统战工作创新推广城市。截至 2019 年，昆明市建立了新的社会阶层人士数据库，共有 2690 人，其中重点代表人士 198 人。并先后推荐 150 余名新的社会阶层人士分别担任省、市、县各级人大代表、政协委员（王姗，2019）。

表 6-4 2018 年我国设置相关社会组织界别地区概况

地区	所属省（自治区、直辖市）	界别	设置年份	2018 年后是否仍设置该界别	地区生产总值/亿元	人均地区生产总值/元	人口数量/万人	社会组织数量/个	每万人拥有的社会组织数/个
福州市	福建省	新社会阶层界	2011	否	7 856.81	102 037	678.37	6 329	9.33
集美区（厦门）	福建省	新社会阶层界	2016	是	686.22	99 886	74.8	—	—
德宏州	云南省	新社会阶层界	2013	否	381.06	29 033	131.6	947	7.20
昆明市	云南省	新社会组织界（委员均由新的社会阶层人士组成）	2018	否	5206.9	76 387	681.5	6 136	9.0
文山州	云南省	新社会阶层界	—	是	859.06	23 568	365.4	1 372	3.75

续表

地区	所属省（自治区、直辖市）	界别	设置年份	2018年后是否仍设置该界别	地区生产总值/亿元	人均地区生产总值/元	人口数量/万人	社会组织数量/个	每万人拥有的社会组织数/个
顺德区（佛山）	广东省	新社会组织界（由社工组织委员和社会组织委员组成）	2012	否*	3 163.93	118 963	265.96	—	—
顺德区（佛山）	广东省	个体劳动者协会	1984	否	3 163.93	118 963	265.96	—	—
宝安区（深圳）	广东省	商会（工商联）	1998	是**	3 612.18	112 761	320.34	1 197	3.73
博罗县（惠州）	广东省	社会组织界	2012	—	650.18	60 714	107		
海拉尔区	内蒙古自治区	新社会阶层、特邀界	2018	是	192.29	67 460	28	138（2016年）	4.93（2016年）
安阳市	河南省	新的社会阶层人士	—	是	2 393.2	46 443	515	2 424	4.71
驻马店市	河南省	工商联及新社会阶层界	—	是	2 370.32	33 703	702	2 340	3.33
张北县（张家口）	河北省	新社会阶层界	2017	是	101.17	31 701	37.2	—	—
西宁市	青海省	新社会阶层界	—	是	1 286.41	54 439	201.36	1 935	9.61
赣榆区（连云港）	江苏省	新的社会阶层人士	—	是	608.26	62 775	96.8	—	—
贾汪区（徐州）	江苏省	新社会阶层界	—	是	330.57	76 672	43.11	—	—
龙湾区（温州）	浙江省	社会人士界	2002	否	681.9	202 674	33.6	9 535	283.77
江山市	浙江省	法制与新阶层界	—	否	300.47	48 742	61.64	2 500	40
商洛市	陕西省	新社会阶层人士界	—	是***	824.77	34 674	237.86	1 624	6.83
白银市	甘肃省	新社会阶层界	—	—	511.6	29 542	173.42	2 007	11.57
南溪区（宜宾市）	四川省	社会组织界	2012	否	142.5	41 090	34.8		

资料来源：中国经济社会大数据研究平台（https://data.cnki.net/）以及相关官网。

注：“—”表示未找到相关数据。

* 佛山市顺德区2019年11月成立新的社会阶层人士联合会。

** 深圳市宝安商会改名为工商联。

*** 第五届已撤销。

（二）地方出台关于增设"社会组织类"界别政策

据不完全统计，截至 2018 年，各地政协提出相关增设社会组织界别的政策有 19 处，如表 6-5 所示，其中处于东部地区的广东省有 3 处、浙江省 1 处、天津市 1 处、河北省 1 处、北京市 1 处、江苏省 1 处、上海市 1 处，辽宁省 2 处，共计 11 处；中部地区有黑龙江省 1 处、安徽省 1 处、江西省 1 处、湖南省 1 处，共计 4 处；西部地区有云南省 1 处、甘肃省 1 处、陕西省 1 处，共计 3 处。大部分政策出自东部发达地区，其中深圳市、上海市、北京市是我国经济最发达地区，宁波市、天津市和江苏省也是我国经济社会发展较发达地区。属于省级范围政策的有广东省、湖南省、江苏省、河北省、云南省、安徽省、辽宁省、北京市、天津市等 9 处。属于市级政策的有深圳市、宁波市、佳木斯市、丹东市、赣州市、铜川市、平凉市、惠州市等 8 处。计划单列市有深圳市、宁波市。属于区县一级的政策有静安区 1 处。由于省市级党委政府具有较宽泛的政策制定权力，因此绝大多数政策在省市两级出台，但真正执行的地区却主要是在区县一级。深圳市最早在 2008 年提出设置社会组织界别，且在 1998~2005 年宝安区政协已经设有商会界别，其他较早的有广东省 2011 年提出在全省有条件的市县增设社会组织界别，而提出社会组织界别政策的大部分时间是在 2013 年后，其中 2015 年 1 处、2016 年 1 处、2017 年 2 处、2018 年 1 处、2019 年 3 处。这说明在广东省 2011 年正式提出社会组织界别的增设以后，其他地区也受到启发并借鉴。尽管广东省的试点在 2017 年后暂停，但是各地区政协提出增设社会组织界别的政策没有停步。从各地区的社会组织数量和每万人拥有社会组织数量来看，其都超过了全国平均水平。2018 年，深圳市每万人拥有社会组织的数量为 8.03 个，在全国一线城市居第 1 位。截至 2019 年 12 月 31 日，深圳全市共登记的社会组织数量为 10 779 个，包括社会团体 4653 个，民办非企业单位 5731 个，基金会 395 个。其中，市级社会组织有 4012 个，含社会团体 1980 个、民办非企业单位 1637 个、基金会 395 个；区级社会组织有 6767 个，含社会团体 2673 个、民办非企业单位 4094 个。[①]其他如铜川市、宁波市、惠州市 2018 年每万人拥有社会组织数量分别达到 12.01 个、12.13 个和 7.26 个。宁波市 2018 年注册的社会组织数量达到 9946 个。备案的城市社区社会组织数量为 13 289 个，农村社区社会组织数量为 23 971 个，共计 37 260 个，城市每万人拥有社区社会组织数量为 22.1

---

① 深圳市社会组织统计数据（2019 年 12 月）. http://www.sz.gov.cn/szshzzgl/gkmlpt/content/7/7030/mpost_7030866.html#19202[2022-10-21].

个，形成了完善的社会组织支持体系和分层建设体系。[1]

表 6-5　2018 年我国提出增设相关社会组织界别地区概况

地区	所属省（直辖市）	提出的界别名称或进行的相关探索	提出年份	地区生产总值/亿元	人均地区生产总值/元	人口数量/万人	社会组织数量/个	每万人拥有的社会组织数/个
平凉市	甘肃省	社会组织界	2018	395.17	18 648	211.91	905	4.27
静安区	上海市	社区界	—	1 833.27	172 500	106.28	—	—
广东省	广东省	社会组织界	2011	97 277.77	86 412	11346	67 962	5.99
惠州市	广东省	社会组织界	2013	4 103.05	85 418	483	3 506	7.26
湖南省	湖南省	社会组织界	2019	36 425.78	52 949	7 326.62	2 672	0.36
江苏省	江苏省	社会组织界	2017	92 595.4	115 168	8040	97 203	12.1
河北省	河北省	社会组织界	2019	36 010.3	47 772	7556	31 538	4.17
赣州市	江西省	社会组织界	2015	2 807.24	28 708	977.85	3 941	4.03
铜川市	陕西省	社会组织界	2017	327.96	40 065	80.37	966	12.01
安徽省	安徽省	社会组织界	2019	3 006.82	47 712	6324	32 717	5.17
佳木斯市	黑龙江省	合理设界别满足新社会阶层参政议政	2013	1012	43 262	233.3	1 518	6.51
丹东市	辽宁省	社会组织界	2012	816.7	34 193	234.1	1 275	5.45
辽宁省	辽宁省	社会组织界	2012	25 315.4	58 008	4 191.9	25 894	6.18
北京市	北京市	增加新阶层界别	2013	30 320	140 211	2 154.2	14 547	6.75
天津市	天津市	新社会阶层界	2019	18 809.24	120 711	1 559.6	6 229	3.99
宁波市	浙江省	探索在政协中设立社会组织界	2016	10 745.46	132 603	820.2	9 946	12.13
云南省	云南省	探索在政协中设立社会组织界别	2013	17 811.12	37 136	4 829.5	23 211	4.80
深圳市	广东省	增加社会组织的功能界别	2008	24 221.98	189 568	1 277.75	10 230	8.03

资料来源：中国经济社会大数据研究平台（https://data.cnki.net/）以及相关官网。

注："—"表示未找到相关数据。

---

[1] 市民政局对市政协十五届四次会议第 112 号提案的答复. http://www.ningbo.gov.cn/art/2020/8/13/art_122909 6049_3402150.html?isMobile=true[2023-01-10].

2016 年国务院办公厅发布《关于改革社会组织管理制度促进社会组织健康有序发展的意见》，各地纷纷出台社会组织界别的设置政策。但是国务院办公厅的文件并未提及社会组织界别的增设问题，各地出台相关文件时做了一些内容增加或调整，其中湖南省、江苏省、河北省、陕西省是在国务院办公厅文件基础上，根据自己所在省份的具体情况做了增加社会组织设置的相关说明。湖南省、江苏省、安徽省（铜川市）等地均出台了《关于改革社会组织管理制度促进社会组织健康有序发展的实施意见》，并提出各级党委、政府和相关部门要建立与社会组织的沟通协调机制，支持社会组织依法参政议政，逐步增加各级党代表大会、人民代表大会和政协全会中社会组织代表、委员的比例。探索在政协设立"社会组织"界别，确定适当的委员名额比例。辽宁省则在《辽宁省民政事业发展第十二个五年规划》中提出，进一步落实党员代表大会、人民代表大会中增加社会组织代表比例的要求，在政协增加社会组织界别（王伟进和王雄军，2018）。河北省在《关于促进全省社会组织高质量发展的若干措施》文件中提出在政协探索设立社会组织界别，在全省社会组织负责人中推荐人大代表和政协委员人选，提升社会组织在全省经济社会发展中的话语权。①江西省赣州市委、市政府出台了《关于加快推进社会组织改革发展的意见》，提出将在政协中探索设立"社会组织"界别，建立政府部门与社会组织沟通协调机制。各地区增设社会组织界别的意愿随着社会组织数量的增加以及社会组织的作用日益提高。而且政协现有界别设置结构暴露出内在不足，也需要增设相关社会组织界别以对这些不足进行调适。例如，静安区在委员人选的推荐上，暴露出某些系统的委员过于集中的问题。原政协十一届（2016 年静安区区划调整后，新政协会议从一届开始）教育界委员 18 人，医卫界委员 13 人，加上各民主党派界有不少来自教育、卫生部门的委员，以至教育系统和医卫系统委员达 61 人，占整个委员总数的 23.3%，且本届政协委员中，企业的总经理或董事长、机关部门干部、事业单位领导等三者，占整个委员总数的 71.1%。这些委员事务繁忙，有的经常在外地出差，很少有时间和精力参加政协活动。社会组织发展迅速，覆盖国有企业、外资企业、合资企业、民营企业、中介机构等单位，原有的经济、工商联等界别已不能覆盖新的社会阶层（王昀和李爱莉，2006）。平凉市则提出加强市民政局、财政局与政协及各人民团体间的工作衔接，协调增加社会组织界别，增加行业协会商会代表的名额，建立行业协会商会联络会议定期举办制度。

---

① 中共河北省委办公厅 河北省人民政府办公厅 印发《关于促进全省社会组织高质量发展的若干措施》的通知. https://www.zhongkefu.com.cn/news_content/6929.html[2020-05-19].

（三）政协中纳入新的社会阶层人士

在政协中增加社会组织代表人士已经成为一种趋势，但是以社会组织独立身份进入政协界别的案例还较少，大部分是以新社会阶层的身份参与政协活动。据不完全统计（表6-6），明确提出在政协增加新的社会阶层人士的地区有24处，其中山东省全省和 3 个市（区），四川省全省和 3 个市，河北省有 2 个市（区）。从另一个角度来看，东部地区的山东省 4 处、上海市 1 处、河北省 2 处、浙江省 1 处、天津市 1 处、辽宁省 1 处、海南省 1 处，共计 11 处；中部地区的山西省 1 处、江西省 1 处、湖南省 1 处、湖北省 1 处、河南省 1 处、黑龙江省 1 处，共计 6 处；西部地区的四川省 4 处、甘肃省 2 处、云南省 1 处，共计 7 处；其中省份有甘肃省、四川省、山东省、浙江省、海南省、山西省等 6 处；地级市有张掖市、成都市、南充市、雅安市、济南市、泰安市、保定市、信阳市、大庆市、锦州市、湘潭市、迪庆州等 12 处；区有河北省丰南区、湖北省孝南区、山东省兰山区、江西省袁州区、天津市西青区、上海市静安区等共计 6 处；县的数量则为 0。所有提出政策的地区的社会组织每万人拥有数量均超过全国平均数。

表6-6 2018 年政协中纳入新的社会阶层人士相关地区概况

地区	所属省（直辖市）	提出年份	相关说明	地区生产总值/亿元	人均地区生产总值/元	人口数量/万人	社会组织数量/个	每万人拥有社会组织数/个
张掖市	甘肃省	—	吸纳新的社会阶层代表人士加入政协组织	407.71	33 105	123.38	1 955	15.85
甘肃省	甘肃省	2013	适当增加新的社会阶层代表	8 246.10	31 336	2 637.26	23 966	9.08
迪庆州	云南省	2012	新委员包括新的社会阶层人士	217.52	52 669	41.40	570	13.76
西青区	天津市	—	社会阶层人士委员会	986.64	—	86.34	—	—
海南省	海南省	2013	政协纳入新的社会阶层人士	4 832.05	51 955	934.32	7 645	8.18
信阳市	河南省	2018	探索新的社会组织等参政议政创新界别工作	2 387.80	36 941	647.41	2 046	3.16
湘潭市	湖南省	—	新的社会阶层人士增加	2 161.40	75 609	286.50	2 189	7.64
保定市	河北省	2019	邀请新的社会阶层人士参加政协活动	3 070.90	32 810	935.93	4 959	5.30

续表

地区	所属省（直辖市）	提出年份	相关说明	地区生产总值/亿元	人均地区生产总值/元	人口数量/万人	社会组织数量/个	每万人拥有社会组织数/个
浙江省	浙江省	—	增加政协中新的社会阶层人士	56 197	98 643	5737	69 720	12.15
四川省	四川省	2018	新增社会阶层人士	40 678.10	48 883	8341	47 369	5.68
成都市	四川省	2018	新增社会阶层人士	15 342.77	103 386	1 228.10	10 816	8.81
南充市	四川省	2018	补充新社会阶层人员	2 006.03	31 203	742.30	3 055	4.12
雅安市	四川省	2018	进一步吸纳新社会阶层人士	646.10	41 985	154.90	1 426	9.21
袁州区（宜春市）	江西省	2011	最大限度吸纳新社会阶层人士	300.7883	27 925	105.05	—	—
山东省	山东省	—	十二届政协委员中很多新的社会阶层人士	76 469.70	76 267	10 047	56 774	5.65
济南市	山东省	2012	新增一批新的社会阶层人士	7 856.56	106 302	746.04	4 441	5.95
兰山区（临沂市）	山东省	2017	新增 10 名新的社会阶层人士为政协委员	1 053.95	77 258	136.69	—	—
泰安市	山东省	—	政协中有新社会阶层人员	3 651.50	64 714	565.71	3 401	6.01
山西省	山西省	2018	新一届省政协委员安排新的社会阶层人士 26 名	16 818.10	45 328	3 718.34	16 832	4.53
大庆市	黑龙江省	—	新的社会阶层人士市政协委员活动组由来自 17 个界别的 31 位委员组成	2 801.20	102 639	275.50	1 809	6.57
锦州市	辽宁省	2019	邀请新社会阶层参加政协活动	1 192.40	39 211	295	1 558	5.28
静安区	上海市	2009	把社会组织中代表人士吸纳到政协中来	1 833.27	172 500	106.28	—	—
丰南区（唐山市）	河北省	2017	重视新的社会阶层人士的发展	602.38	108 714	55.76	—	—
孝南区（孝感市）	湖北省	2020	加强对新的社会阶层人士的团结引导	300.38	29 577	107	—	—

资料来源：中国经济社会大数据研究平台（https://data.cnki.net/）以及相关官网。

注："—"表示没有查到相关数据。

三、统战工作对于社会组织界别工作推进的积极意义

2017 年全国在天津市、上海市、成都市等 15 个城市打造新的社会阶层人士统战工作实践创新基地，为全国其他地方提供示范和借鉴。[①]为进一步推动各地区开展实践探索，以带动更大区域新的社会阶层人士统战工作。2018 年中央统战部进一步确定石家庄市、太原市、呼和浩特市等 34 个城市作为新的社会阶层人士统战工作实践创新推广城市。[②]受社会组织统战工作试点的有利影响，十三届上海市政协委员中有新的社会阶层人士 44 名，上海市第十五届人大代表中有新的社会阶层人士 40 名。除了上海市人大代表和政协委员，上海市各区人大代表中，共有新的社会阶层人士 287 人；区政协委员中，共有新的社会阶层人士 514 人。[③]自 2013 年起，中共上海市委统战部每年从社会公开遴选数名新的社会阶层代表人士，安排他们进入奉贤区政府部门，担任行政副职 1 年，以努力在用人机制方面形成可复制推广的经验。[④]山东省青岛市、济南市、临沂市等 3 市，广东省的深圳市，湖南省的长沙市，浙江全省，辽宁省的大连市以及北京市朝阳区成为全国社会组织统战工作试点。山东省 3 个地市试点是社会组织统战工作做得最有成效的地区。中共山东省委将试点工作列入全省全面深化改革和常委会工作要点，并将"积极开展社会组织统战工作""建立社会组织联合会"等内容写入省委实施工作方案。同时，山东省委选择社会组织发展较好的青岛、烟台两市和济南市市中区、临沂市兰山区同步开展试点工作，形成了省-市-区三级分层推进的工作格局。2015 年，推荐优秀代表人士担任同级政协委员和特邀研究员，将社会组织代表人士纳入全省优秀中国特色社会主义事业建设者的评选范围，其中增补省政协常委 1 名、省政协委员 2 名，建立"山东省社会组织议政建言服务团"[⑤]。在山东地方的社会组织统战工作中，兰山区第十五届一次政协会议新增 10 名新的社会阶层人士为政协委员，其中 3 人担任政协常委，并增设了社会科

① 苏琳. 大胆创新 先行先试——全国新的社会阶层人士统战工作实践创新基地建设成效初显. http://www.ce.cn/xwzx/gnsz/gdxw/201709/15/t20170915_26015729.shtml[2017-09-15].

② 昆明市委统战部新的社会阶层人士工作处. 2018. 中央统战部确定昆明市为新的社会阶层人士统战工作创新推广城市. https://www.sohu.com/a/282899686_391597[2019-10-03].

③ 上海市委统战部：84 名新的社会阶层人士将参加上海两会. https://baijiahao.baidu.com/s?id=1590026314903817987&wfr=spider&for=pc[2019-08-01].

④ 王燕，顾意亮. 2016. 上海新的社会阶层人士统战工作有看点. http://www.rmzxb.com.cn/c/2016-09-08/1023548.shtml[2018-09-07].

⑤ 摘自中共山东省委全面深化改革领导小组办公室《改革工作简报》第 13 期，www.sdtzb.gov.cn/p1/14047.html.

学界别，也为新的社会阶层人士参政议政搭建了平台。[①]

四、政协增加社会组织界别和委员的路径及问题

（一）在政协增加新社会阶层的工作中创新了一些路径

一是创新委员产生的机制。例如，泰安市在选择新社会组织委员时，征求了所在社会组织党支部、主管部门、上级党组织和新社会组织党委会的意见。人选推荐过程中和名单初步形成后，充分征求了市政协、各民主党派、工商联负责人以及无党派代表人士的意见（朱永强，2012）。湘潭市在十二届委员人选中新的社会阶层人士有 45 名，比上届增加 8 人。在推荐委员过程中充分听取了基层和界别群众的意见，首次增加了推荐人选公示环节。海南省拓宽社会组织参政议政渠道，注重推荐优秀社会组织党组织书记为各级党代会代表、人大代表和政协委员（阿超，2017）。上海市静安区政协工作会议出台了《中共上海市静安区委关于进一步加强人民政协工作的实施意见》，明确了加强与社会组织的联系沟通，把社会组织中有代表性、有社会影响力、有参政议政能力并热心政协事业的人士吸纳到政协组织中来。

二是加强社会组织代表人士的培训。从中央到地方都举办了社会组织代表人士学习培训活动，培训内容包括党的思想、重要会议精神、统战理论等社会主义思想以及社会组织管理、社会组织财务、社会组织监督等业务能力知识。其中，社会组织党的思想建设是各项培训工作的首选内容。社会组织党建是考核社会组织工作的重要指标，社会组织成员不仅要组织上入党，更应在思想上入党，即不仅要注重社会组织党建的覆盖面，还要考虑社会组织党建的质量，而后者才是社会组织党建的关键。我国许多地方相关部门先后对社会组织开设了党建专题培训班，以此提升社会组织代表人士的理论高度。

三是注重制度和活动建设。社会组织协商渠道的制度化建设，是保障社会组织代表人士参政议政的主要途径，尤其是在高层政治活动中，赋予社会组织参与的权利更是重中之重。例如，2020 年湖北省孝感市孝南区政协第六届委员会第四次会议上，"加强对党外知识分子和新的社会阶层人士的团结引导"等内容首次写入了区政协工作报告。至 2019 年，浙江省政协连续 5 年邀请省外浙江商会会长列席全体会议，不断强化界别民意聚集功能，加强社会组织代表人士的有序

① 兰山区积极发挥新的社会阶层人士参政议政作用-临沂统一战线. http://tzb.linyi.gov.cn/info/1608/2373.htm[2021-09-12].

参政力度。浙江省两会期间，中共浙江省委书记、省人大常委会主任参加了省外浙江商会会长所在的政协分组讨论。省外浙江商会会长们还现场听取了浙江省省长所作的政府工作报告，列席了政协会议的其他各项会议议程。

（二）在政协社会组织界别增设工作中也发现了一些新的问题

一是界别意识不够浓厚。由于界别的组织能力有限及现有界别制度的不足，界别中有些委员存在工作不积极的问题。另外，由于委员产生的体制背景和政协内部以专委会为组织活动单位的惯性思维影响，存在一些委员没有履行界别职责的问题。

二是有些地区社会组织界别设置的基础条件不足。在我国即使有些发达地区拥有了社会组织界别设置相匹配的经济条件，但是民众的参政议政素质以及社会组织的发展程度还难以满足让这些社会组织代表人士参与界别协商的条件需要。我国社会组织发展还处于初期阶段，在这一时期，社会组织自身发展是重要目标，其中对于应具备的公共价值，社会组织代表人士还没有认识到其重要性。有学者指出，我国的民间社会组织普遍存在组织松散、管理涣散、类别实力差异悬殊、整体规模偏小等问题，普遍缺乏参政议政的经验手段，相当多的社会组织行政色彩较浓，同时社会组织内部管理机制不完善，也使其难以真正参与到协商民主中去。

第三节　将社会组织纳入协商民主体系的主体结构分析

一、研究背景与问题提出

《中国人民政治协商会议章程》指出，中国人民政治协商会议是实行中国共产党领导的多党合作和政治协商制度的重要政治组织形式。我国政治协商会议最初是为了团结各民主党派共建社会主义新中国，促进各党派、无党派人士的团结合作，充分发挥中国共产党领导下多党合作的制度优势。尽管改革开放后我国社会结构以及建设任务发生了很大的变化，但党领导下的多党合作制度仍处于主要地位，无论 8 个民主党派的党员人数和联系的群众人数多少，各民主党派均单独设立一个界别。高奇琦（2009）通过对我国政协主体结构的分析得出，协商民主的主体虽然包括各族各界人士和无党派人士，但其核心主体仍是中共和各民主党派。因此，这类观点界定的协商民主的核心是党际协商，可以将这类观点总结为"党际协商论"。也有学者主张应突出公民在协商中的主体地位。例如，李君如（2012）认为："协商民主的实质，就是要实现公民有序的政治参与。"陈剩勇（2005）认为，"协商式民主理论强调民主体制的参与主体是公民，应该积极促进公民参与公共事务"。由于以上学者的观点都主张公民参与的重要性，因此我们可以将其称为"公民协商论"。

谈火生在分析政治协商和基层协商时指出，西方国家公共领域的协商很发达，而我国高层政治协商发展较为成熟。我国需要将政治协商和基层协商（或公共协商）结合起来，特别是在政治协商中重视实现公民参与的程度。[①]有的学者强调公民在协商民主中的主体角色，从而实现公共决策的合法性（高奇琦，2009）。这一观点基本上承袭了西方学者对于协商民主的看法，但是这套理论并不完全适用于我国实际。这是因为我国的公民协商往往只在较低的政治层面上展开，很难上升为公共政策。另一类观点则试图在西方理论和中国实际中寻求结合点。例如，林尚立（2003）用协商政治一词来表达与协商民主相同的内涵，认为"政治协商"不等于"协商政治"，因为"政治协商"运作的主体是党派与界别组织，所以不能直接应用于日常的民主政治生活。"协商政治不是政治协商和社会协商的简单相加，协商政治在本质上超越了政治协商与社会协商之间的机械分野，是作为整个社会主义民主政治运行的原则而存在的。"但对协商政治的内核，林尚立未作更为明晰的表述。朱勤军（2004）则认为，"公民通过参加政党和社会部门，以团体的形式参与对公共事务的讨论与协商，还可以通过协商，形成社会舆论，对政治过程产生一定影响。"这两位学者的观点可以总结为"折中协商论"。这类观点一方面认为党际协商是协商民主的一部分，执政党在中国政治权力结构中起决定性作用；另一方面也考虑到公民在协商民主中的地位，同时强调公民的协商是通过政党和团体来进行的。基于此，高奇琦在"公民协商论"和"折中协商论"观点的基础上，提出"党群协商"的概念，力图从新的视角来把握中国协商民主的整体框架。这里的"群"是指普遍意义上的"人民群众"，是经过长期历史演变和社会发展逐渐形成的具有中国特色的公共群体。高奇琦认为党群协商主要在执政党与群众之间展开。党群协商的方式既包括群众就公共事务通过社团同执政党的协商，也包括群众自发组织直接与执政党的协商。

---

① 谈火生. 2013. 协商民主：西方学界的争论及其对中国的影响. https://m.aisixiang.com/data/67004.html [2014-08-06].

党际协商与党群协商有着明显的内在差异。首先，两类协商主体的性质不同。党际协商更多的是卓越人才参与的协商，而党群协商的另一方主体则是普通的群众，因此党群协商更多是执政党与群众之间的对话。其次，两类协商民主的目的不同。民主党派成员是各阶层的卓越人才，能够通过选举的方式进入国家的政策决策协商活动中，而群众则凭借宪法赋予的权力对于这个政策过程进行提议和监督。客观而言，民主党派同普通群众之间的联系还不够全面，因此，党际协商中民主党派普遍存在人民性不足的问题。因此，从代议合法性的角度来讲，随着协商民主的发展，党际协商的主体内核地位应该向党群协商转向（高奇琦，2009）。因此，将公民政治参与纳入政治协商是必然趋势。

二、我国政治结构的整体布局及其协商范畴界定

然而从我国政治结构的整体布局来看，人大、党代会、政协都有各自的结构功能，代表着不同的协商群体，在我国协商格局中具备不同的目标和要求。它们共同构成了我国政治民主的结构，它们之间有所区别、相互补充。

首先，人民代表大会是我的权力机关，它按照地区分配名额并通过选举的方式产生代表。宪法规定全国人民代表大会代表由省、自治区、直辖市、特别行政区和军队选出的代表组成，这一规定体现了代表来源的普及性和公平性。人民代表大会也是代所有人民执行权力。《中华人民共和国宪法》第二章第二条规定"中华人民共和国的一切权力属于人民"。人民行使国家权力的机关是全国人民代表大会和地方各级人民代表大会。人民代表大会的协商实际上是代表之间的协商，而代表们真正代表的是广大人民的利益。人大协商充分体现人民的主体地位。我们可以将这种协商结构类型称为"党群协商"。

其次，党的代表大会和它所产生的委员会为中国共产党各级最高领导机关。中国共产党全国委员会的职权是听取和审查中央委员会和中央纪律检查委员会的报告；修改党的章程；讨论并决定党的重大决策；选举中央委员会和中央纪律检查委员会。地方各级党代会的职权仿照和贯彻全国党代会的职权。党员来自我国各个阶层，只要是年满十八周岁的各行业和社会阶层的积极人士，且遵守党的章程和纪律，都可以申请加入中国共产党。因此，中国共产党成员组成充分反映了社会阶层结构。随着国家的发展，中国共产党由革命党转变为执政党，任务也由

革命的领导转向为建设的领导，党的阶级基础不断得到扩大。江泽民同志指出："改革开放以来，我国的社会阶层构成发生了新的变化，出现了民营科技企业的创业人员和技术人员、受聘于外资企业的管理技术人员、个体户、私营企业主、中介组织的从业人员、自由职业人员等社会阶层。而且，许多人在不同所有制、不同行业、不同地域之间流动频繁，人们的职业、身份经常变动。这种变化还会继续下去。在党的路线方针政策指引下，这些新的社会阶层中的广大人员，通过诚实劳动和工作，通过合法经营，为发展社会主义社会的生产力和其他事业作出了贡献。他们与工人、农民、知识分子、干部和解放军指战员团结在一起，他们也是有中国特色社会主义事业的建设者。"①截至 2021 年 12 月 31 日，我国共产党员中有企事业单位、社会组织专业技术人员 1548.7 万名，企事业单位、社会组织管理人员 1094.8 万名。②根据 2017 年数据，全国 30.3 万个社会组织已成立党组织，占社会组织总数的 61.7%。③中国共产党是执政党，其执政的实质是代表工人阶级及广大人民掌握人民民主专政的国家政权。因此，党的协商或者准确地说党内协商，是党对于国家大政方针的协商。习近平总书记指出："处理好党政关系，首先要坚持党的领导，在这个大前提下才是各有分工，而且无论怎么分工，出发点和落脚点都是坚持和完善党的领导。"④党的领导地位和执政基础是紧密联系在一起的。党代会的代表大多是来源于各个领域的卓越人才，更是党和国家事业发展的中坚力量。因此，党内协商实际上是党政协商，是我党对于国家执政方针的协商，是党与我国各个社会阶层执政者的协商，也是我党与各个社会阶层的协商，而这里的"政"是指广义上的大政府，是指行使国家权力的所有机关，包括立法、行政和司法机关。

最后，政协组织的构成并不是完全按照党群的结构组成的。1993 年以来，我国全国政协共有 34 个界别。这些界别以各行各业为基础，通过推荐的方式产生。我国政治协商会议是中国共产党领导的多党合作和政治协商的重要机构，围绕团结和民主两大主题履行政治协商、民主监督和参政议政的职能。尽管政协是中国共产党与民主党派合作的主要机构，但是它最初成立时，承担了人大的职

① 江泽民在庆祝建党 80 周年大会上发表重要讲话. http://2008.cctv.com/special/777/3/52342.html[2020-09-10].

② 中国共产党党内统计公报. https://www.12371.cn/2022/06/29/ARTI1656486783270447.shtml[2022-08-10].

③ 中共中央组织部. 2018. 2017 年中国共产党党内统计公报. http://dangjian.people.com.cn/n1/2018/0630/c117092-30097506.html[2019-09-10].

④ 学而时习工作室. 2020. 学习《习近平谈治国理政》第三卷集中阐述改革的第六专题——推动全面深化改革实现新突破. http://news.cnr.cn/native/gd/20200826/t20200826_525227921.shtml[2021-07-10].

能，直到 1954 年人大职能才分离出去，其基于人大的社会基础的组成特征延续到现在。政协委员不仅包括民主党派和无党派人士，还包括其他各行各业的代表人士。政协全国委员会由党派、团体、方面及特邀四个方面、34 个参加单位的 2000 多名委员组成。政协委员以行业或者单位为基准推选。因此，政协实际上是各行各业的代表，用界别来组成十分恰当。而且八大民主党派，也基本上有着各自的行业领域倾向。例如，截至 2018 年 12 月，中国民主同盟（简称民盟）共有成员 30.9 万余人，其中高等教育界占 22.0%，基础教育界占 29.0%，文化艺术新闻出版界占 5.9%，科学技术医疗卫生界占 17.3%。截至 2018 年 12 月底，中国民主建国会（简称民建）共有成员 19.3 万人，大多数为经济界和其他方面的代表性人士。中国民主促进会（简称民进）成员主要是从事教育文化出版传媒以及相关科学技术领域高中级知识分子。中国农工民主党（简称农工党）成员以医药卫生、人口资源和生态环境领域高中级知识分子为主。九三学社成员以科学技术界高、中级知识分子为主。[1]如果将政协协商主体结构与人大和党代会做个区分的话，可以称之为党与各个行业卓越人才的协商。行业是指从事国民经济中同类别的生产、服务或其他经济社会的组织单位或者个体的结构体系。有的地区也将宗教少数民族等界别列入政协的职业界别。因此，政协协商可以称为党业协商或者党界协商。从这个行业划分来看，《国民经济行业分类和代码》中第 12 项为国家机关、党政机关和社会团体。国家机关和党政机关已经在政协界别中体现，但是社会团体还没有体现。

三、社会组织协商与我国协商体系的结合点

从现在各个协商的组成布局来看，党政协商是纵向的，党群协商以及党界协商是横向的。党群协商是在地区基础上的公民代表的协商，党界协商是行业基础上的各界代表的协商。无论党政协商、党群协商还是党界协商，都面临着党与个体公民的协商途径缺乏的问题，尽管学者们将党与公民的协商上升到与党与群众协商的对等地位。群众作为一个群体可以以各种组织形式与党和政府展开协商，社会组织逐渐成为群众与党和政府协商的重要中介，而且各地也形成了卓有成效的地方协商的典型，如浙江的温岭民主恳谈会、海南美兰微实事创新、重庆万州

---

[1] 中华人民共和国中央人民政府. 2020. 八大民主党派. http://www.gov.cn/guoqing/2017-12/31/content_5269697.htm[2022-09-10].

的党日活动等。但这些形式还只是日常公共事务的协商，尽管社会组织多少有些组织活动的涉入，但都没有进入重大决策的场域。因此，社会组织如何切入国家正式的协商场域和重要制度性活动中，是一个迫切需要相关研究人员完善的课题。2006 年 7 月召开的第 20 次全国统战工作会议，把统一战线工作范围进一步扩大为 15 个方面。其中就将社会组织纳入进来，并成立社会组织统战部门，简称第八局。因此，作为统一战线的组织机构政治协商会议也应该做出相应改变。社会组织与政协的紧密关系在我国有着优秀传统，其实在最初成立的政协中以团体名义进来的界别一直延续到现在，只是有部分演变为了职业界别。这些团体界别也在某种程度上是社会组织界别的另一种形式。因为，有些团体（如共青团、妇联、工商联、科协等）按照规定是指在民政部免于注册的社会团体，狭义上来说也属于社会组织类别，只是我国国情特殊，使得这些社会组织带有行政功能。因此，社会组织协商与政协协商的融合，或者说社会组织协商嵌入政协协商来作为其重要组成部分是迫切需要研究和落实的任务。

四、以社会组织协商为纽带的政策协商网络

并不是只有政协协商是社会组织的唯一切入点，只是说社会组织在政协协商会议中以职业身份参与更能契合政协协商的组织结构，也能体现政协联系各界，实现团结性、包容性的特征。从我国协商民主体系的结构分工来看，社会组织也应该纳入其他协商体系，在各个协商体系中发挥其特有的作用。例如，社会组织作为新社会阶层的重要主体，其优秀的党员代表同样是国家治理体系中的带头人，在党的代表会议中负责全体社会组织的党的建设和重要方针的协商。将社会组织纳入人大会议，则体现了以地域选举为形式的协商模式。它将更合理地在人大会议中代表各行各业，以保证社会组织在人大会议协商中的平等地位。社会组织进入政协体系，则是以行业身份介入，社会组织可以更好地为社会组织行业及其服务的领域代言。因此，将社会组织纳入党代会是执政方针和决策的商议，纳入人大是促进地域社会建设的建言献策工作，纳入政协则是满足行业领域的发展需求。当然也需看到社会组织在不同的会议机构中表现的协商程度不同。在政协中更多的是"协商"基本特征的实现；在党的会议中，则体现了党和社会组织分别在国家治理体系和社会治理体系中的主体结构和共同发展的"协同"作用；在人大会议中则是社会组织与其他主体共同针对国家重大决策的"协定"机制。广

东省在探索社会组织协商民主方面，走在全国前列，2012 年博罗县政协在全国率先把"社会组织界"列入公开推选委员的第一界别并分配名额，确定不少于 5 名委员的名额。同时博罗县委决定，在中共博罗县委第十二次代表大会代表选举工作中分配给社会组织 2 个党代表名额，1 个县人大代表名额。同年 10 月，惠州市党代会首次将社会组织纳入代表选区，这在全国均是首创。全市从社会组织中产生党代会代表 6 人，人大代表 5 人，政协委员 6 人，而且惠州市把社会组织列为政协界别，分配 8 名委员名额；珠海市人大分配 7 名人大代表名额给社会组织；广州、深圳、东莞、惠州市也均增设了来自社会组织的党代会代表、人大代表和政协委员[①]。2012 年，广东省第十二届人民代表大会按行业优化代表结构，增加社会组织作为一大类，分配全省社会组织类省人大代表名额 9 个，占全体代表的 1.1%，这是社会组织首次正式作为一个类别被列入省级人民代表大会代表类别。[②]

因此，我国从中央到地方，从党代会、人大、政协，到青联、工会、妇联等人民团体，都在努力增加社会组织参与渠道。在不同的重要会议中，社会组织承担的角色和发挥的作用是不一样的，只有全面参与各种会议和政治活动才能完整体现其重要作用，并全面反映社会组织代表的领域和群体的声音。从社会组织所属分类来说，以行业和职业划分最为清晰，社会组织参加党代会、人大，并不是直接代表社会组织利益发言，而是站在全党或全国（某区域）人民的利益角度发言。社会组织参与政协会议，则是以社会组织的名义为社会组织的利益以及社会组织关注和服务的领域代言。因此，更能体现社会组织独特的群体特征和群体利益，也就更能彰显出社会组织的特有作用和优势。当然，社会组织代表在党代会、人大会议发挥的作用同样重要，只是在这些会议中其目标和任务不一样。社会组织在党代会、人民代表大会的角色与在政协会议中的角色作用形成互补之势。

第四节　社会组织界别增设的必要性和可行性

社会组织作为政府、企业之外的第三部门，初步形成了门类齐全、发展有

---

① 广东省民政厅. 2013. 广东省社会组织改革发展情况. http://www.gdsj.org.cn/content/?542.html[2013-01-15].

② 陈诗松. 2017. "社会组织协商"迎来新机遇 发挥第三方优势让社会变得更好. http://app.why.com.cn/epaper/webpc/qnb/html/2017-11/21/content_44495.html[2018-08-06].

序、层次多样、覆盖广泛、作用突出的社会组织体系。社会组织在扶贫开发、公益慈善、教育卫生、环境保护、社区发展、救灾抗疫、残障保护、贸易摩擦、市场中介、国际交流等领域做出了积极贡献，发挥着不可替代的作用。为了更好地发挥社会组织的积极作用，十八大以来党的重要会议多次提出加强和改进社会组织协商建设，党的十九大更是指出："统筹推进社会组织协商；增强人民政协界别的代表性。"探索和发展社会组织协商成为中央的重要决策精神和战略部署。

一、在我国地方政协增设社会组织界别的重大意义

（1）增设社会组织界别是拓展和深化党的群众工作，促进党和政府决策民主化和科学化的重要途径。社会组织界别几乎可以联系所有行业领域，党创新社会管理的方针政策可以通过它们进行宣传，另外可以把其对社会管理和社会组织建设的问题以及对国家、社会各方面的看法、意见集中起来，反映到政府。特别是具有职业、专业、行业、第三方、服务基层等独特优势的社会组织，能够使其联系群众的意见和主张得到全面深入的表达，可以使更多的人民群众参与政治生活。

（2）增设社会组织界别将有序拓宽公民的诉求渠道，有利于预防和化解社会矛盾。社会组织界别有利于最大限度地整合、协调、平衡各种利益诉求，将局部的、分散的个人或团体利益转化为公共利益，让多元利益经由协商程序上升为国家利益。同时，社会组织界别通过反映社会弱势群体的声音，消除他们对社会的不满情绪，能起到一种"预警系统"的作用，也能帮助政府及时合理应对，有利于维护社会的和谐稳定。

（3）增设社会组织界别可以吸纳新社会阶层，扩大统一战线，有利于扩大党的执政基础，加强党的领导。改革开放后大量新产生的就业组织都采取了"非单位"的管理体制，它们仅仅是工作场所，不再是什么都管的"单位"，越来越多的社会成员由"单位人"变成"社会人"。在城市就业总人口中，过去"单位人"占95%以上，而现在（2012年——笔者注）这个比例下降到25%左右。①新的阶层人士、新的行业和新的岗位不断出现。据统计，社会组织中，以新社会阶

---

① 李培林. 2012. 我国加强和创新社会管理的若干问题. https://www.tjrd.gov.cn/ztjz/system/2012/01/06/010008700.shtml[2022-09-10].

层为主体的党外人士约占 63%（孙传宏，2014），社会组织中聚集了党外各行各业的许多优秀代表。

（4）增设社会组织界别有利于政协界别调整优化，有利于政协界别扩大联系面、增强代表性。社会组织界别将与其他界别衔接成为更完整的政协界别协商体系。适时在政协中设置社会组织界别，对于扩大政协界别的覆盖面、优化界别设置结构、增强代表的公共性、体现界别设置的代表群体覆盖面等具有重要作用。尤其是发挥社会组织联系渠道多、涉足领域广的优势，将更大程度体现新社会阶层和基层群众的利益诉求。

（5）增设社会组织界别对于更好发挥政协民主监督作用，建立风清气正的政治生态具有重要意义。2017 年中共中央办公厅印发的《关于加强和改进人民政协民主监督工作的意见》提出"协商式监督"的重要论断，要求积极发挥政协在"促进国家机关及其工作人员转变作风、改进工作、反腐倡廉"的重要作用。将社会组织纳入政协界别将有效发挥社会组织界别监督和带动社会监督的双重优势，能更好发挥人民政协民主监督作用。社会组织无论作为第三方还是普通群众利益的代言方，都将更为客观、积极地展现监督作用。

二、我国政协界别设置的内在需求

（1）结构的不足。人民政协界别设置是随着我国经济社会的发展而不断调整变化的；从数量上看，一届政协因为是兼有人大职责，其界别达到 46 个，之后界别从二到五届的 29 个界别，六、七届的 31 个界别再到八至十一届的 34 个界别①，界别数量逐步增加，反映了社会发展的主体多元化需求和新社会阶层的实际愿望；政协现有界别设置，除个别界别增设或称谓上有所变化外，从 1993 年以来已有 20 多年没调整了。这 20 年恰恰是中国经济和社会结构变化最为明显的时期，统一战线对象从 10 个增加到 15 个，但政协界别设置的调整工作还没有随着中国社会阶层的变化而相应展开。新社会阶层代表人士进入政协组织的比例与实际发展现状不一致，造成部分政协界别内部结构失调。第一，一些在经济社会发展中起重要作用的新社会组织阶层，在政协界别构成中没有体现。第二，界别划分的界限不清晰，出现重叠现象。第三，界别划分标准不一。

---

① 潘珊菊. 2019. 解读四中全会决定：优化人民政协界别设置首次提及，释放啥信号. https://www.sohu.com/a/351918860_161795[2019-12-12].

第四，有的界别特色不明显。以 2008 年政协界别为例，列入"特别邀请人士"
界别的委员，基本上是因为比例或人数限制而无法放入其他界别的委员，全国政
协中有 175 人，占全体委员总数的 7.7%；深圳政协中有 72 人，占全体委员总数
的 18%（郭峻，2012）。

（2）未与统战工作对象的范围扩大相一致。21 世纪以来，我国爱国统一战
线发生了新的变化。如表 6-7 所示，2000 年第十九次全国统战工作会议将统战对
象由 10 个方面增加到了 12 个方面。2006 年第二十次全国统战工作会议再次将
统战对象从 12 个方面扩大到 15 个方面。其中中介组织从业人员的大量出现，有利
于我国经济建设和社会建设的顺利进行。人民政协是我国最广泛的爱国统一战线组
织，调整与优化政协界别设置，是适应统一战线对象的变化，反映我国社会结构、
社会阶层变化情况的需要，有利于进一步加强和改进新时期的统一战线工作。

表 6-7　统一战线的统战对象变化情况

时间	统战对象范围	对象
抗日战争时期	抗日民族统一战线	工人、农民、小资产阶级、要求抗日的民族资产阶级、中小地主、英美派大地主大资产阶级以及地方实力派
解放战争时期	广泛的民主统一战线	工人、农民、城市小资产阶级、民族资产阶级、开明绅士、其他爱国分子、少数民族和海外华侨
1979 年第十四次全国统战工作会议	8 个方面	政协和各民主党派、民族工作和宗教工作者、各方面的爱国者、知识分子、从原工商业者改造过来的自食其力的劳动者、港澳台统战工作者、华侨上层统战工作者、国际友好活动工作者
1981 年第十五次全国统战工作会议	10 个方面	各民主党派、无党派知名人士、非党的知识分子干部、起义和投诚的原国民党军政人员、原工商业者、少数民族上层人物、爱国宗教领袖人物、去台湾人员留在大陆的家属和亲友、港澳台同胞、归国侨胞和海外侨胞
2000 年第十九次全国统战工作会议	12 个方面	各民主党派成员、无党派人士、党外知识分子、少数民族人士、宗教界人士、非公有制经济人士、港澳台同胞、去台湾人员留在大陆的亲属和回大陆定居的台胞、出国和归国留学人员、海外侨胞和归侨侨眷、原工商业者、起义投诚的原国民党军政人员
2006 年第二十次全国统战工作会议	15 个方面	各民主党派成员、无党派人士、党外知识分子、少数民族人士、宗教界人士、非公有制经济人士、私营企业和外资企业的管理技术人员、中介组织从业人员、自由职业人员、原工商业者、起义和投诚的原国民党军政人员及眷属、港澳台同胞、去台湾人员留在大陆的亲属、出国和归国留学人员、海外侨胞和归侨侨眷等

（3）界别意识不强。各界委员的参政意识还不够，主要体现在两个方面。第
一，政协组织本身界别意识不强。政协的各种参政议政活动，以界别为单位组织

的较少，多数经常性工作不以界别为单位来组织，对界别的整体优势发挥不够。第二，政协委员本身界别意识不强。政协委员很少以界别名义参加各种协商活动，对界别身份认同感不强。有学者基于广东省 M 市政协委员的调查研究表明，行业职业性界别政协委员参与政治协商的效能感最高。依照政治参与理论的经验性结论，政治身份、社会地位会影响政治参与的水平和政治参与效能感。那么政党成员、社会团体成员、社会职业行业代表的政治参与水平和政治参与效能感应该依次递减（李鹏，2016）。这告诉我们，在加强政协委员效能感的同时，也应积极发展职业界别，包括增设社会组织等新的界别，逐步增加政协委员的整体效能。

（4）组织松散。界别组织松散，缺乏凝聚力。除了中共、民主党派和一些人民团体外，其他各界别都过于松散，既没有专门的组织机构，也没有建立规范统一的工作制度。一些地方建立的界别召集人制度和界别活动小组等形式，都还处于探索阶段。为了更专业地向社会各界别提出各项社会建设和服务工作的建议，应将现有分散在各界别中的来自社会工作基层的委员集中起来成立政协社会组织界别，从而使社会组织所持的观点能形成一种界别明显、作用突出的声音。而且社会组织在参政议政过程中也需要一定的组织保证。已经设立的新社会阶层界别，尽管新媒体人士、中介组织、自由职业人等新的社会阶层人士有了一定的政治诉求渠道，但是新社会阶层界别中仍存在各种群体结构不合理的现象。而且这些新的社会阶层人士都属于新社会阶层，但他们所处的社会地位、拥有的社会资源和已有的政治渠道等都不处于一个层面，甚至差距很大，尤其是社会组织在其中规模最大，但地位较低，资源最少、渠道最缺。因此新设立的新社会阶层界别，与其他界别一样，因为职业差距等，也很难形成真正的合力，沟通、交流、合作都受到影响。

（5）界别声音不强。政协理应成为反映界别声音的主渠道，但在政协参政议政的各种渠道中，界别声音并不强。许多委员的界别属性不强，跨行业参与其他界别的现象也普遍存在。例如，社会组织委员分散在政协中的工商联、科协、社会科学界、社会福利和社会保障界等多个界别，而反映问题也是以所属行业或者被推荐的单位为主，如共青团推荐的社会组织委员就代表共青团发声。调研发现，以界别身份提案很少，提案者以界别代表的身份反映本界别问题的也很少。以深圳 2006 年提案数据为例，除了 8 个民主党派外，其他界别基本没有以界别名义提出提案。另外，在反映社情民意、开展视察、调研等方面，界别声音也不强。作为政府、企业以外的第三部门的社会组织，应该在界别之中发出自己的声音，扩大社会组织的影响和发挥积极作用。有委员调查指出："即使是在政协，很多政协委员对于社会工作领域、公益慈善领域仍然不了解，你们是做什么的？谁给你们发的工资？你们是如何生存的？作为政协里为数不多的社会组织从业者，确实需要'发声'。"[①]

（6）地方政协界别设置与当地实际情况有差距。从现实情况来看，地方政协界别的设置基本上是参照全国政协的做法。以深圳市政协为例，1990 年一届一次会议设 29 个界别，六次会议增至 32 个界别；1995 年二届一次会议增加了"澳门人士"和"台湾同胞联谊会"界别，共设 34 个界别；从三届起，把香港人士、澳门人士、特邀人士三个界别合并，设"特别邀请人士"。有的内陆偏远地区也设置了港澳特邀人士界，但是这些地区对外联系并不频繁，在当地从事工作的港澳人士也很少，出现本界别委员的"挂名"和"凑数"的现象。有的地区新社会阶层发展迅猛，如在江浙一带，新的社会阶层人士产生的社会生产总值占了相当的比例，在带动当地经济社会发展、就业、招商引资等方面发挥着举足轻重的作用，但是为满足下级政协界别设置应与上级政协界别保持一致的要求，没有及时进行界别增设或调整。我们对杭州市民政部门调研得知，杭州市非常希望能够设立社会组织界别，但是作为地级市没有这个权限。同样广州市也是通过增加社会组织委员的方式体现对于社会组织的重视，没有增设社会组织界别的原因与杭州相同。还有在福建省厦门市，作为社会组织主管部门的民政局，也没有增设社会组织界别的积极性，因为其权限在统战部门，其他部门提出有越权之嫌。因此，地方缺乏相应的权限，同时不同部门之间对于界别的增设问题没有协商，导致在设置界别问题上不能集思广益，进而导致界别设置不能与时俱进。

（7）专业性需要。社会组织代表人士政治素质高，聚焦社会难点问题，善于用专业的技术来处理问题，与社会各界联系紧密，与政府部门建立了良好的合作关系。在政协履行参政议政职能的过程中，各专委会、各界别的委员若要拟写提案、提出建议、开展调研等，针对与民生有关的问题可向社会组织委员进行咨询。已经设置的"社会福利和社会保障界"的提法不能充分体现主体特征，并且涉及领域过于宽泛，难以明确主体责任和权限范围。拟增设的社会组织界别具有相对的独立性，主体角色明确，易于规范其责任和义务。有些地区增设的新社会

---

① 陈诗松. 2017. "社会组织协商"迎来新机遇 发挥第三方优势让社会变得更好. http://app.why.com.cn/epaper/webpc/qnb/html/2017-11/21/content_44495.html[2018-10-08].

阶层界别，虽然包含了社会组织这个职业领域，但是因为新社会阶层中，律师、会计师、评估师等职业人士的地位较高，受重视程度高，而社会组织因为其非营利性特征在新社会阶层中的地位较弱，由此反映到政协界别也就很难体现出来。因此，单独增设社会组织界别很有必要。相比其他界别委员在反映社会服务、社会民生等领域的情况，社会组织委员更具实践性和参与性，在此基础上得出的提案更真实、更具体，也就更有针对性。

三、我国政协增设社会组织界别的外部支持

（1）研究基础不断拓展。有关社会组织界别增设的研究在 2011 年广东省的"社会组织界别增设"政策出台后进入新的阶段。之前的研究基本上是提出在新社会阶层中增设代表人士。本书单独提出社会组织界别将是一个新的开端。研究社会组织界别的增设要与整个政协界别的结构进行联系，要与我国社会经济发展和阶层发展相结合。与 50 多年来政协开展界别活动的实践相比较，对界别问题的理论研究显然要滞后得多（李德成，2007）。现有成果研究注重当下正在发生或者已经产生的问题，而对潜在的或者非常重要但是基于政策还没明确的主题却研究很少。随着各地开展增设社会组织界别实践，相关理论必将逐渐完善。

（2）更能体现新增主体的包容性和现实需求的紧迫性。关于法律界别设立的提议曾经进入比较成熟的酝酿阶段，但由于种种原因，增设工作被暂时搁置下来。于宁认为，如果界别调整的话，那么不单是法律界别，还包括其他现行界别。界别的设置是否科学合理，是牵一发动全身的事。如果单纯解决一个法律界别的问题，可能出现'按下葫芦浮起瓢'，还有新的问题。[1]考虑到新兴阶层比较多，政协不可能也没必要马上增设大量新界别，而设立社会组织界比设立法律界等其他专业性界别具有更大的包容性，更能适应现阶段中国社会分层的现实需要，也更符合政协界别设置和调整的原则。因为在其他界别中已经有较多的新兴私营企业主阶层代表以及法律界、评估界的中介组织代表，私营企业主等强势阶层大量进入政协组织，广泛分布于政协各个界别。据统计，1993 年 3 月，20 名私营企业主正式成为全国政协委员，到 1998 年，全国私营企业主担任全国政协

---

① 律师新阶层崛起 政协增设法律界别何时入轨？http://www.chinanews.com/gn/news/2008/03-26/1202956.shtml[2010-10-18].

委员的有 46 人；到 2003 年的第十届全国政协会议时，这一数字已增加到 65 人。①2009 年 3 月公布的《第八次全国私营企业抽样调查数据分析综合报告》显示，私营企业主担任人大代表、政协委员的占到受访企业主的 51.1%。据统计，在 34 个界别中，委员人数最多的是经济界别，其次是文化艺术界别，该界别共有 145 名委员（林衍，2012）。体现最少的则是社会组织代表，然而社会组织代表涉及的领域范围广，几乎与各个行业界别都有交叉，因此增设社会组织界别更能体现包容性和满足现实需要。

（3）实践已经积累了一定经验。广东省佛山市顺德区、惠州市博罗县已增设了社会组织界别，而且有省政协委员提出增设社会组织委员、代表及界别的建议。四川省宜宾市南溪区增设了社会组织界别。河北省张北县、江苏省赣榆区、浙江省、福建省、河北省、河南省驻马店市、河南省安阳市、陕西省商洛市、青海省西宁市、内蒙古自治区海拉尔区、云南省昆明市和德宏州等地设置了新社会阶层界别。山西省根据"在各级人大代表、政协委员中适度增加新的社会阶层代表人士"的要求在第十一届省政协委员安排新的社会阶层人士 26 人，且实现了四个群体全覆盖（邓伟强，2018）。另外，1984 年广东省佛山市顺德区设置了个体劳动者协会，2002 年浙江省温州市龙湾区设置了社会人士界，同年广东省深圳市宝安区设置了商会界等，都为社会组织界别的设置提供了大量经验。全国各级各地的青联设置了青年社会组织界别，在青联的重要会议和活动中发挥着重要作用，这也为政协设置社会组织界别提供了经验参考。深圳市统战部在社会组织界别协商方面准备得更为充分，采取逐级逐步的方式不断积累经验和夯实基础。2020 年 4 月，深圳市社会组织管理局发布关于委托专业机构开展探索建立社会组织协商机制课题研究项目的招标公告，将社会组织协商的探索问题提升上政府议程。

（4）政策支持的效应逐步增强。党的十九大正式提出社会组织协商制度实践的重要论述。地方各级政协也有关于加强社会组织协商以及增加社会组织在政协中的委员、代表数量或者界别的政策条文。相关统战部门、组织部门、政协部门、民政部门以及相关人民团体都在政策方面做出调整，增加了社会组织协商的要求，以及提出探索社会组织协商制度化的目标，并在具体文件中提出增设社会组织界别和代表的建议。随着政策体系的不断完善，从重要综合性会议的政策定

---

① 王莉燕. 2022.【统战史话·爱国统一战线】非公有制经济代表人士队伍建设和工商联组织建设. http://www.ycswtzb.gov.cn/html/1303/2022-06-04/content-3109.html[2023-09-10].

调，到相关部门增设社会组织界别的政策试行，再到最高层面的政策文件出台是一个渐进的过程。

（5）现有政协界别中有关社会组织身份的委员及提案比重大，为工作进一步推进提供了重要保障。深圳市第六届政协委员共有 500 人，其中在社会组织中担任领导职务的人员共计 85 人，占 17%。按政协界别划分，社会组织代表人士在34 个界别中的 23 个界别占有席位，其中在科学技术协会占比最高，达到34.48%。据不完全统计，在广东省 2003～2018 年的政协会议 12529 件提案中，有关社会组织的提案为 778 件。在广东省佛山市政协 2003～2014 年 2249 件提案中，有 53 件提案与社会组织有关，而其他如党政机构有 102 件，企业有 182件，人民团体有 6 件，宗教团体有 12 件。[①]政协界别中社会组织身份委员以及社会组织相关提案数量不断增加，且占比很大，这为单独设立社会组织界别提供了现实基础。

（6）社会组织代表人士的政治素质高、参政能力强。社会组织一般从事着公益性、志愿性和慈善性的工作。大多数社会组织人士具有很好的公共素养，在贫困治理、抗击疫情、救助灾民等重大事件，以及社区服务、儿童关爱、支教帮扶、残障救助等方面贡献突出，另外在行业发展、对外交流、文化事业等领域也发挥了较强的专业作用。各社会组织基本上都出台了团体章程，也制定了团体自治制度，社会组织的内部治理科学，民主选举社会组织负责人，成员之间平等、互爱、团结，组织活动大都采取协商民主方式。因此，经过社会组织的内部治理，社会组织成员得到了锻炼，形成了良好的素质和能力。再者，各级社会组织孵化培育以及培训机构大量建立，社会组织代表人士的职业素质以及政治参与素质得到很大提升，专门培养社会组织代表人士的社会组织党校和社会组织学院已经达到 20 多所。从中央到地方，从统战部门、组织部门、人民团体到民政部门都开设了许多关于社会组织代表人士参政议政的理论学习班。社会组织代表人士参政热情高，他们通过各种渠道和场合积极反映民众的身边事、困难，积极为政府建言献策，对于提升党的执政基础以及维护政府形象具有重要作用。我国各级各地涌现出了大量优秀的社会组织和社会组织创新示范基地。其他如支持型社会组织、枢纽型社会组织等更是发挥了社会组织行业的带头和引领作用，这些都为社会组织界别的成立培养了优秀的代表。

---

① 资料来源于笔者调研，2019 年 12 月 13 日。

第五节　我国政协界别的变迁与社会组织相关界别演进

一、全国政协界别演变

有关社会组织界别的设置情况与我国社会阶层结构有着很大的联系。在第二届政协中增设合作社界别是新中国社会组织界别的初步尝试。1953 年逐步成立乡村政权机构，乡农民协会和乡以下的农会组织被新的基层政权机构所代替。1963 年 5 月根据《中共中央关于目前农村工作中若干问题的决定（草案）》指示，贫下中农协会、协会组织和贫协小组又相继出现。但是随着改革的深入，从十一届三中全会后，全国各地贫协组织也相继被取消。相应地，1978 年政协五届一次会议时撤销了合作社界别。另外与社会组织界相关的另一个界别（即"社会救济福利团体界"）在政协第二届成立，在第九届改为社会福利界，职业特征和服务范围也得到更好地体现。2002 年，中共十六大强调要"建立健全同经济发展水平相适应的社会保障体系"。2003 年，第十届全国政协将原来的"社会福利界"改变为"社会福利和社会保障界"（表 6-8）。而且这一界别的人数也在不断增加，从政协第七届、第八届、第九届、第十届的 19、20、22、32 人发展到第十一届的 36 人，增长了 89%。再者，各人民团体的界别委员数量也增长很快，在第十二届政协中各人民团体类有 8 个界别：总工会、共青团、妇联、工商联、科协、青联、台联、侨联。这些界别与群众联系紧密，而且许多人民团体主管的社会组织较多，例如北京市在 2008 年成立了枢纽型社会组织，主要就是依靠各人民团体（如工会、青联、妇联等组织）来加大与相关社会组织的联系。中央对群团组织的工作要求中提出，工会、共青团、妇联等群团组织要以提高吸引力、辐射力、凝聚力和扩大有效覆盖面为目标，在加强区划和单位开展界别工作的同时，重点向社会组织、城乡社区等领域和农民工、自由职业者等群体延伸组织体系。有的界别还在其组织内部专门设立社会组织类别，如青联是政协界别之一，在我国大部分地区的青联内部也设置了青年社会组织界别。另外，职业界别的数量逐步增加，这也为社会组织界别增设提供了机遇。在政协中除了各民主党派、宗教、特邀人士界和各人民团体界别，其他界别基本都可以列为职业界别。改革开放以来，这类界别与我国社会阶层变化有着紧密联系，是我国经济社会发展的必然要求。据统计，自第六届全国政协以来，不仅界别数量的增加和名称的改变主要发生在职业界别，而且职业界别委员人数及所占比例显著提高，每届均超过1000 人，占委员总数的 50%以上。以第十一届和第十二届为例，职业界别委员人数分别达到 1202 人（占 53.7%）和 1207 人（占 54%），在两届委员总数未改变的前提下，职业界别的数量仍增加了 5 人（周青山和陈恒全，2017）。

表 6-8　我国政协界别的演变情况

届次及年份	增加	合并与分设	取消	改名
第二届（1954-1959）	社会救济福利团体、合作社、医药卫生界、对外和平友好团体	三民主义同志联合会、中国国民党民主促进会与中国国民党革命委员会	区域和军队方面的代表、上海各人民团体、中华全国学生联合会、自由职业界、民主人士界、中国人民救国会	各解放区农民团体、全国工商界、自然科学工作者界、社会科学工作者界、教育工作者界、新闻工作者界等依次改为农民、中华全国工商业联合会、自然科学团体、社会科学团体、教育界、新闻出版界
第三届、第四届、第五届（1959-1983）	体育界（1978 年）	—	合作社（1978 年）	—
第六届、第七届（1983-1993）	中华全国台胞联谊会和港澳同胞	—	科学技术协会界	农民改为农林界、中华人民共和国全国妇女联合会改回中华全国妇女联合会界
第八届（1993-1998）	经济界、中国科学技术协会	港澳同胞分为香港同胞和澳门同胞	—	归国华侨改为中华全国归国华侨联合会
第九届、第十届、第十一届（1998-2013）	—	—	—	香港同胞、澳门同胞分别改为特邀香港人士界和特邀澳门人士；农林界改为农业界；社会救济福利团体改为社会福利界（第九届）；社会福利界改为社会福利和社会保障界（第十届）

历届政协的界别数和委员数呈逐步增长的趋势，从第二届的 29 个界别增至第十三届的 34 个界别（第一届因为执行了人大的职能，并没有按照政协界别方式设置），委员数目也由第一届的 180 人增至第十三届的 2358 人（表 6-9）。

表 6-9　我国政协界别结构的基本情况

届次	党派类/个	职业类/个	团体类/个	宗教类/个	少数民族类/个	特邀人士类/个	界数/个	人数/人
第一届	14	0	16	0	0	1	46	180
第二届	10	3	12	1	1	1	28	559
第三届	10	3	12	1	1	1	28	1071

续表

届次	党派类/个	职业类/个	团体类/个	宗教类/个	少数民族类/个	特邀人士类/个	界数/个	人数/人
第四届	10	3	12	1	1	1	28	1199
第五届	10	7	9	1	1	1	29	1988
第六届	10	8	9	1	1	2	31	2042
第七届	10	8	9	1	1	2	31	2038
第八届	10	9	10	1	1	3	34	2093
第九届	10	11	8	1	1	3	34	2195
第十届	10	11	8	1	1	3	34	2238
第十一届	10	11	8	1	1	3	34	2237
第十二届	10	11	8	1	1	3	34	2214
第十三届	10	11	8	1	1	3	34	2358

二、地方政协界别演变

我国地方政协界别的设置基本上是参考全国政协的增设办法。地方政协在数量设置上呈逐级递减趋势，从各地各级设置情况来看，省级一般为 30~33 个；市级为 28~30 个；县级为 18~25 个。因为各地人口和经济社会发展情况不一样，所以各地政协界别设置也充分考虑到本地实际情况。受当地经济社会发展以及社会阶层结构变化的影响，在经济发达地区政协界别的演变较为明显。为了清晰地分析这一变化情况，我们选取了北京、上海、广东、浙江等省市某些区域的政协界别设置情况来进行阐释。

（一）北京市海淀区政协发展情况

2018 年，海淀区常住人口 335.8 万人，实现地区生产总值 6479.5 亿元，全区人均地区生产总值达到 19.3 万元。2018 年，该区被民政部确认为第三批全国社区治理和服务创新实验区。第十届区政协委员有 443 人，委员中新的社会阶层人士有 60 人。北京市海淀区的政协界别设置基本按照北京市和全国政协的界别设置模式，但在之前的许多界别设置则具有明显的地方特色，如联社、幼教界、医务界、工交城建界、财贸界、街道界、民族宗教界、烈军属残废军人界、新技术产业开发试验区界、旅游界。其中幼教界、工交城建界、财贸界、街道界、烈军属残废军人界、新技术产业开发试验区界、旅游界在其他地区的政协中很难见到。联社是城市生产服务工业局下属单位（街道企业），是北京市的特殊经济载体，不属于社会组织类别。与社会组织联系紧密的是街道界，从 1984 年到 1999 年一直存在，人数最多时达到 20 人。街道界与民众联系紧密，包括基层自治组织，社区社会组织以及群众自组织等各种基层组织类型。然而，街道界于 1999 年政协换届时被取消，随之增加的是社会福利界。因为街道界的相当部分职能是服务基层群众的公共事务，这与社会福利工作有一定交叉，因此在取消街道界后，成立社会福利界是对撤销街道界的一个弥补，同时社会福利界与市级政协及全国政协界别设置也保持一致。而且社会福利界的涵盖范围更为广泛。但是，新设置的社会福利界委员人数仅为 6 人，远远低于原来的街道界委员数。人数增加最多的是科协与共青团界，在 1994 年科协划分为科学技术界和科学技术协会，人数也较大幅度增加，由最初的 15 人增加到 51 人（2 个界别），共青团界在 1999 年分化为团委和青联二界，人数也由最初的 9 人增加到 13 人。

（二）浙江省江山市政协发展情况

江山市作为浙江省县级市，先后入选全国"幸福百县榜"（2018 年）、中国县级市全面小康指数前 100 名（2018 年）。截至 2019 年，政协江山市委员会已至第十届，拥有界别 18 个，委员 238 名，工作机构 8 个，委员小组 13 个。浙江省江山市地处浙闽赣三省交界，现有人口 61 万。2019 年全市地区生产总值 303.41 亿元，全市地区人均生产总值（按常住人口计算）达到 62 617 元。①截至 2019 年，全市共有 2500 多个社会组织，其中正式注册登记的社会组织有 399 个，备案类社会组织有 2100 多个，每万人拥有社会组织 4 个（祝新洪和丁年录，2019）。江山市政协界别从第七届以来总体变化不大，在第十届政协换届时台胞台属联谊会和归国华侨联谊会两个相近的界别合并。合并后人数较上届没有变化。在第十届政协，农村经济界和农业界被撤销，增设农业农村界。这种改变，避免了农村经济界和经济界的重复，同时也扩大了原农业界的范畴。其中与社会组织相关的界别主要体现在社会保障这个界别。与其他很多地区政协界别不

---

① 2019 年江山市国民经济和社会发展统计公报. http://www.jiangshan.gov.cn/art/2020/5/15/art_1229090370_3336857.html[2021-10-10].

同的是，社会福利这个范畴没有体现到名称中。但值得注意的是江山市政协在第八届和第九届设置了法制与新阶层界。这体现了呼声较高的法律领域的迅速发展和重要地位，也体现了其他新社会阶层的发展需求。但是，在第十届政协，法制与新阶层界改为社会科学界。

（三）浙江省温州市龙湾区政协发展情况

龙湾区为浙江省温州市辖区。2019 年龙湾区地区生产总值达到 704.52 亿元，人均生产总值为 207 782 元。①龙湾区政协界别共有 16 个，没有设置社会福利和社会保障界，在第二届中设置了社会人士界，但是在第四届就取消了。龙湾区重视基层社区社会组织的发展，在加强社区社工培训、建立区、街道、社区三级社会组织服务中心等方面，为社会组织相关界别的设置提供了重要基础。

（四）上海市浦东新区政协发展情况

浦东新区是我国改革开放最前沿、经济最发达的地区之一，获得国家智慧城市、国家卫生城市（区）和全国文明城市等荣誉称号。2019 年，浦东地区生产总值增长 7%，规模以上工业总产值稳定在万亿规模②。2019 年，国家发展改革委确定浦东新区为社会信用体系建设示范城市（区）。2019 年 6 月，浦东新区被赋予市级经济管理权限。浦东新区重视发展社区社会组织，2019 年社区社会组织达 7000 余个，涉及 5 大类 10 小类，另外有 1886 个社会组织、6253 个群众社团。在社会组织发展政策方面，浦东新区建立了完备的政策体系。

浦东新区政府注重社会组织协商机制的建设，成立了浦东新区社会组织建设与管理工作联席会议。由区委副书记担任总召集人，分管副区长为第一召集人，成员包括：区发改委、区民政局、区人社局、区总工会、团区委、区妇联、区府办、区委组织部、区委办、区委宣传部、区社工委、区财政局、区残联等部门的负责人。各部门间进一步形成合力，特别是团委、妇联等人民团体在其中发挥了枢纽作用。浦东新区积极推荐社会组织代表人士参选区党代表、人大代表和政协委员。浦东新区第二届、第三届、第四届、第五届、第六届（第一届没有找到数

① 龙湾区统计局. 2020. 2019 年龙湾区国民经济和社会发展统计公报. http://www.longwan.gov.cn/art/2020/8/25/art_1397327_55065488.html[2011-09-10].

② 齐颖. 2020. 学习"四史" 感悟而立浦东发展之路. https://m.thepaper.cn/baijiahao_9974798[2021-09-10].

据）政协会议中，界别设置都没有变化。

（五）广东省佛山市顺德区政协发展情况

截至 2019 年顺德地区生产总值连续 8 年位居全国综合实力百强区第一，11次入围"中国全面小康十大示范县市"，其中建设人民满意政府指数位居佛山市五区首位。顺德是国内最早一批建立社会保障制度的地区。2012 年顺德区实施了大部制改革，同时在政协增设新社会组织界别，在政协、基层都建立了完善的社会组织协商体系。顺德政协界别变化很频繁，在第八届撤销了船民界和个体劳动者协会界，在第十二届撤销了无党派爱国人士界，同时将教育体育界分设为体育界和教育界，农民界改为农林界，港澳人士界分设为香港界和澳门界，工商经济界分设为工商联和经济界，归侨台属界改为侨联界，增设了新闻界、执法界、科协界、新社会组织界、社会福利界。在一个政协内同时存在新社会组织界和社会福利界，说明了顺德政协对于基层民众意见表达权利的重视，尤其是重视发挥社会组织在协商民主中的重要作用。在第六、第七届，顺德区政协还设立了个体劳动者协会，尽管其联系的群体主要是私有企业主和个体劳动者，但是以民间协会的方式设立的界别，充分体现了对新社会阶层和社会组织在协商中作用的重视。

（六）广东省深圳市宝安区政协界别的演变

宝安区位列 2018 年中国百强区第 6 名，入选 2017 年和 2018 年中国工业百强区。①截至 2019 年，宝安区共有社会组织 1197 个，宝安区社会组织在全国区县率先构建诚信体系建设。在宝安区的政协界别演变中，基本上呈现出逐步与上级政协界别相一致的过程。在第一届中，民主党派是 1 个界别，从第二届开始则分为 8 个党派界别。值得一提的是，宝安区在第一届和第二届中设立了商会界，人数分别为 19 和 18，是第一、第二届中委员数最多的界别之一，第一届仅次于中国共产党和民主党派，第二届仅次于特邀人士界，这是对商会类社会组织发展的重视，但是该界别在第三届后取消了。新设置的社会福利界是社会组织服务领域最直接的界别，人数由最初的 2 人增加到 6 人。

---

① 666，全国工业百强区出炉！宝安排名第 6！！！https://www.sohu.com/a/277543076_487460[2023-05-05].

第六节 社会组织界别服务的领域范围

社会组织参与政策制定和服务政府决策过程的相关领域较为广泛，主要包括行规、法律、民生、环境、产业等方面。因为，社会组织的种类分化已经很细，几乎涵盖社会所有行业领域范围，而且社会组织基本上都具有专业性很强、服务领域针对性很强的特征，使得它们关注和服务的政策领域也相当宽泛。

一、社会组织的政策关注与制度化体现

德国的社会组织在制定行业标准、解决失业问题、协调行业内部利益等方面有参与政府决策过程的权利。英国社会组织在审查和制定安全生产相关的规制条例方面有参与立法的机会。挪威、芬兰、瑞典等国的福利性社会组织就环境保护、能源使用等的政策和监管问题，参与议会立法、政府协商等议事过程。日本、韩国等国家的社会组织积极参与建筑行业工业安全预防条例、职业健康安全管理体系和风险评估方面的政策制定过程。我国香港地区的香港工业总会议员代表可就交通基建、劳工收入、香港与内地合作、香港施政报告等方面问题向立法会提案（曾令发和杨爱平，2014）。澳门功能性社会组织则直接践行了界别的政治协商体系。例如，澳门商总、工联、街联作为雇主界、劳工界、社会服务界的代表性社团，议员主要是从雇主类、劳工类等四类界别社团中选举产生。另外，还有更细小的功能界别分支，如澳门地产商会、茶楼工会等。2008年澳门街联向政府提交议案，涉及的范围包括公共交通、养老保障、住房建设、金融经济、法律的修订等（刘祖云，2010）。议案内容具体且涵盖的事务广泛，另外也涉及国家治理等宏观问题。

随着我国社会组织规模、数量和影响力的日益提升，如何发挥社会组织在各行各业的协调、组织和专业性支持作用，成为迫切需要加大支持的课题，需要充分体现社会组织的政策建议、社会建设意见和反映社会组织自身发展。社会组织已经在党代会、政协、人大以及青联等重要政治性组织中获得了代表资格，但由于社会组织是改革开放以来初步发展起来的社会力量，在政治体系和国家治理机制中纳入社会组织的代表体系，势必会造成社会组织的政治角色与其他体系中已有的主体产生重新定位和空间协调的问题。从调研的情况来看，政协体系中其他界别的委员，尤其是社会福利和社会保障界、工商联、妇联等服务

于民生和公共服务领域的界别，它们之中的委员已经在提交相关的提案，而且这些界别里面就有很多来自社会组织主体的委员，那么将社会组织界别单列，社会组织界别的工作职责、服务范围如何界定，面临两个问题：一是原有界别中社会组织委员是否重新归类；二是新的社会组织界别所服务的群体或业务范围如何界定。甚至有的调研对象指出，一些界别中已经有社会组织委员进行相关提案工作，还有一些界别关注社会组织相关的工作领域，因此存在重新设置社会组织界别是否有必要的问题。

二、我国社会组织界别拟服务范围的界定

根据我国社会组织政策参与的实际情况和社会组织在相关政治会议和政治体系中的实际作用，我国社会组织界别拟服务范围的界定须考虑如下几个方面的问题。

一是拟增设社会组织界别的工作服务范围与其他相关界别或机构的关系协调。社会组织界别的工作应主要从社会组织本身、社会工作领域、志愿服务等相关范畴展开，同时包括扶贫、养老、支教、助残、环保、对外交流等领域中属于社会组织负责的领域，否则容易与社会福利和社会保障界所服务的领域重叠。从广东省政协社会福利和社会保障界的提案来看，其中并未涉及社会组织本身的发展问题，佛山市社会福利和社会保障界的委员也不是社会组织专职身份。社会组织界别关注和涵盖的服务领域很广，不同行业都有自己的社会组织形式，因此政协中的工商联、妇联、工会等人民团体，教育、医疗、卫生、科技等各职业界别以及民族宗教等领域都有相当多代表本领域的社会组织委员存在，有些界别的委员本身也兼职某社会组织的重要职务或者是其中的一员，他们有时也会从社会组织的角度对本行业提出重要的建议。这需要其他界别加强与社会组织专门界别的沟通协调，联合提案，以形成合力。政协设置的社会组织界别应与人大的社会组织代表在工作上做好区别和衔接。政协中的社会组织界别工作也应与党代会中的社会组织代表工作有所区别。社会组织党代表工作主要是指社会组织的党建以及思政工作，而政协则是社会组织及其相关领域的具体发展问题。

二是不同层级和地区的社会组织界别所服务的领域范围应有区别。从广东省、佛山市和顺德区社会组织提案所属社会组织类别分布来看，省级政协中社会组织提案主要关注宏观的政策研究，如政府购买、行业协会商会、公益慈善事业发展等领域；而区级社会组织提案则关注农村合作社、社区养老服务、社会工作者等具体微观问题。康晓强（2016）对社会组织协商的层次范围

进行了划分，指出社会组织协商应在中央、地方、基层三个层面展开。中央层面重点从党和国家的重大决策、法律法规的制订以及重大民生问题等方面进行深入协商。地方层面主要从地方经济社会发展的中长期规划等方面进行协商。基层层面则围绕群众关心的热点难点问题等进行协商。省级政协相关社会组织提案所关注的是社会组织的发展对于某些行业或者领域的积极作用。但是社会组织委员有关社会组织的直接相关提案很少，本书统计了广东省政协 2006～2018 年的提案，仅有以下 23 个，其中 9 个提案为同一委员提出（表 6-10），表 6-11 为佛山市政协社会组织委员直接相关提案。

表 6-10　广东省政协社会组织委员直接相关提案

提案号	提案名称	提案者	提案范围	主办	协办
2008317	发挥商会、协会作用，组织珠三角企业向东西两翼及粤北地区转移	王理宗（广东省政协常委，广东高科技产业商会会长，深圳市企业联合会、深圳市企业家协会常务会长）	经济	广东省经济贸易委员会	广东省发展和改革委员会、广东省工商业联合会、广东省财政厅
2009749	发展公益性 NGO 构建和谐社会	杨志红（香港广东社团总会副主席兼秘书长）	综合	广东省民政厅	广东省红十字会
2010035	社会组织助扩大内需、增强企业自主创新能力"大有可为"	王理宗（广东省政协常委，广东高科技产业商会会长，深圳市企业联合会、深圳市企业家协会常务会长）	经济	广东省经济和信息化委员会	广东省科技厅
2010044	充分培育社会组织的发展，促进就业，拉动内需	王理宗（广东省政协常委，广东高科技产业商会会长，深圳市企业联合会、深圳市企业家协会常务会长）	综合	广东省民政厅	广东省人力资源和社会保障厅、广东省教育厅、广东省残疾人联合会
2011551	加快我省慈善组织的民间化，推动慈善产业发展	王理宗（广东省政协常委，广东高科技产业商会会长，深圳市企业联合会、深圳市企业家协会常务会长）	综合	广东省民政厅	—
2011552	加强社会组织人才建设，是推动社会建设不可或缺的要素	王理宗（广东省政协常委，广东高科技产业商会会长，深圳市企业联合会、深圳市企业家协会常务会长）	综合	广东省民政厅	广东省人力资源和社会保障厅、广东省教育厅
2012379	成立为农民工服务的社会组织，维护农民工正当权益	王理宗（广东省政协常委，广东高科技产业商会会长，深圳市企业联合会、深圳市企业家协会常务会长）	劳动人事	广东省民政厅	广东省机构编制委员会办公室、广东省人力资源和社会保障厅、广东省财政厅

续表

提案号	提案名称	提案者	提案范围	主办	协办
2013396	关于通过实现商协会可持续发展，强化社会建设主体的建议	王理宗（广东省政协常委，广东高科技产业商会会长，深圳市企业联合会、深圳市企业家协会常务会长）	综合	广东省民政厅	广东省社会工作委员会、广东省财政厅、地方税务局、中华全国工商业联合会
20140014	关于加快完善行业协会职能 推进社会主义市场经济健康发展的提案	民进广东省委员会（共1名）	—	—	
20140078	充分发挥异地商会（同乡会）在社会管理维稳作用的提案	民建广东省委员会（共1名）	—	—	广东省民政厅
20140100	关于社会组织承接政府职能转移中问题的提案	九三学社广东省委员会（共1名）	—	—	
20140134	关于加强民间社会组织服务新生代农民工发展的提案	民革广东省委员会（共1名）	劳动人事	广东省民政厅	广东省直机关工委、广东省财政厅、广东省人力资源社会保障厅、广东省教育厅、广东省卫生和计划生育委员会、广东省司法厅、广东省团委
20140146	关于加强地方立法 规范社会组织发展的提案	民盟广东省委员会（共1名）	政法	广东省民政厅	广东省人大常委会办公厅、广东省人民政府法制办公室
20140172	关于加快转变政府职能，发挥社会组织在社会管理中作用的提案	台湾民主自治同盟广东省委员会（共1名）	综合	广东省民政厅	广东省社会工作委员会、广东省编办、广东省财政厅
20140185	关于发挥行业商会作用，打造惠州家具产业新城的提案	广东省工商业联合会（共1名）	经济	广东省经济和信息化委员会	广东省发改委、广东省工商联合会、惠州市政府
20140191	关于授权广东省环境艺术设计行业协会为行业监管单位的提案	广东省工商业联合会（共1名）	综合	广东省住房和城乡建设厅	—

续表

提案号	提案名称	提案者	提案范围	主办	协办
20150049	关于进一步培育发展公益慈善类社会组织的提案	台湾民主自治同盟广东省委员会（共1名）	综合	广东省民政厅	广东省社工委、广东省人大常委会办公厅、广东省法制办、广东省地税局、广东省国税局
20150049	关于进一步培育发展公益慈善社会组织的建议	台湾民主自治同盟广东省委员会（共1名）	—	—	广东省民政厅答复的函
20160061	关于建立我省社会机构行业协同机制的提案	民革广东省委员会（共1名）	综合	广东省民政厅	广东省财政厅
20160141	关于大力支持行业商会协会举办专业展会的提案	广东省工商业联合会（共1名）	经济	广东省商务厅	广东省工商业联合会
20180019	关于建立评价机制，完善监管体系，提高政府购买公共服务效能的提案	民进广东省委员会（共1名）	—	—	广东省财政厅
20180266	关于将商协会定位为新型服务业，发挥其潜在价值的意见	王理宗（广东省政协常委，广东高科技产业商会会长，深圳市企业联合会、深圳市企业家协会常务会长）	广东省工商业联合会	意见	—
20180268	关于充分发挥商协会在粤港澳大湾区建设中的作用的意见	王理宗（广东省政协常委，广东高科技产业商会会长，深圳市企业联合会、深圳市企业家协会常务会长）	广东省经济和信息化委员会	意见	—

表 6-11　佛山市政协社会组织委员直接相关提案

案号	案由	政协委员	分类
20040194	关于发展行业商会的建议	何永牛（何氏机械制造厂，乐从商会荣誉会长）	政治法律、劳动
20040188	积极应对入世挑战，促进行业协会发展	民革佛山市委会	政治法律、劳动
20040162	关于组建"民办教育协会"的建议	吴毅（致公党广东省委会专职副主委）	精神文明

续表

案号	案由	政协委员	分类
20050159	必须搞好行业商会的建议（两案合并）	郑庆展（公司法人），戴祖煌（佛山市南安企业协会会长，佛山市南益纺织有限公司董事长），何健华（医师），吴小源（公司法定代表人），卢永红（公司法人）	政治法律、劳动
20050155	搞好行业协会（商会）自身建设发挥行业协会（商会）管理优势	民建佛山市委会	政治法律、劳动
20050114	扶持民办学校的几点建议	黄继红（蓓蕾学校校长），朱新进（主任医师），王平芳（南海广播电视大学主任，南海区人大代表），陈小萍（中学高级教师），吴艳芬（中国女企业家协会常务理事，公司董事长）	精神文明
20050031	建立物流行业协会的建议	李景明（佛山市九三学社专职副主委）	经济科技
20060132	建议筹备成立"香港佛山社团总会"	—	政治法律、劳动
20070141	加强民间组织管理机构建设的建议	甘绮霞（佛山市教育局科员），林锋（主任医师），朱建军（市气象局局长）	政治法律、劳动
20090144	关于重视和扶持我市网络民间智库的建议	陈小霞（佛山市人民政府副主任委员）	精神文明
20100059	加强民办学校教师人事制度建设的建议	舒悦（佛山市教育局副主任）	精神文明
20100008	建立有偿购买服务财政体系 促进行业商（协）会发展（两案合并）	佛山工商联合会，潘爱珍（主任医师）	经济科技
20110132	关于加快我市行业协会发展的建议	中国致公党佛山市委会	政治法律、劳动
20120155	（书记督办案）关于加强我市社会组织建设的建议（三案合并）	民革市委会，李薇（佛山市人大常委会委员、农工党市委会专职副主委），罗斌华（民建省委员会副主任委员），周绍缨（佛山科技学院主任科员）	政治法律、劳动
20120024	关于依托科技社团开展专业技术人员继续教育培训的建议	黄文（佛山市科协主席），陈志芳（公司高管，佛山市科学技术协会委员），齐广忠（佛山市社会福利院院长），俞宙虹（佛山市卫计局副局长），梁龙威（经理），叶树林（学院教授），陈东初（佛山市科学技术学院材料科学与能源工程学院执行院长），周绍缨（学院主任科员），谭光明（病理学分会主委，佛山市卫生局副局长），李康文（佛山市环境保护局副局长），龚悦（佛山市质量所副所长）	经济科技

续表

案号	案由	政协委员	分类
20130090	关于政府购买社会组织公共服务中存在的问题及对策建议	中国致公党佛山市委会	城市管理
20130088	关于健全社会组织监管评估机制、创新我市社会组织管理模式的建议（两案合并）	民革佛山市委会，邓颖思（公司法人）	政治法律、劳动
20130082	关于促进我市行业协会发展的建议（三案合并）	佛山工商联合会，蔡伟生（省侨办副主任、进出口商会执行会长），李薇（佛山市人大常委会委员），刘现祥（佛山市工商联副主席），高元兴（经理），周荣炽（佛山市律协会长）	政治法律、劳动
20140023	关于加大对为残疾儿童提供服务的社会组织扶持力度的建议	吴嘉丽（佛山市残疾人联合会党组书记），俞宙虹（佛山市卫计局副局长、区人民代表大会代表），李树珍（佛山市儿童福利会副会长、公司总经理），吴劲（东区卫生局科长），曾国旋（司法局调研员），陈东初（某学院院长），谭光明（佛山市病理学会分会主委，佛山市卫生局副局长），徐凯英（某公司监事），龚悦（某所副所长），邓晓海（佛山市政协委员、学院团委书记），刘明（区政协副主席、区人口和卫生药品监督局副局长），何小莹（区总工会副主席），王树斌（团市委书记）	政治法律、劳动
20140016	关于促进社会组织发展，提高佛山城市竞争力的建议（五案合并）（提案）	梁绮惠（学院系主任），李建丽（佛山市人民政府副主任委员，中国致公党市委会副主委），杨河源（佛山市政协委员、佛山市文艺批评家协会副主席），黄文（佛山市科协主席），谢伟雄（佛山国际商会会长），马旭聪（公司董事长），冯娟（学院体育老师），冯尚源（民盟市委企业家工作委员会主任），陈志芳（公司高管），叶树林（学院教授），陈东初（学院执行院长），龚悦（佛所副所长）	政治法律、劳动
20140013	关于重视公益服务类社会组织生存发展环境构建的建议（提案）	朱延通（民革佛山市委会副秘书长）	政治法律、劳动

三是不同类型社会组织服务的范围应有所区别。社会组织主要分为社会团体、基金会、民办非企业三大主体，各主体间在服务和关注的领域有着很大的差异。如要进入政协界别，不同类型的社会组织应从最为熟悉的领域着手，发挥各自的特长。根据民政部全国性社会组织等级评估的数据（2010～2019 年）分析发现，不同类型社会组织的服务范围有着很大差异。①社会团体。社会团体中行业协会商会、学术类社会团体居多，基本涵盖了全部国民经济领域。此外，全国

性学术类社会团体涵盖了自然科学和社会科学领域，其中自然科学研究的学术类社会团体居多。②基金会。2010～2019 年，283 个 1A 及以上评估等级基金会服务于教育领域的有 31 个，扶贫救助领域的有 15 个，环境保护领域的有 8 个，医疗卫生领域的有 28 个，公益慈善领域的有 73 个，科学研究领域的有 9 个，人才培养领域的有 18 个。③民办非企业单位。2010～2019 年，共有 64 家组织获得 1A 及以上评估等级，其中获 1A 级评估的有 8 个，2A 的有 10 个，3A 的有 35 个，4A 的有 11 个。在政治、文化、医疗、养老、扶贫、社会救助等多方面均有涉猎。一般来说，社会组织协商内容包括：社会组织《章程》的修改、政策执行的方案讨论、会员利益相关重要事项、会员普遍关注或反映强烈的问题、民政主管部门认为需要协商的重大事项。具体细化到社会组织的每一种类型，如社会团体、基金会和民办非企业等还应有各自领域的协商事务。包括社会团体中研究类、科技类、联合类的组织类型向国家提出政策性和相关领域的重要智库建言，基金会对于社会组织扶持性政策的建议，民办非企业有关民办高校、医院、福利院的行业发展建议等。

四是社会组织委员在政治会议中应加强平衡分布。据统计，政协深圳市第六届委员会委员共 497 人[1]，在社会组织中担任职务的人员共计 84 人，占比达 17.5%。其中，联合推荐人员有 18 人、担任社团法人的有 37 人、社团秘书长 9 人、民办非企业法人 18 人、基金会理事长 2 人。按政协界别划分，社会组织代表人士在 34 个界别中的 23 个界别占有席位。其中，占比最高的是科学技术界，占比达 35.7%，其次是社会福利界和归国华侨联合会，共占 22.6%。社会组织代表人士中有民主党派和无党派人士 11 人、党外知识分子 26 人、宗教人士 1 人、非公有制经济领域 49 人、港澳台海外人士 6 人，主要集中于非公有制经济和知识领域。社会组织代表人士有 27 人在经济类社会组织，7 人在科学研究类社会组织，36 人在社会事业类社会组织，9 人在慈善类社会组织，6 人在综合类社会组织。社会组织代表人士的影响力主要在经济界、教育和文化界。不同类别的社会组织在政治体系中的席位多少与其本身的实力和影响力有关。不过那些实际发挥着重要作用的，由于服务的领域范围层级较低或者从事的工作是更为基层的普通群众的工作，如广泛分布于我国各地农村和城市社区的社会组织，其代表人士很少。据 2018 年全国社区社会组织改革发展相关会议信息，我国社区社会组织

---

[1] 政协深圳市第六届委员会委员名单（共 497 名）. http://www.szzx.gov.cn/content/2017-07/17/content_11625697.htm[2023-03-10].

数量已达 39.3 万个，其中居民社区类 6.6 万个，街道和社区管理类 32.7 万个。[①]
与此同时，全国以社区居民为主要服务对象的民办社工机构已超过 7000 家，设置社工岗位 23 万多个。[②]2018 年民政部印发的《民政部关于大力培育发展社区社会组织的意见》，将社区群众自组织也列入社区社会组织的范畴。农村和社区社会组织在我国基层社会治理中工作细致入微，为民众亲力亲为服务，相关部门应该加强扶持并通过制度化渠道将它们的建议和意见反馈到政府机构。

另外，我国还新兴了一些社会组织类型，这些社会组织适应社会发展需求，服务新的社会工作领域，其中网络社会组织是较有代表性的一种。截至 2016 年 12 月，我国网络社会组织总量为 1333 家，其中全国性网络社会组织 47 家，地方性网络社会组织 1286 家。[③]此外专门以研究公共政策为目的的社会智库也在社会建设中出谋划策，贡献智慧力量。我国一些较有影响的社会智库，如中国（海南）改革发展研究院、中国国际经济交流中心、零点咨询集团以及全球化智库等，不仅列入国家重点支持发展的智库行列，在国内重大政策中发挥了重要作用，而且走出国门，在中国与世界经济、文化、政治等交流中发挥着积极作用。我国还形成了几个较有影响力的地方社会智库，如南方民间智库、温州民间智库、重庆智库等。社会智库的优势就是集社会智慧资源，专门从事公共政策的研究，因此，政府在制度设计时需要在政治协商体系中给予社会智库适当倾向性指导。以民政部全国性社会组织等级评估的数据统计分析发现，2010～2019 年，全国共有 1201 个社会组织获得民政部 1A 及以上评估等级，其中，基金会有 283 个，占总数的 24%；民办非企业有 64 个，占总数的 5%；社会团体有 854 个，占总数的 71%。获得民政部 1A 级评估的社会组织有 23 个，获 2A 级评估的有 77 个，获 3A 级评估的有 634 个，获 4A 级评估的有 376 个，获 5A 级评估的有 91 个。获得 A 级评估的社会组织大多属于经国务院同意批准的、由民政部注册登记的全国性社会组织，大部分社会组织的成立地址都设在首都北京。除此之外也有在天津、上海、昆明、深圳等经济发达地区注册设立的，图 6-3 为 2008～2017 年不同类别社会组织年度数量及增长率。

① 罗争光. 我国已有社区社会组织 39.3 万个. http://www.gov.cn/xinwen/2018-11/22/content_5342507.htm[2018-11-22].

② 宋信强，王昶. 基于德尔菲法的城市社区社会组织监管策略——政府和社会互嵌视角的研究.中国房地产, 2020(6):64-71.

③ 陆华东. 2017. 首次全国网络社会组织工作推进会在镇江召开. https://www.gov.cn/xinwen/2017-06/07/content_5200676.htm [2019-09-18].

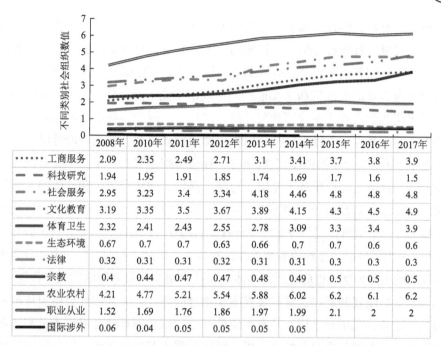

	2008年	2010年	2011年	2012年	2013年	2014年	2015年	2016年	2017年
······ 工商服务	2.09	2.35	2.49	2.71	3.1	3.41	3.7	3.8	3.9
― ― 科技研究	1.94	1.95	1.91	1.85	1.74	1.69	1.7	1.6	1.5
― · 社会服务	2.95	3.23	3.4	3.34	4.18	4.46	4.8	4.8	4.8
―― · 文化教育	3.19	3.35	3.5	3.67	3.89	4.15	4.3	4.5	4.9
―― 体育卫生	2.32	2.41	2.43	2.55	2.78	3.09	3.3	3.4	3.9
― ― 生态环境	0.67	0.7	0.7	0.63	0.66	0.7	0.7	0.6	0.6
· 法律	0.32	0.31	0.31	0.32	0.31	0.31	0.3	0.3	0.3
―― 宗教	0.4	0.44	0.47	0.47	0.48	0.49	0.5	0.5	0.5
― 农业农村	4.21	4.77	5.21	5.54	5.88	6.02	6.2	6.1	6.2
―― 职业从业	1.52	1.69	1.76	1.86	1.97	1.99	2.1	2	2
―― 国际涉外	0.06	0.04	0.05	0.05	0.05	0.05			

图 6-3 不同类别社会组织年度数量及增长率（2008~2017 年）

五是积极服务于需要帮助的边缘群体和领域。我国社会组织发展紧跟改革开放的步伐，相当多的社会组织活跃于经济社会发展热门的领域。但是，在发展的过程中我国还有许多人群需要关照。他们可能不是在第一线，但是在背后默默地服务；他们不在大城市，但是工作在同样重要的基层农村偏远山区；还有一些因为先天因素和能力条件不足导致的弱势群体等。应该关注这些领域人群的利益和发展，在国家重要政治体系和协商活动中给予更多的政策支持。社会组织本身的特质也是以民间服务为己任，更应该在公益性、志愿性和慈善性方面发挥更大的优势，在各种政治协商场所为有需要的民众代言。褚松燕（2006）对北京市、浙江省和黑龙江省三地社团发展的整体情况进行了问卷调查和个案访谈，有效回答问卷的社团有 2858 个。研究发现，我国社会组织政策参与的特征表现为参与范围广泛，但主要集中在与经济发展相关的政策领域；受调查的社会组织中共有48.2%的社会组织关注行业的产业发展政策，45.3%的社会组织关注地方性政策，39.3%的社会组织关注财政政策，37.0%的社会组织关注文教、学术、体育政策，36.3%的社会组织关注科学技术政策，27.4%的社会组织关注区域发展政策，25.6%的社会组织关注民政、福利、医疗政策。其中，行业的产业发展政策是三地社会组织首选的影响领域。学者研究发现，经济文化等领域是社会组织政策参与中的重点，而社会福利和社会保障等领域相对落后，需要加强这方面的关注力度。同时，有些社会组织工作偏离了服务宗旨，没有做到服务社会。有学者调研发现，它们普遍对参政议政的基本内涵和方式方法缺乏认知，把一些行业协会商会所应具备的肤浅的服务功能视同于政治功能，把一些日常事务性管理也当成了参政议政的内容（王建国和黎建波，2011）。因此，我们需要加强对社会组织的思想政治教育，积极引导社会组织正确地参政议政。从王玲玲等研究的社会组织对于不同产业部门的带动系数来看，社会组织主要对于第二产业有积极带动作用，这与社会组织以服务于基层、边缘、落后、弱势等地区和群体的工作领域有很大的反差。这些领域（如环境、社区、公共管理、社会组织、社会福利与社会保障）社会组织所体现的带动作用指数排名都在 15 名以后，只有居民服务居第9 名，排位也很靠后（王玲玲和李芳林，2017）。因此，我们需要加大社会组织在这些领域的服务力度，也应在政协中体现对社会组织所服务领域的关注程度。

六是采取微观问题和宏观发展提案相结合的方式。大多数社会组织从事着具体的工作业务，几乎每个行业都有相应的社会组织，而且社会组织成员和志愿者都身体力行，发挥各自专业技术，深入民间，深入基层。因此他们对于自己从事的工作非常了解，从各自的业务角度提出有针对性的建议，使得问题分析更为客观、真实和具体。例如，2011 年广东省惠州市博罗县成立的社会组织界别，其委员提出的建议就非常具体（表 6-12）。但是由于每个界别的委员数量较少，而且社会组织界别刚刚成立，其人员数量更少，博罗县成立时只有 3 名委员，分别是来自县肢残人协会、县老年体协健身协会和县建筑业协会。由于委员人数较少，且他们的提案所涉及的范围难免限制在自己所接触的很小的工作范围，这就会造成其他社会组织工作领域和需要关注的问题没有得到体现，因此社会组织界别委员除了发挥自己对专业范围熟悉的优势，还应将目光拓展至整个社会组织领域需要解决的问题，只有这样才能体现社会组织界别委员的代表性，有效利用他们有限的政治资源。在广东省佛山市顺德区成立的社会组织界别中，社会组织界别委员的提案就达到了这个要求，如他们提出的社区服务、社会服务、社工人才以及公共文化服务等提案都是将关注范围扩展到社会组织所涉及的大的领域，这样会使更多的群众受益。值得注意的是，顺德区的几个提案，采取的是几个委员合并提案，有的委员是属于其他行业领域，合并案的好处在于，可以集合几个委员关注问题的视角，也可采纳其他行业委员的建议，从而使得提案更具有全面性、全局性价值。

表 6-12 部分区县政协社会组织委员提案

提案人	职务	提案性质	提案名称	接办部门	提案范围	与社会组织领域的相关性
钱小明、卢明	博罗县肢残人协会会长、县建筑业协会会长	个案	《关于在大操场开通无障碍通道的建议》《关于加强残疾人组织建设的建议》《关于拓宽残疾人就业渠道，每年解决50人就业的建议》	未公开	微观	相关
李海云	县老年体协健身协会会长	个案	《关于改善县城老年人坐公交车难的建议》《关于破解县城停车难的建议》	区交通局	微观	1 相关 2 不相关
黎玉婷	顺德启创青少年社工服务中心主任	个案	发展社区服务体系，建设和谐幸福社区	区农业局、区发展规划和统计局	宏观	相关
黎玉婷	顺德启创青少年社工服务中心法人代表	两案合并	关于加强社会服务发展规划的建议	区民政和人力资源社会保障局、区委政法委员会	宏观	相关
舒志勇、黎玉婷、蔡小琼	鹏星社会工作服务社总干事、顺德启创青少年社工服务中心法人代表、大良顺心社工服务中心主任	合并	关于将社会工作人才纳入战略性人才发展的建议	区民政和人力资源社会保障局	宏观	相关
梁锡开、董虹、胡伟新	顺德区总商会副主席、中国民主建国会佛山市顺德区总支部委员会副主委、陈村镇曲艺协会会长	合并	关于推进公共文化服务建设的提议	区文化广电旅游体育局、区民政人力资源和社会保障局、区财政局、区农业局	宏观	相关
胡伟新	陈村镇曲艺协会会长	个案	关于提升三字经的几点建议	区文化广电旅游体育局	微观	不相关
陈建荣	前南溪区花卉协会会长	个案	帮助民间协会建立健全机制，让民间协会成为群众与党委政府沟通的桥梁	未公开	微观	相关
何锡国	顺德区南星水产专业合作社理事长	个案	关于加大扶持顺德水产养殖合作社的措施	区农业局、区财政局	微观	相关
何肖薇	大良慈善会会长助理	个案	关于希望政府出台帮扶残疾人就业政策的建议	未公开	微观	相关

注：提案出自中国人民政治协商会议佛山市顺德区第十三届、中国人民政治协商会议博罗县第九届。

　　七是选择委员的范围在平衡的基础上要有重点倾向。社会组织几乎覆盖我国所有行业领域和职业岗位，也涵盖了从基层到高层几乎所有不同地位的人员。在社会组织界别委员有限的情况下，应该充分利用政协界别现有资源。如果其他界别已经在本领域能够很好地发声和代表，那么此领域的社会组织可以相应地减少名额，比如在科技界主要是科技人员的代表，那么社会组织界别委员可以减少科技类别社会组织的委员来源数量；民办教育属于社会组织民办非企业领域，但是在教育界已经有这方面的委员来源，那么可以在社会组织界别中减少相应委员的数量，其他包括医药卫生、体育事业等也可相应减少；而公益慈善、社区农村、社会保障、救灾救济、环境保护、扶贫开发等领域，属于社会组织特别关注的领域，其他界别虽也有涉猎，但不是它们的专项工作范围，或者这些领域涉猎的其他主体较少，或者即使有也难以满足需要的情况下，应该适当增加这些领域的委员名额。当然在教育、医药、科技等领域的社会组织可能面临特殊的问题，或者它们处于这个领域的弱势地位，也需要专门的界别为其服务，有必要增加这些领域的社会组织委员。具体还需根据实际情况和委员自身的参政议政能力等多种因素综合考虑确定人选来源比例。

八是开拓新领域的关注范围。随着政府简政放权，事业单位分流改革以及政府购买社会组织服务的展开，社会组织在社会建设和社会治理中的职责也开始变得多样化，不仅体现于微观事务的服务工作，有的通过政府职能转移获得公共管理的权力，而且，在国务院及各地颁布的《政府购买服务管理办法》中均要求放开市场准入，凡社会能办好的，尽可能交给社会力量承担。这就势必转换我们的认知思维，积极推动社会组织服务向新兴领域拓展。例如，社会组织参与第三方评估、社会组织执行职业资格鉴定、社会组织参与国际事务交流以及社会组织从事资产投资等，这不仅要求我们在社会组织界别中将这些领域加入进来，同时也要考虑对社会组织的行为进行监督和规范。也就是不能只看社会组织对外诉求的声音，还要加强对于社会组织业务范围监管的力度，从而保证社会组织健康全面发展。

九是涵盖多种场合及多种服务方式。社会组织界别的服务范围不仅是在政协会议的重要正式性场合，而且在社会基层领域，社会组织界别委员也应积极深入到民众中间，主动寻找民众亟须解决的问题。有些地区将委员工作室驻扎到社区或乡村，就地办公，将民众的意见反映到政协部门。有的地区建立了"界别+基层"等创新方式，在界别的工作空间深入到各个角落。再者，社会组织界别不仅是提案的发起者，同时也是提案执行的监督者甚至参与者，也是提案执行效果的评估者。社会组织界别将提案提出以后，要紧密跟踪提案的办理情况，针对政协对于提案的协商会议，社会组织界别提案委员要有机会参与其中进行讨论。提案的每一步处理结果，也应向提案者及时反馈意见。社会组织界别与其他界别一样，都具有政治协商、参政议政和民主监督的功能。因此，社会组织界别委员应该在所服务和关注的领域，积极发挥和践行这三个主要职能。

第七章

社会组织界别增设的试行准备

第一节　社会组织界别设置的试点选择

一、基本框架说明

（一）基本指标

在我国哪些地区的政协中设置社会组织界别较为合适，学界和实务界都没有科学定论。2012 年前后增设社会组织界别的试点分别出现于广东省的顺德区、博罗县和四川省的南溪区。可惜的是这三个试点都于 2018 年前后撤销。社会组织界别的增设需要多个条件的支撑。下面从与社会组织界别联系最紧密的要素展开分析，主要有三个方面。

一是社会综合发展水平，这个要素是社会组织界别设置的社会基础，也是最重要的条件。这里面首先包括经济发展水平，经济的发展水平在很大程度上影响社会组织的发展需求，而社会组织发展的情况又是社会组织界别设置的重要前提。其次是人口数量。人口的多少决定着对于社会消费品和公共服务的需求力度。然后是公共教育和科技水平。社会组织界别的设置，需要公民素质的保障，只有公民政治参与意识和参与能力增强了，才能为社会组织运行和参政提供基本的保障。最后是社会保障和社会救助。社会治理和慈善事业领域需要社会组织在其中发挥作用。

二是社会组织发展情况。社会组织发展情况与社会组织界别增设的关系非常紧密，是这一项工作开展的主体。社会组织发展情况一般用两个指标衡量：首先是社会组织的数量，这是基础指标；其次是每万人拥有的社会组织数量，即社会组织的密度，这是辅助指标。

三是政府发展水平。社会组织界别增设考验着政府的民主发展水平，如果科学执政、依法执政，那么人们对于当地政协设置社会组织界别的认可度和支持度就会较高。而且社会组织及其相关主体的界别提案或者建议希望能够得到政府的积极回应，这也对于政府的执政水平和服务能力有较高的要求。

除以上三个主要基本要素以外，还应将社会组织统战工作尤其是社会组织界别设置相关工作作为重要参考。毕竟这些地区积累了一定程度的试点经验，促进了本地区相关要素的进一步发展，还得到中央认可。

（二）指标来源和量化说明

由于社会组织界别增设的可行性考核需要的指标较多，而且这些指标都涉及全国所有大城市的数据（截至 2021 年，我国有地级市 293 个，根据各指标的现有数据，研究选取的城市在 150~200 个），因此我们从每个主要指标和总指标的排名数据中取前 50 名，作为社会组织界别增设的城市及顺序。基于数据来源的复杂性、多样化以及数据的可靠性、真实性，加之实地搜集数据的现实困难以及分析数据的指标量化的难度，我们采取了较为客观和相对简便的办法，即直接从学界相关指标研究中选取较为成熟且连续发布的数据，同时满足以下几个要求。

一是数据排名保证达到 50 个（社会组织界别设置试点和统战工作试点，因为是分散个别存在的，所以只取现有的数据）。二是选取市级城市，因为省级和区县级的政策试点有权限限制，考虑其他综合因素，没有将其纳入进来。三是选取与社会组织界别增设工作直接相关的指标，但考虑到已有的排名数据的独立性，某种程度上并不一定完全符合我们分析的标准要求，只能选择最接近的数据资料，且根据我们的统计要求对其进行适当修正。在选取各项指标后，为了保证总指标即总分的科学性，我们对各指标根据与社会组织界别增设相关性赋予权重，从而建立结构合理、比例精准的考评体系。

具体来说指标分四大部分：一是城市社会发展指数（占 30%，其中 5 个指标各占 6%），代表社会综合发展水平；二是社会组织发展指数（占 30%，其中数量占 20%，密度占 10%），代表社会组织发展情况；三是政府发展指数（占 20%，其中政府透明度占 10%，效率占 10%），代表政府发展水平；四是其他相关指数（占 20%），代表社会组织界别设置的相关工作。

二、分项指标分析

（一）城市社会发展指数

2019 年 10 月，同济大学发布反映社会组织发展程度的我国各城市"社会发育指数"。"社会发育指数"是以万人拥有社会组织数量为核心指标，结合各地人口总数、经济发展水平、城镇化率等指标计算而得出的（季云岗，2014）。数据基本反映了我国城市发展的综合水平。前 10 名比较稳定，各项指数都很靠前，是社会组织界别试点的首选之地。11～20 名中非副省级、省会或计划单列市的地方城市开始出现，如宁波、佛山、珠海、东莞，这 4 个城市经济发展和社会发展也较为成熟，如佛山和宁波都是我国社会组织建设的示范城市，涌现出影响全国的社会治理创新典型，宁波的海曙、北仑、鄞州被评为全国首批"中国社会组织政务服务平台"。前 30 名中出现了乌鲁木齐、克拉玛依等西部城市。

根据现有数据和资料，本书在"社会发育指数"的基础上，结合与社会组织联系紧密的社会综合发展水平，选取"社会发育指数"中的"经济发展与国民收入、人口发展与社会潜力、社会治理与公益慈善、公共教育与科技文化、社会保障与社会救助"等五个指标构建城市社会发展指数，并给出前 50 名城市排行（表 7-1）。

表 7-1 城市社会发展指数排行

序号	城市	经济发展与国民收入	人口发展与社会潜力	社会治理与公益慈善	公共教育与科技文化	社会保障与社会救助	总分
1	北京	100	94	100	100	100	29.64
2	深圳	98	100	96	99	95	29.28
3	广州	97	98	97	94	91	28.62
4	上海	99	92	99	86	99	28.50
5	杭州	96	75	92	92	89	26.64
6	南京	95	60	93	89	92	25.74
7	苏州	90	77	89	80	87	25.38
8	成都	88	82	94	95	62	25.26
9	天津	94	70	95	62	98	25.14
10	武汉	93	59	91	87	79	24.54

续表

序号	城市	经济发展与国民收入	人口发展与社会潜力	社会治理与公益慈善	公共教育与科技文化	社会保障与社会救助	总分
11	西安	82	84	90	84	66	24.36
12	宁波	77	64	84	64	80	22.14
13	佛山	91	97	86	—	88	21.72
14	贵阳	70	64	75	81	65	21.30
15	珠海	79	89	—	97	83	20.88
16	东莞	58	99	87	—	94	20.28
17	兰州	83	—	72	98	77	19.80
18	乌鲁木齐	81	—	70	78	96	19.50
19	郑州	76	91	51	90	—	18.48
20	济南	87	68	74	77	—	18.36
21	无锡	86	—	82	57	78	18.18
22	太原	80	57	—	93	73	18.18
23	大连	78	—	79	59	70	17.16
24	沈阳	71	—	85	55	74	17.10
25	重庆	92	93	98	—	—	16.98
26	昆明	69	—	61	82	69	16.86
27	福州	72	74	60	69	—	16.50
28	三亚	61	76	—	65	63	15.90
29	厦门	84	95	—	79	—	15.48
30	克拉玛依	75	—	—	83	97	15.30
31	拉萨	—	62	—	96	93	15.06
32	长沙	89	—	69	91	—	14.94
33	常州	74	—	83	—	86	14.58
34	呼和浩特	—	—	59	88	85	13.92
35	中山	—	96	52	—	82	13.80
36	海口	73	87	—	66	—	13.56
37	汕头	—	78	81	—	60	13.14

续表

序号	城市	经济发展与国民收入	人口发展与社会潜力	社会治理与公益慈善	公共教育与科技文化	社会保障与社会救助	总分
38	青岛	85	55	77	—	—	13.02
39	鄂尔多斯	65	88	—	—	61	12.84
40	银川	59	—	—	73	68	12.00
41	合肥	—	63	55	76	—	11.64
42	舟山	56	—	—	51	84	11.46
43	绍兴	51	—	67	—	71	11.34
44	哈尔滨	—	—	76	53	57	11.16
45	石家庄	54	—	68	54	—	10.56
46	南宁	53	68	54	—	—	10.50
47	温州	—	85	78	—	—	9.78
48	长春	—	—	88	—	64	9.12
49	南昌	—	—	57	85	—	8.52
50	鞍山	—	—	63	—	75	8.28

(二) 社会组织发展指数

社会组织发展情况用社会组织数量和密度来衡量,社会组织发展指数由社会组织数量和密度综合统计而成。社会组织数量和密度的统计是利用中国社会组织政务服务平台[①]的统计资料,根据我们的指标需求整理而成。社会组织数量反映当地社会组织整体发展规模,而社会组织的密度则反映当地每万人的社会组织拥有数量。从数据统计结果来看,社会组织数量的排名顺序基本上与城市的经济社会发展综合指数呈正相关;但是,社会组织密度则不存在这种特征,前 7 名除衢州外均为西部城市,前 20 名中有 15 名集中于西部地区。这是因为,这里的人口数量很少,导致每万人拥有的社会组织数量较多。因此,在分值赋权方面,社会组织数量与社会组织密度按照 2∶1 的比例分配。经过表 7-2 中二者的综合统计,排名较靠前的有宁波、北京、上海、南京、杭州、重庆、泰州、深圳等城市。

---

① https://chinanpo.mca.gov.cn/.

表 7-2　社会组织发展指数排行

社会组织数量					社会组织密度				
城市/地区	社会组织数量/个	排名	赋值	得分	城市/地区	社会组织数量/万人	排名	赋值	得分
重庆	17746	1	100	20.0	阿拉善盟	31.76	1	100	10.0
上海	17238	2	99	19.8	嘉峪关	28.13	2	99	9.9
南京	15117	3	98	19.6	果洛州	25.24	3	98	9.8
北京	14305	4	97	19.4	海北州	20.37	4	97	9.7
杭州	11119	5	96	19.2	衢州	19.68	5	96	9.6
成都	10963	6	95	19.0	黄南州	19.44	6	95	9.5
深圳	10905	7	94	18.8	林芝地区	18.97	7	94	9.4
宁波	9611	8	93	18.6	南京	17.78	8	93	9.3
温州	9514	9	92	18.4	海南州	17.05	9	92	9.2
盐城	9121	10	91	18.2	泰州	16.17	10	91	9.1
青岛	8556	11	90	18.0	丽水	16.13	11	90	9.0
徐州	8516	12	89	17.8	玉树州	16.11	12	89	8.9
广州	8150	13	88	17.6	金昌	15.84	13	88	8.8
苏州	7836	14	87	17.4	克拉玛依	15.62	14	87	8.7
泰州	7498	15	86	17.2	甘南州	15.50	15	86	8.6
金华	7464	16	85	17.0	张掖	15.44	16	85	8.5
台州	7131	17	84	16.8	乌海	15.26	17	84	8.4
沈阳	6720	18	83	16.6	海西州	14.85	18	83	8.3
南通	6646	19	82	16.4	扬州	14.36	19	82	8.2
福州	6616	20	81	16.2	迪庆州	14.24	20	81	8.1
扬州	6532	21	80	16.0	三亚	13.40	21	80	8.0
无锡	6510	22	79	15.8	舟山	13.32	22	79	7.9
泉州	6500	23	78	15.6	金华	13.27	23	78	7.8
天津	6394	24	77	15.4	防城港	13.04	24	77	7.7
淮安	6348	25	76	15.2	淮安	12.87	25	76	7.6
宿迁	6348	26	75	15.0	宿迁	12.86	26	75	7.5

社会组织数量				社会组织密度				
城市/地区	社会组织数量/个	排名	赋值	得分	城市/地区	社会组织数量/万人	排名	赋值	得分
哈尔滨	6203	27	74	14.8	珠海	12.80	27	74	7.4
昆明	6159	28	73	14.6	武威	12.75	28	73	7.3
西安	5998	29	72	14.4	盐城	12.65	29	72	7.2
南宁	5965	30	71	14.2	延边	12.51	30	71	7.1
石家庄	5870	31	70	14.0	大兴安岭地区	12.45	31	70	7.0
武汉	5804	32	69	13.8	博尔塔拉蒙古自治州	12.33	32	69	6.9
长沙	5595	33	68	13.6	哈密	12.21	33	68	6.8
绍兴	5539	34	67	13.4	铜川	11.93	34	67	6.7
郑州	5500	35	66	13.2	连云港	11.74	35	66	6.6
连云港	5297	36	65	13.0	台州	11.60	36	65	6.5
佛山	5191	37	64	12.8	山南地区	11.53	37	64	6.4
保定	5027	38	63	12.6	鄂尔多斯	11.30	38	63	6.3
东莞	4969	39	62	12.4	宁波	11.25	39	62	6.2
大连	4779	40	61	12.2	天水	11.14	40	61	6.1
潍坊	4676	41	60	12.0	镇江	11.06	41	60	6.0
嘉兴	4672	42	59	11.8	黄山	11.02	42	59	5.9
合肥	4620	43	58	11.6	酒泉	10.98	43	58	5.8
济南	4460	44	57	11.4	绍兴	10.95	44	57	5.7
长春	4376	45	56	11.2	兰州	10.92	45	56	5.6
衢州	4364	46	55	11.0	新余	10.81	46	55	5.5
常州	4162	47	54	10.8	杭州	10.73	47	54	5.4
临沂	4160	48	53	10.6	白银	10.73	48	53	5.3
兰州	4140	49	52	10.4	阿勒泰	10.54	49	52	5.2
赣州	3972	50	51	10.2	安康	10.36	50	51	5.1

（三）政府发展指数

政府发展指数是根据政府透明度和政府效率两个指标的数据，进一步结构化综合而成的。其中"中国政府透明度指数报告（2019）"由中国社会科学院法学研究所发布，主要基于管理服务公开、执行和结果公开、决策公开、政务公开平台建设 4 个指标展开对 49 个较大地级市的政务公开工作的第三方评估。[①]这个数据反映社会组织及其他主体在政策建言的渠道完备性和畅通性、回应及时性、落实性等方面的情况。《中国地方政府效率研究报告（2019）》是由北京师范大学政府管理学院等联合发布的，其中有中国效率"百高市"榜单。"百高市"是基于我国市级政府的公共服务、政府规模、居民经济福利、政务公开等现状及数据测算而成的。[②]其主要反映政府的公共服务能力、简政放权以及职能转移的情况，间接反映社会组织等主体的参政议政及社会治理的情况。这两项指标，基本也呈现出与经济社会发展水平的正相关性，但是也有些普通城市排名靠前，如政府透明度排名前 10 中的银川，前 20 名中的淄博、淮南和贵阳。政府效率前 10 名中有三亚、达州、铜川、广安等城市。有些地方城市在网站建设方面做得较好，拉升了这一排名位次，但不能代表这些城市政府总体能力靠前。从总体来说（表 7-3），厦门、深圳等城市排名较靠前。需要说明的是，由于北京、上海、天津、重庆为直辖市，政府发展水平较高，因此这两个指标排名都没有将其列入。

表 7-3　政府发展指数排行

	政府透明度			政府效率		
序号	城市	赋值	得分	城市	赋值	得分
1	厦门	100	10.0	深圳	100	10.0
2	广州	99	9.9	珠海	99	9.9
3	深圳	98	9.8	三亚	98	9.8
4	成都	97	9.7	达州	97	9.7
5	青岛	96	9.6	厦门	96	9.6

① 中国政府透明度指数报告（2019）发布 广州政府透明度位居全国第二. https://www.gd.gov.cn/gdywdt/dsdt/content/post_3016349.html[2021-09-10].

② 2019 中国地方政府效率排行出炉：陕沪京排前三位 华东地区最抢眼. https://baijiahao.baidu.com/s?id=1654705223289298992&wfr=spider&for=pc[2021-10-02].

	政府透明度			政府效率		
序号	城市	赋值	得分	城市	赋值	得分
6	宁波	95	9.5	济南	95	9.5
7	银川	94	9.4	铜川	94	9.4
8	合肥	93	9.3	湖州	93	9.3
9	淄博	92	9.2	广安	92	9.2
10	苏州	91	9.1	乌海	91	9.1
11	淮南	90	9.0	三明	90	9.0
12	大连	89	8.9	龙岩	89	8.9
13	贵阳	88	8.8	烟台	88	8.8
14	武汉	87	8.7	漳州	87	8.7
15	珠海	86	8.6	钦州	86	8.6
16	南宁	85	8.5	嘉峪关	85	8.5
17	杭州	84	8.4	合肥	84	8.4
18	福州	83	8.3	无锡	83	8.3
19	海口	82	8.2	遵义	82	8.2
20	哈尔滨	81	8.1	三沙	81	8.1
21	呼和浩特	80	8.0	广州	80	8.0
22	汕头	79	7.9	泉州	79	7.9
23	郑州	78	7.8	南京	78	7.8
24	西安	77	7.7	揭阳	77	7.7
25	邯郸	76	7.6	武汉	76	7.6
26	石家庄	75	7.5	宁波	75	7.5
27	抚顺	74	7.4	常州	74	7.4
28	徐州	73	7.3	东营	73	7.3
29	沈阳	72	7.2	中山	72	7.2
30	长春	71	7.1	威海	71	7.1
31	长沙	70	7.0	赣州	70	7.0
32	兰州	69	6.9	咸阳	69	6.9
33	本溪	68	6.8	眉山	68	6.8

续表

	政府透明度				政府效率		
序号	城市	赋值	得分		城市	赋值	得分
34	乌鲁木齐	67	6.7		嘉兴	67	6.7
35	太原	66	6.6		南昌	66	6.6
36	洛阳	65	6.5		苏州	65	6.5
37	吉林	64	6.4		临沂	64	6.4
38	唐山	63	6.3		鹰潭	63	6.3
39	包头	62	6.2		鄂州	62	6.2
40	齐齐哈尔	61	6.1		莆田	61	6.1
41	西宁	60	6.0		衡阳	60	6.0
42	拉萨	59	5.9		丽水	59	5.9
43	鞍山	58	5.8		杭州	58	5.8
44	大同	57	5.7		长沙	57	5.7
45	—	—	—		雅安	56	5.6
46	—	—	—		汉中	55	5.5
47	—	—	—		衢州	54	5.4
48	—	—	—		青岛	53	5.3
49	—	—	—		平凉	52	5.2
50	—	—	—		台州	51	5.1

（四）其他相关指数

本指数需要与社会组织界别相关性较强，且能够反映城市社会组织发展水平的数据资料。从笔者搜集的资料来看，主要有"新的社会阶层人士统战工作创新推广城市"①数据。具体包括两批命名名单，2017 年是第一批，共 15 个城市入选；2018 年是第二批，共 34 个城市入选。为了区分分值高低的差异性，我们将第一批和第二批的分值按照 2：1 的比例进行分配（表 7-4）。其中，第一批城市基本反映了我国城市社会组织发展的较高水平，代表了社会组织参政议政等统战工作的优秀典型。其次是社会组织统战试点城市，包括浙江省的全部地级市，山

① 新的社会阶层人士工作处. 2018. 中央统战部确定昆明市为新的社会阶层人士统战工作创新推广城市. http://tzb.km.gov.cn/c/2018-12-19/2856571.shtml[2019-10-05].

东省的青岛市、临沂市、济南市，广东省的深圳市，辽宁省的大连市和湖南省的长沙市等和北京市的朝阳区（因为是地市级城市排名，故没有将其列入）。其中深圳市、宁波市、杭州市、济南市等 4 个城市的社会组织统战工作较为成熟。最后是社会组织界别相关试点，共细分为三个小指标，一是设置社会组织相关界别的城市，二是提出社会组织界别相关政策的城市，三是增加新的社会阶层人士的城市。按照三个指标的重要程度，其分值按照 2：1：1 赋权。这三项指标计算后得出的排名靠前的城市中出现了许多经济社会发展并不好的城市，包括许多西部地区的城市，这个问题值得我们深思：社会组织界别是应在经济社会发展较好的城市率先试点，还是各地市根据自己的发展情况以及政府的意见来决定是否实行这一试点。从实际来看后者是现状，但是我们的研究是希望更为准确全面地找到合适的试点，从长远来看，要拿出更为可持续发展的方案。根据新的社会阶层人士统战工作创新推广城市、社会组织统战试点、社会组织界别相关试点这三大指标的重要程度（主要依据是实施的层级、覆盖面），我们咨询相关专家之后又做了赋权，比例为 1：1：2。

表 7-4　相关指数排行

新的社会阶层人士统战工作创新推广城市				社会组织统战试点		社会组织界别相关试点					
第一批		第二批				设置社会组织相关界别		提出社会组织界别相关政策		增加新的社会阶层人士	
排名	城市	得分	城市	得分	城市	得分	城市	得分	城市	得分	城市	得分
1	北京	2.35	石家庄	1.18	青岛	2.35	福州	7.06	平凉	3.53	张掖	3.53
2	天津	2.35	太原	1.18	济南	2.35	厦门	7.06	静安	3.53	广州	3.53
3	上海	2.35	呼和浩特	1.18	临沂	2.35	德宏	7.06	惠州	3.53	迪庆	3.53
4	重庆	2.35	沈阳	1.18	深圳	2.35	昆明	7.06	赣州	3.53	天津（西青区）	3.53
5	大连	2.35	长春	1.18	长沙	2.35	文山	7.06	铜川	3.53	海南	3.53
6	南京	2.35	哈尔滨	1.18	大连	2.35	佛山（顺德区）	7.06	佳木斯	3.53	信阳	3.53
7	杭州	2.35	苏州	1.18	北京	2.35	深圳	7.06	丹东	3.53	湘潭	3.53
8	青岛	2.35	无锡	1.18	杭州	2.35	惠州	7.06	北京	3.53	保定	3.53
9	武汉	2.35	扬州	1.18	湖州	2.35	海拉尔区	7.06	天津	3.53	成都	3.53
10	广州	2.35	宁波	1.18	嘉兴	2.35	安阳	7.06	宁波	3.53	南充	3.53

续表

	新的社会阶层人士统战工作创新推广城市				社会组织统战试点		社会组织界别相关试点					
	第一批		第二批				设置社会组织相关界别		提出社会组织界别相关政策		增加新的社会阶层人士	
11	深圳	2.35	温州	1.18	金华	2.35	驻马店	7.06	深圳	3.53	雅安	3.53
12	成都	2.35	合肥	1.18	丽水	2.35	张家口	7.06	—	—	宜春	3.53
13	西安	2.35	厦门	1.18	宁波	2.35	西宁	7.06	—	—	山东	3.53
14	福州	2.35	南昌	1.18	衢州	2.35	连云港	7.06	—	—	济南	3.53
15	郑州	2.35	济南	1.18	绍兴	2.35	徐州	7.06	—	—	临沂	3.53
16	—	—	淄博	1.18	台州	2.35	温州	7.06	—	—	泰安	3.53
17	—	—	洛阳	1.18	温州	2.35	江山	7.06	—	—	大庆	3.53
18	—	—	襄阳	1.18	舟山	2.35	商洛	7.06	—	—	锦州	3.53
19	—	—	宜昌	1.18	—	—	白银	7.06	—	—	静安	3.53
20	—	—	长沙	1.18	—	—	宜宾	7.06	—	—	唐山	3.53
21	—	—	珠海	1.18	—	—	—	—	—	—	孝感	3.53
22	—	—	东莞	1.18	—	—	—	—	—	—	—	—
23	—	—	佛山	1.18	—	—	—	—	—	—	—	—
24	—	—	南宁	1.18	—	—	—	—	—	—	—	—
25	—	—	海口	1.18	—	—	—	—	—	—	—	—
26	—	—	绵阳	1.18	—	—	—	—	—	—	—	—
27	—	—	贵阳	1.18	—	—	—	—	—	—	—	—
28	—	—	昆明	1.18	—	—	—	—	—	—	—	—
29	—	—	拉萨	1.18	—	—	—	—	—	—	—	—
30	—	—	咸阳	1.18	—	—	—	—	—	—	—	—
31	—	—	兰州	1.18	—	—	—	—	—	—	—	—
32	—	—	西宁	1.18	—	—	—	—	—	—	—	—
33	—	—	银川	1.18	—	—	—	—	—	—	—	—
34	—	—	乌鲁木齐	1.18	—	—	—	—	—	—	—	—

三、综合发展指数

将城市社会发展指数、社会组织发展指数、政府发展指数及其他指数的得分进行汇总（表 7-5）。经过分析可知，我国社会组织界别设置较合适的地市可分为四个梯队。第一梯队为深圳、南京、宁波、杭州和广州等 5 个城市。其中，深圳是唯一分数达到 80 分以上的城市，比第二名高出 10 分之多，优势更为明显。2006 年底，深圳将行业协会服务署与民政局民间组织管理办公室合并，成立了民间组织管理局，直属于深圳市政府。[①]这种与民政部门相对独立的体制属全国首创，显示出深圳市委市政府对于社会组织事业发展的重视。深圳市委统战部通过深圳市社会组织总会这个平台积极培育和发展社会组织协商民主事业，为社会组织界别的增设积累条件。另外，深圳社会组织研究院、深圳公益国际学院、深圳社会组织总部等社会组织的孵化和培训基地配套较为完善。第一梯队中的 5 个城市分布于广东、浙江和江苏三省，位于经济发达的长三角和珠三角地区。第二梯队是成都、苏州、北京、武汉、济南、无锡、上海、青岛和福州等 9 个城市。这些城市得分在 50～60 分。这 9 个城市中直辖市 2 个、省会城市 4 个。苏州和无锡的其他因素得分较少，在社会组织界别的社会基础以及地方推动方面做得还不够。四川社会组织数量 46 900 个（2020 年 3 月份数据），位居全国前五名，其中成都市在全国城市社会组织排名中也位居前五名。第三梯队有西安、珠海、昆明、天津、长沙、兰州、厦门、大连、合肥、沈阳、郑州等 11 个城市，它们得分在 40～50 分，这些城市大部分是省会或副省级城市。其中，东部城市 3 个、东北城市 2 个、西部城市 3 个、中部城市 3 个，分布总体较为均匀，大多是各个区域的中心城市。第四梯队为徐州、重庆、温州、佛山、哈尔滨、南宁、东莞、三亚、绍兴、常州、石家庄、贵阳、台州、拉萨等 14 个城市，它们得分在 30～40 分。这些城市相对来说总体综合实力明显降低，直辖市有 1 个，为重庆，省会城市有石家庄、哈尔滨、贵阳、南宁和拉萨等 5 个，其中 3 个位于西部，其他均为普通地级城市。也有像佛山、温州等虽然不是地级市，而且经济体量不大，但是地方经济活跃，社会发展较好，民主指数较高的城市。佛山在地方城市中各项指数名列前茅，社会组织发展也较为成熟，涌现出一批社会组织协商的经典案例。温州则是我国民主协商的重要试验地。余下

---

① 2015 年深圳市民间组织管理局更名为深圳市社会组织管理局，2019 年调整为市政府部门，由市民政局统一领导和管理。

的城市为第五梯队，包括衢州、长春、金华、乌鲁木齐、连云港、泰州、太原、盐城、扬州、南昌、泉州等 11 个城市，它们得分在 20～30 分。这些城市相对来说综合实力和特色不够突出，有的城市指标得分缺项为 1～3 个。因此，这些城市在社会组织界别设置上不作为重点选择对象，还需要长期的准备过程。

表 7-5　综合发展指数排行

序号	城市	城市社会发展指数	社会组织发展指数	政府发展指数	其他指数	总和
1	深圳	29.28	18.8	19.8	15.29	83.17
2	南京	25.74	28.9	15.6	2.35	72.59
3	宁波	22.14	24.8	17.0	7.06	71
4	杭州	26.64	24.6	14.2	4.70	70.14
5	广州	28.62	17.6	17.9	5.88	70
6	成都	25.26	19.0	9.7	5.88	59.84
7	苏州	25.38	17.4	15.6	1.18	59.56
8	北京	29.64	19.4	—	8.23	57.27
9	武汉	24.54	13.8	16.3	2.35	56.99
10	济南	18.36	11.4	17.6	7.06	54.42
11	无锡	18.18	15.8	16.0	1.18	51.16
12	上海	28.50	19.8	—	2.35	50.65
13	青岛	13.02	18.0	14.9	4.70	50.62
14	福州	16.50	16.2	8.3	9.41	50.41
15	西安	24.36	14.4	7.2	2.35	48.31
16	珠海	20.88	7.4	18.5	1.18	47.96
17	昆明	16.86	14.6	8.0	8.24	47.70
18	天津	25.14	15.4	—	5.88	46.42
19	长沙	14.94	13.6	12.2	3.53	44.27
20	兰州	19.80	16.0	6.4	1.18	43.38
21	厦门	15.48	—	19.6	8.24	43.32
22	大连	17.16	12.2	8.9	4.70	42.96

续表

序号	城市	城市社会发展指数	社会组织发展指数	政府发展指数	其他指数	总和
23	合肥	11.64	11.6	17.7	1.18	42.12
24	沈阳	17.10	16.6	6.7	1.18	41.58
25	郑州	18.48	13.2	7.3	2.35	41.33
26	徐州	8.22	17.8	6.8	7.06	39.88
27	重庆	16.98	20.0	—	2.35	39.33
28	温州	9.78	18.4	—	10.59	38.77
29	佛山	21.72	12.8	—	1.18	35.70
30	哈尔滨	11.16	14.8	7.6	1.18	34.74
31	南宁	10.50	14.2	8.5	1.18	34.38
32	东莞	20.28	12.4	—	1.18	33.86
33	三亚	15.90	8.0	9.8	—	33.70
34	绍兴	11.34	19.1	—	2.35	32.79
35	常州	14.58	10.8	7.4	—	32.78
36	石家庄	10.56	14.0	7.0	1.18	32.74
37	贵阳	21.30	—	8.8	1.18	31.28
38	台州	—	23.3	5.1	2.35	30.75
39	拉萨	15.06	8.7	5.4	1.18	30.34
40	衢州	—	20.6	5.4	2.35	28.35
41	长春	9.12	11.2	6.6	1.18	28.1
42	金华	—	24.8	—	2.35	27.15
43	乌鲁木齐	19.50	—	6.2	1.18	26.88
44	连云港	—	19.6	—	7.06	26.66
45	泰州	—	26.3	—	—	26.3
46	太原	18.18	—	6.1	1.18	25.46
47	盐城	—	25.4	—	—	25.4
48	扬州	—	24.1	—	1.18	25.28
49	南昌	8.52	—	14.5	1.18	24.2
50	泉州	—	15.6	7.9	—	23.5

四、小结

按照一般理论，社会组织界别的设置应该首先出现于经济社会相对发达的地区。从我国社会组织界别的试点以及提出相关政策的地区来看，我国社会组织界别设置并不完全符合这个规律，除了必然的因素以外，还有领导的决策意识、地方改革的偶然因素。可惜的是，许多率先试点社会组织界别的地区，到后面试点要么终止，要么变相执行，很难完全走到最后。因此，我们认为社会组织界别的增设工作需要长期准备。在经济社会发展、政治文明程度以及社会组织高质量发展等方面打好基础，然后在某项改革契机下适时切入。从数据上看，社会组织参与协商比较多的大多是经济发达的省份，尤其是民营资本或是外资较为活跃的地方，如广东、浙江、上海等。其他省份实践则相对较少，尤其是欠发达地区（如新疆、甘肃）几乎不存在社会组织参与协商的案例报道。因此，经济的发展水平与协商发展的程度紧密相关。社会组织界别的设置是地方需要以及地方条件共同作用的结果，地方条件中既包括经济、社会、文化、教育等基础发展条件，也包括地方领导和群众的改革意识。因此，从几个因素考虑来说，前面第一梯队、第二梯队是最有可能实施增设工作的，其中深圳、宁波、成都等地可能实施的情况要好些，另外，也有可能在这些城市的下辖区县展开。尽管广州、南京、杭州发展基础也较好，但是其行政执行相对还不够灵活，相关实质性改革推进较少。有学者研究指出，在协会的政策参与意愿"高"和"较高"这两项指标上，南京和温州分别是 55.8%和 78.9%；通过人大、政协提交议案、提案，温州为 82.7%，南京为 18.5%；建议次数在 3～5 项及以上的行业协会中，南京和温州分别是 37.2%和 65.4%；行业协会的政策参与效果方面，在"大部分"和"一部分"两项指标上，南京为 9.3%和 48.8%，温州为 11.5%和 55.8%（江华和何宾，2012）。其他地区如珠海、青岛、厦门、大连等城市尽管发展也较好，但是大多只在某个方面有比较优势，其综合性条件还不够成熟，增设社会组织界别的概率较小。当然本书尽量采取可靠的数据和完整的指标，也尽量选取更为相关的指标，但是由于指标带有很大的局限性以及调研的不完整性，数据结果存在一定出入。但这并不影响我们得出的结论的可靠性，至少这些结果也来自翔实的数据和其他多项主客观因素的综合分析，可以成为社会组织界别增设的重要参考依据。

第二节　社会组织界别设置的层级选择

由于不同层级的政协界别设置数量不一，委员数量、每年提案的数量存在很大差异，因此需要根据其复杂程度、可行性和必要性等条件来进行层级选择。从各地颁布的有关增设社会组织界别的政策来看，其大多集中于省级和市级层面。两会提案多集中于省级政协层面，但是已经试点的层级以县一级为主。顺德区的3名社会组织政协委员，其中2名属于区管，1名属于镇管，3名委员代表的区域相对宽泛。如果在市级同样设置3名委员，则代表覆盖面明显降低。县一级是最直接面对民众、接触民众社会事务最繁杂、处理社会问题最前线的层面，这一层面设置社会组织界别对于问题解决更具针对性。2012年博罗县在全省率先增设了社会组织界别。该县社会组织界别委员有3人，政协委员共有244人，占比为1.2%；政协会议收到提案72件，立案55件，其中社会组织界别提案5件，占比为9.1%。其委员数量和提案比例较合适。省市两级相对来说面对的问题更宏观一些，主要从政策、法律或者规划角度展开协商。在省一级还没有试点，市一级已经有相关的试点，如福州市、厦门市的新社会阶层界别，河南省驻马店市的工商联与新社会阶层界别，昆明市的新社会阶层界别等。新社会阶层界别的范围较社会组织界别要宽泛些，它还包括中介组织、专业人士、私营企业主等群体。因此在市一级尝试设置社会组织界别要合适些，所包含的主体相对宏观且涵盖的面要更广。从广东省、佛山市社会组织直接相关提案所在界别的数量①来看，广东省政协的工会、妇联、工商联等界别也没有具体关注社会组织问题，说明需要在省一级政协设立社会组织界别，以专门从事社会组织相关领域工作。

一、社会组织界别在各级政协设置的分项分析

（1）从已有政策、实践和建议来看。在社会组织界别的增设方面，中央层面还没有具体政策。党的十九大将社会组织协商列为七大协商途径之一，并要求统筹各主体协商与社会组织协商。中央统战部设立新的社会阶层人士工作局作为新社会阶层的统战专门负责部门。尽管社会组织是新社会阶层里面数量规模相对较大、发展迅速的一个部分，但是在相关提法中往往将其与中介组织合并一起，而

---

① 调研资料，2019年12月13日。

且由于少数中介组织（如律师事务所、会计师事务所等机构）的组成人士享有更高的社会地位，因而中介组织往往被作为统战重点。第十三届、第十五届上海市政协委员中有新的社会阶层人士 44 人、40 人。在上述作为市人大代表和政协委员的 84 名新的社会阶层人士中，仅律师就有 30 人。①从各级政策的出台来看，能够将社会组织界别正式提出来的，基本在省这一级（表 7-6）。从实践来看，即使省级层面提出设置社会组织界别的政策，也难以向下级行政单位贯彻。例如，广东省提出在广州等地率先设置社会组织界别的要求后，广州并没有直接执行，而是以增加社会组织的委员和代表作为执行的方案。在省市两级发布的相关政策中，社会组织的界别设置基本上处于探索阶段。只在广东省有条件的县区设置了社会组织界别。当时广东省发布的文件中提到计划在广州、深圳、珠海、汕头、佛山、惠州、阳江、顺德、濠江、博罗等有条件的市、县（区）增设社会组织界别，但真正执行的只有顺德区和博罗县。在两会正式提案中，已经有全国政协增设社会组织界别的建议，另外在省、市两级都有相关建议，不过在县这一级还没有。顺德区和博罗县是根据上级要求，直接提出相关决议并通过执行的。另外还有 3 个市级的政协委员提出相关建议，通过其他非正式的场合积极呼吁。

表 7-6　截至 2017 年增设社会组织界别相关案例的层级分布

项目	有关政策、会议、实践、界别、建议	相关内容	进展阶段	层级
有关界别设置的政策	2006 年中央《关于加强人民政协工作的意见》	要适应改革开放和经济社会发展的实际情况，研究并合理设置界别	规划	中央
	2012 年《关于〈中共中央关于加强人民政协工作的意见〉贯彻落实情况的报告》	突出界别特色，研究并进一步合理设置界别	规划	中央
	2013 年《中共云南省委云南省人民政府关于大力培育发展社会组织加快推进现代社会组织体制建设的意见》	增加社会组织代表在政协中的比例，探索在政协中设立社会组织界别	探索	省级
	2014 年湖南省《关于加强和创新社会组织建设和管理的意见》	探索在政协设立"社会组织"界别的意见	探索	省级
	2011 年广东省《关于加强社会建设的决定》	鼓励有条件的市、县（区）政协设立新社会组织界别	执行	省级
	2016 年宁波市《关于加快推进社会组织改革发展的实施意见》	增加社会组织代表人士在政协委员中的比例，探索政协中设立社会组织界别	探索	市级
	2008 年深圳《关于进一步发展和规范我市社会组织的意见》	在党代会、人大增加社会组织的代表比例，在政协增加社会组织的功能界别	探索	市级

---

① 栾晓娜. 2018. 上海市委统战部：84 名新的社会阶层人士将参加上海两会. https://www.thepaper.cn/newsDetail_forward_1959224[2019-08-10].

续表

项目	有关政策、会议、实践、界别、建议	相关内容	进展阶段	层级
界别增设实践	2012 年博罗县政协会议	增设了社会组织界别，产生了来自社会组织的 3 名政协委员	执行	市级
	2012 年南溪政协换届工作方案	提出并通过"社会组织"纳入政协界别的建议	执行	区级
	2013 年顺德区政协十三届三次会议	增设"新社会组织界"，产生社会组织 3 名政协委员	执行	区级
两会提案	2012 年全国两会全国政协委员、清华大学 NGO 研究所所长王名提案	建议全国政协在现有 34 个界别之外增设"社会组织界别"	建议	全国
	2013 年全国政协委员施杰关于创新社会组织参与社会管理模式的提案	增加政协之中的界别类型，主要是增加社会组织的界别	建议	全国
	2014 年全国政协委员穆可发关于增加社会组织界别的提案	全国政协应增设社会组织界别，与社会组织界别有关委员建立日常联系制度	建议	全国
	2013 年广东省政协委员田亮《关于在省政协设立社会组织界别的建议案》	在省政协增设"社会组织界别"，并鼓励地方各级政协设立相应的界别	执行	省级
	2014 年云南省两会，云南省青少年发展基金会理事长沈光鑫建议	在政协委员中增设社会组织界别	建议	省级
委员建议	2015 年湘潭市政协常委、民革湘潭市委副主委戚红亮	关于在各级政协增设社会组织界别的建议	建议	市级
	2013 年惠州市政协主题理论研讨会，农工党惠州市委办公室副主任林海燕	应把社会组织纳入到决策过程中来，可增设社会组织界别	建议	市级
	2017 年淄博市政协委员、淄博市民政局副局长陈晶接受中国网记者采访	优化整合相似相近界别，增加"社会组织界别"；在有关界别中增加社会组织委员名额	建议	市级

（2）从各级社会组织种类数量来看。截至 2018 年 3 月，社会组织类别中最多的是民办非企业，占总数的 52.4%；其次是社会团体，占总数的 46.8%；最少的是基金会占 0.8%。从注册级别上来说，县级的社会组织数量最多。从总量上来说，县级社会组织占 38.5%，市级社会组织占 30.5%，省级社会组织占 24.5%，部级社会组织只占 6.5%。但是从类别上来看，县级社会组织以民办非企业和社会团体为主。相对来说，县级的基金会数量比较少，只有 475 个；省级的基金会最多，占到基金会总量的 70%以上；其次是市级基金会，共 1123 个；部级基金会也有 251 个。尽管县级社会组织最多，但从话语权和影响力上来说，其远远不如部省级社会组织；而县级社会组织才是基层各项服务性事务实施的第一线（王勇，2018）。因此，应该增加县级社会组织的政策参与渠道，在政协增设

社会组织界别中，重点考虑县级社会组织类型。尤其是县级的基金会较少，其他层级政协增设社会组织界别可适当考虑增加基金会的比例。

另外，各地区的社会组织类别分布不平衡。以社会组织发展较好的广东省为例，县级的基金会非常少，而省级的民办非企业也非常少。相对来说，市级的社会组织种类较为均衡，因此在市级设置社会组织界别较为合适。但是以上只是大概对社会组织进行的分类，如果从更为细致的角度来看，社会组织还可分为经济类、文化类、体育类、医药卫生类、外交类、法律类等，或者还有行业协会商会、农村社区社会组织、社会智库等更细致的分法。在每个层级这些更细的社会组织类别分布又有所差异。一般来说，外交类社会组织属部级为多，经济类的社会组织属省级较多，农村社区社会组织则属县级为多。这就需要在各级政协增设社会组织界别时，考虑不同级别覆盖的社会组织类型以及社会建设的重点关注问题的契合度。同时，不同地区因为经济社会发展及历史地理的背景不同，也会存在社会组织类型发展不一致的情况。在发展落后的地区，县级增设社会组织界别应重点将农业类、扶贫类等社会组织纳入进来。

我们从各地已经开展相关试点和政协委员呼声较高的省份中截取了社会组织类别的各层级分布图，研究发现，各地社会组织类别在不同层级的分布差异很大。其中云南省省级的社会组织分布很少，基金会和社会团体数量更少。同样处于西部地区的甘肃省也存在这个问题。其他经济发展较好的地区，如福建省则分布相对均衡。比较突出的是北京市，省级社会组织类别分布较均匀，各类社会组织也较多，而且部级各类社会组织分布比例也较好，且数量较多。这与北京作为我国首都，大量部管的全国性社会组织在北京建立总部有关。我国经济最发达地区——上海，则呈现出部级、省级、县级三级社会组织分布都很少的状况，有待进一步分析。截至 2019 年 8 月末，上海市共有社会组织 16 760 个，包括社会团体 4282 个、民办非企业单位 11 985 个、基金会 493 个。全市共有慈善组织 386 个，包括基金会 364 个、民办非企业单位 21 个、社会团体 1 个。慈善组织中，取得公开募捐资格有 25 个。全市社会组织从业人员 428 700 人。[①]

（3）根据社会组织的各项发展指标分析。首先，从部管到基层社会组织能力分析的视角看，由于全国性的社会组织在人员结构、社会组织实力及影响力、社会组织的规模等方面处于较高层次，因此社会组织界别应优先在全国政协设置，以通过全国性社会组织界别提出更多覆盖面更广、影响更深远的提案。但是，因

---

① 2019 上海公益数据. https://baijiahao.baidu.com/s?id=1646092416172842913&wfr=spider&for=pc[2023-03-20].

为不同层级有不同的背景和诉求，不同层级的社会组织发展类型和代表利益取向也与全国性社会组织有差异。它们对于所在地问题更为了解，能够提出更有针对性、更准确的提案。因此，在各个层级政协增设社会组织界别有其必要性。

其次，从社会组织的党建角度展开分析。由于从部管到基层社会组织的数量由少到多，社会组织成立的标准也由高到低，同时国家在社会组织党建方面逐层铺开，高层级的社会组织党建覆盖率、完成率及党的活动实施等方面都要好于低层级的社会组织。全国性社会组织党建工作分别由中央直属机关工委、中央国家机关工委、国务院国资委党委统一领导和管理。地方社会组织党建工作归口省、市、县级社会组织党建工作机构统一领导和管理。城乡社区社会组织党建工作归口街道社区和乡镇村党组织管理。有业务主管单位的社会组织党建工作，归口业务主管单位党组织领导和管理。《关于加强社会组织党的建设工作的意见（试行）》中指出，民政部主管的社会组织在进行评估时，将社会组织党建工作情况作为社会组织等级评估的重要指标。从社会组织的培训学习情况来看，部管全国性社会组织在社会组织培训方面开展较早，覆盖面广。地方社会组织的培训学习由于各地社会组织自身发展情况以及社会经济发展情况不一样，实施程度也不一样。例如，广州市成立了社会组织学院、社会组织研究院，深圳市成立了深圳经济特区社会工作学院、深圳社会组织研究院、深圳国际公益学院、深圳经济特区社会工作学院等；其他各地有象山社会组织学院、日照社会组织学院、川北社会组织学院、成都社会组织学院、海盐县社会组织党校和海盐县社会组织学院、泸州（长江）经济社会组织学院、郑州市金水区晨钟社会组织党建学院、岭南公益慈善学院等。这些学院大多设在市级和县级，这说明县一级社会组织的培训也逐步发展起来，为地方社会组织发展注入了活力。还有许多地区成立了社会组织孵化机构或能力提升培训机构，比如深圳市设有社会组织总会和社会组织总部两个孵化中心，前者与党政机构联系紧密，主要负责党的思想、精神的培训以及统战工作的开展，后者主要是对社会组织的基本能力和业务拓展进行培训。

（4）从社会组织政社分开的角度分析。社会组织与政府机关脱钩，以增强社会组织发展的自主性，减少政府各级机关的行政干预，赋予其发展的活力。同时，政社分开还加强了社会组织在政策参与中的独立性，社会组织可以按照自己真实意愿向政府部门提出客观真实的决策建议。但是如果政社分开改革工作不细致，计划不科学，可能会给许多社会组织发展造成新的障碍。有些社会组织是刚成立的，需要政府在资金和政策上给予大力扶持，如果简单地实施行政脱钩，容易造成这些社会组织发展动力不足；还有些在某些领域发挥着重要作用，但处于发展边缘的社会组织，同样需要政府加大扶持力度。因此，不同地区、不同行业、不同层级以及不同类型的社会组织应注意实施政社分开改革先后。按照中央的部署，首先是在部管的行业协会商会展开。各省（自治区、直辖市）同步开展本地区脱钩试点工作。首先选择几个省一级协会作为试点，在认真总结经验的基础上，逐步扩大试点范围。《行业协会商会与行政机关脱钩总体方案》指出，全国共确定了 1508 个省级协会作为第一批试点，重庆、湖南、福建、河南等地已完成第一批试点的相关工作。①因此从政社分开角度分析，社会组织脱钩呈现出越是高层越是彻底的局面。但有些地方也根据实际情况做到了创新性改革。例如，重庆市不仅在行业协会商会方面完成改革，而且在社会团体的政社分开方面也走在全国前列。重庆巫溪县成立基层自治的社会组织，南岸区也将社区的行政权力上收到街道，实现社区社会化和自主性。在江苏省太仓市，社会组织不仅实现了与行政脱钩，而且建立了与政府的新型互动合作关系。而深圳市、杭州市、天津市等地成立了半独立性的公共代理服务机构，它不完全依托于行政部门，实行一个机构一个独立法规，从而集合了行政管理的优势和民间组织的特征。这些地方社会组织的政社分开做得较为成功，为全国其他地区开展工作提供了模板。基于在政社分开方面的经验，有的地区可以对社会组织界别增设工作先行先试。马长山（2006）对 400 个黑龙江社会组织的调查显示，从不同属性的社会组织来看，行业性、学术性以及促进会、联合会等民间社会组织中，政府组建的分别占32.8%、41.0%、60.0%、36.8%，政府和民间共建的分别占 48.3%、50.0%、40.0%、39.5%，而民间自发组建的则分别占 13.9%、6.4%、0%和 15.8%。根据政府与社会组织关系的紧密程度，由政府组建的社会组织的政社分开难度较大。据笔者在重庆市万州区的社会组织政社分开的调研情况来看，许多政府创办的社会组织一般设在政府机关大楼，它们完成很多政府交办的事务，其工作内容和财政来源都有很强的行政色彩。

（5）从社会组织的参政方式来看。由于部管的社会组织与高层来往密切，很多全国性社会组织有着很大的影响力，它们的业务关联几个省域，甚至覆盖全国。有些社会组织领导本行业或领域的标准制定，组织相关职业或技能或岗位的鉴定工作，负责分支机构或相互关联业务的授权工作，承接政府的购买服务或政府职能转移工作等。因此，这些社会组织的负责人和主要成员在本领域也是较有

---

① 发改委：第一批行业协会商会脱钩试点已基本完成. http://www.xinhuanet.com/politics/2017-01/19/c_129453710.htm[2022-08-09].

影响力的，他们很多是政府的顾问、咨询专家、培训专家或者特邀研究员，经常承担各中央部委的重要课题，或担任高层部门的重大战略策划专家或重要政策的起草者等，能够通过个人的关系与高层党政机关取得联系。但是，地方社会组织大多是业务类、专业类和技术类的组织，它们的活动领域基本上限于注册业务范围，接触的大多是所服务的群体或部门。在这种情况下，地方社会组织与政府接触的方式就较为正式。基层社会组织（如社区社会组织、业委会、农村合作社和网络社会组织等）参与政府决策的机会更少。草根类社会组织规模小，部分只是在街道备案，基本上是围绕某个社区、乡村或相关人群展开的生活类、技术类或兴趣类组织。虽然草根类社会组织也希望反映所联系的群众的意见，但是因为所处的层次较低，其中的代表人士联系外界和上级的资源较少，因此也难以将意见反映出去。沈永东基于对浙江、江苏两个民营经济大省的宁波市、温州市、杭州市、无锡市、南通市的 146 份地方行业协会商会的问卷数据研究发现，98.6%的全国性行业协会商会主要以国务院各部委作为政策参与目标；与之相反，地方行业协会商会缺乏像全国性行业协会商会那样与政府间的紧密关系，为了更好实现政策参与，必须要去尝试政府之外的其他政策参与路径，如地方人大与地方政协等机构。因为，正式渠道是一种制度化的国家安排，对于各个地方行业协会商会而言，机会是开放和平等的。地方行业协会商会政策参与目标包括中央和地方两个层面的政府、人大、政协、党委和工商联等。其中政策参与比例最多的是地方政府 87.3%，其次是地方人大和地方政协各 40.4%。非正式渠道中基本在 20.5%及以下。相反，地方行业协会商会运用正式政策参与方式比例显得更高，"以正式方式将政策建议呈送给有关政府部门和上级行业组织等，以期产生影响"的比例高达 70.9%，其次是"通过会员企业的人大代表、政协委员提出议案或提案"的比例为 60.8%（沈永东，2018）。

（6）从各级社会组织参政积极性和参政效果来看。已有实践经验显示，高层的社会组织参政的积极性更高，这是因为越是高层的社会组织，它们所从事的工作越是宏观，与国家的大政方针联系越紧密，或者说国家的政策更容易影响这些社会组织，而这些社会组织也有渠道参与到相关部门的决策制定中来。例如，中国（海南）改革发展研究院，其执行院长是全国政协委员，该院还聘请国家发展改革委、全国政协等重要部门要职人员担任顾问或学术委员会委员；该院联系和对接的主要党政部门有全国人大财经委等。其他较有影响的如中国与全球化智库，向全国人大、全国政协、中央组织部等 10 余家国家有关部委提供政策咨询和决策参考报告，承担其相关政策研究课题；同时也多次为北京、浙江、四川等

20 多个地方政府提供政策咨询研究与服务。全国性社会组织还有中国国际经济交流中心、中国战略与管理研究会、东中西区域发展和改革研究院等。但是，地方的社会组织参加政治会议的层次明显低一些。有学者对杭州、宁波、金华、绍兴、台州、丽水、嘉兴、衢州、湖州、温州、舟山等 11 市的 136 个社会组织调查得知，在政策参与层级上，选择"中央和省级"的占 4.4%，选择"地市级"的占 33.8%，选择"县级"的占 37.5%，选择"乡镇级"的占 19.1%，选择"村级或社区"的占 5.1%。可见，社会组织的主要政策参与层次是县级和地市级。当然，作者也指出了这可能与其调查选择的样本地点主要在县级和地市级有关。不过地方社会组织本身影响力小，能力也相对较低，且关心的社会事务与本级或相近级的政府机构有关。从反映的利益、问题和要求受重视的情况来看，县级与省级的所占比例有差距，有学者从对黑龙江省调查的 381 个案例中发现，地域级别的民间社会组织中，能解决反映的问题 50%以上的，县级最高，占 76.6%，省级反而最低，只占 27.7%（马长山，2006）。这反映出层级越高的社会组织与政府关系越紧密，反而容易受到政府的干预，对政府依附度较高，从而限制了这些高层级社会组织参政的能力。

（7）根据难易程度和政治需要的分析。在哪一层级政协适于增设社会组织界别，还应考虑全局稳定和发展的战略需要。社会组织增设虽然对于国家治理体系和治理能力建设具有重要意义，但是需要逐步推进。因为社会组织所涉及的行业领域分布广泛，其与很多其他界别领域有重复交叉问题。其他界别委员名额有限，加之这些界别设置已经较为稳固，运行也走上正轨，如果进行较大改革，可能影响政策的持续性，因此需要根据各个层级改革的难易程度采取不同的措施。在市、县这两个层级改革相对容易些，因为层级越低，政协界别的数量也越少，涵盖的领域范围和群体人数就较少，也就减少了调配的难度。再者，地方的政协界别增设相对灵活，影响面小，涉及的人和事物少，可以根据地方发展的需要进行适当的更新。此外，在更高一级的政协尤其是全国政协，很多委员采取邀请方式确认，重视民主党派、社会名流等推荐，降低了这一级政协在社会事务上的对应度，这也是需要改进的地方。但是，不管在哪个级别的政协增设社会组织界别都应在全国政协和统战部门制定相应的全国性政策制度。尽管很多省市政协部门出台文件以及委员提出提案，争取增设社会组织界别，但是很多工作仍停留于建议阶段，没有真正得到执行，甚至有的已经写进决议，最后却没有贯彻执行。例如，四川省宜宾市南溪区在 2012 年将建议写入政协会议决议，后面没有相应的社会组织界别增设；同年，深圳市也在政协会议决议中提出增设社会组织界别的条款，后来也没有跟进。虽然地方有改革的动力和需求，但是地方政协却没有增设界别的权力。因此在照顾全局和确保稳定的基础上，适当给予地方统战部门和政协增设社会组织界别的权限，允许其在可行的范围内进行试点试验，可以促进政策创新。

二、综合平衡

影响社会组织界别设置的因素有很多，从社会组织实力来说，全国性和省级社会组织能力较强。在 2015 年全国先进社会组织的评选中，共有 298 个社会组织获得"全国先进社会组织"称号，其中全国性和省级社会组织占绝大部分。从试点的基本规律来说，应该本着先易后难、由点到面、由低到高的原则。从这个角度来说，县级是最为合适的，而且从已有实践的资料来看，3 个试点地区均为县一级。这就形成了一个悖论：较低层的社会组织各方面能力和条件不足，而高层级的社会组织又面对执行起来涉及面大、问题较为复杂的情况。在这种情况下，也基于前期 3 个县级社会组织界别试点失败的教训，我们认为可将地市一级作为社会组织界别设置工作层级的优选。

第三节　增设社会组织界别的原则和办法

关于政协界别调整和优化的文献较多，大多数学者认为政协界别的设置应该与社会阶层的变化以及社会经济发展的现实需求相对应。同时政协界别还存在界别设置模糊、覆盖面不够广、未完全体现新的社会阶层人士声音、未能满足重要领域的发展需求以及界别结构不合理等问题。但也有学者指出不宜在政协组织中单独设置界别。如果再单独设置新的社会阶层界别，原有政协界别中社会组织委员就需要分流，如果分流不合理将会导致新的问题出现。社会组织增设工作面临来自方法路径上的诸多问题。比如，在社会组织界别设置工作中，如何考虑与其他界别的关系，如何保证整体结构稳定和有效，如何考虑其他新的社会人士的界别设置的诉求等，是需要认真研究的课题。

一、社会组织界别增设的原则

根据前文，当前调整政协界别设置的时机基本成熟，建议本着体现本质属性、与时俱进、立足实际、总体稳定等原则开展实践。

（1）体现政协组织本质属性的原则。2018 年新修订的《中国人民政治协商会议章程》相比 2004 年的《中国人民政治协商会议章程》增加了"中国人民政治协商会议是国家治理体系的重要组成部分，是具有中国特色的制度安排"等内容，这充分体现了社会各界力量在国家治理体系中的重要作用。政协不仅具备政治协商的职能作用，而且应该聚集所有建设社会主义事业的人士。政协界别调整必须体现政协本质属性，以大团结、大联合、大统战为目标，政治协商、民主监督和参政议政作为政协的基本职能，所调整和增设的界别应该在这三个方面进行改进。

（2）与时俱进的原则。界别是由社会经济结构和统一战线形势需求所决定的组织划分形式，这种组织划分应随着发展需求的变化而调整。理想的目标是争取各社会主体、各职业群体在人民政协中都有自己的界别类属。2018 年颁布的《中国人民政治协商会议章程》阐述了我国各个阶层在社会主义事业建设中的主体演变，2018 年增加了"非公有制经济人士、新的社会阶层人士等是中国特色社会主义事业的建设者"。非公有制经济人士是在改革开放以来陆续出现并不断壮大的群体，而新的社会阶层人士则是在 20 世纪 90 年代以来，在我国国家战略由以经济建设为中心发展为经济、政治、社会、文化、生态"五位一体"全面发展战略后，逐步发展起来的新的阶层。有资料表明，非公有制经济中的私营企业主 1993 年有 20 人参加了第八届全国政协会议，1998 年有 40 多人参加了第九届会议，到 2003 年的第十届全国政协时已增加到 65 人（严兴文，2008）。

（3）立足实际的原则。采取全国相对规范统一、地方因地制宜的办法，允许地方政协根据当地实际情况合理调整和及时增设相关界别。由于各地所处地域位置和经济社会发展情况不同，社会阶层的结构与类别也有区别。要从本地实际出发，结合新社会阶层的组成结构和发展需求，加大社会组织相关人士参政议政的力度。地方政协委员会的组成，根据当地实际情况，参照中国人民政治协商会议全国委员会的组成安排。因此，在遵照中国人民政治协商会议全国委员会的决议和总体稳定原则的基础上，根据各地实际进行适当调整。建议在社会组织发展较好，社会组织数量人均占有量较多、经济与社会发展程度较好的地区政协率先设立社会组织界别。

（4）总体稳定的原则。从调研来看，新社会阶层中各类人士希望能够加入政协体系，如法律、农民、高校、金融、中介组织等群体的呼声较高。但是考虑到新社会阶层比较多，政协不可能也没必要马上增设大量新界别。设立社会组织界比设立法律界等其他专业性界别具有更大的包容性，更能够适应现阶段中国社会分层的现实，也更符合政协界别设置和调整的原则。由于社会组织涵盖几乎所有领域和行业，其数量和规模以及影响的地区比其他类别广，其他类别的新社会阶层也可以通过各自领域社会组织加入政协组织。由法律、金融、农业等领域人士所形成的社会组织参加政协，更能促进这些领域的团结和有序的参与，能够减轻政协负担和化解各自领域分散参与的弊端。

二、因增设社会组织界别而调整相应界别的办法

（1）合并或分流个别界别，让出委员名额或界别机会，为社会组织界别增设留出空间。部分界别特点及人员职业性质相似，应当进行合并。建议将科技界与科协、侨联与对外友好界合并。再者特邀人士和无党派人士，其界别特色不鲜明，可以考虑适当将人员分流到其他界别，或者进行分组设置，细化它们的区别，以更能体现这个界别的功能优势。除此之外，工商联和经济界也有很多重复之处，应进行统筹优化。

（2）吸纳某些相近领域，为其他领域进入政协界别提供机会。社会工作领域、残疾人领域、志愿者领域等是较为接近的行业领域，可以将这些范畴相关的代表人士也纳入社会组织界别。例如，当前有大量残疾人社会组织和许多从事残疾人保护的社会组织，可以将这些社会组织中的代表人士纳入进来，作为社会组织界别的重要人选来源。社区在我国基层治理的重要作用越来越明显，有学者呼吁成立社区界别，但是社区的很多事务也由社会组织承担了，因此可以吸纳社区的相应人员进入社会组织界别。志愿者是一个很大的群体，截至 2019 年，其总人数已经超过 2 亿人，虽然志愿者并不都是社会组织成员，但是志愿者的工作目标和性质与社会组织相近，都是从事公益慈善的工作，因此可以将志愿者群体纳入社会组织界别。另外高校社团数目庞大，相对独立，为了更好地发挥高校社团的作用，也可以将其纳入社会组织界别。

（3）成立专业人士界，将中介组织等专业人士纳入进来。随着经济社会的发展，人民群众对公共服务的需求与日俱增，中介服务组织发展迅速，为新兴行业的发展付出了巨大智慧和劳动。中介组织这一新生的社会阶层在政协拥有自己的界别归属，将有利于做好统战工作，扩大政协的团结面。这支新的社会阶层人士队伍在服务社会经济中起着极其重要的作用，越来越受到社会各界的重视。这些人员与法律领域人员一样，大多分散在无党派、社会团体和各民主党派中。单设界别可以集中他们的团队优势，有益于他们的专业发挥。因为这些代表人士的专业性和技术性很强，可以将其分散在经济界、科技界、社会科学界或其他界别。

（4）优化某些界别委员结构，为社会组织及其他基层工作人员提供更多机会。一是适当减少现职党政机关领导干部所占比例。现职党政机关领导干部反映意见和情况的渠道已经比较多，再加上他们本职工作较繁忙，对政协工作难以顾及。例如，静安区机关部门的政协委员，往往是某些部门的负责人，感到提意见和建议难，自己分管的范围内的事往往需要去解决问题而不是提意见，提别的部门的事担心影响部门间关系，这些委员写提案的少，有的到会也很少提议。二是适当减少非公有制经济人士所占比例。近年来，各地为了招商引资，有意让企业家在各级政协委员中所占比例偏高，其中相当部分企业领域的委员只挂名不履职。

（5）增加以人民团体和社会组织名义参选政协委员的机会。如已经有全国性人民团体并能够代表现有界别的，尽量以人民团体的名义参加政协；如可考虑取消文化艺术界，改设文联界。其他参政意识和参政能力较弱的群体可以通过相关社会组织来间接参政议政，如残疾人可以通过残疾人联合会，农民可以通过农民专业合作社等。截至 2021 年，国务院免于在民政部登记的社会团体有 21 个。其中，参加中国人民政治协商会议的人民团体有：总工会、妇女联合会、青年团、科协、台湾同胞联谊会、归国华侨联合会、青年联合会、工商业联合会等 8 个，也鼓励另外 13 个人民团体更多地以社会团体的名义积极参加到其他界别中来。其他与这些社会团体有关的代表或组织也可以以这些社会团体的名义参加政协界别工作。

第四节　增设社会组织界别相关工作中的部门协同

一、现状与问题

设置社会组织界别会涉及民政部门、政协、统战部门、组织部门等部门。其中政协、统战部门、组织部门等部门分别是社会组织设置的执行部门、批准部门和备案部门，而民政部门是社会组织界别委员的推选部门。2006 年第二十次全国统战工作会议第一次把社会组织从业人员纳入统战工作范围。2013 年起，中央统战部先后在山东、湖南、深圳等 7 个省市部署社会组织统战工作试点。2015年《中国共产党统一战线工作条例（试行）》规定，建立健全党委统一领导、统战部门牵头协调、相关部门各负其责的工作机制，以促进社会组织协商建设。2016 年中央统战部在原有工作力量基础上组建了八局，专门负责新的社会阶层人士统战工作。不同地区、不同部门对于社会组织界别增设的积极性不一样，造成部门之间缺乏联动机制。许多地区往往将政协作为社会组织界别增设的主要负责部门，而忽视了统战等部门的先期引导作用。"统战部门、工商联、行业协会和相关社会组织中被调查对象的 42.1%的人，对新社会阶层政治参与应当达到什么目标不太清楚，目标上的模糊导致了各地有关部门促进新社会阶层政治有序参与的举措多依赖于中央统战部的部署，主动性和创新性不足，没有鲜明的地方特色。"（李晓园，2009）2011 年广东省在全省层面提出增设社会组织界别的政策，但因为基本上是在政协层面开展了一些试点工作，统战部门并没有发布正式的指导文件，致使在顺德区和博罗县的社会组织界别设置工作较为被动，后面广东其他地区也没有再继续跟进相关工作。在全国开展的社会组织统战试点中，广东省仅有深圳市是试点地区，深圳市政协曾提出设置社会组织界别的会议决议，但没有真正设立。深圳市走的路线是统战部门通过深圳市社会组织总会进行社会组织的统战工作，在政协仍保持与省及中央一致。

各级统战部门将新社会阶层作为新时期统战的新增力量。社会组织是新社会阶层中规模最大的一个，但是由于社会组织主要从事弱势群体和边缘领域的扶助工作，经济、政治等地位不够突出，因此在统战工作中存在被忽视的现象。我们对中国知网中有关新社会阶层统战工作的文献进行分析，发现社会组织往往被列入中介组织这个系列作为统战的对象。实际上社会组织与中介组织有着很大的区别。社会组织以公益性、慈善性、志愿性、非营利性和非政府性为主要特征，而中介组织主要是指以律师、会计师、公证师、评估师、税务师等为主体的机构，这些职业从性质上来说是营利性机构，大多是以企业性质在工商部门注册，尽管有部分律师事务所或者评估机构是以民办非企业性质在民政部门注册，但是这部分比例很小。中介组织具有专业的知识和技术优势，在社会和公共事务中担任重要角色，明显处于较为受重视的状况，它们与社会组织人士工作性质有很大的差异，在统战工作中应该将二者区分开，给予社会组织更多参政议政的机会。另外，新的社会阶层人士基本上首先考虑安排给民营企业出资人，这大多体现于小型企业。对于新阶层的四类人员，概念模糊、身份界定不清。杭州市的调研表明，约 63%的调查对象不清楚新的社会阶层的概念和提法，也不知道自己是否属于新的社会阶层，建议不再使用"新的社会阶层人士"这样一个统称，而应将每个群体具体列出作为一类统战成员（杨卫敏和许军，2015）。实际上私营企业主，在经济界、工商界、科技界以及部分民主党派中多有体现，律师事务所、会计师事务所，评估机构等中介组织的优秀代表在社会科学界、工商联、各民主党派中占据了一定名额。但是作为社会组织的代表，其大多数以兼职身份参与政协界别，单独以某个社会组织身份出现在界别中的数量非常少。

2015 年，《中共中央关于加强社会主义协商民主建设的意见》中将社会组织协商正式确定为与政党协商、人大协商、政府协商、政协协商、人民团体协商、基层协商等并列的第七大协商渠道。值得注意的，该意见并没有将社会组织协商放到政协协商中来，因此政协是否作为社会组织协商的管理方以及社会组织协商是否需要政协这一渠道进行落实，该意见并没有提出针对性的要求。从分类来看，统战部门主要通过联谊会等形式与社会组织代表人士联系；政协则是通过社会福利和社会保障界以及其他（如工商联）与社会组织关系密切的界别同社会组织类委员联系；民政部门主要是通过在民政部门下面设立社会组织促进会，建立与社会组织的联系。

二、明确各个部门的职责

从党建角度来说，县级以上地方党委要依托党委组织部门和民政部门建立社会组织党建工作机构。党委组织部门与同级社会组织党建工作机构是指导关系，上级社会组织党建工作机构与下级社会组织党建工作机构是指导关系。各地各级党委组织部门都成立了社会组织工作委员会作为社会组织党建的统一领导，但是民政部门掌握社会组织的登记和组织管理工作，因此党委组织部门往往将党的建设具体任务下放到民政部门。天津、江西、山东、湖南、广东、海南、西藏、青海、宁夏、新疆等地都依托民政厅（局）建立了中国共产党社会组织工作委员会。党的组织部门的工作主要是加强社会组织的党建工作，提升社会组织的思想、政治和组织觉悟。广东、佛山以及全国很多省、市、县成立了中国共产党社会组织委员会作为社会组织党建工作的管理平台。

统战部门是社会组织界别设置的批准和管理部门，政协是执行部门。2016年，中央统战部增设的第八局是专门对接社会组织在内的新兴阶层的统战部门。但是，此时的社会组织统战工作还主要是联谊、座谈以及通过成立联合会组织的形式增进党对社会组织的统一战线工作，下一步应该积极开拓社会组织统战工作，使其向更加具体、更加务实、更能体现社会组织价值的统战工作领域发展。党的十九届四中全会提出增强社会组织等协商民主的制度化实践，因此社会组织统战工作应该与政协的协商民主工作结合起来，应在政协设置社会组织界别，从而实现统战工作与协商工作的衔接。

民政部门则具体负责社会组织委员的业务培训工作。全国许多省市的民政部门组织了当地社会组织代表人士的培训，包括党的思想教育、业务能力提升以及政策建言操作培训等。有的地级市民政部门组织社会组织诚信建设培训班、社工督导培训提升班、行业协会商会专题培训班等更专业的培训，统战部门则主要负责社会组织代表人士的政治理论培训。中央统战部从 2017 年到 2023 年 9 月 15 日已经进行了 5 期全国性社会组织代表人士的政治理论学习培训。其他如社会主义学院、社会组织学院、社会组织党校也开展了有关社会组织统战理论、能力知识以及党的思想等方面的教育。在社会组织选拔和培训的过程中，各地的社会组织促进会、社会组织总会、社会组织联合会、社会组织统战联合会等社会组织联合性组织也发挥社会组织聚合资源优势，在党、政府与社会组织之间建立枢纽型工作联动中转站，为统战工作、党建工作以及政协的社会组织代表人士的培训和推荐提供基地和输送渠道。例如，作为深圳市社会组织枢纽的社会组织总会，不仅承担全市社会组织的联系工作，而且与党的统战部门和组织部门建立了密切联系机制，也建立了监察办公室，承担了大量统战部门和组织部门交给的关于本市社会组织的统战和组织工作。

目前，社会组织的监察机构没有明确。2018 年《中华人民共和国监察法》出台，该法规定各级监察委员会依法对所有行使公权力的公职人员进行监察的全覆盖。《中华人民共和国监察法》将监察对象列为六类，其中第二类为"法律、法规或者受国家机关依法委托公共事务的组织中从事公务的人员"。社会组织没有从事公务，但是政府在购买社会组织服务时以及政府简政放权改革中，将许多社会公共职能下放到社会组织。这就需要相关部门加强对这些承接公共服务的社会组织的监管。但在具体政策条文中，相关规定与社会组织所从事的工作性质有着模糊的关系，无法确定社会组织的统一监管机构（王栋和芮国强，2020）。

其他涉及社会组织界别设置的还有青联、共青团、妇联等人民团体组织。首先，我国许多省市的青联设置了青年社会组织界别，在政协如果单独设置社会组织界别，需要与青联做好青年社会组织界别在政协社会组织界别中的协调安排。其次，工会、共青团以及妇联与社会组织有密切联系。一是工会、共青团、妇联等许多人民团体是社会组织的枢纽型社会组织。在北京、广东等地建立了以人民团体为主的枢纽型社会组织，负责当地社会组织的发展和联系工作。二是在社会组织中除了加强党建以外，相当多的社会组织也在内部建立了工会、共青团、妇联的组织，这些内部组织机构除负责社会组织的相关业务外，也与相对应的工会、共青团、妇联等人民团体建立了组织上的联系。它们是这些人民团体的工作联系和业务拓展单位。因此，在政协增设社会组织界别时应考虑这一现实情况，在增设工作中需要与这些人民团体加强协调，同时也避免在人员配置中的重复问题。

三、以统战视角开拓界别增设工作新局面

社会组织是开展新的社会阶层人士统战工作的重要平台和基础，是统战工作社会化的延伸。社会组织统战工作具有十分迫切的现实需要和战略需求，对于党、国家、社会、人民都有着不可忽视的作用。社会组织要从国家统战合作角度出发展开工作，这是它的责任，更是义务。社会组织统战对于社会组织党建工作有很好的促进作用，其对于社会主义建设的凝聚力和统合力具有积极的作用。另外从社会组织统战工作的角度出发，对于社会组织的协商民主建设具有很好的激发作用。协商民主是一种趋势，但是这往往使得社会组织更多地考虑自身的利益和权利，可能带来新的不和谐因素。如果从统战角度来进行社会组织协商民主建设，则不仅加强了协商，更促进了团结，早在 2006 年中央统战部就建立了新的社会阶层人士统战工作联席会议制度，中国社会组织促进会、中华全国律师协会、中国注册会计师协会等多家行业协会参加联席会议。一些省也结合实际广泛开展了社会团体、基金会、民办非企业的统战工作，有的还专门成立了新社会组织人士联合会、社会组织人士联谊会，将更多的协会、学会、基金会、研究会等社会组织纳入其中。据不完全统计，许多地区已经开展了社会组织统战试点工作（表 7-7）。

表 7-7 部分地区社会组织统战工作的概况

地区	文件及政策	代表及渠道	平台	机制	成效
山东省	—	建立起省区市三级社会组织代表人士队伍；增补省政协常委 1 名、省政协委员 2 名	2015 年正式成立全国首家省级社会组织联合会，全省已成立 20 余个市区级同类组织。建立"山东省社会组织议政建言服务团"	建立了社会组织参加统一战线重大活动制度，推荐优秀代表人士担任同级政协委员和特约人员	代表提出的"关于修订完善银监法"的建议获得国务院领导批示
青岛市	《关于加强社会组织统一战线工作的意见》（青办发〔2015〕10 号）	增补 5 人为区市政协委员；推荐 4 名社会组织党外代表人士担任人民检察院监督员	青岛市社会组织联合会	市委将社会组织统战工作试点纳入市委年度工作要点和全市深化改革工作要点，并作为重点改革任务列入全市绩效考核	—
青岛市市北区	—	—	成立全市区级社会组织联合会	探索社会组织及党外代表人士与社区建设之间"双服务"模式	

续表

地区	文件及政策	代表及渠道	平台	机制	成效
济南市市中区	—	积极举荐优秀代表人士作为区级人大代表、政协委员	建立起"一核两翼三平台"社会组织统战工作网格	—	—
临沂市	《关于加强社会组织统战工作的实施意见》	社会组织代表人士担任市政府法律顾问、特聘监督员	推动县区和开发区全部成立了社会组织联合会	—	—
临沂市兰山区	—	重点培养、建立了社会组织代表人士信息库	成立社会组织联合会、社会组织联合会党委	实行行业分会和社区社会组织联谊分会轮流值班制度	调研报告，在中央办公厅刊物刊发
日照市岚山区	—	—	在社会组织系统内成立统战工作站，在各社会组织中配备统战联络员	—	—
北京市朝阳区	—	把社会组织中的党外人士纳入统战工作范围	—	一是协调联动机制；二是培养和考察机制；三是政治安排机制	—
浙江省	—	全省发起的各级知联会组织	—	—	社会组织统战工作试点列入省委全面深化改革领导小组年度工作计划
浙江省余姚市	—	根据不同特点分门别类建好新社团骨干人士数据库	建立属人、属业、属地相统筹的社团统战工作机制	搭建新创会、知联会、新联会中介行业协会等统战平台	—
浙江省台州市	—	—	—	新阶层人士社会服务团，知识分子知联会到农村建的知联卫生室	—
湖南省	《关于加强全省社会组织统战工作的意见》	提名推荐社会组织党外人士担任省政府有关职能部门领导职务	选择优秀社会组织为省社会组织统战工作试点单位	提出统战部等部门协同推进的社会组织统战工作模式	形成的重要观点纳入了省"十三五"规划
湖南省益阳市	—	统战工作试点得到扩展和重视	—	—	成为全省社会组织统战工作试点单位
四川省攀枝花市	—	湖光乐同社会工作服务中心	—	深挖社会资源，做好统战对象双向服务	—

续表

地区	文件及政策	代表及渠道	平台	机制	成效
辽宁省兴城市	《兴城市社会组织统战工作联合会章程》	—	选举产生社会组织统战工作联合会理事会	—	—

四、建立统一部署联动机制

为了加强各有关部门对于社会组织工作的统一部署，北京、黑龙江、上海、江苏、浙江、安徽、福建、广西、青海等地建立了社会组织管理工作协调机制。有的地区（如山东）已经在各级党委领导下，建立了由统战部门牵头、组织部门、民政部门、人民团体等参加，有关社会组织参与的联席会议制度。新社会阶层的统战工作联席会议制度在内蒙古、辽宁、广东、浙江等地也相继建立。联席会议由统战部门负责召集，各成员单位分管领导和联络员参加会议，邀请有关社会团体负责人列席会议。采取定期会议或临时会议的规则。联席会议形成会议纪要，并报党委。联络员负责通报有关情况，并向联席会议提出相关工作建议，完成联席会议交办事项。联席会议的成员单位一般包括党委、组织部、统战部、政协、社会组织党工委、政法委、民政局、工商局、总工会、妇联、科协等与社会组织联系较为紧密的单位，其主要职责包括及时传达学习关于社会组织统战工作的方针政策，讨论研究新社会组织统战工作有关举措，征询和听取社会组织代表人士的建议，开展各行业社会组织人士情况调研等。统战部具体负责开展社会组织人士统战工作的协调和组织工作，指导联席会议会员部门认真履行分工职责，培养新的社会阶层代表人士队伍，并做好推荐和政治安排。民政局积极推动社会组织政策建言的摸底工作和情况汇报任务。其他有关部门（如工会、工商联、科协等）的主要职责是加强对所属有关行业协会商会组织建设的指导，了解掌握它们的基本情况和利益诉求，加强教育、引导、培养和推荐工作，把握思想动态并有针对性地开展教育培养活动等。各地形成了创新性经验，如湖南省形成的"四型推动"模式、青岛市市北区形成的"工作联商、责任联担、服务联办"工作机制，以及浙江省余姚市以新社团、新生代、新行业、新阶层、新领域相统筹的社团统战工作机制。湖南省的社会组织统战机制明确了各部门责任，有利于提升工作的合力和办事效率。青岛市江北区的统战机制则从原则标准出发，也提出了工作的重心和联动的目标，明确了联动机制的分工，提升了工作效果。

浙江省余姚市则进一步深入实际，从更加具体更加细致的工作角度提出建议措施，涉及面广，而且更能准确应对。

第五节　社会组织界别委员的产生途径

推选政协委员的程序，包括提名、协商、常务委员会会议通过和公布这几个步骤。随着新社会阶层的兴起，政协界别的组成越来越突出以社会阶层和职业划分所体现的职能划分的特征。政协最初的任务主要体现为中国共产党与民主党派的统战合作和协商议政，然而随着社会阶层的不断分化和增加，加之民主党派也吸纳了越来越多的新的社会阶层人士，政协以职业、行业或产业来划分界别的趋势，已经对政协委员的产生方式形成新的要求。因为民主党派等界别的委员由统战方式推荐进来，而职业、行业或者新社会阶层则更多体现对于民众的代表性，他们是各行各业的普通建设者，而不是具有政治色彩的党派人士。名额基本不变的情况下需要增加委员增选的竞争性。在很多地方，政协的工作被当成纯粹的"统战工作"，政协委员也成为统战对象，统战部门将工作重心放在"了解情况、掌握政策、安排人事、调整关系"上，而不是通过参政议政促进地方政治建设和经济发展（丁长艳，2013）。因此随着国家治理体系和治理能力发展，各阶层人士进入政协需要以国家建设和社会建设为主要目的，而不是单纯地开展统战工作。而且，统战工作也是为了国家和社会的建设（图7-1）。

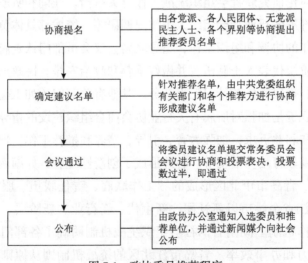

图 7-1　政协委员推荐程序

一、建立健全界别群众政协委员的推荐机制

一是适当引入竞争机制。在最初推荐时，应充分尊重界别的意见，尽可能扩大界别群众的参与权，由界别群众在充分酝酿协商的基础上推荐政协委员。社会组织委员为社会组织领域的优秀代表，在推荐这些代表候选政协委员时，要考察他们在所属社会组织的履职情况，所提供的建议是否得到了相关部门的重视和采纳等这些基本情况。民政部门和统战部门向政协推荐社会组织代表人员时，应同时附上被推荐人的工作业绩，尤其是为社会组织、社会成员及其所服务的领域所带来的工作帮助等；在提名渠道方面，包括民政系统及其所属的社会组织促进会所联系的优秀社会组织代表人士、统战系统所属的社会组织统战联谊会所联系的社会组织杰出人士、中共社会组织委员会党建中涌现的社会组织党建优秀分子、青联所属的青年社会组织界别中社会组织优秀青年代表，也包括在各人民团体、事业单位、政府等部门所挂靠的社会组织等，以及其他支持型社会组织或枢纽型社会组织（如社会组织学院、社会组织党校、社会组织服务中心、社会组织服务联合会、社会组织总会、社会组织总部、社会组织孵化基地等）都可以成为社会组织政协委员重点推荐单位。另外，其他规模较大、代表行业较强的行业协会商会，资助范围较广、服务领域较大的基金会，具有联合国咨商地位的社会组织也是社会组织政协委员的推荐单位来源。在推荐的名额上，采取差额推荐，给政协系统在遴选时留有进一步核实和优选的余地。2011 年博罗县政协在协商推荐工作中率先把"社会组织界"列入公开推选委员的第一界别并分配名额，确定不少于 5 名委员的席位。博罗县的做法既符合公开推选的原则，也体现了对社会组织界别的重视程度。

二是尊重候选人的自愿性。如果既是被推荐人，又具有积极的参政议政意识，则委员将会更好地发挥积极性和履职责任心。可以在推荐委员的程序中，专门增加委员申请制环节，凡是被推荐的委员都需要经过一定的申请流程，从而增强社会组织委员的自愿性和责任感。

三是建立拟任委员在本界别的任前公示制度。拟任的政协委员应在政协网站公示，在被推荐的单位公示以及在民政部门或重要的社会组织工作平台公示，以尽可能地让社会组织工作领域的成员认识、知晓和了解入选委员的情况。这种做法既起到对入选委员的监督作用，也为后面向入选社会组织委员反映情况提供了便利。另外，在必要的情况下还应对入选的社会组织委员的基本情况和联系方式一并公示。

四是完善委员产生的程序。明确推荐单位（如民政系统、统战系统、人民团体和支持型社会组织等系统）的推荐程序，要开发专门的社会组织委员推荐渠道及制定相应程序规则，明确政协党组、党委组织部和统战部的职责，规范委员产生的操作程序，并以文件的形式固定下来。

二、建立专门的推荐平台和渠道

整合统战部门、政协、民政部门等部门中涉及社会组织界别工作的办事机构和人员，成立相关的综合管理办公室，专门负责社会组织界别委员的推荐和管理工作。例如，上海市由于各级政协中没有社会组织界别，各级民政局在落实社会组织参政议政过程中，根据拟推荐的社会组织候选人在相关领域或行业中的贡献和影响力，主动与相关部门沟通，把候选人纳入相应的环节进行考察。2012年，在静安区产生的社会组织"两代表一委员"中，有 15 人是通过地区系统推荐产生的，有 6 人是从各部门的基层代表中产生的，有 3 人是从经济界中产生的，有 2 人是从妇联界中产生的，有 1 人是从青联界中产生的（肖春平和曾永和，2012）。民建广东省委员会界别的委员在《关于在政协设立社会组织界别的建议案》中指出，由统战部门会同各民主党派与民政部门建立联席工作推荐机制的方式，通过会商和共议等方式推荐社会组织优秀人才参选政协社会组织界别委员，将会体现公正和长效的结果（王名，2013）。由于社会组织委员来源范围广泛，涉及的领域较多，社会组织的种类又多，几乎各个行业都有自己的社会组织。因此，这样会给推选社会组织委员工作带来难度。要保证公平有序，又提高效率，建议构建推选的"流水线"作业模式，如图 7-2 所示。

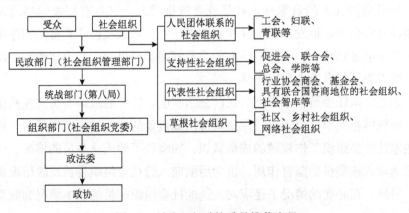

图 7-2　社会组织政协委员推荐流程

三、给予地方调整界别和委员名额的更大自主权和主动性

按照 2018 年新修订的《中国人民政治协商会议章程》，每届中国人民政治协商会议地方委员会界别安排，须经上届地方委员会主席会议审查后，由常务委员会讨论决定。每届地方委员会任期内，如有必要调整界别设置时，经本届地方委员会主席会议批准后，由常务委员会讨论决定。该章程在界别设置和委员名额等方面赋予了地方委员会一定权限，但必须经过上级地方委员会主席审议批准。新增设的界别应该符合党中央和国家重要精神的要求，符合当地经济社会发展的实际以及工作的需要。由于各地区的人口和社会结构有所不同，在经济发达地区，经济界人士、科技界人士的作用表现突出，而在西部地区，少数民族人士、服务"三农"的社会组织的作用凸显出来，应该根据各地实际情况设置界别。另外，各层级区域的社会结构也有所不同，越是远离基层的区域所联系的宏观性、区域性的代表人士和组织越多，而在基层则自治性和个体性的主体为多。

四、过渡时期采取灵活的方式

新增设社会组织界别，一方面将会对政协界别的总体结构以及政协委员的名额分配产生影响，另一方面也可能因为增选对已经拥有社会组织代表人士的其他界别产生重复。因此，在新增设的前几届社会组织界别委员中，要采取适当、灵活的方式进行过渡。可以从其他界别中的社会组织代表人士转移过来，或者调整相近的界别，将部分社会组织方面的委员分流出来。如有的地区政协中的社会福利和社会保障界有一些社会组织方面委员，可以将其分流出来。在此基础上进一步对社会福利和社会保障界进行调整优化。很多地区尝试增加社会组织有关界别，但是由于政策限制以及其他很多领域的人士也积极呼吁增加相应的界别，这就给政协增设界别工作带来很大的压力。因此，许多地区采取更灵活和更包容的方式新设了一些界别，如厦门、福州等地的新社会阶层界别，河南驻马店的工商联与新社会阶层界别，顺德的新社会组织界别，浙江省江山市的法制与新阶层界别等，有的政协委员呼吁新设社区界别、残联界别等。更多的地区则是增加了政协委员中的社会组织委员数量。尽管顺德政协在 2018 年换届时取消了新社会组织界别，但是却在社会福利与社会保障界中增加了 2 名

社会工作委员。上海静安区则推荐社会组织优秀代表到政府部门挂职，以增强社会组织在政府政策制定中的参与作用。这些尝试和呼吁都可经过一个阶段的摸索，为后面成立更为准确、更为切合实际的界别做准备工作，也为政策的调整提供借鉴。

五、加强对社会组织界别委员推选前后的培训

重点包括以下几方面的工作。一是研究制定社会组织界别委员管理的指导性意见；二是研究社会组织界别委员构成，尤其注重社会组织界别委员的选取标准；三是优先考虑从综合性社会组织、政策研究型社会组织、代表性社会组织和支持型社会组织中选取；四是研究如何将已有政协委员中社会组织代表组合成新的社会组织界别；五是对于入选界别的社会组织委员应进行相关的政策法规培训和协商能力培训，应将党的十八大以来习近平总书记关于社会主义协商民主建设的重要思想作为重点学习内容。可以参照我国干部培训"五校一院"的模式成立社会组织学院，从事社会组织界别委员的相关培训业务。对于社会组织代表人士的培训，由组织系统开展的，主要是培训党性教育理论；由统战系统组织开展的，主要培训爱国统一战线知识；由民政系统组织开展的，主要培训社会组织业务能力等；由人民团体组织开展的，主要培训社会组织在各个人民团体服务领域的知识；还有的是由支持型社会组织开展的，包括社会组织学院、社会组织党校等。有的社会组织学院独立办公，有的社会组织学院与党校合署办公，而社会组织党校一般挂靠在当地党校部门；还有的社会组织学院挂靠在当地社会主义学院。对社会组织界别委员的培训可以是在委员推荐之前进行，也可在委员入选之后进行，当然二者结合起来最好。在委员推选之前，对社会组织优秀代表人士进行业务、能力、知识、素质、党性、思政等方面的教育，为参与社会组织界别委员的推选做好前期准备工作，并从中选择优秀学员作为重点推荐对象。在推选委员之后，对社会组织委员进行参政议政程序、提案工作、协商工作以及政协工作等方面的知识培训。

六、建立社会组织界别委员的淘汰和退出机制

由于社会组织大多规模小，且存在变更性大的情况，一些社会组织由于资金

不足或者运营困难，随时可能解散。也存在社会组织人士工作变更的普遍情况，因此在选拔社会组织界别委员担任下一届委员时要充分考虑到这一具体问题，相关部门在推荐社会组织委员人选时，要对这些人选进行最新身份确认。同时，建立对于社会组织委员的档案管理制度，让履职情况好、代表性强、提案质量高、社会信誉好的委员优先进入下一届的推荐范围，而违反法规法纪以及有着不良行为记录的委员将被取消委员资格并失去在下一届政协会议被选拔的权利。由于社会组织分管的部门较多，进入政协的社会组织委员可能经过几个部门或者接受多个部门的考核，在后期管理中难免会出现碎片化的状况。为了减少多头管理造成的误差和遗漏，需要建立社会组织委员所在推荐单位的档案管理机制。推荐单位是委员的第一责任人，应严格把关，又是委员的直接管理部门，要更为具体和细致地考察社会组织委员的日常工作和生活作风情况。

第六节　丰富社会组织界别活动的职能形式

我国政治协商会议的主要职能是政治协商、民主监督、参政议政，其中政治协商和参政议政是社会组织界别常规的履职行为，与其他界别委员一样，而在民主监督职能的履行上，相比其他界别则具有独特的作用。社会组织作为第三方，以独立、客观的视角参与到民主监督中来，为政协民主监督的工作开展注入了新的活力。

一、政治协商

政治协商是对国计民生重大事务在决策之前进行协商和就决策执行过程中的重要问题进行协商。社会组织界别政治协商的主要形式有：参加政协组织的各种政治协商类会议；参加其他政府部门组织的需要社会组织参加的会议；参加全国政协组织的提交界别提案、反映社情民意、界别协商、专题协商、对口考察、主题发言、调查研究等多种界别活动；参加专委会活动小组，重点围绕社会组织参政议政的有关活动展开；参与"界别+基层"活动，将社会组织界别与基层社区（农村）以及社会组织等主体联系起来，实现政协协商与基层协商的有机对接，基层的各主体建议可以通过社会组织界别的委员直接反映到相关政协部门。

由于社会组织与基层群众联系紧密，所工作的范围也是群众日常事务，因此社会组织界别的政治协商不仅是在政协正式场所的规定动作，而且还应包括在社会公共领域的各种非正式政治协商活动。社会组织委员应该积极参加乡镇、街道、农村、社区等层级组织的议事协商活动，还应参加各地创新的社日活动、党日活动、社区议事会、农村联席会等群众与政府各级部门的协商活动。社会组织界别也可以以自身的优势，组织相关的基层政治协商活动，包括与社工委、社会组织党委、地方政法委等机构合作举办的政治协商活动。

二、参政议政

参政议政是通过调研报告、提案、建议案或其他形式，向党和政府提出建议。社会组织参政议政的主要内容有：对人民群众关心的问题进行调查和研究；在社会服务、公共事务、社会救助、关爱扶助、社会保障、社会福利、民生事务等方面，展开相关讨论和提案建议，充分发挥社会组织政协委员的专长和作用；同时社会组织还应从全国形势和全社会需求出发，积极参与政治、经济、文化和社会活动，对一些界别共同关心的事项开展评议。习近平（2014）在庆祝中国人民政治协商会议成立 65 周年大会上指出："建立健全提案、会议、座谈、论证、听证、公示、评估、咨询、网络等多种协商方式，不断提高协商民主的科学性和实效性。"这些形式基本上是从建议和问询视角提出的，通过这些方式可以有效提升社会组织的参政议政水平。在新技术推动下，社会组织界别议政形式不断丰富，社会组织委员应积极通过媒体、网络的最新技术进行更为便利的协商沟通，形式也多种多样，包括网络电子信箱、网络在线咨询、网络直播互动，还有网络留言等，其他如网上投诉、网上办理、网上查询、网上评分等都可以作为网络协商的形式。社会组织通过网络形式对公共项目的执行过程进行监督，或者事后督促其改进不足。

社会组织除了在界别中进行参政议政活动，在其他政治活动中，也应以建设性姿态参与进来。包括助力党与群众的联系更加紧密，关系更加亲密；助力基层人大选举，作为志愿者宣传相关政策和制度，让民众能够更加顺利便捷地参加选举活动。社会组织也应在中国共产党与各民主党派、无党派人士、少数民族、港澳代表人士等的合作交流中发挥桥梁纽带作用。

三、民主监督

反腐倡廉是保证党和国家健康发展的重要举措。政协作为与人大、政府互补的政治部门，在反腐倡廉中担当什么角色？俞可平（2009）指出，不仅权力体制的内部的决策权、执行权和监督权之间需要制衡，人权、事权、财权之间需要制衡，而且党政权力需要外部的人民群众监督。监督权力的正确运行是政协的主要职责，政协是民主监督的重要力量。中共中央办公厅印发了《关于加强和改进人民政协民主监督工作的意见》，作为政协监督工作的指导性文件。但是怎么监督？用什么方式监督？全国政协第十二届全国委员会工作报告对人民政协民主监督的性质和地位作出定位，"政协民主监督是以提出意见、批评、建议的方式进行协商式监督"，该报告将人民政协的监督定位为"协商式监督"①。

民主监督是对国家宪法、法律和法规的实施的监督，是对重大方针政策的贯彻实施的监督。国家机关及其工作人员通过建议和批评方式开展监督工作。社会组织协商监督方式有信访协商。因为处理的事情较为特殊，协商的空间、场所、条件和规则与前面的协商形式都有着很大不同，这种协商在上访者、被投诉方和信访部门之间建立了"隔空对话"的协商机制，它没有将各相关方集中到一个场合进行面对面的协商，而是通过通信的方式对被投诉方的一种间接投诉，通过信访部门的中介角色在二者之间进行斡旋。这种方式因为信访部门的权威性和体制内资源支持，一旦事件得到政府部门的回应，就将产生明显的效果。但是因为时空关系，这种协商效率较低，协商的渠道缺乏相关程序和机制的支撑。另外还有公益诉讼协商，其中被诉讼方甚至连当事人都难以找到，或者具体不到个体，但是因为发生的问题已经触及公共的利益，人们没有能力或者还没有意识去追问此事。对于由地方政府和污染企业可能的利益捆绑而带来的问题处理不彻底的情况，法院可以单方面提出诉讼，针对污染问题向相关方通过法律的途径进行司法审判。

第一，社会组织具有民主监督的积极作用。在廉政治理过程中有了社会组织的参与，廉政治理目标更为明确，效果更为明显。社会组织主要代表公共的和民间的利益，在制约权力、分化权力和增强民众的民主权利方面，社会组织是公共领域的构建者，同时也是公共领域和民主成果的维护者。社会组织基于其精神和诉求、地位和性质，在政府和企业两大部门之间形成了第三部门领域，与政府和企业相互配合，相互制约，相互协调。社会组织类型多样，社会组织能以专业的水平参与廉政治理。社会组织分为社会团体、基金会、民办非企业（又称为公共服务机构）三大类，每一类下面又细分，如社会团体可以分为专业类、学术类或联合类，民办非企业则包括民办学校、民办医院和民办福利院等。我们几乎可在

---

① 华羽. 2017. 协商式监督更务实更有效. http://news.gmw.cn/2017-03/13/content_23950574.htm[2018-09-10].

每个地区、每个层级或者每个领域或行业中找到对应的社会组织机构。因此，社会组织分化非常细致，目标非常明确，聚集了所代表行业的卓越人才和专业人士。如果社会组织通过协商参与廉政治理，则能够使得协商更加有效，对于腐败问题的治理更具有针对性。

第二，社会组织的相关规则和制度使得治理更加有序和规范。《社团管理条例》以及相关社会团体、行业协会、基金会、民办非企业等的指导性条例和法规，规范着各类社会组织的行为。社会组织大都制定了组织章程，有着严格的内部管理制度，形成了组织的规则要求，包括民主选举、民主管理和民主监督以及民主决策等制度。在我国，社会组织是政府的重要帮手，是企业的合作伙伴，能够传达民众的心声，所以社会组织能以积极的姿态参与廉政建设。一方面，有了法制的强力约束，另一方面，社会组织自身具有较高素质，能以理性的态度参与到廉政治理中来。

第三，社会组织在民主监督中代表着公共的利益。社会组织来自民间，发展于民间，在廉政问题方面，社会组织天然具有独立客观的视角；在社会政策制定过程中社会组织为弱势群体发声，积极为其争取权益，经过协商建议促使政府制定保护弱势群体的政策。在政策执行中，社会组织通过积极的协商方式与政府、民众和企业进行沟通、探讨或者谈判。如果哪一方违反规则或者侵犯集体利益，相关社会组织可通过法律途径对其进行问责。

第四，社会组织以独立的姿态参与民主监督。社会组织因为是非政府、非营利的，它的资金来源主要是社会捐助、会费收入和合法的服务性收入，因此社会组织能够保持中立，避免外界的干扰。在廉政治理中涉及政府、企业及其他社会主体的腐败问题，社会组织都可以以独立的姿态提出批评建议，监督他们的不法行为和防止腐败问题的发生。另外，社会组织也有自利性一面，在我国社会组织发展还不够成熟以及社会组织监管制度还不够健全的情况下，存在社会组织牟利的违法行为现象，尤其随着政府购买社会组织服务事业的发展，在政府向社会放权的过程中，社会组织谋利的可能性增加，面对这种形势，需要加强对于新领域、新事业中社会组织的监管力度。

第五，社会组织可以对社会各主体间的力量起到平衡作用。达尔认为，为了防止多数人或少数人的暴政，重要的因素是社会上的多元制衡，而不是宪法上规定的分权制衡，尽管后者也是民主得以实现的重要条件。一个多元的社会就意味着意见的多元性、利益的多元性等（方世荣，2001；Donovan，1983）。社会组织力量对各方协商的平等进行起到了积极的支撑作用。

第八章

社会组织界别协商的机制保障

第一节 我国社会组织界别协商的规范保障机制

我国社会组织界别协商发展处于初级阶段，尤其社会组织参与界别协商还存在分散化、无序性问题以及缺乏制度规范和机制引导的情况。因而，加强对社会组织参与界别协商的机制保障，为其提供明确的发展方向、有序的发展空间和规范的行动逻辑，是亟须解决的重要课题。对此，应加强我国社会组织界别的制度化、规范化、程序化建设。

一、社会组织界别协商建设的基础工作

社会组织参与界别协商是一项系统性建设工程，需要从社会组织参与界别协商的实体、角色、功能、程序、场域、权力等多个方面进行科学建构。社会组织界别协商的规范化路径建设内容主要可以归纳为以下几个方面。

（1）明确社会组织参与界别协商的目标与诉求。社会组织参与界别协商的前提是确立参与的目标与价值取向。只有明确了目标才能够明晰自己参政的意图，与政府及其他社会主体明晰关系界限与责任义务，保证参政的有序与合法性。这种目标有两个层次。一是从自身来说，积极争取社会组织以及公民的参政机会，培养和锻炼民众参与的能力，激发公众参与的热情，从而推动公民有序政治参与；二是从国家角度来说，国家让社会组织积极参与界别协商任务，从而发挥社会组织的优势为国家分忧解愁。确立了参与的目标以后，社会组织还应明确其参与的价值取向。正确的价值取向可以产生与政府的良性互动，从而共同为社会和谐创造合力。

（2）提升社会组织参与界别协商的技巧与能力。社会组织参与界别协商必须掌握参与的知识与技巧，社会组织可以通过政府组织的培训或者社会组织联盟间的合作交流，以及举办相关学术或业务研讨会，拓展自身参与界别协商的知识。社会组织参与界别协商能力提升包括策略和技术的两个方面。在策略方面，注意熟悉现行的法律法规和政策环境，紧跟国家大政方针。另外在参与界别协商中，联合其他社会组织共同行动，以联盟的名义起草共同参与的标准。同时善于运用媒体的力量，发挥媒体信息传播、影响舆论等的优势。在技术方面，社会组织可以利用网络技术。鉴于社会组织自身所处参政位置和所把握政治资源的局限性，其很少有机会直接参与国家重大政策的制定，但是政府已经开通了与社会沟通的网络渠道，社会组织可以通过微博、邮件等方式与政府进行间接沟通，甚至可以建立自己的网站来宣传自己的观点和建议。除了以上外部环境的改善外，社会组织还应该提高参与界别协商的意识与觉悟，认识到参与的意义与价值。

（3）明确社会组织参与界别协商的法律地位。当前我国有关社会组织的法律还处于行政法规制定层面，且较为分散，甚至有些法规不同程度地出现界定交叉现象，需要出台"社会组织法"。除此之外，有关社会契约性规则和精神也需充分发展，特别是深化基层群众的契约精神，这是维护社会组织有效参与界别协商的基本保障。因为界别协商不仅体现在政府部门会议或者文件政策之中，而且更多地反映在民众日常生产交往活动等层面。法律制定的同时还应实施政社分开改革，明确二者的分工和职责范围，确立二者的合作范围，实现社会组织参与界别协商的自主性。在政社分开的同时，政府也应积极转变职能，推进简政放权改革，把一些事务转移给社会组织等部门。政府通过转移社会职能给社会组织，增强社会组织自我造血能力和参政能力，在放权的同时进行相应责任的强化，保障社会组织民主有序参与政治协商。

（4）拓宽社会组织参与界别协商的形式与渠道。在我国传统的部门设置中，并没有将社会组织作为部门或者单位，而是作为一种新的群体形式对待，这影响了其进入以部门划分为依据的政协协商体系，因而社会组织只有通过"搭便车"的方式而非以独立姿态在政协中发声。同样，政协委员不是通过选举而是通过各级政协部门提名推荐产生的，而提名推荐政协委员的主体则是各行业代表、民主党派代表以及部分基层群体代表，许多社会组织成员只能通过其他界别推荐或者代表其他界别主体进入政协会场，这都不利于将社会组织的整体诉求通过政治渠道进行表达。在增设新的社会组织界别时，应注意以下几个方面的问题：一是增强社会组织凝聚力和影响力，培养和挖掘社会组织代言人，尤其注重将善于建言、敢于发言、精于立言的研究类组织引荐到政协中来；二是积极将各类社会组织的政治参与引导到依法、有序的轨道上来，积极推进社会组织在政治协商、民主监督、参政议政中的制度化、规范化、程序化发展；三是丰富社会组织参与界别协商的形式，更加有序地促进社会组织参与协商，增加社会组织协商密度和协商成效；四是形成社会组织代表日常工作制度和及时报告机制。除增加政协、人大等国家政治组织中的社会组织界别之外，还应积极开拓其他界别协商的参与路径，扩大社会组织协商参与的渠道或方式。

（5）完善社会组织参与界别协商的步骤与环节。社会组织作为重要社会主体，其与国家、政府、政党、企业、公民及其他社会主体的协商活动不仅发生于国家治理、政府管理或者政党执政等层面，还发生在社会组织与企业、社区、公民等其他社会主体之间。同时，在完善各种协商程序之后，应加强对于协商成果的后期监督、督促、评估和讨论等，以增强协商的有效性。结合界别协商的特征及过程，社会组织参与界别协商主要发展以下三个环节：一是增加社会组织界别协商中的社会协商环节；二是完善社会组织界别协商中的会议协商环节；三是健全社会组织界别协商中的评议协商环节。保障社会组织在会后对实践的调查质询以及提出建议意见的权利，体现社会组织参与界别协商的全面性。政府部门可以在政策执行过程中，邀请第三方评估组织，这些评估组织由参与协商的专业性社会组织组成，以客观、中立的视角对政策执行效果进行评估，及时问责执行中出现的问题并提出科学性修改建议（王栋，2015b）。

二、社会组织界别协商的制度化、规范化、程序化建设

社会组织界别协商建设已经不能单纯地从理论上进行呼吁和论证，必须科学实践，使社会组织真正能够参与到界别协商中来，并且发挥实际的作用。在前面对于社会组织界别协商各方面建议进行分析的基础上，本书希望能够对这些建议进一步提升归纳，并上升到可行性阶段，使界别协商有章可循、有律可遵。

（1）加强社会组织参与界别协商的制度化建设。一是加强社会组织界别协商中党的领导。拥有强有力的领导核心和坚定的思想信仰是制度化建设的首要前提。重点加强社会组织党建、社会组织与党良性互动、党的引导与扶持等方面的建设，确保社会组织界别协商朝正确方向发展。二是将社会组织纳入界别协商体系的法律建设。从"硬法"和"软法"两个方面加强建设。"硬法"将明确社会

组织在政协会议中的法律地位、角色定位以及与其他界别主体的法律关系，"软法"将关注社会组织参与界别协商的自律性要求和社会公共理性精神等方面。三是社会组织参与界别协商的基本制度建设。从协商的结构、内容、主体、形式、时间、关系以及协商成果如何进入决策等方面进行全面细致的可行性分析和创新建设，构建社会组织参与界别协商的规范的制度体系。四是社会组织参与界别协商的保障制度建设。在界别协商中建立社会组织参与的关怀机制和救济体系，保障各界别主体间的公平性，重点保障弱势草根组织的话语权和基本利益。

（2）加大社会组织参与界别协商的规范化建设。一是社会组织参与界别协商的运行原则。建构具有中国特色和具有"参与""倾听""讨论""妥协"等参与精神的协商原则体系。二是社会组织参与界别协商的监督机制。针对社会组织参与协商的行为和程序建立监督和纠正机制，特别是对于协商中因利益问题而产生的不规范行为进行严格监控。三是社会组织参与界别协商的评估机制。结合社会组织自身特点和参政议政的特殊要求，建立科学细致的评估指标体系，对于社会组织参与的有效性、科学性进行评估，并提出整改建议。四是社会组织参与界别协商的风险预防机制。面对新形势下新问题的不明确性和复杂性，以及社会组织参与协商的意识和能力的不足，建立社会组织界别协商的风险预防机制。

（3）深化社会组织参与界别协商的程序化建设。一是健全社会组织社会协商环节的形式与内容。主要包括应充分体现社会组织参与的积极性和优势；形式应丰富多样，如民主恳谈会、听证会、政策论证会、代表谈判会以及社日活动、党日活动、代表活动等；扩大社会组织参与社会协商的领域范围，使其参与的范围扩展到民众、企业以及政府或者党派等，充分利用社会组织的民间性和广泛代表性。二是规范社会组织会议协商程序的制度化建设。在已有界别协商成功经验的基础上，基于社会组织的特征提出更具针对性的程序设置，并将程序以制度方式确立。其主要包括设立社会组织代表联席会议制度、社会组织联系界别群众制度、社会组织提案制度、社会组织会议协商制度等。三是创新社会组织评议协商的方式与渠道。社会组织参与评议协商有其天然优势，因其公益性、非营利性和中立性等特点，以及社会组织的专业性、技术性等优势，社会组织在政策执行后期可以起到监督评估的作用。尤其是可以直接将有关鉴定类、法律类和行业类以及智库类社会组织引入评议协商环节，发挥其在监督方面的积极作用（王栋，2016）。

三、社会组织界别增设的保障工作

（一）做好社会组织界别设置的规范和保障工作

一是坚持和加强党对工作的领导。在党委组织部和统战部部署下积极拓展社会组织协商的新渠道。二是加强社会组织界别的法律建设，明确社会组织在政协会议中的法律地位、角色定位以及与其他界别主体的法律关系。三是优化社会组织界别协商的社会环境，包括推进在社会上形成对于社会组织参与界别协商的创新驱动机制；建立科学的试错、容错和纠错机制；代表所在单位为其提供协商工作的时间和空间；被调研的部门或组织为其创造调研活动机会和提供各项调研方面的支持。

（二）有序开展社会组织界别设置的准备工作

一是社会组织界别设置采取先行试点的方式，"以点带面"逐渐普及。可在条件成熟的县政协先行试点社会组织界别，注意从界别设置的可行性、科学性和持续性角度与其他界别合理分配名额、安排工作任务和设计制度机制；也可以在部分开展试行工作的地区政协中增加社会组织类委员，待条件成熟后增设为社会组织界别。

二是就设置社会组织新界别进行充分调研和准备工作。①调研并借鉴已有社会组织界别试点的经验；②调研并借鉴人大会议、政协会议、党代会、青联中社会组织代表或委员工作的经验；③对民政、政协、统战等部门调研，掌握社会组织界别设置的政策条件；④对市、区（县）的社会组织促进会调研，掌握社会组织的诉求现状，并寻找社会组织界别设置的对接组织和推荐渠道；⑤咨询相关学者关于社会组织界别设置的意见和建议。

三是多通过数据和事实科学研究社会组织界别增设情况。应充分对政协界别设置中社会组织委员数量进行摸底，包括专职社会组织类委员和兼职社会组织类委员；对于相关社会组织提案情况进行分析，包括不同类别社会组织的数量比较；对于所有界别委员履职情况进行调研，包括任期内委员的提案提交次数，进行数量偏多和数量偏少的统计比较以及提案质量的比较分析。必要情况下，还应对相关提案的具体内容以及相关部门的办理回复内容进行个案分析。从而在社会组织界别设置时，可以实现精准施策。

第二节　社会组织界别工作的内部运行机制预设

一、建立社会组织界别联系制度

主要的建设内容包括以下几个方面。①探索建立社会组织界别与各种决策过程相衔接的机制，使协商成果纳入决策程序。例如，加强与各级中共社会组织委员会的党建工作联系，在政协提案和工作中积极推进党在社会组织领域的发展。②加强与统战部门的联系，定期向对应级别统战部门汇报社会组织委员在统战工作中的进展，拟设立的社会组织界别是统战工作的制度化实践，有利于促进在统战工作中团结的社会组织代表发挥各自的优势特长，集思广益为社会建设建言献策。③加强与民政部门的联系，通过民政系统对社会组织代表人士进行业务和能力培训，提升社会组织委员参政议政的水平。④加强与社会组织促进会、社会组织联合会等组织的联系，通过这些联合类组织的资源，加强社会组织委员对于本地社会组织整体情况的把握，加强社会组织之间的交流和合作。⑤加强社会组织委员与各个社会组织挂靠部门的联系，社会组织除了在民政部门注册外，还应挂靠某个正式机构作为其指导部门。社会组织委员要主动与这些挂靠部门取得联系，争取这些机构对社会组织的支持，并通过这些部门了解所挂靠的社会组织的诉求。⑥加强社会组织委员与提案主办单位的联系，社会组织提案经过政协审批流程进入相关政府部门或公共管理部门的承接阶段。社会组织委员应加强与这些承办部门的联系，通过这些部门具体跟进，提高承办部门对社会组织委员提案的办理效率。社会组织委员的工作空间和时间较为灵活，这为他们因地制宜地展开工作提供了便利。他们深入基层了解民众的需求，将社会问题整理成提案上交给政协会议，或者将民众切身利益相关的社情民意向政协相关部门汇报。社会组织委员不仅反映民情民意，同时就地做着服务民众的具体性工作，包括对弱势群体进行扶助，宣传法律法规和政策，协助社区做好协调关系、理顺情绪、化解矛盾、维护稳定的工作。

二、明确社会组织界别协商的机制

社会组织参与界别活动要遵循严格的制度。政协界别活动较为丰富，包括咨询、沟通、研讨、视察、调查、学习、论证、评议、座谈等，最重要的还是每年两会期间，社会组织参与正式的会议界别活动，一般来说分为提议、商议、决议、评议等四个环节。具体来说社会组织界别协商的机制包括以下内容。

一是界别协商启动和召集机制。由于社会组织界别、相关社会组织界别和其他界别中社会组织委员存在组织分散和身份多元化情况，在启动协商时，应明确共同相关的议题，并给予各个领域关切问题积极回应。社会组织协商启动地点选择应多样化，因为社会组织协商可以发生在群众生活、工作、生产的地方，也可以在政协会议场所，也可以在社会组织机构等联系群众密切的场所，可以根据实际情况，适当引入群众或者社会组织代表人士参与协商。二是协商形式选择机制。根据社会组织类别以及所参与的社会组织关注事务的不同，社会组织可采取行业内部政策的协商、法律援助类的协商、参与听证会议协商、通过评价方式协商、借助网络问政平台协商以及在基层社区的各种协商形式等。三是协商反馈机制。对于重点督办提案优先处理并限期完成，相关建议应落实转化为执行措施甚至上升为部门政策；对于立案的建议，必须跟踪处理、及时反馈并验收处理结果，未完成的则进入问责程序；对于一些需要转人大处理的建议，将提案转建议并通知提案人对接后续手续；对于无法处理或不需要处理的建议，也要向社会组织界别委员做出解释，能够以其他形式处理的建议，尽量给出圆满的处理结果。在必要的情况下，社会组织界别委员协同承办部门参与问题的具体处理过程，因为社会组织界别委员对于这些问题很了解也很关心，他们的参与有利于问题更好地解决。

三、社会组织界别多方协作机制

社会组织界别离不开其他界别或者专委会以及各个相关部门的工作协助。在发挥社会组织界别的优势时，社会组织应采取"横向合作、纵向联动、多元协同"的原则积极与其他相关部门或单位进行协作。一是建立界别与专委会之间的协同机制；二是加强与社会组织委员推荐单位的合作交流；三是建立界别与政府相关职能部门对口协商机制；四是加强社会组织与其他界别之间的合作沟通。同一个专委会里不同界别人士有着不同的行业背景，虽然工作领域不同，但是都是社会建设事业必不可少的一部分，且都有着密不可分的关系，因此在面对决定着国家或地方全局发展的政策时，社会组织界别需要与各个界别之间切磋交流，相互借鉴或者一起解决共性问题。

四、建立完善界别委员履职激励约束机制

对于社会组织界别的激励约束主要通过考核的方式进行。考核内容包括提案的质量、采纳落实、是否经相关地区或部门推广，以及是否应聘担任相关部门特约监督员、政策顾问等以及在年终社会组织界别民主推荐中得到其他委员肯定。[①]重点是考察提案质量达标情况，比如提案是否符合社会组织界别相关服务领域的范畴、是否经过了深入调研甚至长期的分析、是否能够对问题提出实质性的改进建议、能否对现实重大问题起到化解作用等。在完善惩戒机制的同时，还应建立科学的试错、容错和纠错机制。因为客观问题或者不可抗拒的因素或者因为社会组织委员的能力问题而造成工作中出现失误，且没有对民众利益造成明显损失的，可以对其进行约谈并督促改进工作上的不足。

五、建立社会组织界别开展活动的服务保障机制

一是应积极运用网络等现代信息技术，建立"界别微信群""微信公众号""微博""QQ 工作群"等，利于社会组织界别委员的交流。二是充分利用政府各部门工作平台。统战部门通过社会组织联谊会的联系机制，为社会组织委员提供社会组织代表人士的联系方式和调研便利；民政部门为社会组织委员提供业务能力和知识培训的机会，积极联系社会组织学院、社会主义学院帮助委员提高业务水平；党建部门则展开政策服务，为社会组织委员的社会服务工作提供合法化的正式渠道；各基层政协工委和社区居委会以及企事业单位为社会组织在基层和行业的调研工作提供有力保障。三是健全畅通社情民意制度体系。为社会组织界别委员反映民意民声，提供畅通、快捷、安全的搜集渠道。相关部门或社会组织建立网络问政平台，引导民众积极参与社会组织展开的建言活动。例如，南方民间智库、天府问计智库以及温州民间智库都是社会组织建立的网络问政平台。社会组织界别也可以通过网络渠道，建立委员之家或者网上沟通平台，与民众在线交流，收集社情民意。四是民主监督工作。社会组织纳入界别的建设渠道，将会发挥社会组织在监督方面的积极优势，社会组织以其独立、客观和真实的观察及解决问题的方式为政府的执政活动提供民主监督。有些类型的社会组织，如评估类社会组织、法律类社会组织和维权类社会组织以及鉴定类社会组织，通过自身

---

① 何维. 2019. 健全完善界别发挥作用的工作机制. https://www.sohu.com/a/313026055_114731[2019-12-30].

的专业优势对公共事务和政府活动展开专业性的监督。在政协界别活动中，社会组织可以凭借来自各个领域不同种类的社会组织的优势进行监督，如行业协会商会对本行业的不规范问题进行监督、环保类社会组织对污染企业的违规行为提出诉讼监督、评估类社会组织对于政府绩效和廉洁行政进行监督等。社会组织还应积极履行对于国家重大方针政策及政府领导干部的监督。社会组织也应深入民众日常生活和工作之中，对民众身边的腐败问题进行监督。

第三节　枢纽、联盟、网络：社会组织界别协商体系建构

一、枢纽

"枢纽"一词，从字源本义上说，意为事物之间联系的中心环节。将"枢纽"一词用在组织系统中，意指某一组织在同类组织中的桥梁纽带作用。从我国政治体制看，人民政协是唯一由界别组成的政治组织。首先，社会组织界别是社会各界群众反映自身诉求和社会问题以及行业问题的重要平台。社会组织界别代表来自民众、扎根基层，长期服务于社会基层和民众生活，因此社会组织界别就成为群众反映问题的有效平台。其次，社会组织是宣传政府政策、普及公共知识和法律的重要平台。社会组织熟悉和了解民众，也密切联系民众，为其政策宣传提供了便利条件。而且许多政府政策的执行由社会组织来承接，由此政策也在执行和反馈中得到进一步完善。有些民众不会运用政策，社会组织可以协助或者培训其更好地参与。除此之外，社会组织界别也是社会组织反映社会问题以及社会组织自身发展诉求的重要平台。社会组织界别的一个重要任务就是代表社会组织行业发出声音，因为社会组织行业是我国新兴的社会阶层也是社会治理体系的重要力量。在社会建设和治理中，社会组织的发展诉求和问题的解决是实现社会治理现代化的必要路径。再次，社会组织也是各行各业反映问题的重要平台。行业协会商会、基金会、民办非企业以及社会智库等在内的各类社会组织都是我国各行各业的重要组织。从专业分类来看，社会组织还可分为教育类、经济类、农业类、法律类、文化类、外交类、贸易类等类型。这些行业都可以通过所联系的社会组织将诉求反映到社会组织界别。最后，构建界别与专门委员会、界别与界别、界别与委员、界别与委员所在单位的互动关系。社会组织委员来自不同的社

会组织或相关单位，这些单位不仅支持委员的政协工作，同时也是社会组织委员了解社情民意的重要途径。社会组织委员经常参加所在单位的集体协商和重大决策活动，也应积极征求单位成员的意见建议，甚至可以将在政协形成的提案以及通过相关部门制定的新政策在所在单位率先试验，然后将试验的各种反应及效果向相关部门汇报，并进一步做改进或推广的工作。

二、联盟

倡导联盟是指具有某种共同信念体系的政策行动者群体或政策共同体。倡导联盟具有以下两个鲜明的特征。首先，倡导联盟成员不仅限于单一联邦政府层面的立法委员、行政机构人员和利益组织构成的牢固"铁三角"，而是包括那些持有共同信念体系并对政策观念的产生、扩散和评估起着重要作用的所有人员（余章宝，2008）。社会组织界别中的委员与其他界别委员的身份性质有着很大的区别。社会组织委员来自民间的社会组织及相关行业领域，他们以志愿性、服务性和来自民间为主要特征，这就使得社会组织界别内的委员具有很大的同质性，为他们坚定服务基层民众和社会事务的信念打下了坚实的基础，也更好地与其他界别形成功能互补和业务互助的网络体系，避免与其他界别重复工作和业务冲突。但是倡导联盟也有其不足的一面。由于政协委员的产生方式是推荐制和协商酝酿制，与人大代表选举制度中对于地域人员数额限制以及严格的选举程序相比，政协在某种程度上体现的更多是统战事业的目的，社会、政界和行业代表是政协委员的主要来源。这无疑对社会组织界别的普适性提出了挑战。社会组织界别如何吸收更多的草根类社会组织进入政协会议是未来制度设计中的重要考量。其次，避免进入政协的社会组织代表之间形成行业联盟，造成对其他社会组织尤其是弱势社会组织的竞争压力，也避免行业协会以及民办非企业类的社会组织界别代表之间的合谋，从而避免社会公共服务领域的恶性竞争。柏克认为，代表需要抵抗来自他们所代表的那部分人过分和不当的压力，代表是所有选民的护卫者，要关注选民的整体利益（转引自林奇富和刘传明，2017）。社会组织进入政协界别，某种程度上也被赋予了参与国家政治活动和政策制定的权力，而且在政治和社会生活中具备了更高的地位，应该合理配置相应的政治职责，避免社会组织界别代表过于权力化和在日常业务工作的行政化。

社会组织界别应积极构建基于合作和共同善的信念体系。这是政协协商民主的应有之义，也是社会组织作为公益慈善类组织和社会服务类组织的核心理念。社会组织界别不是压缩其他界别的利益空间，而是针对其他界别的困难提供社会组织的解决之道。社会组织也积极利用其他界别的优势为社会组织服务的领域争取各界更多的支持。社会组织界别代表在实践中的作用不仅体现在行为选择的引领上，还体现在对公信力、志愿精神等公共性价值的培育上。社会组织界别政策倡导联盟的构架需要制度维护和制度建构在公共事务治理中发挥作用，突出制度建构过程中参与、信任、监督、权力等要素。

三、网络

政策网络是政策过程中国家与社会之间不同互动关系类型的总称，是以组织身份参与的，基于资源依赖、利益诉求、政策合法化需求等的互相依赖的复杂的结构关系或人际关系（van Waarden，1992）。美国学者格莱夫（Greve，2001）认为："倡导联盟框架与政策网络文献具有十分显著的联系，但是它比传统的网络研究提供了更多的动态网络图景。"社会组织与其他界别委员一个很大的区别是，社会组织成员来自各行各业。首先，社会组织本身的种类繁多，有多少种行业几乎就有多少种社会组织，不仅在产业或管理领域，在生活领域也有多种社会组织类型。可以说只要社会中有需求，就有相应的社会组织类型为其服务。而且社会组织委员有些是企业及其他部门的成员，他们兼任社会组织的职务。因此，社会组织界别会呈现专职性社会组织的成员代表和兼任社会组织职务的委员代表共存的状态。其次，社会组织成员本身组成就较为复杂，相当多的社会组织成员是来自其他行业领域的志愿者和爱心人士。最后，许多社会组织代表人士的职业经历较为丰富。张彩玲等（2017）对大连市社会组织代表人士履职经历的调查发现，代表人士中在本单位工作前，在 3 个以上单位工作过的占到总人数的28.7%，在 1～3 个单位工作过的人数更是占到 54%。因此，社会组织界别的政策网络构建应摒弃政策联盟的不足。社会组织界别有自己的信念体系或者宗旨导向，这无可厚非，但是如果在社会组织界别选入的委员中，卓越人才类委员占多数，普通社会组织或者草根类社会组织的委员偏少或没有，这种信念体系可能会演变成利益诉求。笔者通过与政协重庆市万州区委员会农业和农村委员会 D 主任交谈得知，万州区政协社会组织委员有 23 名，包括这些委员在内的其他候选政协委员的社会组织代表人士，很大程度上是为其所在部门代言，这不利于行业合作。而且社会组织委员入选政协机构时并不是通过社会组织机构推荐进去，而是通过民主党派、工会、共青团、妇联、科协等界别推荐上去，因此他们并不完全代表社会组织及其服务的领域，有时他们并没有以慈善、公益、志愿的社会组织宗旨要求自己，而是站在被推荐部门的角度说话，其身份的多样性背后是身份的模糊性，这往往使得社会组织政协委员的社会责任感降低，自我认同和社会认同感不强。①

社会组织界别具有辐射性、网络性、交叉性和复合性。社会组织界别不仅承担政策枢纽作用，通过政策联盟形成更大凝聚力。这需要充分挖掘和利用社会组织多元化的组成形式，也要积极构建基于界别与其他界别乃至其他主体的政策协商网络体系，使社会组织与其他主体的商议形成更好的互动机制，发挥社会组织的集体智慧，服务于更多的社会领域。

首先，社会组织界别与其他政策体系的互动。社会组织界别提交的提案如果在政协会议上获得立案，提案就会转交相关承办部门进行处理。根据提案所属业务范畴，分流到各个承办部门，有时需要两个或多个承办部门共同完成任务，这些承办部门就要进行会办，共同商议对策，并向政协返回承办结果。由于社会组织的各项工作分别由多个部门管理或者联系，在社会组织界别提案形成、处理以及反馈时，应该考虑到多个部门的相关性和责任，将相关提案及处理结果反馈到这些部门，如民政部门、统战部门、组织部门或者人民团体等。但是有的社会组织界别提案，政协及相关部门无权处理，因为政协主要起到的是协商作用，而相关部门也必须按照现有政策进行处理。需要政协将这类提案转为议案提交到人大部门进行进一步商讨和决策，有的可提交到党的部门进行解决。

与其他界别不同的是，社会组织服务的领域十分宽泛，因为各行各业、各地各级的公共事务、民众诉求等都是社会组织关心的问题，所以其他界别所服务的领域和范围多少与社会组织有所交叉。而且其他界别的代表也有相当多的兼任社会组织的各种职务，这必然又增加了社会组织界别与其他界别的内在联系。因此社会组织界别应该积极与其他界别建立合作沟通渠道，与其他界别联系起来，共同构筑相关社会组织事务问题解决的政策协商新机制。

其次，社会组织承接政府购买服务和职能转移，促进了社会组织服务群众并完成政府公共服务的体制、机制构建。社会组织承担了大量原本由政府承担的社

---

① 访谈资料，2020 年 6 月 20 日。

会职能和公共职能，如鉴定、评估、监管、检测、认定、策划、服务等具体性的业务。社会组织某种程度上被赋予了更多的社会权力，而且兼有部分准行政性权力，在政府和群众之间进行双向服务和双向治理，是政府和社会的交叉公共服务领域，在政府和民众之间形成了重要的协商共事的机制平台。参与式预算引入中国后，积极嵌入社会组织承接政府服务工作中，其通过人民参与整个社会组织承接服务的过程，将政府、社会组织、人民紧紧联系在一起，构建了政府对服务的过程"管理"、社会组织提供社会"服务"和人民进行"需求"发布的"供需管"三侧联动机制。社会组织承接了大量政府和公共事务，则必然增加社会组织在政协界别工作中的话语权和责任感。

最后，构建"界别+"的政策协作体系，如"界别+支持型社会组织""界别+基层""界别+行业性社会组织""界别+专业性社会组织"。①"界别+支持型社会组织"。支持型社会组织或者枢纽型社会组织的兴起，极大地扩展了服务群众和行业的业务领域，增强了代表群众向政府部门反映问题和参与政府决策过程的能力。以社会组织服务中心为代表的支持型社会组织，建立了民政部门与群众的沟通渠道。社会组织总会由统战部门牵头成立，促进了社会组织参与社会建设和国家治理，社会组织学院则是组织部门加强社会组织党建更好地服务民众的重要平台，等等。专门以研究政策为目的，为政府提供政策服务的社会智库成为国家重点扶持的社会组织类别。由此以各类专业性、基层性、研究性和支持性等社会组织为代表的社会组织建构了社会组织代表群众、服务政府决策过程的枢纽型政策传输体系。支持型社会组织是社会组织界别代表的重要来源，它承担了社会组织界别在社会组织与社会组织之间以及社会组织在政府和民众之间的桥梁纽带功能。②"界别+基层"。基层大量社会组织协商议事平台为民众事务解决和向上级政府反映提供了渠道。在我国许多地区也基于社会组织这一优势，建立了相应的公共事务解决机制和社会组织协商平台。例如广东顺德的"社会观测站"，社会组织在其中通过提供提案，反映民众意见；广东南海区的"参理事会"，社会组织以民众代表身份参与公共议事；重庆市"三事分流"制度，建立了宏观问题由政府解决、中观问题由社会组织解决、微观问题由群众自己解决的三层分流机制；深圳市龙华区选择优秀社会组织人士担任"聚力联络员"，在政府和民众之间构建了统战协商新渠道。基层大量社会组织参与地方事务和群众困难的协商，是社会组织界别协商在基层的重要延伸，也是社会组织界别培育优秀人士和推动社会组织界别发展的基础动力。③"界别+行业性社会组织""界别+专业性社会组织"。我国许多专业性或者行业性社会组织为民众提供了更为具体和深入的服务和协助。维权类社会组织负责民众的纠纷、上访等事务处理；行业协会在行业领域参与行规、行约的协商制定；法律类社会组织监督和建议政府科学行政、依法行政以及服务民众的法律咨询和法律援助；其他如助残类、扶贫类、贸易类、文化类、艺术类等社会组织都在各自领域发挥着政策协商和政策中转传输的枢纽性作用。

四、网络与核心的边界互动

社会组织界别是一个涵盖领域宽、辐射范围广的界别，基于此构建全面、系统、完整的政策网络很有必要。社会组织界别政策网络的目标宗旨要把握公共、公正、公平，通过政策网络的互通和凝聚功能将社会组织的文化精神贯穿进去，使得社会组织界别政策网络不仅是政策过程，而且是一个文化塑造和文化传播的平台。社会组织界别政策网络不是孤立的，它与其他界别政策网络形成宏观政策关照，它们之间为了更高的政策目标，即站在国家、人民的利益视角来分享政策信息。在更为宽广的领域内，社会组织界别传达和发扬"国家文化或民族文化"。社会组织文化、民族文化、国家文化等三种文化渐次展开，由小到大，边界清晰，共同构成了文化多样性态。正是基于文化的包容性和独特性，社会组织界别在政策网络构建上，既要与其他界别共建、共治、共享，利益之间不排斥、不隔阂。但同时也要保证社会组织界别所代表群体和所阐发诉求的独特性。只有如此才能在保证大多数人利益的基础上，照顾少数人的利益。而不同的目标诉求也与其他目标形成互补，各自目标达成更能促进整体效益的提升。因此社会组织界别的枢纽角色、联盟角色以及网络角色是辩证统一的关系，三者相互联系、相互支撑。

在我国社会组织界别已有试点，且在许多地区政协增设了新的社会阶层界别、特别邀请人士等与社会组织相关的界别。更多的地区是加大了社会组织委员和代表的选任力度。基于这些前期经验，我们可以将这些试点的模式和路径通过"政策仿真模型"的方法，测试和验证社会组织界别枢纽、联盟、网络的政策体系的科学性和可行性过程（廖守亿和戴金海，2004）。社会组织界别所处的环境和接触的主体及领域具有高度复杂性特征，如何在这个高度复杂的环境中，展现社会组织界别运行的基本样态和作用，计算机仿真建模使得这一复杂的环境运行具备了可操作性。在这个仿真模型中，最大的困难是如何让社会组织界别与其他主体界别形成互动关系，这就需要在其中设置更多的元素动态效果。目前这个理论模型还在研发之中，它只是能够为社会组织界别的枢纽、联盟和网络的空间关系构建提供理论假设和其他已有经验的提示，但是不能代替其真正的运行环境和可能情况。只有通过大量政策试验，才能发现其中更多的问题和更有价值的东西。

第四节　社会组织协商界别实践的效度指标构建

党的十九届四中全会明确提出国家治理体系现代化的重大目标，包括实现简政放权、依法执政等政府治理现代化建设目标和实现"共建、共治、共享"的社会治理现代化目标。作为促进政府治理与社会治理有效衔接的重要桥梁——社会组织，在其界别实践中因为各种原因而终止的同时，社会组织协商相关界别设置的实践在多个地区发展起来。但社会组织协商在其相关界别设置中的效能如何？具体到其参与国家治理、界别协商、沟通政府与社会等参与政府治理实践情况，以及传达群众意见、为社会组织的发展而发声等参与社会治理实践情况如何？相关界别设置中有没有值得借鉴的经验和亮点，面临着哪些困境？解决以上问题，需要我们在实践中从党政机构、政协、社会组织和人民群众四个方面来测量社会组织协商界别实践的效能，探索社会组织界别设置常态化发展的路径。

一、问题的提出

国内已经有许多学者提出设置社会组织界别的建议。与此同时，社会组织协商实践中相关界别的设置如新社会阶层界别等在许多地区的政协陆续铺展开来。社会组织在这些相关界别设置运行中的效果如何？这些相关界别设置中是否有效发挥社会组织在凝练和传递民意方面的作用，并及时反馈到群众中去？在这些社会组织相关界别设置实践中有哪些经验、优势和亮点值得借鉴，存在哪些不足、困境和难点？本书拟通过对这些地区各有关主体对于社会组织界别运行的满意度、认知度以及感受进行评估。为了更清晰地反映社会组织界别的执行效度，我们从国家治理的视野下对社会组织界别的效能进行测度。

根据我国参与国家治理的主体可以分为多个层次，以俞可平（2014）为代表的学者认为国家治理包括三个层级的体系，即政府、市场和社会三个方面的治理；而以王浦劬（2014）为代表的学者则认为国家治理包括政府和社会两个方面主体的治理。根据社会组织自身的特点，以及社会组织协商界别实践建设的平台是政治协商会议，社会组织期望通过该平台参与到政府治理中来，进而实现国家治理视域下有效发挥社会组织协商的界别实践效能，形成社会治理与政府治理的合力，推进治理现代化建设，满足人民日益增长的民主、法治建设和参与诉求。本书采用王浦劬对国家治理的观点，从国家治理、政府治理和社会治理三个治理视角出发，整理学者们对社会组织协商问题的研究。从社会组织协商相关的党政机关、政协、社会组织以及人民群众四个主体着手，深入研究社会组织协商相关界别设置的实践效能，试图破解其在界别实践困境中的出路，进一步探索社会组织协商界别设置常态化发展。

二、研究社会组织协商的层次化治理视角

（一）基于国家治理视角的理论研究

国家治理是党领导人民有序参与，实现科学有效治理的国家活动。通过调研发现，我国国家治理中面临着政府治理和社会治理联动性不高、政府和社会组织界限不明、社会组织游离在国家治理之外等困境，这些困境是完善国家治理体系现代化亟须解决的重要问题。胡辉华和张丹婷（2020）深入研究发现社会组织作为社会建设的重要力量，在长期的治理实践中没有被合理地纳入国家治理的体系。社会组织是实现政府治理和社会治理现代化统一，破解国家治理与社会治理断层困境的重要载体，社会组织协商是国家治理机制建构中不可缺少的内容和必要的实践活动（金太军，2016）。这种实践，将党领导的政府、社会组织、人民群众拧成一股绳，有利于完善国家治理体系，形成国家治理合力。

（二）基于政府治理视角的理论研究

政府治理是国家治理的第一层，是治理实践中的首要内容。党领导下政府治理包括政府对于政治、经济、社会、文化和生态多个方面的治理过程。但政府的"碎片化、短期行为、部门主义和地方主义"（俞可平，2013b）困境严重束缚了国家治理现代化前进的脚步。在政府治理中纳入社会组织协商的界别实践有利于

政府治理和社会治理"并集"，有利于实现政社联动和"1+1>2"的效能，完善国家治理现代化建设体系。在基层政府治理实践中，社会组织协商已经成为基层社区治理的重要内容，但社会组织的参与程度不高、行政官僚化等问题（段雪辉和李小红，2020）同政府自身建设困境一起，使得社会组织协商界别实践的效能得不到充分的发挥。

（三）基于社会治理视域的研究

社会治理是一种主体多元协作解决问题的共同的社会规范，其主体涉及政府、社会组织、企业和公众四个方面。其中社会组织对社会治理现代化有着重要作用。学者杨殿斛和姚冠新（2017）则通过 PEST 模型分析，提出社会组织协商参与社会治理有利于促进社会组织提供公共服务的效能提高，尤其是由社会组织提供的公共服务，有利于提高人民对社会组织协商的认识，推动社会组织的积极发展，进而充分发挥社会组织协商实践的效能。社会组织是联系政府治理和社会治理"黏合剂"的必要成分，其参与协商是当前国家治理的需要，其界别协商实践中的效果受到了多方面的影响。社会组织协商界别实践的效能究竟如何，能否顺利发展达到学者们研究的预期，需要我们在实践中对其进行深入研究和探讨。

三、影响社会组织协商界别实践效能的四个因素

学界对社会组织协商界别实践效能的研究相对较少，但对于效能测度，西方学者 Haque（2001）认为要从其所提供的公共服务的角色、对象、被信任度等五个维度来进行研究；波兹曼（BoZeman，2004）则认为应从经济和政治的权威两个维度来研究效能问题；而学者于江（2018）通过实证研究明确指出社会组织协商参与社会治理的效能受到政府、社会组织、人民参与等三个方面的影响，破解其面临的困境需要从这三个方面的困境出发；梁立新（2016）则认为社会组织协商的效能如何，取决于社会组织自身发展建设的能力。此外，政协作为社会组织协商界别实践的重要场合，其界别效能和委员建设情况作用于社会组织协商界别实践的效能。通过梳理学者们对效能测度的文献，笔者整理出影响社会组织协商实践效能的四个因素：党政机关、政协、群众以及社会组织自身，其具体路径如图 8-1 所示。

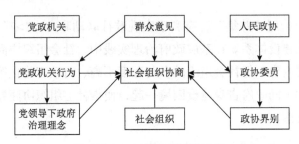

图 8-1　影响社会组织协商界别实践的四个方面

（一）党政机关

党领导的政府在社会组织界别协商实践中往往扮演着主导角色，这与我国社会组织发展的特殊性密切相关。与西方自由、平等思潮下民主意识觉醒产生的公民对参与公共事务的讨论进而影响决策的诉求（埃尔斯特，2009），而自发形成社会组织参与协商提供争论和推理的场地不同的是，我国的社会组织是在政府的扶持下发展起来的，其产生和发展都对党和政府的依赖程度高。许多社会组织的核心成员多是政府人员兼职，社会组织通过向政府提供服务来获取运行的资金等现象表明：在很多时候社会组织都是一个代言人，而不是独立的"第三者"（王守文和徐顽强，2011）。由此认为社会组织协商界别实践的效能会受到党政机关的有关行为和党领导下政府治理理念的影响。

1. 党政机关的行为

党领导下的政府对社会组织的行为除常见的拨付资金支持、政府购买社会组织服务、平台建设支持、技术和设备支持（如一些农业技术协会的机械设备大多是政府直接拨付资金购买，指导的技术专家多是政府派遣）之外（林英贤，2019），还有社会组织参与基层治理的实践、社会组织人员建设、社会组织党建等行为，主要涉及党委、组织部、统战部、民政部四个主体。这些主体的行为对社会组织界别以及相关界别的实践效能都有着重要的影响。在这些行为中，政府购买通常被认为是社会组织发挥效能的一个最常见的重要途径，也是政府、社会组织建立联系和连接群众的具体行为。政府对社会组织界别实践效能的评估，通常在政府购买社会组织服务后的评价中体现。萨拉蒙（2008）认为政府通常会通过标准化的社会组织服务绩效验收规则来加强对社会组织承接政府服务的管控，这种管控会从灵动性上影响社会组织效能的发挥，甚至会导致社会组织官僚化。

2. 党领导下政府治理理念

在党领导下的政府机关治理中，政府工作人员对社会组织的态度和认知也是影响社会组织参与协商效能的重要因素，社会组织建设在很多时候并没有纳入政府的绩效中。社会组织协商实践的发展不受重视，社会组织参与政府治理的情况不够理想。祝建兵（2011）指出我国社会组织发展中存在大量社会组织的设立是为了完成任务、社会组织的活动与政府完全挂钩、社会组织的成员基本为政府工作人员等体系内发展社会组织的行政化现象，社会组织在参与协商治理的实践中长期被边缘化。李建伟等（2020）问卷调研的结果显示我国社会组织的活动少和参与不足是影响社会组织协商效能的重要因素，政府更多的是将社会组织看作辖区治理下的一个部门或"群体"，社会组织代表在参与协商过程中的话语权远不及能带动 GDP 增长的企业代表以及其他影响政府绩效的群体（蒙慧，2013）。当政府治理理念与社会组织界别协商实践发展的诉求不匹配时，社会组织在协商实践中的地位得不到重视，影响社会组织协商界别实践在政府治理中的效能，进而影响社会组织协商的国家治理功能的建设。

在实际的研究中，学者们大多从党领导下政府行为和治理理念的角度出发，将政府行为和理念而不是社会组织协商的界别实践作为研究对象。社会组织仅作为其中的一个影响因素，这项研究侧面揭示了社会组织提供服务会受到哪些因素的影响，社会组织在社会治理中的角色更多的是建设者（郝宇青，2019），而不是协商参与者，即不是参与政府层面等高层次、高水平的治理。社会组织在承接政府项目、接受政府资金和技术支持等行为中，可能面临政府的地域性保护、需要维护与政府部门的关系、社会组织因大小不同而受到不同对待等社会组织间的不平等竞争，严重影响了社会组织协商界别实践的有序发展。政府治理理念直接影响政府部门工作人员对待社会组织协商渠道建设和界别实践的效能的态度。如果政府部门工作人员无法正确认识社会组织协商的作用，最终社会组织协商的界别实践就会成为一种形式上的协商参与，无法充分发挥出政治协商界别的实践效能。

（二）政协

党的十九届四中全会指出人民政协是我们国家治理的显著优势之一。政协在联系社会各界，提供社会参与国家治理的载体上有着天然的优势。社会组织作为维护特定群体利益、表达群体诉求的协商活动的重要载体（康晓强，2015），与政协的目标和原则有着内在的一致性。为此有学者指出将社会组织协商纳入政治协商会议中，提高社会组织在协商中的主体地位，充分彰显社会组织协商的优越性（王栋，2016）。张爱军（2015）认为社会组织协商是政治协商会议必不可少的部分，二者都力求在社会价值多元诉求中就社会问题进行对话。还有学者认为在现有阶段政治协商会议制度中社会组织协商实践效能更多的是与代表社会组织参与的主体——政协委员的效能密切相关（李鹏，2016）。因此，社会组织协商界别实践，狭义的理解是指社会组织通过界别身份代表社会群体参与政治协商会议，使得其意见和诉求得到重视，其效能受到政协界别设置和政协委员两个因素的制约。

1. 界别设置

政治协商会议是我国特色的治理平台，是实现国家治理、政府治理、社会治理相统一的重要场地之一。政协界别设置70周年来经过多次调整，从最初的20个界别，根据需要发展为34个界别。但这并不是政治协商会议最终的界别形式。2017年中央统战部第八局建议发展新的社会阶层。伴随着许多地区积极探索将新的社会阶层中的社会组织、技术管理人员等群体纳入政治协商，据不完全统计，已有20多个地区陆续开展了相关的界别实践。李鹏（2016）认为当前政协中不同界别代表的社会基础不同，界别之间的政治参与感和参与效果存在较大差异，这种差异会影响社会组织协商参与的界别实践效果。纳入社会组织协商，优化政协界别设置，缩小界别间的政治、经济地位差距，提升政协界别效能，是社会组织协商界别实践茁壮成长的前提要求，也是有效评估社会组织协商界别实践效能的重要因素。然而对于社会组织协商的界别设置，学者们也有着不同的态度。刘世华（2014）指出社会组织是实现政治协商广泛多层制度化发展的重要环节，但因其自身力量还很薄弱，使得协商民主难以发挥对社会发展的推动作用，当前社会组织的发展现状还不足以担任界别协商的重任。新时代背景下社会组织参与协商的诉求日益强烈，应克服社会组织自身不足，在政协中增设社会组织界别，实现多方面的协作，促进参与多元化、决策科学化。

2. 政协委员

政协委员是政治协商会议的主体。当社会组织成员成为政协委员后，他关注的视野就不能局限于个人或者部分群体的利益，而应该上升到社会的范围，从整个行业，甚至从国家治理层面出发，用全局的眼光来审视与人民利益密切相关的事件。伯克（2006）认为应"以由整体、普遍理由产生的普遍利益为准绳"。政协委员的建设要求反映了对社会组织代表的呼吁。钱牧（2017）指出完善界别内委员的多样性才能有效形成界别合力，彰显政协界别的效能，而完善政协界别设置，需要将作为弱势阶层合力的社会组织、团体纳入政协的界别，这是当前社会治理所呼吁的（卢剑峰，2013）。这种在界别中代表弱势群体合力的社会组织、团体发声的委员，其参与效能感直接影响到了社会组织协商界别实践的结果。郑青（2016）、谭宏玲（2019）等认为要完善政协职权、人员等方面的建设，才能充分发挥政治协商会议的界别优势，在界别优势下纳入社会组织界别代表，提升社会组织协商界别实践的效能。

政协界别设置与委员多样性建设二者之间是密切联系的。界别设置需要体现委员多元发展的要求，委员的建设又反作用于政协的界别优化设置。社会组织协商界别实践需要二者的统一，其效能也深受政协界别和委员建设情况的影响。社会组织的发展能否符合参与三个维度治理的内在要求，推动社会组织界别实践的政协建设条件是否成熟，仍需深入调查和研究。

（三）社会组织

我国社会组织参与协商界别实践的一些基本条件（如社会组织类别的完善、协商民主理论基础、社会认知和发展的需要等）已经基本具备。但社会组织对政府的依赖、社会组织内部的组织能力不足和群众基础的薄弱影响了社会组织参与政府治理实践的实现（梁立新，2016），进而影响社会组织作为联系政府治理和社会治理的桥梁作用。"打铁必须自身硬"，社会组织协商的效能，与其自身建设密切相关。艾利森（Allison，1979）认为影响界别实践效能的因素从社会组织本身出发可分为组织内部和外部两种因素。社会组织在界别的协商实践过程中可能会出现桑斯坦（2003）所认为的组织协商内部成员的意志存在偏向，进而影响其他成员的态度随着该思路走向极端。费什金（2015）指出协商中的个别积极分子的思想会自觉或不自觉地影响协商中资讯获取不充分的成员作出"理性无知"（rational ignorance）的判断。社会组织内部凝聚力、执行力和约束力的不足，组织内部无法达成共识，影响社会组织成为有效的利益代表，最终导致内部机制失灵（埃莉诺·奥斯特罗姆，2000）。社会组织作为群体利益的代表，如果固守己方利益，协商就会变成对立、冲突甚至协商破裂（刘锋，2016）。社会组织内部和社会组织之间能否达成共识，形成参与三个维度治理的合力，受到社会组织自身建设的影响。

（四）群众

国家治理、政府治理和社会治理是围绕着人民群众的利益展开的，人民群众是社会组织服务的具体对象，也是党政机关的服务对象，更是政治协商会议根植的基础。人民的满意度，在这里可以说是"案主满意度"（Cardozo，1965）即社会组织的服务对象满意度，是测量实践效能的重要影响因素。社会组织参与治理最后的落脚点是为人民服务，反过来人民群众的行为和评价也会对社会组织界别协商实践的效能产生影响。人民群众一般可以通过直接评价、参与社会组织协商活动等方式，直接作用于社会组织界别实践的效能。也可以通过影响党领导下政府行为、政协委员的认识来间接影响社会组织界别协商实践的效能。

1. 直接影响

人民群众是社会组织服务"最大的顾客"，同时也是社会组织参与三个维度治理的重要支撑力量。人民群众可以通过个体参与社会组织的行为对社会组织界别协商实践的效能带来直接的影响。皮希勒（Pichler，2006）认为个人参与社会组织带来的直接幸福感与社会组织的数量有关，参与的幸福感会影响到社会组织的发展。也有学者认为社会组织协商界别实践效能受到人民群众的满意度影响更大（张靖娜和陈前恒，2019），主观的参与幸福感不能带来整体的效能评估，人民群众的满意度评价直接影响社会组织反映民意的能力以及社会组织的公信力，进而影响社会组织在该地区的可持续发展，影响社会组织界别实践的效能发挥。除此之外，不同的年龄阶段、人群素质对社会组织协商的效能观感也不同（王轲和吴湘玲，2016），社会组织协商的实践行为受到人民群众的监督。

2. 间接影响

人民群众还可以通过施加对党和政府行为的影响来间接作用于社会组织界别协商实践的效能。人民群众通过意见反映来促使党和政府采取政府购买、提供资金支持等行为引入社会组织服务实践，提高服务质量，降低支出。人民群众从政府的行为中得到反馈，认为是自己的意见起到了作用，进而会向政府提出更高的要求，促使政府通过购买更高质量的服务来满足人民群众日益增长的对美好生活需要（王轲和吴湘玲，2016），形成政府、社会组织、人民群众三者之间的良性互动。此外，人民群众还可以通过党政机关，政协委员表达自己对社会组织参与治理效果的评价，间接影响社会组织协商参与三个维度治理的效能。

人民群众对社会组织界别协商的实践效能研究的影响是最直接的，但也是最分散的。虽然在一些群体中已经有社会组织协商的意识产生，但大多数人民群众对社会组织并没有更深入的了解，对于社会组织界别协商的实践问题关注度不高。社会组织界别协商的实践现状到底如何，群众基础对其影响是不是至关重要的，需要到实践中去对社会组织界别协商实践的效能进行评估（表8-1）。

表8-1　社会组织界别协商实践效能测量的相关指标

主体	一级指标	二级指标	指标强度
党政机关	建设情况	政府行为	统战部：深入研究社会组织协商提出相关意见、联系社会组织成员反映其意见、新的社会阶层四类人员平等看待
			组织部：预备人才建设、社会组织党支部建设、领导成员选拔
			民政部：资金支持、政策支持、技术支持、人才支持、信息公开
		政府理念	社会组织协商建设纳入绩效、重视社会组织协商实践开展、任务性质建设、不重要不用管
			社会组织成员都为政府职员或相关人员（家属、亲戚、密友）、政府成员兼职社会组织领导人员、人员相互独立
政协	界别设置	有直接界别设置	与其他界别的地位相当、话语权弱于个别强势的界别、声音在界别讨论中被淹没
		有相关界别设置	界别设置内仅社会组织一个方面、有多个方面且小组讨论时地位平等、界别内多个方面协商不平等
		没有相关界别设置	在其他界别内有社会组织方面的代表且说得上话、有社会组织代表在其他设置的界别中但只能参与投票、没有社会组织代表
	政协委员	平台介入	平台设置较多且广泛知晓、仅个别特殊平台介入、没有平台
		任职介入	全职领导、全职员工、虚职、兼职
		直接联系	茶话会、联系、不联系
		界别合作	平等、个别界别话语权更重、都不发挥作用
社会组织	内部环境	领导情况	国家治理视野、社会治理视野、群体利益导向、个人利益导向
		组织建设	平等竞争、偏向性明显、乱象丛生
		参与基层社区服务与治理	参与治理并取得一定成果、参与治理但意见没有被采纳过、不参与
	外部环境	组织间合作	区域内有固定合作伙伴、区域内仅一家社会组织与外部组织合作、不需要合作
		单向建言献策	精确凝练民意得到政府重视采纳、简单转述群众诉求、各自为政、界限分明
		组织间协商	组织间协商充分能达成一致意见、有个别利益固守者协商不畅、参与协商的每个人都固执己见协商失败

续表

主体	一级指标	二级指标	指标强度
群众	对社会组织的认知程度	了解程度	能准确认识各种社会组织，只知道红十字会、志愿者协会等组织，不了解
		参与度	经常接触社会组织、经常参与社会组织活动、从事相关工作
		群众对社会组织的信任度	信任、有的值得信任、质疑

四、讨论

从文献梳理上看，针对社会组织这一发展迅速、社会地位弱小、经济地位低的群体参与国家治理协商的实践效能研究比较少。对于社会组织界别协商和社会组织的作用有一定研究，但仅限于理论探讨。或者个别界别案例的探讨甚少涉及社会组织界别协商的实践研究，以及对政府、政协、社会组织、人民群众一体化研究也比较少。总的来说，社会组织界别协商实践的效能研究有以下几个特点。

（1）学者从国家治理、政府治理、社会治理等多个角度深入研究了社会组织协商的理论依据，提出了一系列建设性的意见，但甚少从社会组织界别协商实践中出发探讨党领导的政府、政协、社会组织和人民群众对社会组织界别协商实践效能的影响。

（2）现有的对于社会组织协商实践的研究与一些热门的问题相比却显得相对单薄，从社会组织协商的实践出发研究实现社会组织界别设置的常态化就更少了。党的十九届四中全会对国家治理体系现代化提出了建设的总要求，政府治理和社会治理都表现出对社会组织协商相关界别设置实现治理现代化发展的迫切性。但如何全面实现社会组织协商的相关界别设置，需要我们在实践中"摸着石头过河"，不断总结实践经验，推进社会组织界别的常态化设置。

（3）西方对社会组织协商的提出与研究，本质上是用来弥补西方自由主义、大众民主理论的缺陷，缓和资本主义的基本矛盾。其社会组织在参与社会治理的理论研究丰富，但大多数西方学者更关注的是由社会组织协商带来的"大众心理"、多数人暴政等精英统治思想下的危机。西方没有政协协商会议制度这一现成的可供社会组织协商的平台。因此，西方的研究虽然早于中国，但社会组织协商界别实践是我们特有的，只能根据我国的实际情况来具体讨论。

第九章

社会组织界别协商的基础建设

本书前八章主要讨论了社会组织界别协商建设的主体内容，除此之外，社会组织界别协商还需对社会组织与其他主体的交往规则、社会组织参与实践活动的权力保障、社会组织发展的外部制度等进行建设。因为社会组织界别协商除了需要一个完善科学的运行体系以外，还需要一个发展成熟、积极健康、具有公共精神的社会组织本体，一个能够对外平等交往、公平竞争、依法参与的权力机制，以及一个系统科学、结构合理、要素齐全的外部环境。社会组织界别协商的基础建设涉及方方面面，任重而道远。本书仅是对社会组织界别协商建设基础的简要探讨。

第一节 交互视域下的社会组织公共性再造

一、公共性及社会组织的责任

public（公共）一词来源于希腊语 pubes，意为"成熟"（maturity），所表明的是一个人成熟到能够理解自我与他人之间的关系，即能够表现出关心他人利益而超越了关心自我利益的狭隘（弗雷德里克森，2003）。从历史发展阶段来看，交换理论最大的不足是强调个人得失，而忽视公共性关怀。如何通过调解转化为相互信任和相互尊重的关系体？不是单纯地提升交换理论和改进各主体的认识，它需要对各主体之间的交往关系进行重新定位。然而社会主体和政治主体纷繁多样，各自承担着治理领域和市场社会的运作角色，其目的、诉求也各有不同。在各主体交往中离不开一个能够正确运用交换手段且能够从本质上抵制交换弊端的社会组织中介机制。社会组织承载着公共利益表达、公共服务提供的功能，具有非营利性、公益性或互益性等公共属性。而且社会组织的公共性具有扩散性，将代表不同群体利益的公共道德传递给民众。正是基于此，20 世纪 90 年代以来，东亚以"新公共性"构建为主题的社会思潮，其内容主要聚焦在以社会组织为主体的"第三域"建设上（唐文玉，2015）。不过，我国相当部分社会组织的行政化倾向、营利思想都在弱化其公共性。社会组织公共性重构是其继续担当中介协调重任的必要路径。当然所有主体的关系演变和运作互动，应置于一个更为民主、和谐、互动的场域。然而，客观上讲，典型自由市场经济和现代化场域中，作为现实的"私人"和"公共"在中国历史和现实中根本就没有存在过（袁祖社，2018）。费孝通（2007）在《乡土中国》中深刻地揭示 20 世纪 30 年代末至 40 年代末中国人的"私"性，认为私的毛病在中国实在是比愚和病普遍得多，从上到下似乎没有不害这毛病的。中国乡土社会的基层结构是"一根根私人联系所构成的网络"，以个人为中心推开来的处于不同关系强弱层次的"差序格局"。而且，在旧的封建体制打破以后，虽然"公共"一词得以确立，但是最初的"公共"是与"政府"或"国家"联系在一起的。在计划经济时代，人们常常把"公共性"理解为"公家的"，"公"主要指政府的利益和价值，很少涉及社会生活。其次，地方政府容易将公共性工具主义化。一些权力部门将公共性视为治理工具或策略，认为服从和服务于公共权力的执行命令，即是对于公共性的诠释，实际上这仍是传统旧制思想的延续。本章对于这三个问题的逐一分析，通过在交换思想、社会组织和交往场域中注入公共性的东西，并力促达成三者的互动关系，即"交互—中介—场域"理论结构体系。研究将以交换理论对于中国冲突问题解释力不足及更进、社会组织介入及不足、公共场域的构建与可行性等三个层面递进展开，围绕公共性的核心问题意识，并借助政府购买社会组织调解冲突服务参与式预算的实践将公共机制进一步启动，从而构建一个完整、互赖、不可分割的"理论—载体—空间"有效运行的实践有机体。

二、社会组织主体作用发挥的有限性

当前我国社会组织发展还不够成熟，在支撑运行的资源较为匮乏、所处制度环境不够完善的背景下，许多社会组织采取"工具主义"的发展策略，而不是依据公共利益而设置（表 9-1）。在以交换为手段的矛盾化解协商中，有些社会组织即使是为了某一群体的共同利益，但在与公共利益发生矛盾时，却表现出很强的反公共心态，如垄断性行业组织、民粹主义维权组织等。因此"共同利益"不同于"公共利益"，社会组织应该积极为了后者而努力。

表 9-1　社会组织主体及其活动场域演化

指标	发展阶段			
主体表征	社会组织	市民社会组织	公民社会组织	公共社会（公共能量场）
主体特征	理性主义	多元主义	社群主义	合作主义
主体间关系	道德自律	经济契约	法律制约	自律与他律结合
主体权力	组织化权力	经济化权力	政治化权力	社会化权力
治理类型	自治	法治	法治与德治	善治

于是我们应建立新社会下的社会组织，通过社会组织来承接、传递、编制新的人际关系、信念理念和目标愿望等。社会组织带给我们的不仅仅是存在于某个特定岗位、特定时刻或者仅仅存在于社会组织自身的精神，它应该是在与社会大的环境中形成精神道德的内在联合。只有如此，社会组织才能从本体论上升到经济发展中的市场论即"市民社会组织"，再发展到国家政治与法律中的治理论即"公民社会组织"。市民社会组织和公民社会组织的特征形式，尽管存进了社会多元化、合作、妥协等和谐社会的优良品质，但它由于没有统一的、俯瞰一切的和没有能够引领社会正确方向发展的精神，这种社会的模式给我们以憧憬，却没有给我们以方向。阿米特·埃兹奥尼提出了社会道德、法律并举的善治论社会模式即"公共社会"，"公共社会概念与公民社会组织概念的差别在于，它不仅强烈支持志愿社团（丰富而强大的社会结构以及话语的文明），而且试图找到某些具体善的社会性观念"（罗伯特·尼斯比特，2012）。

但是公共社会是一个抽象的概念，对于公共社会的相关分析还大多停留于理论建构阶段，缺乏现实运行机制的支撑，有关实践要素和主体没有真正被纳入进来。未来应将社会组织以及冲突双方放置于一个有利于各主体之间开诚布公、相互监督的制度化平台中解决问题（图 9-1）。一旦放置于这个平台，民主与宽容、高效与廉洁的氛围将矛盾情绪消解，而且有利于各个主体素质修养的提升。福克斯和米勒提出了"公共能量场"这个概念。"能量场的概念把人们的注意力直接引向语境，即通过真实、生动的事件把人们引向建构理解过程的社会互动。"（樊清和孙杨杰，2011）公共能量场虽然将各要素和主体进行了约定并建立了相互的理论关系（图 9-2），不足的是这些构建仍是基于事物之间的规律性问题认识，没有实质性的现场运作。

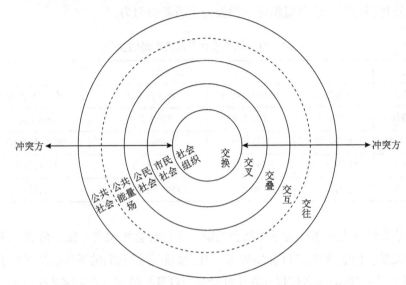

图 9-1　"交互"理论体系与社会组织主体演变交汇图

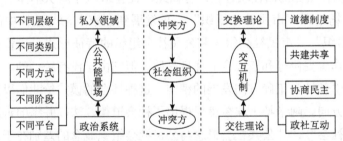

图 9-2　"交互-中介-场域"理论体系构造

公共性是"交互体系"的核心理念。在理论和实践体系构建后，还需要构建配套的制度，而支持公共性运作的法律与制度也应具有公共性。当前我国制度的理性化与民主化的不同步抑制了公共性的生产（李友梅等，2012），我国需要加强制度的规范性和内在合理性。只有这种制度才能启发人与人之间产生由衷的相互理解和尊重。因此，公共性再造的过程中应该秉承三个基本原则，即合法、合理、合情。合法是制度能够保持继续和保持权威的基础，而合法也应以合理为基础，如果不符合道德和伦理规范，或者不能在强者和弱者之间有个公正的平衡，那么这个法律难以取得民众的信任和支持。同时制度还应富有感情的因素，公共性离不开情感理性的充实。公共性既符合大众共同的利益需求，也应珍视个人内心世界的纯真呼唤。尊重自我和爱护公共是相辅相成的互证关系。

第二节　现代社会组织权力机制构建

一、问题缘起及相关概念阐释

社会权力的真正实现必须有牢固扎实的社会基础力量支撑。从权利到权益再到权力和权责体现了这一路径选择，同样每一个要素的实现也必须进行社会的变革与重塑。在社会权力主体中，当前和未来起主要作用的或者说社会权力的实际执行者是社会组织，因为它的纪律性、组织性、技术性、专业性、自身的凝聚力量以及中介作用都使其无可争议地成为政府权力转移的第一承接者。社会组织权力机制的建设与发展所体现出的社会基础建设和发展问题，是迫切需要研究和解决的关键问题（表9-2）。

表 9-2　社会组织权力机制演变及其影响

演变的内容 名称的变化	权利机制	权益机制	权力机制	权责机制
社会化路径	顶层设计→地方实验→社会培育	政府包揽→政府购买→社会购买	政府权力→企业权力→社会权力	经济改革→政治改革→社会改革
权力演变	自主权力	交换权力	参与权力	整合权力
主体发展	有：自主性	大：能动性	强：能促性	好：协同性
治理转型	分散治理	分散治理与整体治理	交互治理	整体化分散治理
	政府的主要任务是向市场放权、向社会放权、向地方放权	社会组织自治机制不健全，加之多中心治理造成的碎片化、离散化管理问题，要求整体治理模式出现	随着社会组织权力增加，社会治理的多中心意识和能力增强，各治理主体之间的相互监督与合作趋势明显	各治理中心过多考虑自身利益，对公共利益考虑偏少，需要对分散治理与整体治理模式进行整合

二、社会组织权力机制构建的社会化路径

（一）权利机制构建：顶层设计→地方实验→社会培育

顶层设计与地方实验的实施，最大的优势就是很好地利用了体制内资源，使

得改革能够在国家整体调控下合理有序进行。社会的自我发育，尤其是新兴社会组织的出现与发展，在我国得到认同与鼓励，经过了很长的论证阶段。在我国政协界别协商体系中共有 34 个协商界别，并没有社会组织类别。广东、湖北和海南等地对于社会组织参与政协协商和人大协商已经进行了试点，但仍旧没有上升到国家政策层面，也没有在更广范围内推广。作为社会组织中思想最为活跃，以研究思想为政府决策服务的社会智库，其思想产品同样没有得到政府的充分重视。大量社会智库仍处于"自导自演"阶段，其建言献策停留于会议、研究、媒体、书籍之中，真正进入政府决策的微乎其微。

（二）权益机制构建：政府包揽→政府购买→社会购买

在服务市场化阶段，政府向社会组织购买服务是一个必然的过程。但是，政府购买社会组织服务本身存在一些客观条件限制，需要引入社会购买服务模式。社会购买服务模式符合市场公平竞争的原则，允许社会向社会组织购买服务。当然，社会组织通过这种方式取得的收入，必须用于社会组织的公益事业，而不是为了社会组织盈利。这种模式其实已经存在，比如民办非企业的经营模式、民间智库的运营模式很多是社会向其购买服务的结果。但是这里的社会购买中的社会组织服务还不限于这些内容，它不仅是从中获得继续发展的资金，而且这些资金一旦以这种渠道交由社会组织，那么原来是纳税人先把税额交给政府，由政府再来购买社会组织服务，现在是直接给予社会组织，这样就不仅减少了程序环节，节省了成本，提升了效率，更关键的是它重新界定了政府、社会与社会组织的三者关系，它将社会的公共服务在政府与社会组织之间进行了一次选择。

（三）权力机制构建：政府权力→企业权力→社会权力

从政府权力到企业权力再到社会权力的实现，我国依次经历了政企分开、政资分开、政事分开、政会分开、政社分开。这种分开路径符合我国政治发展的稳定要求，也符合政治改革的基本规律。然而这种政治发展的中国规律却与社会发展的自我要求有着一定的差异。纵观改革开放以来的政府与各主体分开过程与党和各主体的关系演变历程，我们会发现其中的内在逻辑。因而社会权力的构建，是政府与企业、事业单位、社会组织等关系的重构优化。在 21 世纪的中国，作为执政党，中国共产党应该很好地利用社会组织这一社会力量。同时社会组织在基层，接地气、近民意、务民生，具有较高的社会影响力。社会组织也因为其专业性、技术性、规范性和组织性等优势，可以为党增强社会联系、扎实社会基础、巩固社会地位起到枢纽性的传输作用。

（四）权责机制构建：经济改革→政治改革→社会改革

从力图"做大蛋糕"的经济改革到"公平分配蛋糕"的政治改革再到"做好蛋糕"的社会改革，中国的改革逐步深入，要求逐步提高。现在，社会改革是更为迫切与现实的问题。在社会改革中，"社会组织"是一个基础性和关键性的改革对象。同时社会组织又是市场经济的基础力量，没有社会组织的成熟完善，市场经济也不可能是真正的市场经济。社会组织也是实现民众与政府平等对话的联络者或者中间者。更重要的是社会组织是社会活动和社会行为的引领者，社会组织的行为方式、行为习惯、行为规则以及行为道德都将影响整个社会民众相应行为方式的形成。

第三节　社会组织发展困境的制度化突破

社会组织独立地位的缺失及公共意识的模糊，导致社会组织未能融入社会整体发展的系列环节，未能成为社会转型的主体力量，难以胜任社会治理的载体角色。社会组织仍与国家、市场乃至社会严重脱节。基于以上问题的思考，我们认为社会组织的发展与治理转型密切相关，其中社会组织的发展不仅仅是单纯的社会组织这一现实存在物的能力和规模发展，它应该在各主体权力关系结构、法律地位的维护和运行、主体与社会关系的公共意识强化等方面进行制度化培育。只有整体社会得到了全面发展，社会治理中的社会组织力量才能得到真正发挥，社会组织创新和驱动社会发展的能力才能得以不断加强。由于缺乏整体思考和体系构建，主体、精神、环境严重脱节情况下的社会组织难以实现对于权力治理困境的突破。国家必须重新审视对于社会组织的政策与制度建设，在培育社会组织主体与社会互动发展关系的基础上，通过现代社会组织的制度建设即现代社会组织体制建设、现代社会组织法制建设与社会组织德制建设，来实现国家与社会治理的格局演变与良性发展。本节从现代社会组织体制建设、现代社会组织法制建设与现代社会组织德制建设三个方面综合分析。

一、现代社会组织体制建设

党的十八大强调要加快形成"政社分开、权责明确、依法自治的现代社会组织体制"，单纯从社会组织自身的作用与发展而言，它为社会组织提供了独立发展与政策及权力的内在支撑。但是从国家与社会大的环境与体制中考虑，其离开了宏观层面的政治建设，这对于社会组织真正权力的发挥是难以有实际或者长远意义的。因此必须从外部对社会组织的权力体制进行规划。从现状来看，行政体制改革、政治体制改革、权力体制改革，虽然有先后顺序，但实际上又呈现出一种叠加的状态，即三种改革同时进行。然而这种改革的形式，已经不能满足社会组织参与国家权力分配与重构的实质需要，因为改革后的权力体制，如前所说它仍是为了建构而建构，忽视了背后权力能够真正运行和发挥效益的深层文化土壤。因此社会文化体制改革应是当前和未来改革的重中之重。必须结合中西方各自文化背景，进行科学的比较分析。西方治理发展的路径模式是从"整体治理"向"分散治理"不断前进，整体带有一致性、统一性的特征要求，分散带有多元性、竞争性的目标要求。前者倾向于民主，后者倾向于自由。整体又赋予了新的时代内涵，即合作、妥协与互动。我们国家的权力治理体制应该是向"分散治理"发展的，但是基于我国实际状况，处于转型的关键期和过渡的复杂期，问题与挑战前所未有，形式与形势异常突出多变。在这种情况下，无论是带有传统"专制"色彩的整体还是带有现代意义的整体，对于未来分散治理都有着很好的引导和规范作用。

二、现代社会组织法制建设

法律范围可扩展为包括体现国家意志的硬法和体现社会意志的软法两部分，其中社会组织是软法治理中的重要主体。一直以来人们对于法制的认识是公民拥有用法律来保护自身利益的权利，然而"权利"更多的是一种保障或认可，它只是界定了某一主体相对于其他主体的不可侵犯或者应该具备的正义。那么公民和社会组织是否可拥有权力，从简政放权改革和社会组织实际发挥的作用来看，其答案是肯定的。权利与权力的最大区别就是，前者是法律上的用意，而后者是政治上的含义。权利在执行的过程中体现的是被动的，而权力更多地表达了主动的含义。因此既然有了这种天然的区别，社会组织的权力可否在政治或者公共权力中占据一席之地？也就是说，社会组织作为政府、企业之外的第三部门，它是否有着国家治理中的实际作用，而不是仅仅限于它发挥的经济发展和社会服务职能？在顶层权力设计中，需要考虑各权力之间的制约关系，任何权力都不能离开相应的体制约束，否则它不仅带来腐败、低能甚至可能会出现合法性和信任的危机。将社会组织等的社会权力参与到权力分配和权力制衡中来，首先要做的一条就是增加政协、人大、人民团体或者党代表中的社会组织席位，并以法律的形式确立；其次，要促进社会组织权力形式的社会化机制构建。人们对于法律的重视从来没有像现在如此严肃和认真，但是具体到主体间的权力和法律关系问题上，尤其是针对我国体制的权力主体的法律问题，仍是公众关注的焦点。

三、现代社会组织德治建设

我们应建立新社会下的社会组织，通过社会组织来承接、传递、编制新的人际关系、人们的信念理念及人们的目标愿望等。民主、自由、平等、博爱、宽容、信任等这些美好的道德素质，并不是通过政治沟通或者政治活动得以实现的，它应该实实在在地发生或者生长于人们的日常生活交往之中。社会组织带给我们的不仅仅是存在于某个特定岗位、特定时刻或者仅仅存在于社会组织本身，它应该是在与社会大环境中形成的精神道德的网络联合。这种形式只有演变为制度的存在，才能显示其真正的价值。制度通常是一套规范性的模式，但是制度通常也指代具体的组织。社会组织应成为我们生活中的重要制度。它是人们在长期历史发展之中为了获得对于美德的追求、对于幸福的追求、对于未知的探求，而在社会组织中形成了义务与权利的关系，这种关系又随之被带入社会，这时社会组织已经不是独立的存在，社会组织这一道德载体开始融入社会和影响社会。在过去，政府和民众一直信奉的是要加强政府官员的执政道德建设。当社会结构发生变化，社会组织及公民可以作为成员参与政治活动时，人们还没有意识到，这种参政的素质或者道德要求也应该加之于社会组织等新政治参与主体身上。但是它们的社会权力和参政机会越来越多，"绝对权力产生绝对腐败"的道理同样适用于这些新的主体。因为我们不能保证它们生来就是善的，现实中的社会组织违背法律、纪律的事情也频繁发生，因此必须重视社会组织等新社会主体的政治道德要求。

参 考 文 献

阿超. 2017-09-04. 中共海南省委办公厅 海南省人民政府办公厅《关于改革社会组织管理制度促进社会组织健康有序发展的实施意见》解读. 海南日报, 9 版.

阿米·古特曼, 丹尼斯·汤普森. 2007. 民主与分歧. 杨立峰, 葛水林, 应奇译. 北京: 东方出版社.

埃尔斯特. 2009. 协商民主: 挑战与反思. 周艳辉译. 北京: 中央编译出版社.

埃莉诺·奥斯特罗姆. 2000. 公共事物的治理之道: 集体行动制度的演进. 余逊达, 陈旭东译. 上海: 上海三联书店.

伯克. 2006. 埃德蒙·伯克读本. 陈志瑞, 石斌编译. 北京: 中央编译出版社.

博曼. 2006. 公共协商: 多元主义、复杂性与民主. 黄相怀译. 北京: 中央编译出版社.

博曼, 雷吉. 2006. 协商民主: 论理性与政治. 陈家刚等译. 北京: 中央编译出版社.

陈家刚. 2008. 多元主义、公民社会与理性:协商民主要素分析. 天津行政学院学报, (4): 31-37.

陈家刚. 2014. 当代中国的协商民主: 实践探索与理论思考. 马克思主义与现实, (4): 168-175.

陈剩勇. 2005. 协商民主理论与中国. 浙江社会科学, (1): 28-32.

陈尧. 2013. 从参与到协商: 协商民主对参与式民主的批判与深化. 社会科学, (12): 25-36.

褚松燕. 2006. 我国社团组织的政治参与分析. 学习论坛, (3): 39-42.

褚松燕. 2006. 我国社团组织发展的宏观特征分析.中共天津市委党校学报, (4):66-71.

德雷泽克. 2006. 协商民主及其超越: 自由与批判的视角. 丁开杰等译. 北京: 中央编译出版社.

登哈特. 2010. 新公共服务: 服务, 而不是掌舵. 丁煌译. 北京: 中国人民大学出版社.

邓伟强. 2018-01-25. 倾听群众呼声 反映社情民意. 山西日报, 9 版.

丁长艳. 2013-02-08. 政协委员离合格有多远. 东方早报, 23 版.

段雪辉, 李小红. 2020. 双向汲取: 社区社会组织的行动路径分析. 求实, (3): 57-68, 111.

樊清, 孙杨杰. 2011. 后现代公共行政理论的哲学之维. 燕山大学学报(哲学社会科学版), (3): 40-46.

范永茂. 2016."异地高考": 倡议联盟框架视角下的政策变迁分析. 中国行政管理, (5): 94-101.

方世荣. 2001.论行政权力的要素及其制约. 法商研究(中南政法学院学报), (2): 3-10.

房宁. 2009-10-21. 政治协商是中国特色社会主义民主政治的重要形式和主要特色. 人民政协报, 3 版.

房宁. 2011. 中国政治参与报告(2011). 北京: 社会科学文献出版社.

房宁. 2012. 中国政治参与报告(2012). 北京: 社会科学文献出版社.

菲什金, 拉斯莱特. 2009. 协商民主论争. 张晓敏译. 北京: 中央编译出版社.

费什金. 2015. 倾听民意: 协商民主与公众咨询. 孙涛, 何建宇译. 北京: 中国社会科学出版社.

费孝通. 2007. 乡土中国. 上海: 上海人民出版社.

冯梦成. 2016-11-10. 正视社会组织孵化器面临的问题. 学习时报, 5 版.

冯梦成. 2019. 社会组织孵化器的发展困境及建设路径. 学会, (7): 40-44, 64.

弗雷德里克森. 2003. 公共行政的精神. 张成福等译. 北京: 中国人民大学出版社.

高建, 佟德志. 2010. 协商民主. 天津: 天津人民出版社.

高奇琦. 2009. 中国协商民主的内核: 在党际协商与党群协商之间. 探索, (2): 57-60, 70.

龚万达. 2016. 社会资本视域下协商型社会组织的构建. 西部论坛, 26(3): 102-108.

共青团中央权益部. 2015-04-19. 青年组织怎样长大. 中国青年报, 4 版.

郭峻. 2012-05-28. 调整和优化政协的界别设置. 学习时报, 5 版.

郭小聪, 代凯. 2012. 试论中西方协商民主的区别与联系. 学习与实践, (6): 61-66.

哈贝马斯. 2003. 在事实与规范之间: 关于法律和民主法治国的商谈理论. 童世骏译. 北京: 生活·读书·新知三联书店.

韩军. 2016. 以统战工作促进社会组织协商研究. 法治与社会, (7): 150-152.

郝宇青. 2019. 社会组织在打造共建共治共享治理格局中的角色定位. 国家治理, (31): 18-21.

胡辉华, 张丹婷. 2020. 国家治理体系中的社会组织党建及其面临的挑战. 新视野, (3): 24-31.

黄晓勇. 2014. 民间组织蓝皮书: 中国民间组织报告(2014). 北京: 社会科学文献出版社.

姬雄华, 冯飞. 2016. 基于行业与职业岗位双重适应性的工商管理人才培养模式研究. 延安大学学报(社会科学版), (2): 118-121.

季云岗. 2014. 民政部确认 70 个地区为"全国社会组织建设创新示范区". 中国社会组织, (3): 24.

加布里埃尔·A. 阿尔蒙德, 西德尼·维巴. 1989. 公民文化——五国的政治态度和民主. 马殿君, 阎华江, 郑孝华等译. 杭州: 浙江人民出版社.

江华, 何宾. 2012. 行业协会政策参与的比较研究: 南京与温州. 中共浙江省委党校学报, (1): 27-36.

江泽民. 2006. 江泽民文选(第三卷). 北京: 人民出版社.

金太军. 2016. 国家治理视域下的社会组织发展: 一个分析框架. 学海, (1): 16-21.

金太军, 张振波. 2015. 论中国式协商民主的分层建构. 江苏社会科学, (2): 115-120.

康晓强. 2015-04-13. 社会组织协商民主建设的四个关系. 学习时报, 4 版.

康晓强. 2016. 社会组织: 我国协商民主建设的新生长点. 理论视野, (5): 43-47.

蓝煜昕, 李朔严. 2016. 社会组织协商民主机制构建研究//廖鸿. 2016 年中国社会组织理论研究文集. 北京: 中国社会出版社.

雷辉, 李晓敏, 谢思雄. 2012-06-12. 博罗县政协率先设社会组织界别. 南方日报, 2 版.

李德成. 2007. 关于人民政协发挥界别作用的认识和思考. 中国人民政协理论研究会会刊, (1): 42-45.

李楯. 2015. Critical Review on Chinese Legal Policy. 中国法学(英文版), (4): 112-128.

李栋. 2011-12-20. 新增 30 名委员最年轻仅 27 岁. 广州日报, 8 版.

李建伟, 李兰, 王伟进. 2020. 推进社会治理现代化的重点、问题与建议——基于全国政策咨询系统问卷调查. 学习论坛, (3): 63-70.

李金泉. 2010. 深圳市致力推动社会组织参政议政. 社团管理研究, (10): 44-45.

李君如. 2012. 以崇高的政治自觉推进协商民主的发展. 中国政协·理论研究, (4): 6-7.

李君如. 2014. 协商民主在中国. 北京: 人民出版社.

李鹏. 2016. 人民政协界别设置对界别委员政治效能感的影响——基于广东省 M 市政协委员的问卷调查研究. 特区实践与理论, (1): 68-73.

李强. 2005. "丁字型"社会结构与"结构紧张". 社会学研究, (2): 55-73, 243-244.

李荣梅. 2020. 社会主义协商民主实践中的不足及对策浅析. 山西社会主义学院学报, (4): 35-41.

李舒瑜. 2018-06-27. 我市社会组织数量逾 12600 家. 深圳特区报, A04 版.

李晓惠. 2012. 香港普选保留功能组别的法理依据与可行模式研究. 政治学研究, (5): 80-91.

李晓园. 2009. 新社会阶层的有序政治参与: 现状、目标与对策——基于江西省新社会阶层政治参与的经验. 江西社会科学, (12): 153-158.

李修科, 燕继荣. 2018. 中国协商民主的层次性——基于逻辑、场域和议题分析. 国家行政学院学报, (5): 23-29, 187-188.

李艳. 2017. 国家治理视域下社会组织协商民主创新研究. 辽宁省社会主义学院学报, (2): 49-54.

李友梅, 肖瑛, 黄晓春. 2012. 当代中国社会建设的公共性困境及其超越. 中国社会科学, (4): 125-139, 207.

廉维亮. 2018-10-01. 推进政协协商与基层协商有机衔接. 人民政协报, 6 版.

梁立新. 2016. 社会组织介入协商民主的价值体现及实现路径. 学术交流, (2): 72-76.

廖鸿, 康晓强. 2016. 逐步探索社会组织协商. 中国社会组织, (2): 14-17.

廖鸿, 石国亮, 朱晓红. 2011. 国外非营利组织管理创新与启示. 北京: 中国言实出版社.

廖守亿, 戴金海. 2004. 复杂适应系统及基于 Agent 的建模与仿真方法. 系统仿真学报, (1): 113-117.

廖晓义. 2014. "乐和乡村"建设的理论与实践. 中国乡村发现, (1): 35-38.

林奇富, 刘传明. 2017. 好代表的民主释义: 程序、目标和行动. 国外理论动态, (8): 64-73.

林尚立. 2003. 协商政治: 对中国民主政治发展的一种思考. 学术月刊, (4): 19-25.

林衍. 2012-03-10. 社会发展了, 政协界别调吗? 中国青年报, T01 版.

林英贤. 2019. 地方社会组织政策效度评价——基于广东省社会组织负责人的调查数据. 学会, (5): 18-27.

刘锋. 2016. 社会组织协商"失灵"风险及其规避. 理论视野, (11): 50-55.

刘世华. 2014. 协商民主广泛多层制度化发展面临的问题及对策论析. 理论学刊, (4): 85-89, 129.

刘玉. 2011. 国外社团组织参与公共政策的基本问题探析. 社团管理研究, (8): 41-43.

刘祖云. 2010. 澳门社团政治功能的个案研究. 当代港澳研究, (1): 179-199, 205.

娄胜华. 2009. 建章立制与衔接稳定: 回归以来澳门选举制度的发展. 华南师范大学学报(社会科学版), (6): 118-122, 160.

卢剑峰. 2013. 政协界别改革与弱势阶层政治参与. 湖北省社会主义学院学报, (2): 52-55.

陆学艺. 2002. 当代中国社会十大阶层分析. 学习与实践, (3), 55-63, 1.

陆学艺. 2004. 对社会主义社会阶级阶层结构是"两个阶级一个阶层"论的剖析. 江苏社会科学, (6): 88-92.

陆学艺. 2010. 中国社会阶级阶层结构变迁 60 年. 北京工业大学学报(社会科学版), (3): 1-12.

罗伯特·尼斯比特. 2012. "寻求共同体": 秩序与自由之伦理学的研究//唐·E. 艾伯利. 市民社会基础读本——美国市民社会讨论经典文选. 北京: 商务印书馆.

马长山. 2006. 民间社会组织能力建设与法治秩序. 华东政法学院学报, (1): 3-15.

马德普. 2014. 协商民主是选举民主的补充吗. 政治学研究, (4): 18-26.

马德普, 黄徐强. 2016. 论协商民主对代议民主的超越. 政治学研究, (1): 52-60, 126.

毛佩瑾. 2019. 新中国成立 70 年社会组织协商的实践探索与发展趋势. 天津社会科学, (3): 52-56.

蒙慧. 2013. 新社会阶层的政治参与: 约束与对策——以人民政协为平台的分析. 西北农林科技大学学报(社会科学版), (6): 146-152.

默顿. 2008. 社会理论和社会结构. 唐少杰等译. 南京: 译林出版社.

诺贝特·埃利亚斯. 2009. 文明的进程: 文明的社会起源和心理起源的研究. 王佩莉, 袁志英译. 上海: 上海译文出版社.

帕特南. 2001. 使民主运转起来. 王列, 赖海榕译. 南昌: 江西人民出版社.

钱牧. 2017. 试论提升人民政协界别的整体履职效能: 基于界别分类视角的考察. 科学社会主义, (3): 85-90.

萨拉蒙. 2008. 公共服务中伙伴. 田凯译. 北京: 商务印书馆.

塞拉·本哈比. 2009. 走向协商模式的民主合法性//本哈比. 民主与差异: 挑战政治的边界. 黄相怀等译. 北京: 中央编译出版社: 71-95.

桑斯坦. 2003. 网络共和国. 黄维明译. 上海: 上海人民出版社.

斯蒂芬·艾斯特. 2011. 第三代协商民主(下). 蒋林等译. 国外理论动态, (4): 57-77.

申建林, 蒋田鹏. 2014. 中国民主政治发展的"协商"与"选举"之辩——兼评"协商民主优先论". 武汉大学学报(哲学社会科学版), (1): 23-28.

沈荣华, 鹿斌. 2014. 制度建构: 枢纽型社会组织的行动逻辑. 中国行政管理, (10): 41-45.

沈永东. 2018. 中国地方行业协会商会政策参与: 目标、策略与影响力. 治理研究, (5): 93-103.

石晶. 2016. 中国公众的政治参与观念调查报告(2016). 国家治理, (23): 25-39.

孙传宏. 2014-09-04. 开展社会组织统战工作加强代表人士队伍建设. 联合日报, 3 版.

孙宏云. 2014. "职业代表制"与民国政治史述论——以中国国民党的理论与实践为中心. 河南大学学报(社会科学版), (3): 34-43.

孙立平. 2009. 中国社会结构的变迁及其分析模式的转换. 南京社会科学, (5): 93-97.

孙跃, 王展霞. 2013-03-27. 界别协商是协商民主的重要形式. 人民政协报, 12 版.

谈火生, 霍伟岸, 何包钢. 2014. 协商民主的技术. 北京: 社会科学文献出版社.

谈火生, 苏鹏辉. 2016. 我国社会组织协商的现状、问题与对策. 教学与研究, (5): 25-33.

谈火生, 周洁玲. 2018. 国外社会组织协商的特点及其启示. 国外理论动态, (2): 90-98.

谭宏玲. 2019. 提升政协委员协商议政效能研究——以自贡市为例. 四川省社会主义学院学报, (2): 16-20.

唐皇凤. 2017. 我国城市治理精细化的困境与迷思. 探索与争鸣, (9): 92-99.

唐文玉. 2015. 社会组织公共性: 价值、内涵与生长. 复旦学报(社会科学版), (3): 165-172.

田大洲, 田娜. 2013. 我国职业结构变迁的几大特征. 职业, (22): 40-43.

汪江连. 2019. 港澳特区功能界别选举制度比较研究. 河南财经政法大学学报, (6): 14-19.

王栋. 2015a. 社会智库参与政府决策: 功能、环境及机制. 理论月刊, (10): 140-145.

王栋. 2015b. 社会组织参与协商治理程序的规范化逻辑. 天津行政学院学报, (6): 26-32.

王栋. 2016. 新形势下推动我国社会组织界别协商: 现状、路径与机制. 广西社会科学, (4): 150-155.

王栋. 2018. 我国社会智库治策路径: 深化改革与转轨突破. 湖南社会科学, (6): 76-82.

王栋. 2019. 政社联动: 住宅小区业主协商自治的演进逻辑. 行政论坛, (6): 70-76.

王栋, 芮国强. 2020. 社会组织协商参与法治反腐: 逻辑、经验与分层建构. 江海学刊, (3): 241-247.

王栋, 朱伯兰. 2018. 社会组织腐败治理: 政社分开的逻辑进路. 国家行政学院学报, (5): 100-105, 190.

王建国, 黎建波. 2011. 提高广东省行业协会商会参政议政地位和能力的调研报告. 社团管理研究, (2): 32-35.

王轲, 吴湘玲. 2016. 政府向社会组织购买公共服务满意度研究——以武汉市为例. 华东经济管理, 30(2): 170-176.

王玲玲, 李芳林. 2017. 中国社会组织发展的社会经济效益量化测度与分析. 统计与信息论坛, (3): 42-49.

王名. 2013. 建言者说: 十年政协提案小集. 北京: 社科文献出版社.

王名, 刘国翰, 何建宇. 2001. 中国社团改革——从政府选择到社会选择. 北京: 社会科学文献出版社.

王鹏. 2013. 国家与社会关系视角下的枢纽型组织构建——以共青团为例. 中国青年政治学院学报, (5): 33-39.

王浦劬. 2013. 中国协商治理的基本特点. 求是, (10): 36-38.

王浦劬. 2014. 国家治理、政府治理和社会治理的基本含义及其相互关系辨析. 社会学评论, (3): 12-20.

王姗. 2019-07-27. 打造新的社会阶层统战工作"昆明样本". 昆明日报, 1 版.

王守文, 徐顽强. 2011. 区域产业转移进程中社会组织的参与路径研究. 前沿, (19): 26-29.

王伟进, 王雄军. 2018. 我国社会组织参与社会治理的进展与问题. 国家治理, (35): 5-19.

王英津. 2016. 论香港立法会功能界别议席的未来改革及其走向. 国外理论动态, (1): 105-113.

王勇. 2018-02-13. 我国社会组织突破 80 万, 县级最多. 公益时报, 5 版.

王昀, 李爱莉. 2006-09-22. 静安政协建议新增社区司法界别. 联合时报, 2 版.

吴锦良. 2005. 合作主义与公共政策制定——以德国为例. 中共杭州市委党校学报, (2): 71-76.

吴庆华, 董祥薇, 王国枫. 2009. 浅议城市社区阶层化趋势对社区建设的影响. 中央社会主义学院学报, (3): 93-96.

吴晓林. 2016. 中国城市社区的业主维权冲突及其治理: 基于全国 9 大城市的调查研究. 中国行政管理, (10): 128-134, 44.

武开义. 2009-01-04. 勠力同心促和谐. 张掖日报, 1 版.

习近平. 2014-09-22. 在庆祝中国人民政治协商会议成立 65 周年大会上的讲话. 人民日报, 2 版.

习近平. 2016. 主持召开中央全面深化改革领导小组第二十九次会议. http://china.cnr.cn/news/20161102/t20161102_523237367.shtml[2016-11-02].

肖春平, 曾永和. 2012. 鼓励社会组织参政议政 深化创先争优活动成果——上海市在党代会、人代会和政协换届中增加社会组织代表数量. 社团管理研究, (5): 51.

肖存良. 2019. 资源禀赋与政治吸纳: 社会组织协商的政治基础. 上海行政学院学报, (2): 69-77.

肖莉. 2013. 在人民政协中设立新社会组织界别问题的思考. 广东省社会主义学院学报, (4): 17-20.

徐家良. 2017-06-18. 规范和引导社会智库健康发展. 人民日报, 5 版.

徐雷. 2016. 新中国成立以来我国社会分层与政协界别设置演变的历史脉络. 中国政协·理论研究, (3): 31-37.

严兴文. 2008. 新时期人民政协界别变化的特点及其原因. 当代中国史研究, (3): 12-20, 125.

燕继荣. 2006-12-04. 协商民主的价值何在?. 学习时报, 6 版.

杨殿斛，姚冠新．2017. 营盘村民重建地戏的效能研究——基于社会组织参与社会治理的 PEST 模型分析. 音乐探索，(4)：69-75.

杨守涛，李乐．2019. 基层协商议程设置的基本模式研究——典型案例描述与分析. 中国行政管理，(1)：60-65.

杨卫敏．2014. 基层协商民应是我国协商民主建设的重中之重. 中央社会主义学院学报，(5)：20-24.

杨卫敏．2015. 关于社会组织协商的探索研究. 重庆社会主义学院学报，(4)：77-86.

杨卫敏，许军．2015. 新的社会阶层人士分众统战研究——以浙江省为例. 江苏省社会主义学院学报，(3)：38-49.

杨雪冬．2013. 协商民主的前途及挑战. 中国党政干部论坛，(7)：12-14.

于江．2018. 社会组织参与社会治理的效能分析——以泰州市为研究样本. 江南论坛，(5)：38-40.

余永龙，刘耀东．2014. 游走在政府与社会组织之间——枢纽型社会组织发展研究. 探索，(2)：154-158.

余章宝．2008. 政策科学中的倡导联盟框架及其哲学基础. 马克思主义与现实，(4)：136-141.

俞可平．2009. 人民政协与人民民主. 中国政协·理论研究，(3)：29-30.

俞可平．2012. 敬畏民意：中国的民主治理与政治改革. 北京：中央编译出版社.

俞可平．2013a-12-23. 中国特色协商民主的几个问题. 学习时报，3 版.

俞可平．2013b-12-09. 衡量国家治理体系现代化的基本标准——关于推进"国家治理体系和治理能力现代化"的思考. 北京日报，第 17 版.

俞可平．2014. 推进国家治理体系和治理能力现代化. 前线，(1)：5-8, 13.

俞祖成．2017. 日本非政府组织参与全球治理研究——历史演变、发展现状及其支持政策. 社会科学，(6)：25-37.

郁建兴．2018. 改革开放 40 年中国行业协会商会发展. 行政论坛，(6)：11-18.

袁祖社．2018. 公共性与公共诠释的中国逻辑研究论纲. 天津社会科学，(1)：4-11.

曾令发，杨爱平．2014. 现代治理体系视野下的香港社会组织及其启示. 学习与实践，(8)：105-112.

曾土花．2017. 社会组织协商助推国家治理体系现代化的实现之道. 上海市社会主义学院学报，(1)：27-31.

曾永和，赵挺．2014. 枢纽式社会组织发展研究——基于上海的实践. 中国非营利评论，(2)：200-208.

曾玉平．2020-02-05. 我国法人单位数量进入快速增长期. 中国信息报，1 版.

詹姆斯·N. 罗西瑙．2001. 没有政府的治理. 张胜军，刘小林等译. 南昌：江西人民出版社.

张爱军．2015. 社会组织协商及其构建路径. 社会科学研究，(3)：52-57.

张彩玲，张志新，张大勇．2017. 大连市社会组织代表人士调查及统战工作研究. 辽宁省社会主义学院学报，(3)：31-39.

张长东，马诗琦．2018. 中国社会团体自主性与政策倡议积极性. 政治学研究，(5)，67-78, 126-127.

张定淮，李墨竹．2012. 香港功能界别制度：性质、困境与前景//黄卫平，汪永成. 当代中国政治研究报告. 北京：社会科学文献出版社：293-309.

张飞岸．2009. 社会改革比政治改革更重要：郑永年教授专访. 国际社会科学杂志，(1)：29-35.

张靖娜，陈前恒．2019. 草根组织发育与农民幸福感. 南方经济，(1)：103-119.

张星. 2015. 网络空间的协商民主实践: 现状与问题. 电子政务, (8): 65-71.

赵敬丹, 徐猛. 2016. 枢纽型社会组织功能定位分析与启示——以北京、上海、广东地区为例. 沈阳师范大学学报(社会科学版), 40(6): 73-76.

赵鹏, 郭一丁. 2016.中国社会发育指数报告. 社会学(智库报告), (1): 23-37.

郑杭生. 2001. 中国社会学史新编. 北京: 高等教育出版社.

郑青. 2016. 政协职权配置运行的效能与安全研究//中国统一战线理论研究会政党理论北京研究基地. 统战工作条例与多党合作制度建设研究论文集——中国统一战线理论研究会政党理论北京研究基地论文集(第八辑): 125-136.

中央党校调研组. 2016. 关于社会结构变化和政协界别设置的调研报告. 中国政协, (1): 30-33.

钟裕民. 2018. 双层互动决策模型: 近十年来中国政策过程的一个解释框架. 南京师大学报(社会科学版), (4): 53-61.

周青山, 陈恒全. 2017. 政协界别发展演变的特点及其优化路径. 中国政协理论研究, (2): 51-55.

周晓虹. 2005. 再论中产阶级理论、历史与类型学——兼及一种全球化的视野. 社会, (4): 1-24.

朱迪思·斯夸尔斯. 2006. 协商与决策: 双轨模式中的非连续性//登特里维斯. 作为公共协商的民主: 新的视角. 王英津等译. 北京: 中央编译出版社: 79-99.

朱芳芳, 陈家刚. 2016. 协商民主: 替代性选择?——基于地方官员问卷调查结果的分析. 马克思主义与现实, (4): 183-190.

朱勤军. 2004. 中国政治文明建设中的协商民主探析. 政治学研究, (3): 58-67.

朱永强. 2012-01-21. 关于十二届市政协委员人选情况的说明. 泰安日报, 2 版.

祝建兵. 2011. 非营利组织参与公共服务外包存在的问题及应对策略. 行政与法, (8): 5-8.

祝新洪, 丁年录. 2019. 江山市围绕"三个精准"全面提升社会组织参与基层治理能力. 中国社会组织, (3): 26-27.

Allison G T. 1979. "Public and Private Management: Are They Alike in All Unimportant Respects?". *Classics of Public Administration*, 383-400.

Bozeman B. 2004. *All Organizations are Public: Comparing Public and Private Organizations*. Washington: Beard Books.

Brown L D, Kalegaonkar A. 2002. "Support Organizations and the Evolution of the NGO Sector". *Nonprofit and Voluntary Sector Quarterly,* 31(2): 231-258.

Cardozo R N. 1965. "An Experimental Study of Customer Effort, Expectation, and Satisfaction". *Journal of Marketing Research*, 2(3): 244-249.

Crutchfield L R, Grant H M. 2008. *Forces for Good-The Six Practices of High-Impact Nonprofits*. San Francisco: Jossey-Bass.

Dolowitz D, Marsh D. 1996. "Who Learns What From Whom? A Review of the Policy Transfer Literature". *Political Studies*, 44(2): 343-357.

Donovan J C. 1983. "Dilemmas of Pluralist Democracy: Autonomy vs. Control"(Book Review). *Social Science Quarterly*, 64(3): 691.

Eulau H, Karps P D. 1977. "The Puzzle of Representation: Specifying Components of Responsiveness". *Legislative Studies Quarterly*, 2(3): 233-254.

Foster, K W. 2001. "Associations in the Embrace of an Authoritarian State: State Domination of Society?"*, Studies in Comparative International Development*, 35(4): 84-109.

Greve C. 2001. "New Avenues for Contracting out and Implications for a Theoretical Framework". *Public Performance and Management Review*, 24(3): 270-284.

Habermas J. 1996. Between Facts and Norms. Cambridge: MIT Press.

Hajer M. 2003. "A Frame in the Fields: Policy Making and the Reinvention of Politics". In M. Hajer and H. Wagenaar(Eds), *Deliberative Policy Analysis: Understanding Governance in the Network Society.* Cambridge: Cambridge University Press: 88-110.

Haque M S. 2001. "The Diminishing Publicness of Public Service Under the Current Mode of Governance". *Public Administration Review*, 61(1): 65-82.

Hendriks C. 2002. The Ambiguous Role of Civil Society in Deliberative Democracy. Refereed Paper Presented to the Jubilee Conference of the Australian Political Studies Association.

Knight J, Johnson J. 1994. "Aggregation and Deliberation: On the Possibility of Democratic Legitimacy". *Political Theory*, 22(2): 277.

Mansbridge J. 2003. "Rethinking Representation". *American Political Science Review*, 97(4): 515-528.

Mansbridge J. 2010. "Deliberative Polling as the Gold Standard". *The Good Society*, 19(1): 55-62.

Miller D. 2018. "Is Deliberative Democracy Unfair to Disadvan taged Groups?", In M. d'Entreves(Ed), *Democracy as Public Deliberation.* Routledge, 201-226.

Peterson J, Bomberg E E. 1999. Decision-making in the European Union. NewYork: Palgrave.

Pichler F. 2006. "Subjective Quality of Life of Young Europeans: Feeling Happy but Who Knows Why?". *Social Indicators Research*, 75(3): 419-444.

Tömmel I. 2010. "Civil Society in the EU: A Strong Player or a Figleaf for the Democratic Deficit? (Policy Brief)". Paper for Canada-Europe Transatlantic Dialogue: Seeking Transnational Solutions to 21st Century Problems.

Urbinati N. 2000. "Representation as Advocacy: A Study of Democratic Deliberation". *Political Theory,* 28: 758-786.

Urbinati N. 2005. *Continuity and Rupture: The Power of Judgment in Democratic Representation.* Constellations, 12(2): 194-222.

van Waarden F. 1992. "Dimensions and Types of Policy Networks". *European Journal of Political Research*, 21(1-2): 29-52.

Young I M . 2000. *Inclusion and Democracy*. Oxford: Oxford University Press.